ZHONGGUO GONGCHANDANG
JIANSHI

中国共产党简史

本书编写组

人民出版社
中共党史出版社

1949 年 10 月 1 日，毛泽东在天安门城楼上庄严宣告中华人民共和国中央人民政府成立

1984 年 10 月 1 日，邓小平在中华人民共和国成立 35 周年庆祝典礼上发表重要讲话

1999 年 10 月 1 日，江泽民在天安门城楼上向参加庆祝中华人民共和国成立 50 周年大会的群众游行队伍挥手致意

2009 年 10 月 1 日，胡锦涛在庆祝中华人民共和国成立 60 周年大会上发表重要讲话

2019 年 10 月 1 日，习近平在庆祝中华人民共和国成立 70 周年大会上发表重要讲话

目 录

第一章 ‖ 中国共产党的创建和 投身大革命的洪流

1921 年 7 月的一个夜晚，中国共产党第一次全国代表大会在上海法租界一座二层居民小楼中秘密开幕，一个以马克思列宁主义为行动指南的、完全新式的无产阶级政党诞生了。这是开天辟地的大事变。这一大事变，犹如擎起的一把熊熊火炬，给近代饱受战乱、灾难深重的中国人民送来了光明和希望。从此，中国人民谋求民族独立、人民解放和国家富强、人民幸福的斗争就有了主心骨，中国人民就从精神上由被动转为主动。

一、近代中国民族复兴的历史任务和 各种力量的艰难探索

在几千年的历史发展中，中华民族创造了悠久灿烂的中华文明，为人类作出了卓越贡献，成为世界上伟大的民族。近代以后，由于西方列强的入侵，由于封建统治的腐败，中国逐渐成为半殖民地半封建社会，山河破碎，生灵涂炭，中华民族遭受了前所未有的苦难。

从 1840 年开始，西方列强通过对中国的多次侵略战争（其中主要的有 1840 年至 1842 年英国侵略中国的鸦片战争，1856 年至 1860 年英法联军侵略中国的第二次鸦片战争，1884 年至 1885 年法国侵略中国的战争，1894 年至 1895 年日本侵略中国的战争，1900 年八国联军侵略中国的战争）和其他方法，强迫中国割地、赔款，贪婪地攫取种种特权。英国割去香港，日本侵占台湾，沙皇俄国攫夺中国东北、西北的领土；还勒索中国的赔款，仅支付战争赔款一项，中国就损失白银十几亿两，而当时清政府每年的财政收入不过 8000 多万两白银。西方列强通过一个比一个苛刻的不平等条约，在中国取得许多重要特权。如设立港口、租界，开矿设厂，修筑铁路，设立银行、商行，建造教堂，驻扎军队，划分势力范围，享有领事裁判权和片面最惠国待遇，等等。数以百计的不平等条约、章程、专条，像一张无所不至的巨网，从政治、经济、军事、文化等各个方面束缚着中国，使中国在西方列强无尽的索取面前寸步难行，动辄得咎，而西方列强则据此为所欲为。它们控制中国的通商口岸、海关、对外贸易、交通运输，大量地倾销其商品，把中国变成它们的产品销售市场和榨取原料的基地。

英法联军火烧圆明园，甲午战争北洋舰队全军覆没，英、美、法、德、俄、日、意、奥八国联军在北京野蛮烧杀淫掠……所有这些，都给中华民族留下了难以抹去的痛苦记忆。代表地主阶级和买办资产阶级利益的清政府，日益成为外国资本主义统治中国的工具，成为一个卖国的、腐朽无能的、扼杀中国生机的政权。帝国主义和中华民族的矛盾，封建主义和人民大众的矛盾，成为近代中国社会的主要矛盾。

中国人民生活在水深火热之中，展现在中华民族面前的是一片濒临毁灭的悲惨黯淡的前景。

从这时起，实现中华民族伟大复兴成为全民族最伟大的梦想；争取民族独立、人民解放和实现国家富强、人民幸福，成为中国人民的历史任务。中华民族有着自强不息的光荣传统，为了捍卫民族独立和尊严，捍卫中华文明，从未停止过抗争。在中国共产党成立以前，有许多献身于民族进步事业的爱国先驱，为了改变祖国的境遇和命运，前赴后继、不懈探索。可是，历次反对外国侵略的战争也好，太平天国的农民起义也好，"中体西用"的洋务运动也好，试图变法图强的戊戌维新运动也好，起自社会下层并有着广泛群众规模的义和团运动也好，由于没有找到科学的理论、正确的道路和可依靠的社会力量，一次又一次地失败了，无数志士仁人为此而抱终天之恨。

1911年10月爆发的辛亥革命，推翻了清王朝统治，建立了中华民国，结束了统治中国两千多年的君主专制制度。孙中山领导的辛亥革命虽然没有改变旧中国半殖民地半封建的社会性质，没有改变中国人民的悲惨命运，没有完成实现民族独立、人民解放的历史任务，但开创了完全意义上的近代民族民主革命，打开了中国进步的闸门，传播了民主共和理念，极大推动了中华民族思想解放，以巨大的震撼力和影响力推动了中国社会变革，使反动统治秩序再也无法稳定下来。

现实有时是残酷的。以袁世凯为首的北洋军阀，在帝国主义和国内反动势力的支持下，窃取了辛亥革命的果实，初生的资产阶级共和国在中国只存在了几个月即告夭折。袁世凯死后，北洋军阀分化为直、皖、奉三系。在帝国主义列强的操纵下，中国陷入四分五裂的军阀割据和军阀混战之中。在封建军阀专制统治下，中国在半殖民地半封建社会的深渊中愈陷愈深。

"无量金钱无量血，可怜购得假共和。"辛亥革命之后，中国尝试过帝制复辟、议会制、多党制、总统制等各种形式，各种政治势力及其代表人物纷纷登场，都没能找到正确答案，旧中国的社会性质和中国人民的悲惨命运没有改变。中国依然是山河破碎、积贫积弱，列强依然在中国横行霸道、攫取利益，中国人民依然生活在苦难和屈辱之中。

历史充分证明：没有先进理论的指导，没有用先进理论武装起来的先进政党的领导，没有先进政党顺应历史潮流、勇担历史重任、敢于作出巨大牺牲，中国人民就无法打败压在自己头上的各种反动派，中华民族就无法改变被压迫、被奴役的命运。

历史呼唤着真正能够带领中华民族实现伟大复兴使命的承担者，这个任务光荣地落到了先进生产力的代表——中国工人阶级的肩上。

二、五四运动和马克思主义在中国的传播

新文化运动的兴起和俄国十月革命对中国的影响

中华民国的成立并没有给人们带来预期的民族独立、人

民民主和社会进步，沉重的失望代替了希望。旧的路走不通了，就要寻找新的出路。一些先进知识分子从总结辛亥革命经验教训着手，廓清蒙昧、启发理智，使广大民众从封建思想束缚中解放出来。思想启蒙的新文化运动成为引发社会大变动的先导。

1915 年 9 月，陈独秀在上海创办《青年杂志》，后改名《新青年》，新文化运动由此

★ 陈独秀创办的《青年杂志》

发端。1917 年，他被聘为北京大学文科学长，《新青年》编辑部迁到北京。北京大学和《新青年》成为新文化运动的主要阵地。

新文化运动的基本口号是拥护"德先生"（Democracy）和"赛先生"（Science），也就是提倡民主和科学。新文化运动的倡导者以进化论观点和个性解放思想为主要武器，猛烈抨击以孔子为代表的"往圣先贤"，大力提倡新道德、反对旧道德，提倡新文学、反对旧文学，包括提倡白话文、反对文言文。通过批判孔学，动摇了封建正统思想的统治地位，打开了遏制新思想涌流的闸门，在中国社会掀起一股思想解放的潮流。

新文化运动仍以资产阶级民主主义为救国方案，但在这些思潮发端地的欧美国家，资本主义制度的内在矛盾已经相当尖锐，第一次世界大战又以极端的形式进一步暴露了资本主义制度固有的不可克服的矛盾。加上中国人学习西方的努力屡遭失败的事实，更使中国先进分子对资产阶级共和国方案在中国的可行性产生了极大疑问。中国先进分子对救国方案的探索，再一次走到了十字路口。

恰在此时，1917年，俄国十月革命一声炮响，给中国送来了马克思列宁主义。中国先进分子从马克思列宁主义的科学真理中看到了解决中国问题的出路。十月革命发出的反对帝国主义的号召，使饱受帝国主义列强欺凌的中国人民感到"格外沉痛，格外严重，格外有意义"。这就推动先进的中国人倾向于社会主义，推动他们认真了解指导十月革命的马克思主义学说。在这种情况下，中国出现了一批赞成俄国十月革命道路、具有初步共产主义思想的知识分子。

李大钊是在中国举起十月革命旗帜的第一人，是中国最早的马克思主义传播者。从1918年7月起，他先后发表《法俄革命之比较观》《庶民的胜利》《Bolshevism的胜利》① 等文章，热情讴歌十月革命的胜利。他指出十月革命是"二十世纪中世界革命的先声"，是"世界人类全体的新曙光"。他预言十月革命所掀起的潮流不可阻挡："试看将来的环球，必是赤旗的世界！"五四运动后，他更加致力于马克思主义的宣传，发表的《我的马克思主义观》系统介绍了马克思主义理论，在当时思想界产生重大影响，标志着马克

① Bolshevism，即布尔什维主义。

思主义在中国进入比较系统的传播阶段。他发表的《再论问题与主义》等文章，批驳反马克思主义思潮，论证马克思主义符合中国需要的深刻道理。

为什么 1917 年爆发的俄国十月革命能够在中国产生如此强烈的反响？根本原因还在于中国社会内部正在发生的变化。当中国的思想界发生剧烈变化的时候，中国社会结构也在悄悄发生深刻变动。第一次世界大战期间，西方主要帝国主义国家忙于在欧洲战场厮杀，暂时放松对中国的经济侵略，中国民族资本主义经济得到比较迅速的发展，中国工人阶级和民族资产阶级的力量进一步壮大起来。五四运动前夕，产业工人已达 200 万人左右，成为一支日益重要的新兴社会力量。

中国工人阶级是近代中国新生的伟大的革命阶级，除了具有与最先进的经济形式相联系、富于组织性纪律性、没有私人占有的生产资料等基本优点，还具有坚决而彻底的革命性等突出优点。在中国半殖民地半封建社会的土壤上，中国工人阶级必然成为革命最基本的动力。与此同时，各种新式学校里的学生、教师，报纸杂志的记者等迅速增加，形成一个比辛亥革命时期更庞大、具有更新意识的知识分子群体。

一场新的人民大革命的兴起，成为不可避免的事情。

五四运动标志新民主主义革命的伟大开端

中国在巴黎和会上的外交失败，是五四运动的直接导火线。

1919 年上半年，第一次世界大战中取胜的协约国在巴黎举行"和平会议"。中国代表在会上提出废除外国在中国的势力范围、撤退外国在中国的军队等七项希望和取消"二十一条"①及换文的陈述书。会议拒绝了中国的合理要求，把德国在山东的特权全部转交给日本。北洋军阀政府屈服于帝国主义列强的压力，准备在和约上签字。消息传到国内，中国人民积聚已久的愤怒终于像火山一样爆发了。

5月4日，北京学生3000余人齐集天安门前举行示威。他们提出"外争主权、内除国贼""取消二十一条""还我青岛""诛卖国贼曹汝霖、章宗祥、陆宗舆"②等口号，冲破反动军警的阻挠，从四面八方汇聚到天安门前，举行抗议集

★五四运动中，北京大学学生游行队伍向天安门进发

---

① "二十一条"是1915年日本提出的旨在灭亡中国的条约草案，其中包括控制中国的山东、东北三省南部和内蒙古东部等无理要求。

② 曹汝霖、章宗祥、陆宗舆是北洋军阀政府的三个亲日派官僚。

会，震惊中外的五四运动爆发。

五四运动中，中国工人阶级开始以独立的姿态登上政治舞台。6月5日起，上海工人自发举行声援学生的罢工，几日内，罢工工人达到六七万人。随后，北京、唐山、汉口、南京、长沙等地工人也相继举行罢工，许多大中城市的商人举行罢市，形成罢工、罢课、罢市的"三罢"高潮。斗争迅即扩展到20多个省区、100多个城市。

五四运动突破了知识分子的狭小范围，成为有工人阶级、小资产阶级和资产阶级参加的全国规模的群众运动。迫于人民群众的压力，北洋军阀政府不得不释放被捕学生，并宣布罢免曹汝霖、章宗祥、陆宗舆。6月28日，中国代表没有出席巴黎和约签字仪式。

五四运动是近代中国革命史上具有划时代意义的事件，标志着新民主主义革命的伟大开端。五四运动以彻底反帝反封建的革命性、追求救国强国真理的进步性、各族各界群众积极参与的广泛性，推动了中国社会进步，促进了马克思主义在中国的广泛传播，促进了马克思主义同中国工人运动的结合，为中国共产党成立做了思想上干部上的准备。五四运动孕育了以爱国、进步、民主、科学为主要内容的伟大五四精神，其核心是爱国主义精神，在近代以来中华民族追求民族独立和发展进步的历史进程中具有里程碑意义。

马克思主义在中国的传播

五四运动前后，中国先进分子从巴黎和会所给予的实际教训中，认识到帝国主义列强联合压迫中国人民的实质，这是社会主义思想在中国进一步传播的直接原因。1920 年三四月间，《东方杂志》等刊登苏俄政府第一次对华宣言，宣布废弃沙俄在中国境内享有的一切特权，对社会主义思想在中国的传播给予新的有力推动。研究和宣传社会主义，逐渐成为进步思想界的主流。

正是在这种情况下，许多原来有着不同经历的先进知识分子，经过深思熟虑和反复思考，通过不同的途径，走上马克思主义的道路。

在中国早期的马克思主义思想运动中，李大钊起着主要作用。1919 年，他将《新青年》第六卷第五号编为"马克思主义研究"专号，帮助北京《晨报》副刊开辟了"马克思研究"专栏。

新文化运动的思想领袖陈独秀，这时也站在了马克思主义立场上。他在五四运动以后宣称，我们不应当再走"欧美、日本的错路"，明确宣布用革命的手段建设劳动阶级的国家。

毛泽东在其主编的《湘江评论》上，热情歌颂十月革命的胜利，认为这个胜利必将普及于世界，我们应该起而仿效。他第二次来到北京后，热心搜寻并阅读共产主义书籍，建立起对马克思主义的信仰。毛泽东后来回忆说："到了 1920 年夏天，在理论上，而且在某种程度的行动上，我已成为一个马克思主义者了。"

一些老同盟会会员，也在这时开始转向无产阶级的社会主义。董必武曾回忆道，过去和孙中山一起搞革命，"革命发展了，孙中山掌握不住，结果叫别人搞去了。于是我们就开始研究俄国的方式"。

中国先进分子以马克思主义为指导，积极投身群众斗争实践。1920 年初，北京的一些革命知识分子曾到人力车工人居住区调查他们悲惨的生活状况。邓中夏等到长辛店向工人作革命宣传，开始同工人建立联系。先进知识分子与工人群众相结合的过程，就是马克思主义同中国工人运动相结合的过程。

三、中国共产党的成立和民主革命纲领的制定

共产党早期组织的建立及其活动

随着马克思主义在中国的广泛传播和一批确立了马克思主义信仰的先进分子的出现，在中国成立共产党组织的思想和干部条件已经具备，建立工人阶级政党的任务被提上了日程。

最早酝酿在中国建立共产党的是陈独秀和李大钊。他们逐步认识到，要用马克思主义改造中国，就必须建立一个无产阶级政党，使其充当革命的组织者和领导者。1920 年 2 月，为躲避反动军阀政府的迫害，陈独秀从北京秘密迁移到上海。在护送陈独秀离京途中，李大钊和他商讨了在中国建立共产党组织的问题。

1920 年 3 月，李大钊在北京大学组织成立马克思学说研究会。这既是中国最早的学习和研究马克思主义的团体，也为建党作了重要准备。4 月，俄共（布）代表维经斯基等

来华。他们先后在北京、上海会见李大钊、陈独秀，讨论建立共产党的问题。这对于中国共产党的创建起了一定的促进作用。

中国共产党早期组织，是在中国工人阶级最密集的中心城市上海首先建立的。1920 年 5 月，陈独秀发起组织马克思主义研究会，探讨社会主义学说和中国社会改造问题。8 月，共产党早期组织在上海《新青年》编辑部成立，陈独秀任书记。11 月，共产党早期组织拟定了《中国共产党宣言》，指出"共产主义者的目的是要按照共产主义者的理想，创造一个新的社会"。在上海成立的共产党早期组织，实际上是中国共产党的发起组织，是各地共产主义者进行建党活动的联络中心。

1920 年 10 月，李大钊等在北京成立共产党早期组织，当时称"共产党小组"。同年底决定成立共产党北京支部，李大钊为书记。

在上海及北京党组织的联络推动下，各地党的早期组织纷纷建立起来。1920 年秋至 1921 年春，董必武、陈潭秋、包惠僧等在武汉，毛泽东、何叔衡等在长沙，王尽美、邓恩铭等在济南，谭平山、谭植棠等在广州，成立了共产党早期组织。在日本、法国，成立了由留学生和华侨中先进分子组成的共产党早期组织。

各地共产党早期组织成立后，开展了大量的工作。主要有：研究和宣传马克思主义，研究中国实际问题；同反马克思主义思潮展开论战，帮助一批进步分子划清社会主义同资本主义的界限、科学社会主义同其他社会主义流派的界限，走上马克思主义道路；在工人中进行宣传和组织工作，使工人开始接受马克思主义的教育，提高阶级觉悟；成立社会主义青年团组织，组织团员学习马克思主义，参加实际斗争，为党培养造就后备力量。

在建党的思想理论准备中，《共产党宣言》起了十分重要的作用。1920 年 2 月，陈望道为翻译《共产党宣言》，秘密回到浙江义乌自己家中。他在潜心翻译时，把粽子蘸着墨汁吃掉却浑然不觉，还说："够甜，够甜的了！""真理的味道非常甜"，这彰显了中国的共产主义者对马克思主义救国真理的渴求，对共产主义理想的坚定信念。1920 年 8 月，《共产党宣言》中文全译本出版，成为马克思主义在中国传播史上的一件大事。

党的一大

1921 年 7 月，中国共产党第一次全国代表大会在上海法租界望志路 106 号（今兴业路 76 号）开幕。[①]

参加会议的代表有：上海的李达、李汉俊，北京的张国焘、刘仁静，长沙的毛泽东、何叔衡，武汉的董必武、陈潭秋，济南的王尽美、邓恩铭，广州的陈公博，旅日的周佛海[②]；包惠僧受陈独秀派遣，出席了会议。他们代表着全国 50 多名党员。共产国际代表马林和尼克尔斯基出席了会议。陈独秀和李大钊因事务繁忙未出席会议。

---

　　① 据后来考证，党的一大开幕的准确日期是 1921 年 7 月 23 日，1941 年 6 月《中央关于中国共产党诞生二十周年、抗战四周年纪念指示》将 7 月 1 日作为党成立纪念日。此后，每年 7 月 1 日成为中国共产党成立纪念日。

　　② 张国焘，1938 年投靠国民党，被中国共产党开除党籍；陈公博、周佛海，在党的一大后不久因严重违反党的纪律被清理出党，抗日战争中成为汉奸。

★ 党的一大会址

　　由于会场受到暗探注意和法租界巡捕搜查，最后一天的
会议转移到浙江嘉兴南湖的游船上举行。

　　党的一大确定党的名称为"中国共产党"。大会通过了
中国共产党第一个纲领，明确"革命军队必须与无产阶级一
起推翻资本家阶级的政权"，"承认无产阶级专政，直到阶级
斗争结束"，"消灭资本家私有制"，以及联合第三国际。中
国共产党一经成立，就旗帜鲜明地把社会主义和共产主义规
定为自己的奋斗目标，坚持用革命的手段实现这个目标。

　　党的一大决定设立中央局作为中央的临时领导机构，选
举产生了以陈独秀为书记的中央局。

　　党的一大宣告中国共产党正式成立。中国共产党的成
立，是近代中国历史发展的必然产物，是中国人民在救亡图

存斗争中顽强求索的必然产物，是实现中华民族伟大复兴的必然产物。中国共产党作为中国最先进的阶级——工人阶级的政党，不仅代表着工人阶级的利益，而且代表着整个中国人民和中华民族的利益。它从一开始就坚持以马克思主义为行动指南，始终把为中国人民谋幸福、为中华民族谋复兴作为初心和使命。

中国共产党的创建，是中华民族发展史上开天辟地的大事变，具有伟大而深远的意义。近代以后中国人民反帝反封建的斗争之所以屡遭挫折和失败，最重要的原因就是没有先进的坚强的政党作为凝聚力量的领导核心。中国共产党的诞生，从根本上改变了这种局面。

上海党的一大会址，嘉兴南湖红船，是中国共产党的"产床"，是党梦想起航的地方。中国共产党的建立，充分展现了开天辟地、敢为人先的首创精神，坚定理想、百折不挠的奋斗精神，立党为公、忠诚为民的奉献精神。这是中国革命精神之源、精神之基、精神之本。红船精神就是其重要体现。正是对这一精神的坚守与践行、光大与发扬，让中国共产党创造了人间奇迹，"敢教日月换新天"，成为世界上最大的政党，深刻改变了中国，也深刻影响和塑造着世界。

党的二大和民主革命纲领的制定

刚刚成立的中国共产党，最重要的任务是学习运用科学理论来观察和分析中国面对的实际问题。当时中国最突出的问题，就是帝国主义势力操纵下愈演愈烈的军阀混战。党深刻认识到，时局如此动荡，如果不先推倒祸国殃民的大小军阀及帝国主义，一切美好理想的实现都无从谈起。

1922 年 7 月，中国共产党第二次全国代表大会在上海举行。出席大会的代表 12 人，代表全国 195 名党员。

党的二大通过对中国经济政治状况的分析，揭示出中国社会的半殖民地半封建性质，指出党的最高纲领是实现社会主义、共产主义，但在现阶段的纲领，即最低纲领是打倒军阀，推翻国际帝国主义的压迫，统一中国为真正的民主共和国。大会指出，为实现反帝反军阀的革命目标，必须联合全国一切革命党派，联合资产阶级民主派，组成"民主主义的联合战线"。

党成立不过一年，就第一次提出了明确的反帝反封建的民主革命纲领，并使这个纲领很快传播开来，"打倒列强，除军阀"成为广大群众的共同呼声。这说明只有用马克思主义武装起来的中国共产党才能为中国革命指明方向。

党的二大通过了第一个党章，对党员条件、党的各级组织和党的纪律作出具体规定，体现了民主集中制原则，这对加强党的自身建设具有重要意义。大会还通过决议案，确认中国共产党是共产国际的一个支部。

党的二大通过决议案，阐明中国共产党是无产阶级中最有革命精神的分子所组成的政党，是"为无产群众奋斗的政党"，强调党的一切运动都必须深入广大的群众中去，都必须是不离开群众的，这对建党初期工农运动的开展具有重要意义。

党的二大选出中央执行委员会，中央执行委员会推选陈独秀为委员长。

工人运动的第一次高潮和农民运动的初步开展

党成立后致力于组织领导工人运动，1921 年 8 月成立公开做职工运动的总机关——中国劳动组合书记部。书记部出版《劳动周刊》，举办工人学校，组织产业工会，开展罢工斗争。党在工人中和整个社会上的政治影响日益扩大。

在党的领导下，以 1922 年 1 月香港海员罢工为起点，1923 年 2 月京汉铁路工人罢工为终点，掀起了中国工人运动第一次高潮。在持续的 13 个月里，全国发生大小罢工 100 余次，参加人数在 30 万以上。其中，安源路矿工人大罢工、开滦煤矿工人大罢工最具代表性，充分显示出组织起来的工人阶级的力量。

安源路矿共有工人 1.7 万余人。1921 年秋冬，中共湖南支部书记毛泽东到安源调查，随后湖南党组织派李立三来此

★ 安源路矿工人俱乐部筹备委员会成员合影

17

开辟工作。1922年五一劳动节，安源路矿工人俱乐部宣告成立。这年9月初，毛泽东到安源对罢工进行部署。接着，湖南党组织又派刘少奇来此工作。9月14日罢工开始，工人提出要求保障政治权利、改良待遇等条件。由于工人的英勇斗争和社会各界的声援，路矿当局被迫承认工人提出的大部分条件，罢工取得胜利。

1923年2月4日爆发的京汉铁路工人大罢工，目的是争取成立京汉铁路总工会。7日，在帝国主义支持下，军阀吴佩孚调动军警血腥镇压罢工工人。反动派将京汉铁路总工会江岸分会委员长、共产党员林祥谦捆绑在电线杆上，强迫他下复工令。林祥谦宁死不屈，壮烈牺牲。京汉铁路工会法律顾问、共产党员施洋被杀害时，身中三弹仍引吭三呼"劳工万岁"。二七惨案中，前后牺牲者52人，受伤者300余人，被捕入狱者40余人，被开除而流亡者1000余人。此后，全国工人运动转入低潮。

在领导工人运动过程中，党的自身建设开始得到加强。党在工矿企业的基层组织开始建立起来。随着工人斗争的发展，涌现出苏兆征、史文彬、项英、邓培、王荷波等一批优秀人物，他们纷纷参加了党的队伍。

党在集中力量领导工人运动的同时，开始到农村开展农民运动。浙江萧山衙前村农民大会于1921年9月召开，中国第一个新型农民组织宣告成立。1922年7月，彭湃在广东海丰县成立第一个秘密农会。到1923年5月，海丰、陆丰、惠阳三县很多地方建立了农会，会员达到20多万人。9月，湖南衡山县白果地区农民在水口山工人运动的鼓舞和党的领导下，成立岳北农工会，开展一系列斗争，树起湖南农民运动第一面旗帜。党还组织了青年运动和妇女运动。

党领导发动和组织的工农运动尤其是工人运动，显示出中国工人阶级坚定的革命性和坚强的战斗力，扩大了中国共产党在全国的政治影响，为党同其他革命力量合作、掀起全国规模的大革命准备了一定条件。

四、第一次国共合作和大革命高潮的兴起

党的三大和国共合作的建立

中国共产党人从京汉铁路工人大罢工失败的事实中看到，这时的革命力量远不如帝国主义和封建势力强大。党认识到结成最广泛的统一战线的重要性，决定采取积极步骤，联合孙中山领导的中国国民党。

此时的孙中山因依靠军阀打军阀屡遭挫折，陷于苦闷。他看到中国共产党领导工人运动所产生的影响，认识到中国共产党是一支新兴的、生机勃勃的革命力量，愿意与中国共产党合作。1923年1月，共产国际执委会作出《关于中国共产党与国民党的关系问题的决议》，对国共合作起了推动作用。

1923年6月，中国共产党第三次全国代表大会在广州举行。出席大会的代表30多人，代表全国420名党员。

党的三大正确估计了孙中山的革命立场和国民党进行改组的可能性，决定共产党员以个人身份加入国民党，以实现国共合作。明确规定共产党员加入国民党时，党必须在政治

上、思想上、组织上保持自己的独立性。

党的三大第一次修订党的章程，对二大党章进行了若干修改，首次规定新党员有候补期，首次规定党员可以"自请出党"，即自愿退党。

党的三大选举产生了中央执行委员会，还组成陈独秀任委员长的中央局。

党的三大后，国共合作步伐大大加快。共产党的各级组织动员党员和革命青年加入国民党，在全国范围内积极推进国民革命运动。1923年10月初，应孙中山邀请，苏联代表鲍罗廷到达广州。孙中山聘请他担任国民党组织教练员，后来聘为政治顾问。国民党改组很快进入实行阶段。

1924年1月，中国国民党第一次全国代表大会在广州举行。出席开幕式的代表165人中，有共产党员20多人。李大钊被孙中山指定为大会主席团成员。

国民党一大审议通过的《中国国民党第一次全国代表大会宣言》，对三民主义作出新解释，即"新三民主义"。在民族主义中突出反对帝国主义的内容，民权主义中强调民主权利应为"一般平民所共有"，民生主义则以"平均地权""节制资本"为两大原则。会后不久，孙中山又提出"耕者有其田"的口号。国民党一大的政治纲领同中国共产党在民主革命阶段政治纲领的若干基本原则是一致的，成为第一次国共合作的政治基础。

国民党一大确认了共产党员以个人身份加入国民党的原则。大会选举出中国国民党中央执行委员会，共产党员李大钊、谭平山、毛泽东等10人当选为中央执行委员或候补执行委员，约占委员总数的1/4。会后，在国民党中央党部担任重要职务的共产党员有：组织部部长谭平山、农民部部长林伯渠、宣传部代理部长毛泽东等。

国民党一大事实上确立了联俄、联共、扶助农工的三大革命政策，标志着第一次国共合作正式形成。

革命新局面的形成和党的四大

国共合作实现后，以广州为中心，汇集全国革命力量，很快开创了反对帝国主义和封建军阀的革命新局面。

国共合作的实现，促进了工人运动的恢复和发展。1924年7月，广州沙面租界爆发数千工人参加的政治大罢工，抗议英法帝国主义者限制中国居民自由出入沙面租界的"新警律"，华人警察也参加罢岗。斗争持续一个多月，取得胜利。1925年5月在广州举行的第二次全国劳动大会上，中华全国总工会成立。

农民运动也在逐步发展。广东各县农民纷纷建立农民协会，组织自卫军，向土豪劣绅和贪官污吏开展斗争。从1924年7月起，在广州开办六届农民运动讲习所，先后由共产党人彭湃、毛泽东等主持，培养了一批农民运动骨干。学生运动和妇女运动也得到发展。

为造就革命武装的骨干力量，在共产党人建议下，国民党一大决定创办一所陆军军官学校，即黄埔军校。中国共产党从各地选派大批党团员和革命青年到黄埔军校学习，第一期学生中，共产党员和青年团员有56人，占学生总数的1/10。

在国共两党共同努力下，国民革命思想由南向北，在全国范围内以前所未有的规模广泛传播。1924 年 10 月，直系将领冯玉祥发动政变，推翻直系军阀首领曹锟、吴佩孚控制的北京政府，一时控制北京、天津一带，并把所部改编为国民军，电请孙中山北上"共商国是"。11 月，孙中山离广州北行，沿途宣传召开国民会议和废除不平等条约主张。各地民众团体纷纷通电拥护，形成广泛的政治宣传运动。

为加强对日益高涨的革命运动的领导，1925 年 1 月，中国共产党第四次全国代表大会在上海举行。出席大会的代表 20 人，代表全国 994 名党员。

党的四大的重大历史功绩在于，提出了无产阶级在民主革命中的领导权问题，提出了工农联盟问题，对民主革命的内容作了更加完整的规定，指出在"反对国际帝国主义"的同时，既要"反对封建的军阀政治"，还要"反对封建的经济关系"。这是中国共产党在总结建党以来尤其是国共合作一年来实践经验基础上，对中国革命问题认识的重大进展。

党的四大还决定在全国范围内加强党的组织建设，扩大党员的数量，巩固党的纪律，明确规定以支部作为党的基本组织。

党的四大对党章进行了修改，对支部建设提出具体要求，规定有三名党员即可成立党支部。

党的四大选举产生中央执行委员会，中央执行委员会选出陈独秀任总书记的中央局。

1925 年 3 月 12 日，孙中山在北京病逝。孙中山逝世后，原先就坚持反共立场的国民党右派重新活跃起来，国民党内部左右两派进一步分化，国共合作建立的统一战线面临更加复杂的局面。这对中国共产党人来说，是一个严峻的考验。

五卅运动和广东革命根据地的统一

全国范围大革命高潮的到来，始于 1925 年 5 月上海工人反对外国资本家的罢工。

5 月 15 日，上海内外棉七厂日本资本家枪杀工人、共产党员顾正红。30 日，在中国共产党领导和发动下，上海工人和学生举行街头宣传和示威游行，租界英国巡捕在南京路上突然开枪，打死学生、工人等 13 人，伤者不计其数。这就是震惊全国的五卅惨案。以后几天，上海和其他地方又连续发生英、日等国军警枪杀中国民众的事件。

五卅惨案激起全中国人民极大愤怒，多年来深埋在中国人民心里的对帝国主义的怒火一下子喷发出来，形成工人罢工、学生罢课、商人罢市的局面。党中央决定成立上海总工会，成立上海工商学联合委员会，加强对运动的领导。全国约有 1700 万人直接参加了运动，从通商都市到偏僻乡镇，到处响起"打倒帝国主义""废除不平等条约"的怒吼。以五卅惨案为导火线，反对帝国主义的民族运动浪潮，以不可遏止的浩大声势迅速席卷全国，这就是五卅运动。

发生在广州和香港的有 25 万人参加的省港大罢工，是五卅运动的重要组成部分。罢工工人成立由共产党员苏兆征任委员长的省港罢工委员会，对香港实行封锁。大罢工前后坚持 16 个月之久，10 多万集中在广州的有组织的罢工工人，成为广州革命政府的有力支柱。

党在领导五卅运动中得到很大发展，党员从 1925 年初不足 1000 人，发展到年底 1 万人，不少没有党组织的地方建立了党组织。为适应大革命高潮到来的新形势，党中央及时提出要在极短时间内将党"从小团体过渡到集中的群众政党"，强调对党员进行教育和训练的重要性，在北京建立了一所高级党校培养干部。

在蓬勃发展的有利形势下，国共两党合作进行了统一广东革命根据地的工作。1925年，经过两次东征和南征，消灭军阀陈炯明部和邓本殷部，平息杨希闵、刘震寰两部在广州的叛乱，统一了广东革命根据地，为北伐战争准备了比较可靠的后方基地。

党还进行了创建直接领导的革命武装的尝试。周恩来和中共广东区委在孙中山支持下，以部分党、团员为骨干，把大元帅大本营的铁甲车队改组为一支实际受党指挥的革命武装。1926年初，建立了由共产党员叶挺指挥的国民革命军第四军独立团。

在李大钊等人艰辛开拓下，北方地区的革命运动迅速发展起来。从1924年初开始，北方工人运动逐渐打破二七惨案后的消沉状态，得到恢复和发展。北京、青岛、唐山等地工人罢工斗争此起彼伏。1925年10月，中央执委会扩大会议强调北方地区工作的重要性，决定加强对北方革命的领导。会后，中共北方区执行委员会成立，李大钊任书记。到1926年7月，在北京、天津、唐山、太原、北满等地组建了十多个地委和几十个特别支部、独立支部，拥有党员2000多人。李大钊和中共北方党组织还进行了争取冯玉祥及其国民军的工作，开展了争取关税自主运动等。这些斗争显示了北方民众革命意识的觉醒，打击了控制北京的段祺瑞反动政府。

五、北伐战争和工农运动

北伐战争的胜利进军

1926 年 7 月，国民革命军誓师北伐。北伐战争的直接打击目标是帝国主义支持的北洋军阀，主要有吴佩孚、孙传芳、张作霖三支势力，他们直接掌握的军队有 70 万人，而国民政府所辖的国民革命军只有 10 万人左右。

★ 部分在北伐军中从事政治工作的共产党员在南昌合影

面对敌我兵力悬殊的形势，国民革命军在苏联顾问指导下制定了集中兵力、各个歼敌的战略方针。在沿途人民群众大力支持下，北伐军一路势如破竹。9月，占领汉阳、汉口。10月10日攻克武昌，全歼吴佩孚部主力。江西战场的北伐军于11月初歼灭孙传芳部主力，占领九江、南昌。福建方面，12月不战而下福州。随即，北伐军制定夺取浙江、上海，会师南京的计划，于1927年2月进占杭州，平定浙江全省。3月占领安庆、南京等地，开进上海。至此，北伐军完全占领长江以南地区。

在北伐军取得巨大胜利的同时，冯玉祥率领的国民军在苏联和中国共产党帮助下，于1926年9月在绥远五原誓师，挥军南下。11月控制陕西、甘肃等省，准备东出潼关，响应北伐军。

北伐战争是在共产党提出的反对帝国主义、反对军阀的口号下进行的。北伐进军过程中，共产党员、共青团员舍生忘死，发挥了先锋模范作用，尤其是共产党员叶挺领导的独立团，率先攻入武昌城，成为赢得"铁军"称号的第四军中一支英勇善战的部队。共产党人在军队政治工作和发动工农群众方面作出巨大贡献。中共广东区委领导广东省港罢工委员会组织了3000人的运输队、宣传队、卫生队随军北上。北伐军向长沙开进时，中共湖南区委发动工农群众参加带路、送信、运输、救护等工作，还组织农民自卫军直接参战。这种热烈的场面，在中国以往的战争中是罕见的。

北伐战争在短时间内取得巨大成功，是国共两党合作结出的硕果。

湘鄂赣工农群众运动的高涨

随着北伐胜利进军，工农群众运动以空前规模迅速高涨。在湖南、湖北、江西三省，表现得最为显著。

在这些省份，农民运动首先高涨起来。毛泽东于1926年11月担任中共中央农民运动委员会书记，以湖南、湖北、江西、河南农民运动为工作重点。从1926年夏到1927年1月，湖南农民协会会员从40万人激增到200万人。农民有了组织，便开始行动，发动了一场空前的农村大革命。毛泽东在当时就指出："国民革命需要一个大的农村变动。辛亥革命没有这个变动，所以失败了。现在有了这个变动，乃是革命完成的重要因素。"

农民运动的蓬勃发展，吓坏了地主豪绅和国民党右派，

★ 大革命时期的武汉国民党中央农民运动讲习所，毛泽东是这个讲习所实际的主办者

27

他们纷纷攻击农民运动，诬蔑其是"痞子运动""糟得很"。毛泽东1927年初对湖南农民运动进行了32天考察。在《湖南农民运动考察报告》中，他尖锐批驳党内外责难农民运动的种种谬论，论述了农村革命的伟大意义，指出一切革命的同志都应该站在农民的前头领导他们，而不能站在他们的后头指手画脚地去批评他们，更不能站在他们的对面去反对他们。他强调必须依靠贫农作为"革命先锋"，团结中农和其他可以争取的力量，建立农民协会和农民武装，掌握农村一切权力，然后进行减租减息、分配土地等斗争。

在城市，工人运动也高涨起来。湖南、湖北两省总工会在1926年九十月间相继成立。到1927年1月，两省工会会员发展到70万人。江西省总工会也正式成立。三省都仿效省港大罢工的经验，组织武装工人纠察队。长沙、武汉、九江等城市工人相继举行大规模罢工，大多取得胜利。群众性反帝斗争蓬勃开展，推动国民政府于1927年2月收回了汉口、九江英租界。

在北伐胜利进军和工农运动高涨的推动下，党中央和上海区委从1926年10月开始，组织上海工人进行武装起义。第一、第二次起义遭到失败。接着，党中央和上海区委联合组成起义最高指挥机关——特别委员会，由陈独秀、罗亦农、赵世炎、周恩来等任委员，周恩来任起义总指挥。在他们直接领导下，上海工人于1927年3月21日成功发动第三次武装起义。22日，成立上海特别市临时市政府，这是党领导下最早由民众在大城市建立起来的革命政权。

上海工人第三次武装起义，是大革命时期中国工人运动的一次壮举，是北伐战争时期工人运动发展的最高峰。

六、国共合作的破裂和大革命的失败

大革命危局的出现和党的五大

当轰轰烈烈的大革命如火如荼展开时，洪流中包裹的暗流、胜利中暗藏的危机也在发展。

羽翼渐已丰满的蒋介石得到帝国主义列强的鼓动和支持，不断制造反共事件。1927年3月，他指使国民党军队逮捕了赣州总工会委员长、江西省总工会副委员长、共产党员陈赞贤。敌人逼他签字解散总工会，停止工农运动。陈赞贤斩钉截铁地说："头可断，血可流，解散工会的字我不签！"他高呼："中国共产党万岁！"英勇牺牲。

随着北伐胜利进军，蒋介石反共活动日益公开化。在大革命的紧要关头，党的主要领导人犯了妥协退让的错误。

1927年3月24日，北伐军占领南京。当天下午，游弋在长江江面的英、美军舰借口保护侨民，猛烈炮轰南京，中国军民伤亡严重。南京事件加速了蒋介石同帝国主义势力勾结的步伐。26日，蒋介石到上海，同帝国主义列强、江浙财阀和帮会头目等举行一系列秘密会谈。4月初，蒋介石在上海召开秘密会议，决定用暴力手段"清党"，对中国共产党发动突然袭击。

4月12日，蒋介石在上海发动反革命政变。当天凌晨，大批青帮武装流氓冒充工人从租界冲出，向分驻上海总工会等处的工人纠察队发动突然袭击。国民革命军第二十六军借调解之名，收缴工人纠察队武装。13日，上海工人和市民召开10万人的群众大会，会后整队游行，要求释放被捕工友，交还纠察队被缴枪械。队伍行进到宝山路时，第二十六军突然冲出，向密集的人群扫射，当场打死100多人，伤者不计其数。到15日，上海工人300多人被杀，500多人被捕，5000多人失踪。这就是震惊中外的四一二反革命政变。

国民党反动派在上海发动反革命政变后，江苏、浙江、安徽、福建、广东、广西等省相继以"清党"为名，大规模捕杀共产党员和革命群众。仅广东一地，被杀害的就达2000多人，包括著名的共产党员萧楚女、熊雄等在内。北方奉系军阀张作霖也捕杀大批共产党员和革命群众。

4月6日，中国共产党主要创始人之一李大钊不幸被捕。他与敌人英勇斗争，严守党的秘密，竭力掩护和解救同时被捕的同志。在《狱中自述》中，他表达了对革命事业的无限忠诚："钊自束发受书，即矢志努力于民族解放之事业，实践其所信，励行其所知，为功为罪，所不暇计。"面对敌人的绞刑架，他从容就义，表现出对共产党人初心使命的顽强坚守，对党的事业的无比忠诚，树立起理想信念坚定的标杆。

江苏省委书记陈延年被捕后，受尽酷刑，以钢铁般的意志，宁死不屈。刑场上，刽子手喝令其跪下，他高声回应：革命者光明磊落、视死如归，只有站着死，绝不跪下！陈延年昂首挺胸，英勇牺牲。

面对严重的白色恐怖，江苏省委代理书记赵世炎坚定表示：共产党就是战斗的党，党存在一天，就必须战斗一天，

★ 蒋介石下令查封、解散革命组织和进步团体，大肆捕杀共产党人和革命人士

不愿意参加斗争，还算什么共产党员！被捕后，他慷慨激昂地表示：志士不辞牺牲，共产党必将取得胜利！他英勇就义，将青春和热血献给了民族复兴的伟大事业。

萧楚女在农民运动讲习所、黄埔军校工作时，曾对学员们说：做人要像蜡烛一样，在有限的一生中有一分热，发一分光，给人以光明，给人以温暖。他在白色恐怖中壮烈牺牲，就像一支永不熄灭的红烛，燃尽了自己，照亮了革命前行的道路。

四一二反革命政变，是大革命从高潮走向失败的转折点。

4月18日，蒋介石在南京另行成立代表大地主大资产阶级利益的"国民政府"。此后，全国形成三个政权对峙的局面：以张作霖为首的北京政府、以蒋介石为首的南京国民政府和继续保持国共合作的武汉国民政府。

在大革命紧急关头，1927年4月至5月，中国共产党第五次全国代表大会在武汉举行。出席大会的代表82人，代表全国57967名党员。

党的五大选出了党的中央委员会，随后举行的五届一中全会，选举产生了中央政治局和中央政治局常务委员会，陈独秀为总书记。还选举产生了党的历史上第一个中央纪律检查监督机构——中央监察委员会，这在党的建设史上具有重要意义。

会后，中央政治局会议根据党的五大的要求，通过了修改党章的决议，正式提出党内实行民主集中制的组织原则，首次把民主集中制明确写入党章，首次把党与青年团的关系写入党章，首次明确入党年龄须在18岁以上。

党的五大提出争取无产阶级对革命的领导权，建立革命民主政权和实行土地革命等一些正确的原则，但对无产阶级如何争取革命领导权、如何领导农民实行土地革命，特别是如何建立党领导的革命武装等问题，没有提出有效的具体措施，难以承担起挽救革命的任务。

大革命的失败及其经验教训

党的五大后，武汉国民政府所辖地区的危机越来越严重。湖北、湖南、江西都发生查封革命团体、逮捕工农领袖的事件。1927年5月21日，国民党反动军官许克祥在长沙收缴工人纠察队枪械，捕杀共产党员和革命群众100多人，这就是马日事变。马日事变后，湖南笼罩在一片白色恐怖中。

7月15日，汪精卫召开国民党中央常务委员会扩大会议，以"分共"的名义，正式同共产党决裂，对共产党员和革命群众实行大逮捕、大屠杀。国共合作全面破裂，国共两党合作发动的大革命宣告失败，大批优秀中华儿女倒在了反革命的血雨腥风之中。据不完全统计，从1927年3月到1928年上半年，被杀害的共产党员和革命群众达31万多人。

在白色恐怖中，革命者血流成河却没有被吓倒。被捕前任湖北省委常委的夏明翰身陷牢狱坚贞不屈，在给妻子的家书中写下"坚持革命继吾志，誓将真理传人寰"的豪言壮语。他以"砍头不要紧，只要主义真"的铮铮誓言，生动表达了共产党员的理想之光不灭、信念之光不灭。

大革命是一场以工农群众为主体的、包括民族资产阶级和上层小资产阶级参加的人民革命运动。它以与辛亥革命根本不同的规模和形式，在中国大地上掀起翻天覆地的狂飙，沉重打击了帝国主义在华势力，基本推翻了北洋军阀反动统治，使民主革命思想在全国范围内空前传播，促进了中国广大民众的觉醒，推动了中国社会的进步。大革命教育和锻炼了各革命阶级，为后来党领导的土地革命战争奠定了群众基础。在大革命中，党的组织得到迅速发展，党的自身建设得到加强。从建党初期到大革命失败前的短短6年内，全国除新疆、青海、贵州、西藏、台湾外，都建立了党的组织或有了党的活动，党由50多名党员发展成为拥有近5.8万名党员、领导着280余万工人和970余万农民的具有相当群众基础的政党。

在大革命初期和中期，党的路线基本是正确的，党员群众和党的干部积极性非常高，因此获得巨大胜利。大革命的失败，从客观方面讲，是由于反革命力量强大，资产阶级发生严重动摇，蒋介石集团、汪精卫集团先后叛变革命。从主观方面说，这时党还处在幼年时期，缺乏应对复杂环境的政治经验，还不善于将马克思主义基本原理同中国革命具体实际结合起来。

大革命从兴起到失败的经验教训表明，党不但要建立革命的统一战线，而且要始终保持自身的独立性，实行"又团结又斗争"的方针，争取无产阶级在革命中的领导权。同时，根据中国当时的国情，要取得革命胜利，必须坚持武装斗争，组建由党直接统率和指挥的军队；必须解决农民土地问题，以充分发动农民参加革命，扩大革命力量；党必须加强自身建设，加强党的民主集中制，既要发展党的组织和注重党员数量，更要巩固党的组织和注重党员质量。只有正确认识和解决了这些问题，党才能领导中国革命事业走向成功。

大革命虽然失败了，但它的历史意义是不可磨灭的。这场革命实际上是未来胜利的革命的一次伟大的演习。正是在这个时期，中国共产党人进行了轰轰烈烈的革命工作，在全国范围内掀起反帝反封建的伟大斗争，在中国革命史上写下了可歌可泣的一页。无论在大革命高潮中，还是革命笼罩在白色恐怖之下，中国共产党人都表现出大无畏的自我牺牲精神，表现出宁死不屈的革命意志，为人民和民族的最高利益不惜赴汤蹈火，赢得人民的信赖。

经过大革命，党从正反两方面积累了深刻的经验，开始在实践中探索马克思主义中国化的途径，初步提出无产阶级领导的新民主主义革命的基本思想，开始懂得进行土地革命和掌握革命武装的重要性。正是经历了这场大革命，中国人民的觉悟程度有了明显提高。所有这些，为把中国革命推进到一个新的阶段——土地革命战争时期准备了必要的条件。

第二章 ‖ 掀起土地革命的风暴

大革命失败后，全国陷入一片白色恐怖之中。年轻的中国共产党遭受到成立以后从未遇到过的严峻考验。面对反动派的血腥屠杀，中国共产党和中国人民没有被吓倒，被征服，被杀绝。他们从地上爬起来，揩干净身上的血迹，掩埋好同伴的尸首，又继续战斗了。

一、以武装斗争反抗国民党的反动统治

八七会议和南昌起义、秋收起义、广州起义

蒋介石和汪精卫背叛革命后，国内政治局势陡然逆转。神州大地笼罩在腥风血雨之中，中国革命处于命悬一线的紧要关头。

在严酷的斗争和血的教训中，党深刻认识到，没有革命的武装就无法战胜武装的反革命，就无法担起领导中国革命的重任，就无法夺取中国革命的胜利，就无法改变中国人民和中华民族的命运。不进行武装反抗，就无异于坐以待毙，

听任整个中国变成黑暗的中国。

1927年8月1日，在以周恩来为书记的中共中央前敌委员会领导下，贺龙、叶挺、朱德、刘伯承等率领党所掌握和影响的军队两万多人，在南昌打响了武装反抗国民党反动派的第一枪。经过4个多小时激战，起义军占领南昌城。随后，根据中央的计划，起义军撤离南昌，南下广东。10月初，起义军在广东潮州、汕头地区失败。保存下来的部队一部分转移到广东海陆丰地区，同当地农军会合；主要部分在朱德、陈毅率领下，转移到湘南地区，开展游击战争。

南昌城头的枪声，像划破夜空的一道闪电。南昌起义标志着中国共产党独立领导革命战争、创建人民军队和武装夺取政权的开端，开启了中国革命新纪元。自那时起，中国共产党领导下的人民军队，就英勇投身为中国人民求解放、求幸福，为中华民族谋独立、谋复兴的历史洪流，同中国人民和中华民族的命运紧紧连在了一起。

★ 八七会议会址

8月7日，中共中央在湖北汉口秘密召开紧急会议（八七会议）。会议确定了土地革命和武装反抗国民党反动派的总方针。这是一个正确的方针，是党在付出了大量鲜血的代价后换得的正确的结论。出席这次会议的毛泽东在发言中突出地强调："以后要非常注意军事。须知政权是由枪杆子中取得的。"

八七会议是一个转折点。它给正处在思想混乱和组织涣散中的中国共产党指明了新的出路，为挽救党和革命作出了巨大贡献。这是由大革命失败到土地革命战争兴起的历史性转变。

八七会议后，党派出许多干部分赴各地，恢复和整顿党组织，发动武装起义。

毛泽东以中央特派员身份到湖南传达八七会议精神、改组省委并领导秋收起义。以毛泽东为书记的中共湖南省委前敌委员会，将参加起义的各路武装 5000 余人统编为工农革命军第一师，于 9 月 9 日发动湘赣边界秋收起义。在攻打中心城市长沙受挫后，毛泽东果断改变计划，率部队退到浏阳文家市集中，主持召开前委会议，决定到敌人统治力量薄弱的农村山区寻找落脚点。从进攻大城市转到向农村进军，这是中国人民革命发展史上具有决定意义的新起点。

9 月 29 日，毛泽东领导起义军在江西永新县三湾村进行了著名的三湾改编，将党的支部建在连上，成立各级士兵委员会，实行民主制度，在政治上官兵平等。由此开始改变起义军中旧军队的习气和不良作风，从组织上确立了党对军队的领导，是建设无产阶级领导的新型人民军队的重要开端。

12 月 11 日，中共广东省委书记张太雷和叶挺、叶剑英等领导发动广州起义。起义军一度占领广州绝大部分市区，成立苏维埃政府，但终因敌众我寡，第三天即告失败，张太雷和许多革命者壮烈牺牲。参加这次起义的革命伴侣周文雍和陈铁军不幸被捕。1928 年 2 月，两人在广州红花岗刑场举行了悲壮的婚礼，从容就义。

广州起义是对国民党反动派屠杀政策的又一次英勇反击。实践再一次证明：面对国民党新军阀在中心城市拥有强大武装的形势，想通过城市武装起义或攻占大城市来夺取革命胜利是不可能的。

到 1928 年初，党还领导了其他一系列武装起义，比较重要的有：海陆丰起义，琼崖起义，黄安、麻城起义，东固起义，弋阳、横峰起义，万安起义，湘南起义，桑植起义，闽西起义，确山起义，渭南、华县起义等。这些起义虽大多数由于敌强我弱、领导者实行错误政策或客观条件不成熟而失败，但表明革命的火种是反革命军事镇压扑灭不了的。因为这是正义的、符合广大人民要求的。一些起义部队在数省边界地区的偏僻山村坚持下来，开展游击战争，为以后红军和根据地的更大发展奠定了初步基础。

党的六大

这一时期党发动了一系列武装起义，但革命形势依然处于低潮。由于当时的党还处于幼年阶段，政治上还不成熟，对中国社会性质和中国革命的性质、动力、前途等重大问题，党内还存在着认识上的分歧和争论。因此，召开一次党的全国代表大会已刻不容缓。由于国内白色恐怖异常严重，中共中央报请共产国际同意后，决定党的六大在苏联召开。

1928 年 6 月至 7 月，中国共产党第六次全国代表大会在莫斯科近郊举行。出席大会的代表共 142 人。大会通过关于政治、军事、组织、苏维埃政权等一系列问题的决议,以及经过修改的《中国共产党党章》,选举产生了新的中央委员会。

大会科学分析了中国社会的性质,明确指出,中国仍然是一个半殖民地半封建的国家,中国革命现阶段的性质是资产阶级民主革命;当前中国的政治形势是处于两个革命高潮之间,第一个革命浪潮已经过去,而新的浪潮还没有来到;党的总路线是争取群众。六大把工作中心从千方百计地组织暴动转到从事长期的艰苦的群众工作,确定以争取群众作为党的首要任务,把"左"倾作为主要危险来反对。这是党的工作方针的一次重要转变。

大会通过的党章,详细规定了民主集中制的内容,并在党员管理制度和党的组织机构等方面作出了新的规定。

党的六大的路线基本是正确的,在党内思想十分混乱的情况下统一了全党的思想。六大以后,全党贯彻执行六大路线,恢复和重建党的组织,领导开展群众斗争,中国革命出现走向恢复和发展的局面。

二、毛泽东和中国革命新道路的开辟

井冈山革命根据地的创建和向赣南闽西进军

大革命失败后,集中体现中国革命正确方向的是毛泽东、朱德领导的井冈山革命根据地的斗争。

三湾改编后，毛泽东带领起义军首先来到井冈山。井冈山地处湘赣边界的罗霄山脉中段。毛泽东选择在这里建立革命根据地，是因为：这个地区的群众基础比较好，大革命时期湘赣边界各县曾经建立过党的组织和农民协会；这里的部分旧式农民武装，愿意同工农革命军联合；这里地势险要，易守难攻；周围各县有自给自足的农业经济，便于部队筹款筹粮；地处湘赣边界，距离国民党统治的中心比较远，湘赣两省军阀之间又存在矛盾，对这个地区的控制力量比较薄弱。

毛泽东抓住统治阶级内部发生新破裂的有利时机，全力进行边界党、军队和政权的建设。1927年11月，成立湘赣边界第一个红色政权——茶陵县工农兵政府。1928年2月中旬，打破江西国民党军队对井冈山地区的进攻。至此，井冈山根据地初步建立，边界党的组织也逐步建立起来。

对工农革命军，毛泽东要求改变过去军队只顾打仗的旧传统，担负起打仗消灭敌人、打土豪筹款子、做群众工作三项任务。1928年4月，他又总结部队做群众工作的经验，规定部队必须执行三大纪律、六项注意。以后六项注意又发展成八项注意。这些规定体现了人民军队的本质，对于正确处理军队内部关系、军民关系和瓦解敌军等，都起了重大作用。

1928年4月下旬，朱德、陈毅率领南昌起义保留下来的部队和湘南起义农军一万余人陆续转移到井冈山地区，与毛泽东领导的部队会师，成立工农革命军第四军(后改称"工农红军第四军")，朱德任军长，毛泽东任党代表和军委书记。从此，他们领导的军队被称为"朱毛红军"。5月，湘赣边界党的第一次代表大会选举产生以毛泽东为书记的中共湘赣边界特委。

毛泽东、朱德在连续打退湘赣两省国民党军队的进攻中，概括出游击战争的基本原则，即"敌进我退，敌驻我扰，敌疲我打，敌退我追"的十六字诀，领导红四军以不足四个团的兵力，在同国民党军队八九个团甚至十八个团兵力的战斗中，不畏强敌、不畏艰难，使根据地日益扩大。

井冈山根据地的斗争是同土地革命分不开的。根据地建立之初，分田只在个别地区试行。随着根据地逐步巩固，1928 年 5 月至 7 月，边界各县掀起分田高潮，年底颁布井冈山《土地法》。广大贫苦农民从分得土地的事实中认识到红军是为他们的利益而奋斗的，从各方面全力支持红军和根据地发展。这是井冈山根据地能够存在和发展的社会基础。

井冈山根据地的建立，点燃了工农武装割据的星星之火，为中国革命探索出了农村包围城市、武装夺取政权这样一条前人没有走过的正确道路。井冈山时期留下的最为宝贵的财富，就是井冈山精神，最重要的方面就是坚定信念、艰苦奋斗，实事求是、敢闯新路，依靠群众、勇于胜利。

1928 年 12 月，湘赣两省国民党军队又以 3 万人的兵力，分五路向井冈山进攻。1929 年 1 月，毛泽东、朱德、陈毅率红四军主力向赣南出击，随后同从井冈山突围出来的红五军主力会合，并向闽西发展。1930 年春，赣南根据地和闽西根据地形成，先后成立赣西南苏维埃政府和闽西苏维埃政府，为后来中央革命根据地的建立奠定了基础，并对各地区红军游击战争的发展和根据地建设起了鼓舞和示范作用。

古田会议和建党建军原则的确立

古田会议是在红军生死存亡的紧要关头召开的。当时，红四军在转战赣南、闽西的过程中，领导人之间在军队建设问题上产生不同看法，军内存在的单纯军事观点、流寇思想和军阀主义残余等非无产阶级思想有所发展。红四军第八次党代会后，红四军出击东江失败，部队思想混乱、士气低迷，面临严峻考验。

1929 年 12 月，红四军党的第九次代表大会（古田会议）在福建省上杭县古田召开。会议选举产生了新的中共红四军前敌委员会，毛泽东当选为书记。大会根据中央九月来信精神，通过毛泽东起草的古田会议决议，其中最重要的是关于纠正党内的错误思想的决议案，确立了思想建党、政治建军的原则。

在党的建设方面，决议集中体现着重从思想上建设党这一独特的党的建设道路，深刻阐述加强党的思想建设的极端

★ 古田会议会址

重要性，指明党内各种非无产阶级思想的表现、来源及纠正办法。决议还提出加强党的组织建设的任务，要求"厉行集中指导下的民主生活"，发展新党员要注重质量，等等。

在军队建设方面，决议规定红军是一个执行革命的政治任务的武装集团，必须绝对服从党的领导，必须全心全意为党的纲领、路线和政策而奋斗；批评认为军事和政治对立的单纯军事观点；再次提出红军必须担负起打仗、筹款和做群众工作三位一体的任务；强调要加强红军政治工作，特别是政治教育工作。

古田会议决议是中国共产党和红军建设的纲领性文献，是党和人民军队建设史上的重要里程碑。古田会议确立了马克思主义建党建军原则，确立了军队政治工作的方针、原则、制度，提出了解决把以农民为主要成分的军队建设成为无产阶级性质的新型人民军队这个根本性问题的原则方向，使军队实现了浴火重生、凤凰涅槃。古田会议奠基的军队政治工作对军队生存发展起到了决定性作用。

党对军队的绝对领导，是人民军队永远不变的军魂。这一根本原则和制度，发端于南昌起义，奠基于三湾改编，定型于古田会议，是人民军队完全区别于一切旧军队的政治特质和根本优势。千千万万革命将士矢志不渝听党话、跟党走，在挫折中愈加奋起，在困苦中勇往直前，铸就了拖不垮、打不烂、攻无不克、战无不胜的钢铁雄师。

建党建军原则确立后，红军迎来了大发展的好时机。1930 年 6 月，赣西南、闽西地区的红军合编为红一军团，共有 2 万余人。8 月，红一军团同彭德怀、滕代远领导的红三军团共 3 万余人合编为红一方面军，朱德任总司令，毛泽东任总前委书记兼总政治委员，成为全国红军中战斗力最强的一支部队。

毛泽东率领秋收起义部队上井冈山后，针对党内一些人关于"红旗到底打得多久"的疑问，从中国革命实际出发，科学阐明了以农业为主要经济的中国革命，以军事发展暴动，是一种特征；深刻论证了红色政权能够长期存在并发展的主客观条件，提出了工农武装割据的思想；他在《星星之火，可以燎原》一文中指出，红军、游击队和红色区域的建立和发展，是促进全国革命高潮的最重要因素。从而形成了农村包围城市、武装夺取政权的思想。这是对大革命失败后党领导红军和根据地斗争经验的概括，是马克思主义在中国创造性的运用和发展。

大革命失败后，中国共产党人是沿着一条独特的道路，引导中国革命走向复兴并逐步赢得胜利的。这就是农村包围城市、武装夺取政权的道路。

在半殖民地半封建的中国，在大革命遭到失败、敌我力量对比极端悬殊的情况下，中国共产党人不可能像俄国十月革命那样，通过首先占领中心城市来取得革命在全国的胜利，而必须首先在农村建立革命根据地，积蓄革命力量，在条件成熟时夺取城市，最后夺取全国革命胜利。

这一条适合中国实际的正确革命道路，是在党领导人民的集体奋斗中开辟出来的。在这个过程中，毛泽东作出了最卓越的贡献。他不仅在实践中首先把武装斗争的立足点放在农村，领导开创井冈山根据地，创造性地解决了为坚持和发展农村根据地所必须解决的一系列根本问题，而且从理论上逐步对中国革命的道路问题作出明确说明。

三、红军反"围剿"斗争的胜利和农村革命根据地的建设

革命形势的恢复和好转

党的六大以后的两年间，由于党在工作中实行了坚决转变，党的组织有了较大恢复和发展。到1930年9月，据党的扩大的六届三中全会统计，全国党员增加到12.23万余人。到年底，党在全国恢复了17个省委（省工委）和许多特委、市委、县委的组织。党在国民党统治区艰苦卓绝的斗争中，积累了丰富的地下工作经验。1927年11月成立的中央特科，在周恩来的直接领导下，在保卫党中央安全、营救被捕同志、严惩叛徒、搜集情报、沟通同各苏区的电讯联系、配合根据地红军作战等方面，发挥了重要作用。

党中央在这时也加强了对各地红军和农村革命根据地工作的领导，使工作获得巨大发展。到1930年3月，全国红军已有13个军，6.2万多人。在毛泽东等领导的赣西南、闽西根据地以外，重要的革命根据地还有湘鄂西、鄂豫皖、湘赣、湘鄂赣、闽浙赣、广西的左右江、广东的东江和琼崖等。革命根据地的创建和发展，是促成这一时期革命形势好转最重要的因素。

在湘鄂西，1928年初，贺龙、周逸群等先后到达湖北洪湖和湘西桑植地区，把几支农民游击队组织起来，建立新的革命武装，整编为工农革命军第四军。1930年7月，他们

同由鄂西游击总队扩编而成的红六军在湖北公安会师，部队扩大到 1 万余人，组成红二军团，贺龙任总指挥，周逸群任政治委员。不久，又成立了湘鄂西苏维埃政府。

在鄂豫皖，红军游击队也发展得很快。他们最初分为鄂豫边、豫东南、皖西三块根据地。中央军委委派徐向前到鄂豫边负责军事指挥工作。1930 年初，中央决定成立鄂豫皖边特委，派郭述申任书记，统一领导这三块根据地，并成立红一军。这便是以后鄂豫皖中央局和红四方面军的前身。

在湘鄂赣，彭德怀、滕代远率领红五军从湘赣返回这一地区后，会合当地游击队，扩编为红三军团，彭德怀任总指挥和前委书记，滕代远任政治委员，创立了湘鄂赣革命根据地。

在广西西部，中央代表邓小平和张云逸、韦拔群等领导在党影响下的一部分广西军队和当地农军，在 1929 年 12 月和 1930 年 2 月先后举行百色起义和龙州起义，成立红七军和红八军，李明瑞任两军总指挥，邓小平任政治委员，创立了左右江革命根据地。

红军的反"围剿"斗争

红军和根据地的顽强存在和迅速发展，使国民党统治集团感到震惊。蒋介石集中兵力向各根据地和红军发动了多次大规模"围剿"。

国民党军队"围剿"的重点是中央革命根据地和毛泽东、朱德率领的红一方面军。1930 年 10 月起，蒋介石调集 10 万多人，发动对中央革命根据地的第一次"围剿"。红一方面军 4 万多人，采取"诱敌深入"的作战方针，歼敌 1.3 万人，成功打破国民党军队的第一次"围剿"。

不久，蒋介石又指挥 20 万军队，对中央革命根据地发动第二次"围剿"。红一方面军仍坚持"诱敌深入"方针，1931 年 5 月 16 日至 31 日，连打 5 个胜仗，横扫 700 里，自赣江之畔直达福建建宁，共歼敌 3 万多人，打破了国民党军队的第二次"围剿"，进一步扩大了中央革命根据地。"七百里驱十五日，赣水苍茫闽山碧，横扫千军如卷席。"毛泽东气势磅礴的诗句，生动地记述了这一鼓舞人心的胜利。

6 月间，蒋介石自任"围剿"军总司令，调集 30 万人，发动第三次"围剿"。红一方面军历时 3 个月，歼敌 3 万多人，粉碎了国民党军队第三次"围剿"。此后，赣南、闽西两块根据地基本连成一片，扩大到跨 20 余县的广大地区。

受红军胜利的影响，国民党军第二十六路军 1.7 万余人于 1931 年 12 月 14 日在江西宁都起义，改编为中国工农红军第五军团，在国民党军队中引起很大震动。

这时，其他根据地的反"围剿"斗争也取得胜利。

在鄂豫皖，从 1930 年冬到 1931 年夏，红军打破国民党军队两次"围剿"。1931 年 11 月，根据中央决定，鄂豫皖根据地的红四军和红二十五军合编为红四方面军，徐向前任总指挥，陈昌浩任政治委员，全军近 3 万人。

在湘鄂西、赣东北、湘赣、湘鄂赣、琼崖等根据地，也都取得反"围剿"的胜利。与此同时，西北红军创始人刘志丹、谢子长、习仲勋等经过艰苦斗争，创建了陕甘边根据地和陕北根据地（后发展为陕甘根据地，又称"西北根据地"），使中国革命根据地的布局发生了变化，不仅在南方有革命根据地，北方也有了革命根据地。这对中国革命后来的发展产生了重要影响。

红军在反"围剿"斗争中，形成了消灭敌人的有生力量；集中兵力，各个歼敌；"打得赢就打，打不赢就走"，在运动中发现敌军弱点，速战速决等战略战术思想。这些战略战术思想建立在人民战争的基础之上，解决了红军以劣势兵力和落后装备战胜强大敌人的问题，是对马克思主义军事学说的杰出贡献。

根据地的土地革命和各方面建设

土地革命是中国新民主主义革命的基本内容之一，也是党践行初心和使命的具体体现。党领导广大农民"打土豪、分田地"，就是要让广大农民翻身得解放，就是为人民根本利益而斗争。随着红军和农村革命根据地的建立和发展，土地革命广泛地开展起来。

在赣南、闽西根据地，毛泽东提出一系列深入进行土地革命的政策和原则。1929 年 4 月，他主持制定兴国县《土地法》，将井冈山《土地法》规定的"没收一切土地"改为"没收一切公共土地及地主阶级的土地"。7 月，在他的指导下，闽西党的第一次代表大会通过的决议中作出"自耕农的田地不没收""抽多补少"的原则规定，使闽西 300 多里的地区分了田，60 多万贫苦农民得到了土地。1930 年 2 月，在按人口平均分配土地的原则指导下，兴国等 6 县全境和永丰等县部分地区全面开展分田运动。1931 年 2 月，毛泽东又修改井冈山《土地法》中关于农民只有土地使用权、禁止土地买卖的规定，肯定农民对土地的所有权。

与此同时，在赣东北、湘鄂西、鄂豫皖、湘鄂赣、广西右江、广东琼崖等革命根据地，土地革命也轰轰烈烈开展起来。

在三年多土地革命实践中，基本上形成一套比较切实可行的土地革命路线、政策和方法。主要是：依靠贫农、雇农，联合中农，限制富农，消灭地主阶级，变封建土地所有制为农民土地所有制；以乡为单位，按人口平均分配土地，在原耕地基础上，抽多补少，抽肥补瘦；等等。

政治、经济上的翻身，使广大农民迅速分清了国共两党和两个政权的优劣，极大地激发了他们的革命积极性。他们拥护土地革命、拥护共产党，纷纷参加红军，投身反"围剿"斗争和支援前线、慰劳红军，形成了鱼水相依、血肉相连的党群关系、军民关系。

在各根据地和红军不断发展的形势下，1931年11月，中华苏维埃第一次全国代表大会在江西瑞金召开，选举产生中华苏维埃共和国中央执行委员会，宣布成立中华苏维埃共和国临时中央政府。毛泽东当选为中央执行委员会主席和中央执行委员会人民委员会主席。

中华苏维埃共和国是中国历史上第一个全国性的工农民主政权，是中国共产党在局部地区执政的重要尝试。中华苏维埃共和国临时中央政府的成立，在一定程度上加强了对处于被分割状态的各根据地的中枢指挥作用，在政治上也产生了很大影响，推动了各根据地的政权、经济、文化教育和党的自身建设。

中华苏维埃共和国实行工农兵代表大会制度，选举产生

★ 土地革命战争时期中央工农民主政府所在地——江西瑞金

各级苏维埃政府，广泛吸收工农群众代表参加政权管理，行使当家作主的权利。从 1931 年 11 月到 1934 年 1 月，中央革命根据地进行三次民主选举并颁布选举法细则，许多地方参加选举的人占选民总人数的 80% 以上。其他根据地也相继召开各级工农兵代表大会，选举产生各级苏维埃政府。

苏维埃政府重视廉政建设和司法建设。1933 年 12 月，中央执行委员会发布惩治贪污浪费行为的训令，严肃查处腐败案件；1934 年，建立审计监督制度，在规范财政财务收支、查处贪污浪费、促进廉政建设方面发挥了重要作用。临时中央政府颁布 120 多部法律、法令，初步建立起具有鲜明阶级性和时代特征的法律体系。

苏维埃政府领导根据地军民积极进行经济建设，开展打破敌人经济封锁的斗争，使农业、工业、商业、交通、邮电、财政和金融等经济工作都有一定发展。在条件极为艰苦的情况下，还努力发展文化、教育事业，根据地普遍建立各种学校，着力培养各方面的干部和专门人才。

党的自身建设也得到加强，党员队伍不断扩大，各级党组织得到健全，培育了艰苦奋斗、廉洁自律、密切联系群众的优良作风，铸就了以坚定信念、求真务实、一心为民、清正廉洁、艰苦奋斗、争创一流、无私奉献等为主要内涵的苏区精神。"苏区干部好作风，自带干粮去办公。日穿草鞋干革命，夜走山路访贫农。"这首民歌在苏区广为传唱，流传至今，正是苏区精神的真实写照。

中国共产党领导的农村革命根据地生机勃勃的景象，同国民党统治区民不聊生的悲惨景象形成鲜明对照，使陷于苦难深渊的中国人民看到了光明和希望。

四、九一八事变后的局势和中央红军长征的开始

九一八事变的爆发和抗日救亡运动的兴起

1931年9月18日深夜，根据不平等条约驻扎在中国东北的日本关东军，向中国军队驻地北大营和沈阳城发动进攻。这就是九一八事变。第二天，日军占领沈阳。至1932年2月，辽宁、吉林、黑龙江三省沦为日本的占领地。3月，以溥仪为"执政"的日本傀儡政权伪满洲国在吉林长春成立。

九一八事变，是日本军国主义者长期推行对华侵略扩张政策的必然结果，又是他们为把中国变成其独占殖民地而采

取的严重步骤。

空前的民族灾难唤起了空前的民族觉醒。九一八事变后，中日民族矛盾逐渐上升为主要矛盾，中国国内阶级关系发生重大变动，抗日救亡运动在全国迅速兴起。上海3.5万名码头工人举行反日大罢工。南京、天津、北平、汉口等城市的工人和其他劳动群众纷纷请愿、募捐、禁售日货。青年学生、城市小资产阶级、民族资产阶级、上层小资产阶级和知识界上层分子都发出要求抗日、实行民主的呼声。

中国共产党率先高举武装抗日的旗帜。1931年9月，中共中央发表《中国共产党为日本帝国主义强暴占领东三省事件宣言》，响亮提出："反对日本帝国主义强占东三省！"中共满洲省委指示各地党组织，开展抗日斗争。党中央派周保中、赵一曼等到东北，加强党组织力量。到1933年初，由共产党直接领导的巴彦、南满、海龙、东满、宁安、汤原、海伦等

★1931年9月19日，日本军队在沈阳小西门城墙上向城内射击

抗日游击队相继成立，逐渐成为东北主要抗日武装力量。

中国人民在白山黑水间的奋起抵抗，成为中国人民抗日战争的起点，同时揭开了世界反法西斯战争的序幕。

国民党政府对日本侵略东北的行动一再妥协退让。蒋介石在 1931 年 7 月间提出"攘外必先安内"的方针。九一八事变发生时，国民党政府电告东北军："为免除事件扩大起见，绝对抱不抵抗主义"。这一切，促使日本帝国主义更加无所顾忌地用武力大规模进攻中国。

在民族危机的严重关头，国民党阵营出现分化。东北军将领马占山、李杜等在东北抗日。1932 年 1 月 28 日，日军进攻上海时，蒋光鼐、蔡廷锴指挥第十九路军奋起抵抗。但在求和的基本方针下，南京政府先后同日本侵略者签订了有损国家主权的《淞沪停战协定》《塘沽协定》。冯玉祥在张家口组织察哈尔民众抗日同盟军，也遭到国民党政府破坏和强行解散。

党在国民党统治区的工作和左翼文化运动

九一八事变后民族危机日益严重。在极为艰难的环境中，国民党统治区的共产党员仍然坚持斗争，利用各种阵地开展工作。

1930 年 3 月，中国左翼作家联盟在上海成立。随后中国社会科学家、戏剧家、美术家、教育家联盟以及电影、音乐小组等左翼文化团体也相继成立。这支左翼文化新军在党的领导下，积极从事马克思主义宣传和革命文艺创作等活动，形成了很有声势和实力的左翼文化运动。

在马克思主义宣传方面，左翼社会科学工作者翻译出版了《资本论》第一卷、《反杜林论》、《政治经济学批判》、《唯物主义与经验批判主义》等马克思主义经典著作的最早中文全译本。

一些共产党员密切联系宋庆龄、鲁迅等爱国进步人士，推动抗日救亡运动，反对蒋介石的独裁统治。鲁迅以大量战斗性极强的杂文，无情地揭穿地主买办集团的媚外独裁的面目、可耻的不抵抗主义、残酷的文化"围剿"。毛泽东指出："鲁迅的方向，就是中华民族新文化的方向。"

左翼文化工作者们还努力和中间派合作，共同进行战斗。鲁迅、瞿秋白、茅盾、周扬等人的一些文章，分别在《申报》副刊《自由谈》、《文学》月刊上发表。茅盾的著名小说《子夜》于1933年1月出版，三个月内重版四次。共产党员夏衍、阳翰笙、田汉等拍摄了一大批进步影片，在国民党统治区拥有大量观众。左翼文化的这种发展势头，连国民党的舆论也惊呼"似水银之泻地，无孔而不入"。

受抗日救亡强烈氛围的感染，由聂耳作曲、田汉作词的《义勇军进行曲》一经问世，就迅速传遍祖国大地，成为时代最强音，对动员人民奋起抗日救亡起了巨大作用。"中华民族到了最危险的时候，每个人被迫着发出最后的吼声……"这首歌荡气回肠、刻骨铭心，表达出全民族的满腔悲愤，点燃了每个中国人强烈的爱国激情，唱出誓死保卫祖国的英雄气概，成为伟大爱国主义精神的不朽杰作。

这一时期国民党统治区的左翼文化运动，锻炼出一支坚强的革命文化队伍，在促进抗日救亡运动中发挥了重要作用。

第五次反"围剿"的失败

1931年1月，在共产国际执行委员会远东局书记米夫的直接干预下，党的扩大的六届四中全会在上海召开。缺乏实际斗争经验的王明不仅被补选为中央委员，而且成为中央政治局委员，以王明为代表的"左"倾教条主义错误在党的领导机关内开始了长达4年的统治。

会后，国民党统治区内党的工作出现一系列非常情况，党组织遭到严重破坏。在上海的中央委员和政治局委员都已不到半数，根据共产国际执行委员会远东局提议，1931年9月下半月成立临时中央政治局（临时中央），由博古（秦邦宪）负总的责任。

1932年底，蒋介石调集30多个师的兵力，向中央革命根据地发动第四次"围剿"。这时，在教条主义错误支配下，毛泽东的正确主张受到指责，他在红军中的领导职务被错误撤销。周恩来、朱德运用和发展以往反"围剿"的成功经验，打破国民党军队的"围剿"，创造了红军战争史上大兵团伏击战的范例。

1933年下半年，蒋介石发动对革命根据地的第五次"围剿"，调集100万军队向各地红军进攻，其中50万军队于9月下旬开始向中央革命根据地发动进攻。

这时，博古把军事指挥权交给共产国际派来的军事顾问李德。他们不了解中国实际情况，搬用正规的阵地战经验，主张"御敌于国门之外"，进攻受挫后，又采取消极防御的战略方针和"短促突击"的战术，同装备优良的敌人打阵地战、堡垒战，使红军日益陷于被动。

　　1934 年 4 月中下旬，国民党军队集中力量进攻中央苏区的北大门广昌。由于战术策略失误，经过 18 天血战，红军遭受重大伤亡，广昌失守。

　　为调动和牵制敌人，减轻中央革命根据地的压力，7 月上旬，红七军团改编为北上抗日先遣队，开赴闽浙皖赣边区活动，同方志敏领导的红十军会合后组成红十军团。在国民党军队重兵堵追下，1935 年 1 月底，红十军团遭受严重损失。方志敏被俘后，于 8 月英勇就义。他在狱中写下了《可爱的中国》《清贫》等不朽篇章，不仅发出"敌人只能砍下我们的头颅，决不能动摇我们的信仰"的铮铮誓言，还描绘了他对未来的期盼："中国一定有个可赞美的光明前途"，"生育我们的母亲，也会最美丽地装饰起来，与世界上各位母亲平等地携手了"。

中央红军开始长征

　　1934 年 9 月上旬，国民党军队加紧对中央革命根据地腹地发动进攻，红军已无在原地扭转战局的可能。10 月，中共中央、中革军委率中央红军主力 8.6 万多人，踏上战略转移的漫漫征程，开始了世界历史上前所未有的壮举。

　　原来推行"左"倾错误的中央领导人，在实行这次突围和战略转移的时候，又犯了退却中的逃跑主义错误，并且把战略转移变成搬家式的行动，随军带上印刷机器、军工机器等笨重的器材。全军 8 万多人在山中羊肠小道上行进，拥挤不堪，常常是一夜只过一个山坳。

　　国民党"追剿"军达 16 个师、77 个团，布置了四道封锁线。在突破第四道封锁线湘江时，红军在国民党湘军和桂军夹击下，付出了极大牺牲。当时担负掩护任务的红三十四师已不足 1000 人，成为一支身陷重围、无法过江的孤军。面对十几倍于己的强敌，师长陈树湘一身是胆、毫无惧色。他率领全师战士奋力抵抗，用血肉之躯筑起一道"城墙"，与敌人鏖战四天五夜，为红军渡过湘江赢得了宝贵时间。伤重被俘后，敌人将他抬去邀功途中，他醒了过来，自己绞断肠子，壮烈牺牲。被阻在湘江东岸的红三十四师、红三军团第十八团，最后弹尽粮绝，大部英勇就义。烈士鲜血染红了湘江，以至当地百姓中流传着这样一句话："三年不饮湘江水，十年不食湘江鱼。"渡过湘江后，中央红军从长征出发时的 8.6 万多人锐减到 3 万多人。

湘江战役后，党内对中央红军的前进方向，一直进行着激烈的争论。1934 年 12 月，中央政治局在贵州黎平举行会议，根据毛泽东的建议，通过决议，放弃到湘西北同红二、红六军团会合的计划，改向贵州北部进军。1935 年 1 月 7 日，红军攻克黔北重镇遵义。一个决定党和红军命运的转折点正在到来。

五、遵义会议和红军长征的胜利

遵义会议实现伟大的历史转折

1935 年 1 月，党中央在贵州遵义召开政治局扩大会议，集中解决当时具有决定意义的军事和组织问题。会议增选毛泽东为中央政治局常委，委托张闻天起草《中央关于反对敌人五次"围剿"的总结的决议》，取消长征前成立的"三人团"①。会后不久，在向云南扎西地区进军途中，中央政治局常委决定由张闻天代替博古负总的责任，毛泽东为周恩来在军事指挥上的帮助者，后成立由毛泽东、周恩来、王稼祥组成的三人小组，负责全军的军事行动。

遵义会议是党的历史上一个生死攸关的转折点。这次会议在红军第五次反"围剿"失败和长征初期严重受挫的历史关头召开，事实上确立了毛泽东在党中央和红军的领导地位，开始确立了以毛泽东为主要代表的马克思主义正确路线在党中央的领导地位，开始形成以毛泽东为核心的第一代中

★ 遵义会议会址

①　中共中央为准备中央红军主力战略转移，曾在1934年夏成立由博古、李德和周恩来组成的"三人团"。

央领导集体，开启了党独立自主解决中国革命实际问题的新阶段，在最危急关头挽救了党、挽救了红军、挽救了中国革命。遵义会议的鲜明特点是坚持真理、修正错误，确立党中央的正确领导，创造性地制定和实施符合中国革命特点的战略策略。

遵义会议后，中央红军在毛泽东等指挥下，根据实际情况的变化，灵活变换作战方向，迂回穿插于敌人重兵之间。从 1935 年 1 月末到 3 月下旬，红军四渡赤水。3 月下旬，南渡乌江，佯攻贵阳。正在贵阳督战的蒋介石急调滇军前来增援。滇军一被调出，红军立刻大踏步奔袭云南，兵锋直逼昆明。云南当局急调兵力固守昆明，削弱了金沙江防务。红军又突然掉头向北，于 5 月上旬渡过金沙江。

至此，中央红军摆脱几十万国民党军队的围追堵截，粉碎了蒋介石围歼红军于川黔滇边境的计划，取得了战略转移中具有决定意义的胜利。这一胜利，是在改换了中央军事领导之后取得的，充分显示了毛泽东高超的军事指挥艺术。

红军北上和三军大会师

中央红军渡过金沙江后，继续北上。进入大凉山彝族聚居区时，总参谋长刘伯承同彝族果基部落首领小叶丹歃血为盟，红军顺利通过了彝族地区，赶到大渡河南岸的安顺场渡口。安顺场一带水急山陡，是太平天国石达开北渡未成而最后覆灭的地方。红军一部分由 17 勇士领头，强渡成功。但大部队仍不可能在这里迅速过河。大部队乘敌军没有来得及破坏大渡河上游的泸定桥前，以两天时间赶完 340 里行程，直取泸定桥。以 22 名战士组成的突击队冒着敌军密集火力，攀缘桥上铁索，冲过泸定桥，中央红军胜利渡过了天险大渡河。

过河后，中央红军又翻越长征途中第一座人迹罕至的大雪山——夹金山。这座山位于懋功（今小金）以南，海拔 4000 多米，一上一下要走 70 里路，高山缺氧，许多红军战士牺牲在征途上。

中央红军在懋功地区同红四方面军会师后，为确定下一步的行动方向，6 月，中央政治局在两河口召开会议，决定红军集中主力向北进攻，以创建川陕甘革命根据地。不久，张国焘却又提出南下四川、西康的方针，给两军会师后的前景蒙上阴影。

8 月初，红一、红四方面军混合编成左、右两路军北上。毛泽东、张闻天、周恩来等率中央机关和前敌指挥部随右路军行动。朱德、张国焘、刘伯承等率红军总司令部随左路军行动。8 月 21 日，右路军从毛儿盖出发，穿越荒无人烟的大草地，等待左路军前来会合。

此时，张国焘自恃枪多势众，公然向党争权，提出种种借口，不愿北上，并要右路军南下。9 月 9 日，他电令右路军政治委员陈昌浩率部南下，"彻底开展党内斗争"。毛泽东得知这一情况后，与周恩来、张闻天、博古、王稼祥紧急磋商，决定连夜率红一、红三军[①] 和军委纵队先行北上。党中央多次致电要求张国焘立即率部北上，但张国焘置之不理。

---

① 当时红一方面军的第一、三、五、九军团分别改称红一、三、五、三十二军。

9月12日，中央政治局在甘肃迭部县俄界（今高吉村）召开扩大会议，通过关于张国焘错误的决定，并将北上红军改称"陕甘支队"。

陕甘支队先头部队于9月17日一举突破川甘边界天险腊子口，第二天占领哈达铺。在这里，毛泽东等从报纸上得知陕北有相当大的一块根据地和红军活动的情况。恰逢此时，1934年11月由鄂豫皖根据地出发长征的红二十五军到达陕甘根据地，同当地的红二十六、红二十七军会师，合编为红十五军团，并打破了敌人的重兵"围剿"，为党中央把中国革命的大本营安置在西北创造了条件。9月27日，中央政治局常委在榜罗镇开会，正式决定前往陕北。不久，陕甘支队顺利越过六盘山主峰，毛泽东作《清平乐·六盘山》词，"今日长缨在手，何时缚住苍龙？"表达了红军不可战胜的大无畏革命精神。

10月19日，陕甘支队到达陕北吴起镇。至此，中央红军主力行程二万五千里、纵横11个省的长征胜利结束。中央红军主力长征即将胜利结束时，毛泽东写下了《七律·长征》，艺术地、形象地表现了红军将士不屈不挠、英勇顽强的气概和革命乐观主义精神。"红军不怕远征难，万水千山只等闲。""更喜岷山千里雪，三军过后尽开颜。"

陕甘根据地是土地革命战争后期全国硕果仅存的完整革命根据地，为党中央和各路红军长征提供了落脚点，为后来全民族抗日战争爆发后由红军改编的八路军主力奔赴抗日前线提供了出发点。陕甘支队到达陕北后，即恢复红一方面军番号，红十五军团并入红一方面军建制。1936年2月至7月，红一方面军先后进行东征和西征，将陕甘根据地扩大为陕甘宁根据地。

1935年10月，反对北上、坚持南下的张国焘公然另立"中央"，自任"主席"。党中央多次致电张国焘，责令他立即撤销另立的"中央"，停止一切反党活动。张国焘的反党分裂行为，在红四方面军中也不得人心。再加上重新南下的红四方面军部队，在作战中减员过半。1936年6月，张国焘被迫取消另立的"中央"。

原在湘鄂川黔根据地由任弼时、贺龙等领导的红二、红六军团，1935年11月从桑植出发，历尽艰险，在1936年7月初同红四方面军在甘孜会师。党中央指定红二、红六军团同红三十二军合编为红二方面军，由贺龙任总指挥，任弼时任政治委员。

经朱德、刘伯承、任弼时、贺龙等力争，并得到徐向前等红四方面军许多干部、战士的支持，红四、红二方面军终于共同北上。10月9日，红四方面军指挥部到达甘肃会宁，同红一方面军会合。22日，红二方面军指挥部到达甘肃隆德将台堡（今属宁夏回族自治区），同红一方面军会合。至此，三大主力红军胜利会师。

中国工农红军长征是一次理想信念的伟大远征，是一次检验真理的伟大远征，是一次唤醒民众的伟大远征，是一次开创新局的伟大远征。长征的胜利，充分表明中国共产党及其领导的中国工农红军是一支不可战胜的力量。

在红一方面军二万五千里的征途上，平均每300米就有一名红军牺牲。"革命理想高于天"。长征路上的苦难、曲折、死亡，检验了中国共产党人的理想信念，向世人证明了中国共产党人的理想信念是坚不可摧的。英雄的红军将士同敌人进行了 600 余次战役战斗，跨越近百条江河，攀越 40 余座高山险峰，其中海拔 4000 米以上的雪山就有 20 余座，穿越了被称为"死亡陷阱"的茫茫草地。在翻越大雪山途中，有个同志穿着单薄的旧衣服被冻死，指挥员让把军需处长叫来，想问问他为什么不给这个被冻死的同志发棉衣，队伍里的同志含泪告诉他，被冻死的这个同志就是军需处长。管被装的宁可自己冻死，也没有自己先穿暖和一点。正是有了如此崇高的思想境界，红军才战胜了空前的困难，用顽强意志征服了人类生存极限，创造了气吞山河的人间奇迹。

长征的胜利，极大地促进了党在政治上和思想上的成熟。党进一步认识到，只有把马克思主义基本原理同中国革命具体实际结合起来，独立自主解决中国革命的重大问题，才能把革命事业引向胜利。这是在血的教训和斗争考验中得出的真理。经过长征的千锤百炼，党在思想上不断成熟，实现了在追求真理、坚持真理的基础上全党的空前团结、红军的空前团结。

红军的长征是以我们的胜利和敌人的失败而结束的，充分展示了中国共产党性质和宗旨的力量，宣传了党的主张，播撒下革命的火种，扩大了党和红军的影响。红军在行军途中得到了人民群众的热情支持。行进到湖南汝城县沙洲村时，三名女红军借宿徐解秀老人家中，临走时，把自己仅有的一床被子剪下一半给老人留下了。老人说，什么是共产党？共产党就是自己有一条被子，也要剪下半条给老百姓的人。"半条被子"的故事让人民群众认识了共产党，把党当成自己人。

长征的胜利，是中国革命转危为安的关键。毛泽东曾形象地指出："长征是历史纪录上的第一次，长征是宣言书，长征是宣传队，长征是播种机。"它宣告了国民党反动派消灭中国共产党和红军的图谋彻底失败，宣告了中国共产党和红军肩负着民族希望胜利实现了北上抗日的战略转移，实现了中国共产党和中国革命事业从挫折走向胜利的伟大转折，开启了中国共产党为实现民族独立、人民解放而斗争的新的伟大进军。长征后保存下来的红军人数虽然不多，但这是党极为宝贵的精华，构成以后领导全民族抗日战争和人民解放战争的骨干。

长征铸就了伟大的长征精神。这就是：把全国人民和中华民族的根本利益看得高于一切，坚定革命的理想和信念，坚信正义事业必然胜利的精神；为了救国救民，不怕任何艰难险阻，不惜付出一切牺牲的精神；坚持独立自主、实事求是，一切从实际出发的精神；顾全大局、严守纪律、紧密团结的精神；紧紧依靠人民群众，同人民群众生死相依、患难与共、艰苦奋斗的精神。长征精神为中国革命不断从胜利走向胜利提供了强大的精神动力。

1936年10月下旬，为实现打通苏联援助道路的目的，红四方面军一部奉中革军委命令，西渡黄河准备执行宁夏战役计划。11月11日，渡河部队根据中央决定称西路军。深入河西走廊的西路军将士，在极端困难的条件下英勇奋战四个月，歼敌两万余人，但终因寡不敌众，于1937年3月惨烈失败，血沃祁连。西路军不畏艰险、浴血奋战的英雄主义气概，为党为人民英勇献身的精神，同长征精神一脉相承，成为中国共产党人红色基因和中华民族宝贵精神的重要组成部分。

南方红军游击战争和东北抗日联军的斗争

中央红军主力撤出根据地时，党中央决定成立苏区中央分局和中央军区，以项英为分局书记兼军区司令员和政治委员。同时，成立以陈毅为主任的中华苏维埃共和国中央政府办事处。

留在根据地的红军队伍和游击队约 1.6 万人，在项英和陈毅的率领下，策应、掩护主力红军战略转移后，分散突围，开展游击战争。由于众寡悬殊，遭受重大损失。苏区中央分局继续坚持领导和开展了闽赣边和闽西地区的游击战争。1935 年 3 月底，项英、陈毅等率领约 300 人，到达赣粤边地区，以油山为中心，坚持艰苦的游击战争。其间，陈毅曾写下："投身革命即为家，血雨腥风应有涯。取义成仁今日事，人间遍种自由花。"这表达了共产党人面对异常艰难的斗争形势矢志不渝、永不言弃的革命意志和革命精神。

与此同时，在闽北、闽东、闽中、闽粤边、皖浙赣、浙南、湘南、湘鄂赣、湘赣、鄂豫皖边、鄂豫边以及琼崖等地区，党组织和红军游击队也都紧紧依靠群众，开展了英勇顽强的游击斗争。

在南方红军三年游击战争中，留下来坚持斗争的何叔衡、贺昌、毛泽覃、万永诚、古柏、阮啸仙等许多干部和战士英勇牺牲。瞿秋白被俘后，坚贞不屈。他在被押往刑场前慨然绝书："眼底烟云过尽时，正我逍遥处。"走到罗汉岭一处草坪，他环视四周，盘膝坐定，对刽子手说："此地正好，开枪吧！"年仅 36 岁的瞿秋白从容就义，表现了中国共产党人视死如归的大无畏精神。

九一八事变后，中国共产党在东北三省积极组织并领导抗日武装斗争。从 1933 年 9 月起，中共满洲省委把党领导的各抗日游击队相继改编为东北人民革命军。1936 年 2 月，东北人民革命军和党领导或影响的各抗日游击队相继改编为东北抗日联军。

东北抗日联军开辟了东南满、北满和吉东三大游击区。到 1937 年全民族抗战爆发前后，发展为 11 个军，共 3 万余人，在南起长白山，北抵小兴安岭，东起乌苏里江，西至辽河东岸的广大地区，开展游击战争，同日、伪军进行大小几千次战斗，粉碎敌人一次又一次"讨伐"。他们的英勇斗争，有力打击了日本在中国东北的殖民统治，牵制了大量日军，支援和鼓舞了全国抗日救亡运动。

在东北抗联这支英勇的队伍里，涌现出许许多多可歌可泣的英雄人物和英雄事迹。1936 年 8 月，年仅 31 岁的赵一曼牺牲前，在给儿子的遗书中写道："我最亲爱的孩子啊！母亲不用千言万语来教育你，就用实行来教育你。在你长大成人之后，希望不要忘记你的母亲是为国而牺牲的！"赵一曼"誓志为人不为家"的高尚情操生动诠释了伟大的东北抗联精神。

六、为建立抗日民族统一战线而斗争

一二·九运动和抗日救亡运动的新高潮

日本侵略者在侵占东北后，加紧了对华北的争夺。1935 年 6 月中旬，在日本胁迫下，国民党"中央军"撤出平津和河北，整个华北危在旦夕。北平学生悲愤地喊出："华北之大，已经安放不得一张平静的书桌了！"

在中共地下组织的领导下，北平学生在1935年12月9日举行声势浩大的抗日游行，遭到国民党军警镇压，由此开始的一二·九运动迅速波及全国。许多大中城市的学生和工人纷纷投身抗日救亡运动。上海和其他地方的爱国人士和团体成立各界救国会，要求停止内战，出兵抗日。抗日救亡斗争发展成为全国规模的群众运动。

12月下旬，在党的领导下，北平学生联合会组织平津南下扩大宣传团，到河北农村进行抗日宣传，走上同工农相结合的道路。在宣传团基础上，1936年2月初，成立中华民族解放先锋队，很快发展到2万余人，对团结广大青年、促进抗日救亡运动发挥了重要作用。

一二·九运动揭露了日本吞并华北进而独占中国的阴谋，打击了国民党的妥协退让政策，极大地促进了中华民族的觉醒，标志着中国人民抗日救亡运动新高潮的到来。

抗日民族统一战线策略的制定和西安事变的和平解决

全国抗日救亡运动新高潮的兴起说明，中国已处于政治形势大变动的前夜。把各种要求抗日的力量汇合起来，组成抗日民族统一战线，共御外敌，这一使命历史地落在中国共产党身上。

1935年8月1日，中共驻共产国际代表团草拟《中国苏维埃政府、中国共产党中央为抗日救国告全体同胞书》

（八一宣言），不久公开发表。宣言主张停止内战，组织国防政府和抗日联军，对日作战。

12 月，中央政治局在陕北瓦窑堡召开扩大会议，通过《中共中央关于目前政治形势与党的任务的决议》。两天后，毛泽东在党的活动分子会议上作《论反对日本帝国主义的策略》的报告。瓦窑堡会议决议和毛泽东的报告，明确提出党的基本策略任务是建立广泛的抗日民族统一战线，批评了党内长期存在的"左"倾冒险主义、关门主义的错误倾向。

瓦窑堡会议结束后，党采取切实措施，推进日益高涨的抗日救亡运动。1935 年底，党中央派刘少奇到华北恢复、整顿和重建华北各地党组织，迅速打开了工作新局面。

1936 年上半年，党中央和驻共产国际代表团先后派冯雪峰、潘汉年到上海，与那里的党组织重新建立联系，积极开展统一战线工作。5 月，爱国人士宋庆龄、沈钧儒、邹韬奋、陶行知、章乃器等发起成立全国各界救国联合会，主张"停止内战，一致抗日"。

与此同时，党对驻扎在西北地区的以张学良为首的东北军和以杨虎城为首的第十七路军的统一战线工作取得突破性进展。到 1936 年上半年，红军和东北军、第十七路军之间，实际已停止敌对行动。

但是，蒋介石"攘外必先安内"的方针并没有根本改变。1936 年 12 月 4 日，蒋介石亲赴西安，逼迫张学良、杨虎城率部"剿共"。张学良、杨虎城在向蒋介石要求抗日遭拒后，于 12 月 12 日凌晨，采取了"兵谏"，扣留了蒋介石，并通电全国，提出停止内战、一致抗日等八项主张。这就是震惊中外的西安事变。

事变发生后，张学良连夜电告中共中央。党中央派遣周恩来于 12 月 17 日到达西安。在弄清情况后，党中央以中华民族团结抗日的大局为重，独立自主确定了用和平方式解决西安事变的方针。据此，周恩来与张学良、杨虎城共同努力，经过谈判，迫使蒋介石作出"停止剿共，联红抗日"的承诺。

西安事变的和平解决，成为时局转换的枢纽，对促成以国共两党合作为基础的抗日民族统一战线的建立起到了重要作用。从此，十年内战的局面基本结束，国内和平初步实现。在抗日的前提下，国共两党实行第二次合作已成为不可抗拒的大势。

总结历史经验，加强自身建设

在中国革命进程和国共关系即将发生重大变化的转折关头，中共中央大力加强党自身建设特别是思想理论建设。

红军长征到达陕北后，毛泽东、中共中央用很大的精力从事理论建设工作。1935 年 12 月，毛泽东所作的《论反对日本帝国主义的策略》的报告，阐明了党的抗日民族统一战线的新政策，系统地说明了党的政治策略上的诸问题。1936 年 12 月，他写的《中国革命战争的战略问题》，总结土地革命战争中党内在军事问题上的大争论，系统地说明了有关中国革命战争战略方面的诸问题。1937 年夏，他在《实践论》《矛盾论》这两部体现马克思主义中国化理论成果的重要哲学著作中，从马克思主义认识论、辩证法的高度，着重揭露和批判了长期存在于党内的主观主义错误尤其是教条主义错误，阐明了党的马克思主义的思想路线，形成了具有鲜明中国特色的马克思主义哲学思想，从思想理论上武装了中国共产党人。这些理论建设的丰硕成果，极大地推进了马克思主义中国化进程，为迎接伟大的全民族抗战的到来做好了政治准备和思想准备。

党还注意加强组织建设。按照瓦窑堡会议精神，党克服关门主义，注意发展党员，建立健全党的各级组织，使党的组织和党员队伍得以发展壮大。

1937 年 5 月，中共中央先后召开了党的苏区代表会议和党的白区代表会议，进一步总结历史经验，明确党在抗日时期的任务。党的各方面建设走上健康发展的轨道，为迎接即将到来的全民族抗日战争，奠定了思想上、政治上和组织上的坚实基础。

从大革命失败到全民族抗日战争前夕这十年，是中国共产党在极端困难的条件下坚持斗争并达到政治上成熟的重要时期。党在这个时期曾经两次经受严峻的考验：一次是大革命的失败，一次是第五次反“围剿”的失败。这两次失败都曾使党的力量遭受极大的削弱，濒临覆灭的危险。可是，中国共产党的优秀分子们在常人难以想象的险恶环境中，始终表现出对未来充满信心的革命乐观主义和不屈不挠的顽强毅力，沉着应对，埋头苦干，奇迹般地度过最黑暗的时刻，开创出新的局面。

这十年的历史经验证明：中国共产党人的力量是来自把马克思主义的普遍真理同中国革命的具体实际相结合，紧紧同全国绝大多数人民站在一起，坚持实事求是、群众路线、独立自主的原则。这十年中，虽然党在指导思想上几度犯过急躁冒进的错误，而使革命事业遭受严重挫折，但是党最终依靠自己的力量克服了这种错误。正因如此，党才能够在民族矛盾和国内阶级矛盾错综复杂的形势下，采取正确的方针保持土地革命战争时期的主要革命成果，迈向全民族抗日战争的新的历史时期。

第三章 ‖ 全民族抗日战争的中流砥柱

1937年7月7日夜，日本侵略军悍然发动卢沟桥事变（七七事变），当地中国驻军奋起抵抗，全民族抗战由此爆发。卢沟桥事变发生的第二天，中共中央向全国发出通电："平津危急！华北危急！中华民族危急！只有全民族实行抗战，才是我们的出路！"一场决定中华民族命运的殊死大搏斗拉开帷幕。

一、党的全面抗战路线和持久抗战方针的制定

抗日战争全面爆发和第二次国共合作正式形成

日本军国主义者发动的对华战争，是企图灭亡中国、变中国为其独占殖民地的帝国主义侵略战争。日军在7月底占领北平和天津，接着沿平绥、平汉、津浦三条铁路向华北地区扩大进攻，企图以三个月时间"灭亡中国"。

在这生死存亡关头，只有全民族团结抗战才是生存和发展的唯一出路。中国共产党高举起抗日的大旗，在卢沟桥事变发生第二天就通电全国，号召"全中国同胞，政府，与军队，团结起来，筑成民族统一战线的坚固长城，抵抗日寇的侵掠！""国共两党亲密合作抵抗日寇的新进攻！"同日，毛泽东、朱德、彭德怀等红军领导人致电蒋介石，表示红军将士愿意"为国效命，与敌周旋，以达保土卫国之目的"。为促进国共两党实现团结合作抗日，党中央派周恩来等将《中共中央为公布国共合作宣言》交给蒋介石。9月22日，国民党中央通讯社发表中共中央的宣言；23日，蒋介石发表实际上承认共产党合法地位的谈话。中共中央的宣言和蒋介石谈话的发表，宣告国共两党重新合作和抗日民族统一战线形成。

8月，中共中央革命军事委员会发布命令，宣布红军改名为国民革命军第八路军（简称"八路军"），下辖三个师，全军约4.6万人。红军前敌总指挥部改为第八路军总指挥部，朱德任总指挥，彭德怀任副总指挥。9月，陕甘宁根据地改称陕甘宁边区，仍是党中央所在地。接着，党在南方八省的红军游击队（琼崖红军游击队除外），改编为国民革命军陆军新编第四军（简称"新四军"）。叶挺任军长，项英任副军长，下辖四个支队，全军约1.03万人。

团结就是力量，团结方能胜利。正是抗日民族统一战线这面旗帜，召唤着全中国的各党各派各界各军，召唤着全中国的工农兵学商，召唤着海内外的华夏儿女，众志成城，同仇敌忾，筑起了中华民族抗击日本侵略者的钢铁长城。伟大的爱国者宋庆龄在声明中指出："共产党是一个代表工农劳动阶级利益的政党。孙中山知道没有这些劳动阶级的热烈支持与合作，就不可能顺利地实现完成国民革命的使命。……国难当头，应该尽弃前嫌。必须举国上下团结一致，抵抗日本，争取最后胜利。"国民党内的李济深等领导的中华民族革命同盟从一度反蒋抗日转到拥蒋抗日的立场。国家社会党、中国青年党、中华职业教育社、乡村建设派等一致表示拥护政府抗战和国共两党合作抗日。工人、农民、知识分子积极投入抗日洪流，民族工商业者踊跃为前线捐赠钱物，一些人还不避艰险把工厂迁往内地。各少数民族与汉族人民一起积极参加抗日战争。许多台湾同胞回到祖国大陆，组织各种抗日团体和抗日武装。港澳同胞和海外华侨也以各种方式参加抗日活动。这些百年以来未曾有的新气象，标志着一个古老民族的空前觉醒。这就使日本侵略者突然发现，它面对的是原来没有预计到的整个中华民族组成的抗日民族统一战线。

党的全面抗战路线和持久战的战略总方针

国共两党在如何抗日的问题上，一开始就存在着不同主张。蒋介石集团实行片面抗战路线，单纯依靠政府和军队的抗战，不愿意实行民主、改善民生，不敢发动和依靠人民大众。中国共产党则主张实行全面抗战路线，废除国民党的一党专政，给人民以充分的抗日民主权利，适当地改善工农大众的生活，充分动员、组织和武装民众抗战，使抗日战争成为真正的人民战争。

1937 年 8 月，中共中央在陕北洛川城郊召开政治局扩大会议（洛川会议）。会议通过《中国共产党抗日救国十大纲领》和毛泽东起草的宣传鼓动提纲《为动员一切力量争取抗战胜利而斗争》。会议强调，必须坚持统一战线中无产阶级的领导权，在敌人后方放手发动独立自主的山地游击战争，在国民党统治区放手发动抗日的群众运动。洛川会议是在全国抗战刚刚爆发的历史转折关头召开的一次重要会议。会议通过的十大纲领和决定，标志着党的全面抗战路线的正式形成。

为动员并组织人民群众进行全面抗战，必须明确提出抗战的军事战略方针。当时，"亡国论"和"速胜论"的错误观点都有相当大的市场。中日战争的过程究竟将怎样发展？中国能否取得抗战胜利？如何才能取得胜利？这些问题亟待得到明确解决。

为了初步总结全国抗战经验，批驳当时流行的种种错误观点，系统阐明党的抗日持久战方针，毛泽东在 1938 年五六月间作了《论持久战》的长篇讲演，明确指出："中国会亡吗？答复：不会亡，最后胜利是中国的。中国能够速胜吗？答复：不能速胜，抗日战争是持久战。"他分析了战争双方存在着的互相矛盾的四个基本特点，即：日本是帝国主义强国，中国是半殖民地半封建弱国；日本的侵略战争是退步的、野蛮的，中国的反侵略战争是进步的、正义的；日本是个小国，经不起长期战争，中国是个大国，能够支持长期战争；日本的非正义战争失道寡助，中国的正义战争得道多助。进而指出：第一个特点决定了日本的进攻能在中国横行一时，中国不能速胜；后三个特点决定了中国不会亡国，经过长期抗战，最后胜利属于中国。

《论持久战》科学地预见到抗日战争将经过战略防御、战略相持、战略反攻三个阶段。明确提出，通过三个阶段，

★ 毛泽东在延安窑洞内撰写《论持久战》

在双方的力量对比上，中国必将由劣势到平衡再到优势。其中，战略相持阶段的时间将相当长，遇到的困难也将最多，然而它是整个战争转变的枢纽。在这个阶段中，我们的作战形式主要的是游击战，而以运动战辅助之。这个阶段的战争是残酷的，但是游击战争能够胜利。中国将变为独立国，还是沦为殖民地，不决定于第一阶段大城市之是否丧失，而决定于第二阶段全民族努力的程度。如能坚持抗战，坚持统一战线和坚持持久战，中国将在此阶段中获得转弱为强的力量。

《论持久战》强调"兵民是胜利之本"，"战争的伟力之最深厚的根源，存在于民众之中"。指出争取抗战胜利的唯一正确道路是充分动员和依靠群众，实行人民战争。在整个战争中，中国共产党始终坚持动员人民、依靠人民，推动形成了全民族抗战的历史洪流，使日本侵略者陷入了人民战争的汪洋大海之中。

《论持久战》系统阐明了党的抗日持久战战略总方针，是中国共产党领导抗日战争的纲领性文献。它不仅指明了必须持久抗战才能取得最后胜利的前景，而且提出了一整套动员人民群众，在持久战争中不断削弱敌方的优势、生长自己的力量、以夺取最后胜利的切实可行的办法，大大增强了人们坚持抗战的决心和信心。一篇讲演具有如此强大的说服力量和震撼人心的力量，在历史上是少有的。以后抗日战争的实践，充分证明《论持久战》中的预见是完全正确的，是符合实际情况的。

与此同时，毛泽东还写作了《抗日游击战争的战略问题》一文，特别强调了抗日战争全过程中游击战争的重要战略地位。

二、开展敌后抗日游击战争和坚持
统一战线中的独立自主

八路军开赴抗日前线

红军改编为国民革命军后，迅速开赴抗日前线。此刻，抗日战争正处在战略防御阶段。这个阶段呈现出两大特点：一是日军分路深入中国广大领土，对中国正面战场的攻势达到顶点；二是中国共产党领导的人民军队开展敌后游击战争，并迅速壮大起来。

当时，国民党表现了一定的抗日积极性，国民党军队曾进行了平津、淞沪、忻口、徐州以及保卫武汉等战役，并取得台儿庄战役的胜利，粉碎了日本帝国主义"三个月灭亡中国"的计划，但是未能从根本上扭转战局。

1937 年 12 月 13 日，日军占领南京后，进行了长达 6 周骇人听闻的血腥大屠杀，中国平民和解除武装的军人被枪杀、焚烧、活埋以及用其他方法残忍杀害者，达 30 万人以上。无数妇女遭到蹂躏残害，无数儿童死于非命，1/3 建筑遭到毁坏，大量财物遭到掠夺，昔日繁华的古都成了人间地狱。侵华日军一手制造的这一灭绝人性的大屠杀惨案，是骇人听闻的反人类罪行，是人类历史上十分黑暗的一页。面对极其野蛮、极其残暴的日本侵略者，具有伟大爱国主义精神的中国人民没有屈服，而是凝聚起了同侵略者血战到底的空前斗志，坚定了抗日救国的必胜信念。

八路军到达山西抗日前线后，即取得平型关战斗重大胜利。1937 年 9 月 25 日，八路军第一一五师主力在平型关伏击日军，首战告捷，一举歼灭日军 1000 余人，击毁日军汽车 100 余辆，缴获一批辎重和武器。接着，八路军三个师又配合国民党军队进行忻口战役，相继取得雁门关伏击战、夜袭阳明堡日军机场等胜利。忻口战役历时 20 余天，是华北战场上规模最大、战斗最激烈的一次战役，也是国共合作抗日配合得较好的一次战役。

平型关大捷是全民族抗战爆发后中国军队主动对日作战取得的第一个重大胜利，打破了日军"不可战胜"的神话，极大地振奋了全国军民的抗战信心，提高了共产党和八路军的声望，使许多人由此相信共产党不但坚决抗日，并且是有能

★ 开赴抗日前线的八路军部队

力战胜敌人的。朱德在家书中写道：此战使"全线士气为之一壮。如各军都同我们一样，那就不难打退敌人和消灭敌人"。

在深入敌人后方以后，八路军应该怎样作战，怎样打击敌人？党确定了基本的是游击战，但不放松有利条件下的运动战的作战方针。党领导的人民军队在军事战略上实行了重大转变，就是由土地革命战争后期的运动战向抗日游击战争转变。

敌后战场的开辟和敌后抗日根据地的创建

1937年11月太原失守后，以中国共产党为主体的游击战争在华北上升到主要地位。党领导的军队根据洛川会议的决定，着重向敌后实施战略展开，发动独立自主的敌后游击战争。当日军依仗优势兵力，气势汹汹地向前猛进时，国民党的军队节节后退，而装备简陋的八路军却分散地大踏步地向敌后挺进。他们同地方党组织相结合，组织工作团，建立战地动员委员会、抗日救国会等半政权性质的组织。

1938 年 1 月 10 日，晋察冀边区临时行政委员会①成立。这是敌后由中国共产党领导建立的第一个统一战线性质的抗日民主政权。敌后抗日政权的建立，恢复了国民党政权溃逃后陷入一片混乱的社会秩序，使广大人民群众看到了光明和希望，迅速赢得了人民的拥护。

1938 年 4 月，党中央作出决定：将原在山西山区的八路军三大主力分别向河北和山东的平原地区挺进，开辟新的抗日根据地。这对于习惯山地作战的八路军来说是一次新的挑战。新四军各部也利用山区和河湖港汊等复杂地形开展游击战。敌后抗日游击战争出现了新的局面。

敌后战场的开辟，使中国抗日战争形成战略上互相配合的两个战场，一个是主要由国民党军队担负的正面战场，一个是主要由共产党军队担负的敌后战场。敌后战场的迅速发展，牵制了大量日军。这是抗日战争由战略防御转到战略相持的一个重要条件。

中国共产党领导的军队在敌后开展的游击战争，是世界历史上罕见的艰苦战争。八路军将士面对日本侵略军的反复"扫荡"，只有极简陋的武器装备，没有来自后方的枪支

---

① 初称临时行政委员会。1938 年 1 月下旬，先后得到阎锡山和国民政府军事委员会及行政院的正式批准，去掉"临时"二字。

★ 转战大江南北的新四军部队

弹药的接济。他们在敌人的包围中创建抗日根据地，那里大多是穷乡僻壤，物质条件极其恶劣。1937 年 11 月，八路军第一一五师一部向晋察冀进军时，五台山已开始飞雪，部队还穿着单衣草鞋，在破庙中过夜。然而，经过艰苦卓绝的斗争，他们终于在敌后站稳了脚跟，打开了局面，其中的关键是得到人民的支持和拥护。这是人民军队能够在敌后艰苦环境中不断发展壮大的奥秘所在。

坚持统一战线中的独立自主

在全民族抗日战争中，由于复杂的国际国内形势和国共两党间存在着两条不同的抗战路线，党如何正确处理统一战线中的统一和独立、团结和斗争的关系，成为对抗战成败具有决定意义的问题。全民族抗战伊始，党中央就指出，必须坚持统一战线中的独立自主原则。

1937 年 11 月底，中共驻共产国际代表、共产国际执委王明从苏联回到延安。他主张"一切经过统一战线""一切服从抗日"，把共产党和人民军队的活动限制在国民党允许的范围内，对洛川会议以来党在统一战线问题上的许多正确观点和政策提出批评。这些错误观点受到毛泽东等中央领导人的坚决抵制。1938 年 7 月，共产国际领导人也明确表示，在中共中央内部应支持毛泽东的领导地位；王明缺乏实际工作经验，不应争当领袖。

1938 年 9 月至 11 月，党的扩大的六届六中全会在延安举行。全会首次提出马克思主义中国化的命题。毛泽东明确指出："马克思主义在中国具体化，使之在其每一表现中带着必须有的中国的特性，即是说，按照中国的特点去应用它，成为全党亟待了解并亟须解决的问题。"全会强调"我们的方针是统一战线中的独立自主，既统一，又独立"，确定敌后抗战总的战略部署是"巩固华北，发展华中"。

全会重申党的纪律，即个人服从组织，少数服从多数，全党服从中央。全会还强调加强马克思主义理论的学习，指出："如果我们党有一百个至二百个系统地而不是零碎地、实际地而不是空洞地学会了马克思列宁主义的同志，就会大大地提高我们党的战斗力量"。

党的扩大的六届六中全会是一次具有重大历史意义的会议。毛泽东后来在党的七大上说："六中全会是决定中国之命运的。"这次全会正确地分析了抗日战争的形势，规定了党在抗战新阶段的任务，为实现党对抗日战争的领导进行了全面的战略规划，基本上纠正了王明的右倾错误，进一步巩固了毛泽东在全党的领导地位，统一了全党的思想和步调，推动了各项工作的迅速发展。

三、坚持抗战、团结、进步的方针

战略相持阶段到来后的局势和党的方针

1938年10月日军占领广州、武汉后，已无力再发动大规模的战略进攻。全民族抗日战争由战略防御阶段进入战略相持阶段。

战略相持阶段到来后，日本侵略者在坚持灭亡中国的总方针下调整侵华策略，逐渐将主要兵力用于打击敌后战场的八路军和新四军；对国民政府，从以军事进攻为主、政治诱降为辅转变为以政治诱降为主、军事打击为辅；在占领区内，加紧扶植傀儡政权，建立和发展汉奸组织。

在这种形势下，国民党统治集团内的投降、分裂、倒退活动日益严重。1938年12月，以国民党副总裁汪精卫为代表的国民党亲日派公开投降，并开始拼凑伪中央政权。以蒋介石为代表的国民党亲英美派集团虽然继续抗日，但态度日趋消极，反共倾向明显增长。各地接连发生袭击、杀害共产党领导的抗日军民的反共摩擦事件。团结抗战的局面出现严重危机。

中国共产党正确分析相持阶段到来后国际国内的复杂形势。1939年7月7日，党中央发出《为抗战两周年纪念对时局宣言》，旗帜鲜明地提出："坚持抗战到底——反对中途妥协！巩固国内团结——反对内部分裂！力求全国进步——反对向后倒退！"在全民族抗日战争的关键时刻，党举起了团结抗战到底的鲜明旗帜。

敌后游击战争的发展和百团大战

在战略相持阶段，中国共产党肩负起抗击日本侵略军的主要责任，党领导的敌后游击战争成为主要的对日作战方式。

日军对抗日根据地"扫荡"的重点是华北地区。1939年春，日本华北方面军制定了"治安肃正计划"，实行军事、经济、文化、特务一体的"总力战"。在1939年和1940年的两年中，仅华北地区日军出动千人以上的大规模"扫荡"就有109次，使用兵力总计在50万人以上。

根据"巩固华北"的战略方针，八路军在华北依靠广大群众，坚持山地游击战争，发展平原游击战争。1939年11月上旬，晋察冀部队在第一二〇师的配合下进行黄土岭伏击战，击毙日本独立混成第二旅团旅团长、所谓"名将之花"阿部规秀中将。《新中华报》发表短评："抗战以来，敌军中将指挥官，在战场上被我击毙者，此还算是第一次。真值得我们兴奋!"

为了贯彻"发展华中"的战略方针，1939年2月，周恩来受党中央委托，到皖南同新四军领导人商定：新四军的战略任务是向南巩固，向东作战，向北发展。此后，新四军和华中敌后抗日游击战争有了较大发展。1940年5月，党中央派八路军一部1.2万人南下，同新四军一起发展华中抗日根据地。

在华南，广州失陷后，中共广东党组织积极领导开展游击战争，创建东江抗日游击根据地和东江纵队。长期战斗在海南岛的红军游击队开展抗日游击战，后来发展为琼崖纵队。

在东北，党领导的东北抗日联军长期坚持在白山黑水之间，给日、伪军以沉重打击，成为全国抗战中的一支重要力量。在这一时期，日本侵略者对东北抗日联军展开持续残酷的军事"讨伐"。在极端困难的环境下，东北抗日联军不屈不挠地坚持斗争。1938 年 10 月，冷云等东北抗联 8 名女战士陷入敌人包围后，投入冰冷的乌斯浑河，英勇殉国。1940年 2 月，东北抗联第一路军总司令兼政治委员杨靖宇在濛江县（今靖宇县）境内陷入日军"讨伐"队重围，冒着零下40 度的严寒，同数倍于己的敌人浴血奋战，最后只身一人，坚持战斗，直至壮烈牺牲。残忍的敌人剖开他的腹部，发现在他的胃里竟没有一粒粮食，有的只是枯草、树皮和棉絮。

从 1938 年冬到 1940 年的两年多时间，中国共产党领导的敌后抗战牵制和抗击了大量侵华日军，人民抗日力量在战斗中成长壮大起来。到 1940 年底，共产党领导的武装部队发展到 50 万人（东北抗日联军未计算在内），还有大量地方武装和民兵；在华北、华中、华南创建了 16 块抗日民主根据地，在全民族抗战中发挥着日益重大的作用。

多位国际友人不远万里来到中国，参加艰苦的敌后抗战。他们中有加拿大共产党员诺尔曼·白求恩、德国医学博士汉斯·米勒、美国医学博士马海德、印度医生柯棣华等。1939 年 11 月，在晋察冀军民反"扫荡"作战中，白求恩大夫在抢救八路军伤员时不幸感染中毒，为中国人民的解放事业献出了生命。12 月，毛泽东在《纪念白求恩》一文中，号召学习白求恩毫无自私自利之心的精神，做"一个高尚的人，一个纯粹的人，一个有道德的人，一个脱离了低级趣味的人，一个有益于人民的人"。

在敌后战场上，随着人民武装和抗日根据地的迅速发展，也由于当时中国出现了空前的投降危险与抗战困难，1940 年 8 月至翌年 1 月，八路军总部在华北发动了一次大规模的对日军的进攻。8 月 20 日夜，参战部队、游击

★ 百团大战中八路军破袭日军交通线

队、民兵同时发起攻击。随着战役的展开，陆续参战的部队达到 105 个团 20 余万人，这就是百团大战。百团大战是全民族抗战以来八路军在华北发动的规模最大、持续时间最长的一次带战略性进攻的战役。至 1940 年 12 月初，敌后军民共作战 1824 次，毙伤日、伪军 2.5 万余人，俘日军 281 人、伪军 1.8 万余人，破坏铁路 470 余公里、公路 1500 余公里，摧毁大量敌碉堡和据点，缴获大批枪炮和军用物资。百团大战给日军的"囚笼政策"以沉重打击，提高了共产党和八路军的威望，在抗日局面比较低沉时振奋了全国人民的信心。

沦陷区人民的抗日斗争

在中国大片土地沦为日本占领区后，日军在这些地方实行残暴的殖民统治，犯下空前严重、灭绝人性的罪行。

日军在占领区建立多个细菌战部队的秘密基地，研制霍

乱、伤寒、鼠疫等病毒，对中国军民实行惨无人道的"活体解剖"。还制造配备相当数量的化学武器，悍然实行细菌战、毒气战。从1940年下半年起，日军731部队等开始将带有病毒的投掷器投放到中国许多地区，造成大量中国居民死亡。日军还在其占领区掳掠和残害中国劳工，强迫中国妇女充当"慰安妇"。

此外，日军疯狂掠夺中国的资源与财富，并按照"思想战"的方针，在其占领区大力推行奴化教育，企图以此达到泯灭中国民众的民族意识和反抗精神、维护其殖民统治的目的。

日本军国主义的野蛮行径激起了沦陷区人民的顽强反抗。沦陷区党组织在极端困难的条件下，开展广泛深入的抗日宣传，采取多种方式启发群众民族意识，激励群众抗日热情；积极发动组织群众，同日本侵略者展开针锋相对的斗争；举行武装暴动，直接打击日本侵略者；建立隐蔽战线，开展卓有成效的情报工作。1941年，大同煤矿工人举行罢工和暴动，一部分工人参加了八路军。中共晋察冀分局社会部先后派人前往北平、天津等大中城市，组织联络当地的秘密党员、进步青年和爱国人士，渗透到敌人内部，获取不少情报。

沦陷区党组织还通过秘密交通线安排转移大量干部和进步人士，不断向八路军、新四军和抗日根据地提供人力、物力、财力等方面的帮助。在1941年太平洋战争爆发前，宋庆龄领导的保卫中国同盟长期以香港为基地，在港澳同胞的支持下，联络海外侨胞，募集大量捐款，支援祖国抗战。太平洋战争爆发后，日军占领香港。党中央及主持南方局工作的周恩来紧急指示八路军驻香港办事处和东江抗日游击队负责人，营救在香港的爱国民主人士和文化界人士。这次营救活动历时半年多，共营救出何香凝、柳亚子、邹韬奋等800余人。香港沦陷后，在共产党领导下成立的广东人民抗日游击总队港九大队挺进敌后，坚持开展海上游击战和城市游击战，经常对日、伪军发起袭击，有力配合和支持了广东地区的抗日游击战争。

打退和制止国民党顽固派的反共高潮

抗日战争时期，存在着两个关系中华民族命运的矛盾。一个是民族矛盾，关系到中国存亡的问题；一个是阶级矛盾，关系到能否将全民族抗战坚持到底并在战后建设新中国的问题。中国共产党妥善处理这两种矛盾，既同国民党顽固派进行了有理有利有节的斗争，又坚持和维护了抗日民族统一战线，确保全民族抗日战争朝着正确方向发展。

1939年冬至1940年春，国民党顽固派掀起第一次反共高潮，中国共产党给予坚决回击，并在总结反摩擦斗争经验的基础上，为了坚持、巩固和扩大抗日民族统一战线，制定了"发展进步势力，争取中间势力，孤立顽固势力"的策略方针，以及"人不犯我，我不犯人，人若犯我，我必犯人"的自卫立场和"有理、有利、有节"的原则。

1941年1月，国民党顽固派制造震惊中外的皖南事变。新四军军部及所属皖南部队9000余人，在遵照国民党军事当局的命令向北转移途中遭到国民党军8万余人的伏击和围攻，除2000余人突围外，一部被打散，大部壮烈牺牲或被俘，军长叶挺在同国民党军进行谈判时被扣押，副军长项英在突围过程中遇害。事变发生后，蒋介石竟诬称新四军"叛变"，宣布取消其番号。

面对严重形势，中国共产党仍然以抗日的大局为重，在军事上严守自卫，在政治上坚决反击。中央军委于1941年1月20日发布重建新四军军部的命令，陈毅任代军长，刘少奇任政治委员。同时，党中央公布大量事实，揭露国民党破坏抗战的阴谋，并提出惩办祸首、释放叶挺、废止国民党一党专政等12条解决皖南事变的办法。《新华日报》冲破国民党的新闻检查，刊出周恩来两条题词手迹："为江南死国难者志哀"和"千古奇冤，江南一叶；同室操戈，相煎何急?!"在重庆和整个国民党统治区引起了很大反响。中国共产党以民族大义为重的鲜明立场，得到全国人民、中间势力、国民党内正义人士以及国际舆论的普遍同情和支持。宋庆龄、何香凝等在香港发起抗议运动；华侨领袖陈嘉庚致电国民参政会，呼吁团结，反对蒋介石倒行逆施。1941年3月，蒋介石迫于压力公开"保证"决不再有"剿共"的军事行动。至此，国民党顽固派第二次反共高潮被击退。

1943年春，蒋介石署名出版反共反人民的《中国之命运》一书，暗示在两年内要消灭共产党和一切革命力量。接着，国民党顽固派又以当年5月共产国际宣布解散为由，要求"解散共产党""取消陕甘宁边区"，并密令重兵驻守西北的胡宗南部准备向陕甘宁边区进攻。对此，党中央在军事上进行必要部署，并采取一系列政治上强有力的反击措施，使国民党第三次反共高潮尚未发展成大规模武装进攻就被制止了。

中国共产党坚持抗战、团结、进步的方针，连续打退或制止国民党顽固派三次反共高潮，这表明党已有了能够驾驭复杂局面的成熟的领导集体，既不在突然事变前惊慌失措、一味妥协让步，也不采取冒险行动，给破坏团结抗日的势力以借口。许多中间人士也由此看清共产党确实是以民族利益为重，而不是只顾一党一派利益。党在全国的政治地位空前提高，更加证明它是团结全民族坚持抗战的柱石。

四、巩固抗日根据地和推进
抗日民主运动

敌后军民艰苦的反"扫荡"、反"清乡"斗争

抗日战争进入战略相持阶段后，敌后战场的斗争形势日益严峻。1941 年至 1942 年，是中国敌后抗战最为困难的时期。

此时，德、日等法西斯势力的侵略气焰达到顶点。1941年 6 月，德国在侵占欧洲多个国家后，又向苏联发动大规模进攻。12 月，日军偷袭美国海军基地珍珠港，挑起太平洋战争。1942 年 1 月 1 日，中、美、英、苏等 26 个国家签署《联合国家宣言》，正式形成国际反法西斯统一战线。这为中国人民争取抗日战争胜利创造了有利的国际条件。

日本侵略者企图把中国变成它进行太平洋战争的后方基地，决意加紧对华作战。1941 年底，日本总兵力扩大到 240余万人，其中 130 万人都压在中国战场上。中国战场成为世

界反法西斯战争的东方主战场，承担着抗击日本陆军主力的任务。

日军在华北反复进行"治安强化运动"，对占领区人民实行残暴的殖民统治、经济掠夺和奴化教育。对各抗日根据地发动空前残酷的毁灭性的"扫荡"和"清乡"，实行野蛮的烧光、杀光、抢光的"三光"政策，使用毒气和细菌武器，制造无人区，企图摧毁敌后抗日军民的生存条件，消灭共产党及其领导的敌后抗日武装。1941 年 1 月下旬，日军 1500 余人"扫荡"冀东丰润的潘家峪时，将全村男女老幼驱赶到一个大院内，以机枪扫射，屠杀群众约 1300 人，烧毁房屋千余间，造成惨绝人寰的"潘家峪惨案"。

中国共产党领导的各敌后抗日根据地，面临着十分困难和复杂的局面。既要对付日、伪军的"扫荡"和"清乡"，又要和国民党顽固势力的军事包围和经济封锁作斗争。在这种情况下，到 1942 年，八路军、新四军由 50 万人减为约 40 万人，抗日根据地面积缩小，总人口由 1 亿人减少到 5000 万人以下。陕甘宁边区的财政经济极其困难，有些地方抗日军民几乎没有衣服穿，没有菜和油吃，战士没有鞋袜，工作人员冬天没有被子盖，甚至吃粮也很困难。为渡过难关，党适时调整了根据地建设的各项政策，带领根据地军民同日、伪军的"扫荡"和"清乡"进行了英勇斗争。

在反"扫荡"、反"清乡"斗争中，敌后军民创造了很多极为有效的歼敌方法，如麻雀战、地道战、地雷战、破袭战、水上游击战等，还创造了建立武装工作队等斗争形式，发展了人民战争的战略战术。1941 年至 1942 年，八路军、新四军和游击队、民兵共作战 4.2 万余次，毙伤俘日、伪军

33.1 万余人。敌后军民的反"扫荡"斗争，牵制、消灭了大量日军，成为中国坚持长期抗战最重要的因素，也是对世界反法西斯战争的巨大支持。

在艰苦的敌后抗战中，广大军民中涌现出无数可歌可泣的英雄事迹。1941 年 9 月，在冀西狼牙山地区，八路军战士马宝玉、胡德林、胡福才、宋学义、葛振林，为掩护党政机关和群众转移，主动把日、伪军吸引到自己身边，一步步退到悬崖绝壁，据险抵抗。在打完最后一粒子弹后，他们毅然砸枪跳崖。人们称他们为"狼牙山五壮士"。1943 年 3 月，新四军"刘老庄连"在与敌人战斗中全部壮烈牺牲。东北抗联第二路军副总指挥赵尚志、八路军副参谋长左权、新四军第四师师长彭雪枫等身先士卒，在作战中以身殉国。共产党领导的敌后军民团结一致、不畏强暴、反抗侵略的革命英雄主义气概，是反"扫荡"、反"清乡"斗争胜利的力量源泉。

大生产运动和抗日根据地的建设

大生产运动是克服抗日根据地困难的重要一环，总方针是"发展经济，保障供给"。1939 年 2 月，当困难刚刚露头的时候，毛泽东就发出了"自己动手"的号召。1941 年，党中央再次强调必须走生产自救的道路。同年春，八路军第三五九旅开进南泥湾实行军垦屯田。他们发扬自力更生、奋发图强的精神，使昔日荒凉的南泥湾变成了"陕北的好江南"。

在大生产运动中，中央领导人以身作则，起带头作用。毛泽东开垦了一块地，种上了菜；朱德组织一个生产小组，开

★ 机关干部在纺线

垦菜地三亩；1943 年，中央直属机关等举行纺线比赛，任弼时夺得第一名，周恩来被评为纺线能手。

1944 年 9 月，中央警备团战士张思德，在大生产中因炭窑崩塌而牺牲，毛泽东在张思德追悼会上发表《为人民服务》的讲演，指出："我们这个队伍完全是为着解放人民的，是彻底地为人民的利益工作的。""我们为人民而死，就是死得其所。"

陕甘宁边区和华北敌后抗日根据地开展大生产运动后，人民负担大大减轻，军民生活明显改善，党和人民群众的血肉联系得到加强。到 1945 年，陕甘宁边区农民大部做到"耕三余一"（耕种三年庄稼，除消耗外，可剩余一年吃的粮食），农民所交公粮占总收获量比重逐年下降。从 1943 年起，敌后各根据地的机关一般能自给两三个月甚至半年的粮食和蔬菜，人民负担也只占总收入的 14%左右，按当时的生活水平，实现了"自己动手""丰衣足食"的要求。

抗日根据地在进行干部培养和开展文化教育方面也取得了显著成绩。全民族抗战开始后，党中央所在地延安成了革命者向往的"圣地"，很多热血青年是"打断骨头连着筋，扒了皮肉还有心，只要还有一口气，爬也要爬到延安城"。诗人何其芳这样记录着 1938 年初到延安的见闻："延安的城门成天开着，成天有从各个方向走来的青年，背着行李，燃烧着希望，走进这城门。"

党中央及时作出大量吸收知识分子的决定，把发展抗日的革命文化运动提上重要议事日程，中国人民抗日军事政治大学、陕北公学、青年干部训练班、鲁迅艺术学院、马列学院、中共中央党校、职工学校、中国女子大学、民族学院、卫生学校等一批干部学校和专门学校先后创办起来，培养了大批干部。各级党组织还普遍建立干部在职学习制度，对提高干部的政治、文化素质起到了重要作用。同时，加强党报党刊、新华社、新华广播电台等舆论阵地建设，大力发展文学创作和戏剧演出。1940 年 9 月创办的延安自然科学院，是党的历史上第一个开展自然科学教学与研究的专门机构。根据地还重视初等教育工作，因陋就简地创办中、小学校。

各抗日根据地相继实行了精兵简政、统一领导、拥政爱民、"三三制"①、减租减息等十大政策，对克服困难、渡过

①　"三三制"，是中国共产党在各抗日根据地政权建设上实行的重要原则，即共产党员、党外进步人士和中间派在抗日民主政权中各占 1/3。

难关、巩固抗日根据地起了重要作用。

各抗日根据地尤其是陕甘宁边区的共产党人，通过领导人民进行对敌斗争和根据地建设经验的积累，形成了带有体系性的观念和作风。延安精神就是这些观念和作风的集中表现，其主要内容是：坚定正确的政治方向，解放思想、实事求是的思想路线，全心全意为人民服务的根本宗旨，自力更生、艰苦奋斗的创业精神。延安精神培育了一代代中国共产党人，是我们党的宝贵精神财富。

国民党统治区的抗日民主运动

中国共产党集中力量在敌后发动抗日游击战争、建设抗日民主根据地和领导沦陷区人民开展多种形式的反日斗争的同时，也在国民党统治区（习惯上称"大后方"）开展了大量卓有成效的工作。

在党领导下，南方各省逐步恢复和发展遭受严重破坏的党组织。党特别重视争取和团结中间势力，同民主党派、无党派人士、国民党民主人士、地方实力派、民族工商界人士、知识分子等广泛接触，使他们了解共产党的主张，并逐步取得他们的信任，巩固扩大了抗日民族统一战线，推动了国民党统治区抗日民主运动的发展。

党还通过多种方式加强对西北国民党统治区的工作，并派陈云、邓发、陈潭秋以及毛泽民等100多名共产党员到新疆工作，团结和促进新疆各族人民开展抗日斗争。

党领导的敌后抗战在度过1941年至1942年的最困难时期后，进入再发展时期。从1943年起，党领导的人民军队在一些地区开始了对日、伪军的攻势作战。同一时期，中国正面战场却出现了豫湘桂大溃退。在 1944 年春季至冬季的 8 个月中，丢失了 146 座城市、总计 20 多万平方公里国土，6000 多万同胞沦于日本侵略者铁蹄之下。人民从事实中得出结论：国民党统治集团不能担负起争取抗战胜利的任务，不能维护中国的独立、推动经济的发展，只能成为中国进步的障碍。废除国民党一党专政，实行民主政治，以增强团结抗战的力量，已成为人们（包括许多中间人士）越来越强烈的要求。

1944 年 9 月 15 日，林伯渠根据党中央指示，在国民参政会上正式提出立即结束国民党一党统治、建立各抗日党派民主联合政府的主张。中国共产党的这个主张，在国内外引起强烈反响。中国民主同盟在 10 月 10 日发表《对抗战最后阶段的政治主张》，要求立即结束一党专政，建立各党派联合政权，实行民主政治。在中国共产党的影响下，大后方的爱国民主运动，朝着要求建立联合政府的明确的政治目标发展。

五、加强党的建设、推进马克思主义中国化和开展整风运动

提出加强党的建设"伟大的工程"

在全民族抗日战争的推动下，中国共产党迅速发展与壮大。到 1938 年底，全国党员人数从全民族抗战爆发时的 4

万多人增加到 50 多万人。这对党的自身建设提出新的要求。

1939 年 8 月，中央政治局作出《关于巩固党的决定》。10 月，毛泽东发表《〈共产党人〉发刊词》，提出了党的建设的总目标、总任务，即"建设一个全国范围的、广大群众性的、思想上政治上组织上完全巩固的布尔什维克化的中国共产党"，把党的建设称为"伟大的工程"；指出党的建设要紧密围绕党的政治路线进行。还指出，统一战线问题、武装斗争问题、党的建设问题，是党在中国革命中的三个基本问题。正确地理解这三个问题及其相互关系，就等于正确地领导了全部中国革命。

巩固党的中心一环，是加强对党员的培训，提高党员素质。为此，陈云撰写了《怎样做一个共产党员》的文章；刘少奇作《论共产党员的修养》的演说；张闻天连续发表《共产党员的权利与义务》等 6 篇文章。这些论著为党员教育提供了重要教材，在党的建设中发挥了重要作用。

把党的建设作为一项伟大工程来推进，是党的一大创举。这表明党对加强自身建设重要性的认识更加自觉和深刻。党的建设伟大工程的实施，为党在抗日战争中发挥中流砥柱作用提供了强有力的政治保证。

系统阐明新民主主义理论

全民族抗日战争爆发以来，中国向何处去的问题，不但没有消失，反而随着国民党顽固派刻意宣传"一个主义""一个政党"主张，尖锐地摆在每一个中国人面前。

1939 年、1940 年之交，为了将丰富的中国革命经验系统化，阐明党的理论和纲领，回答中国向何处去的问题，以便更好地指导抗日战争和中国革命，继发表《〈共产党人〉发刊词》之后，毛泽东又接连发表《中国革命和中国共产党》《新民主主义论》等重要理论著作。

毛泽东揭示了中国半殖民地半封建社会的性质和主要特征，近代中国社会的主要矛盾和中国革命发生及发展的原因。在此基础上，他指出中国共产党领导的整个中国革命运动，是包括民主主义革命和社会主义革命两个阶段在内的全部革命运动。而 1919 年五四运动以后的中国民主革命，已经是无产阶级领导的人民大众的反帝反封建的新民主主义革命。

毛泽东阐明了中国共产党在新民主主义革命阶段的基本纲领，即在政治上，要建立"无产阶级领导下的一切反帝反封建的人们联合专政的民主共和国，这就是新民主主义的共和国"。在经济上，要没收操纵国计民生的大银行、大工业、大商业，建立国营经济；没收地主土地归农民所有，并引导农民发展合作经济；允许民族资本主义经济的发展和富农经济的存在。在文化上，是废除封建买办文化，发展民族的科学的大众的文化。

毛泽东指出，新民主主义革命的发展前途必然是社会主义。新民主主义革命和社会主义革命是两个不同的革命阶段，不能"毕其功于一役"，但两个革命阶段必须也必然是衔接的，不容横插一个资产阶级专政。

毛泽东总结中国共产党成立以来的历史经验，指出统一战线、武装斗争、党的建设，是中国共产党在中国革命中战胜敌人的三个主要法宝。

新民主主义理论的提出，使全党对中国现阶段革命的性质、内容、领导权和发展前途有了一个明确而完整的认识。这一理论成为引导中国人民自觉地在复杂环境中不断前进的旗帜，对中国革命的胜利发展起了重大指导作用。

新民主主义理论是马克思主义同中国革命实际相结合的产物。过去，党内常常将民主革命同社会主义革命的任务相混淆。这一理论的提出，既科学阐明民主革命同社会主义革命的严格区别和政策界限，又独创性地解决了这两个革命的相互衔接问题。

新民主主义理论的提出和系统阐明，是马克思主义中国化的重大理论成果，标志着毛泽东思想得到多方面展开而趋于成熟。这个理论从思想上武装了中国共产党人，使全党极大地增强了参加和领导抗日战争和新民主主义革命的自觉性。

整风运动和《关于若干历史问题的决议》

遵义会议后，党的路线已经走上马克思主义的正确轨道，但对曾经给党的事业造成严重危害的主观主义、教条主义还没有来得及从思想上进行认真清理。这就有必要集中开展一场普遍的马克思主义思想教育运动，总结和吸取历史上的经验教训，以提高广大党员、干部尤其是党的高级干部的思想理论水平，增强党的凝聚力和战斗力。

1941年5月，毛泽东在延安高级干部会议上作《改造我们的学习》的报告。9月至10月，中央政治局召开扩大会议（九月会议），党的高级干部开始学习和研究党的历史，总结党的历史经验，以求从政治路线上分清是非，达到基本一致的认识，为全党普遍整风做了准备。

1942年2月，毛泽东先后作《整顿党的作风》和《反对党八股》的讲演。整风运动在全党普遍展开。全党普遍整风的内容是反对主观主义、宗派主义、党八股以树立马克思主义的作风。反对主观主义以整顿学风，是整风运动最主要的任务。要克服主观主义，必须以科学的态度对待马克思主义，发扬理论联系实际的马克思主义的学风，一切从实际出发，实事求是。其中，调查研究是把理论和实际结合起来的不可或缺的中间环节。反对宗派主义以整顿党风，反对党八股以整顿文风，也是整风运动的重要任务。

整风的方法，是认真阅读整风文件，联系个人的思想、工作、历史以及自己所在地区部门的工作进行检查，开展批评与自我批评，弄清犯错误的环境、性质和原因，逐步取得思想认识上的一致，提出努力的方向。在开展批评与自我批评中，特别强调自我批评。毛泽东强调，对于人的处理取慎重态度，既不含糊敷衍，又不损害同志，这是我们的党兴旺发达的标志之一。

在整风运动中，党中央于1942年5月召开延安文艺座谈会。毛泽东在讲话中强调："为什么人的问题，是一个根本的问题，原则的问题。""我们的文学艺术都是为人民大众的，首先是为工农兵的"。在毛泽东延安文艺座谈会讲话精神指引下，广大文艺工作者纷纷奔向抗战前线，深入农村、部队、工厂，接触群众，体验生活，创作了《白毛女》《兄妹开荒》《逼上梁山》《王贵与李香香》等一大批反映现实生活的群众喜闻乐见的优秀作品。其中《白毛女》是由延安鲁迅艺术学院的艺术家们集体创作的中国第一部新歌剧，通过真实而富有传奇色彩的故事，揭示了"旧社会把人逼成'鬼'，新社会把'鬼'变成人"这一鲜明的时代主题。

从1943年9月起，中央领导层的整风进行到深入讨论党的历史问题阶段。为了统一高级干部的思想，中央政治局召开扩大会议，讨论党的历史上的路线问题。

在深入总结历史经验的基础上，1944年5月至1945年4月，党的扩大的六届七中全会召开。全会原则通过了《关于若干历史问题的决议》。《决议》总结建党以来，特别是六届四中全会至遵义会议前这一段党的历史及其基本经验教训，阐述了"左"倾错误在政治、军事、组织、思想方面的表现和造成的严重危害，高度评价了毛泽东运用马克思主义基本原理解决中国革命问题的杰出贡献，肯定了确立毛泽东在全党的领导地位的重大意义，使全党尤其是党的高级干部对中国民主革命基本问题的认识达到在马克思列宁主义基础上的一致。至此，整风运动胜利结束。

整风运动是一次深刻的马克思主义思想教育运动，收到巨大成效。它坚持马克思主义同中国实际相结合的正确方向，使实事求是的马克思主义思想路线在全党范围内深入人心。在整风运动中，围绕怎样以从实际出发的观点来对待马克思主义原理，怎样使马克思主义的基本原理和中国革命的实际相结合，以及怎样对待党的历史中一些重大问题展开了大讨论。通过这些讨论巩固了马克思主义思想在党内外的阵地，使干部在思想上大大地提高一步。通过整风运动，实现了在以毛泽东同志为核心的党中央领导下全党新的团结和统一，为抗日战争的胜利和新民主主义革命在全国的胜利，奠定了重要的思想政治基础。

延安整风运动所积累的经验对党的建设具有重大而深远的意义。

六、党的七大和确立毛泽东思想为党的指导思想、抗日战争的最后胜利

党的七大

在德国法西斯面临彻底覆亡和抗日战争接近胜利的前夜，在全党整风的基础上，1945 年 4 月至 6 月，中国共产党第七次全国代表大会在延安杨家岭中央大礼堂召开。出席大会的正式代表 547 人，候补代表 208 人，代表着全国 121 万名党员。这次大会负有总结以往革命经验、迎接抗日战争胜利和引导中国走向光明前途的任务。

毛泽东向大会提交《论联合政府》政治报告并作口头报告，朱德作《论解放区战场》军事报告，刘少奇作《关于修改党章的报告》，周恩来作《论统一战线》发言。

党的七大提出党的政治路线是："放手发动群众，壮大人民力量，在我党的领导下，打败日本侵略者，解放全国人民，建立一个新民主主义的中国。"为着建立新民主主义国家，大会再次提出"废止国民党一党专政，建立民主的联合政府"的口号，进而提出结束国民党一党专政的两个具体步骤：目前时期，经过各党各派和无党无派代表人物的协议，成立临时的联合政府；将来时期，经过自由的无拘束的选

★ 党的七大会场

举，召开国民大会，成立正式的联合政府。

　　大会制定了新民主主义国家在政治、经济、文化方面的纲领，提出实现中国工业化的宏伟任务，并在党的文件上首次明确提出："中国一切政党的政策及其实践在中国人民中所表现的作用的好坏、大小，归根到底，看它对于中国人民的生产力的发展是否有帮助及其帮助之大小，看它是束缚生产力的，还是解放生产力的。"

　　党的七大把党在长期奋斗中形成的优良作风概括为三大作风，即理论和实践相结合的作风、和人民群众紧密联系在一起的作风、自我批评的作风。这是共产党区别于其他政党的显著标志。毛泽东在此前大会预备会上强调看齐意识，他说："我们要向中央基准看齐，向大会基准看齐。看齐是原则，有偏差是实际生活，有了偏差，就喊看齐。"

党的七大选举产生新的中央委员会。6 月 19 日，七届一中全会选出 13 名中央政治局委员，选举毛泽东、朱德、刘少奇、周恩来、任弼时为中央书记处书记，毛泽东为中央委员会主席、中央政治局主席、中央书记处主席。8 月，中央政治局会议决定毛泽东为中央军事委员会主席，朱德等为副主席。这就使全党在组织上达到了空前的团结和统一。

党的七大是党在新民主主义革命时期召开的一次极其重要的全国代表大会。它总结中国新民主主义革命 20 多年曲折发展的历史经验，制定正确的路线、纲领和策略，克服党内的错误思想，使全党特别是党的高级干部对于中国民主革命的发展规律有了比较明确的认识，从而使全党在马克思列宁主义、毛泽东思想的基础上达到空前的团结。七大以"团结的大会，胜利的大会"载入党的史册。

确立毛泽东思想为党的指导思想

把毛泽东思想确立为党的指导思想并写入党章，是党的七大的历史性贡献。

刘少奇在《关于修改党章的报告》中指出："毛泽东思想，就是马克思列宁主义的理论与中国革命的实践之统一的思想，就是中国的共产主义，中国的马克思主义。"报告概括了毛泽东思想的主要内容，这就是：关于现代世界情况及中国国情的分析，关于新民主主义的理论与政策，关于解放农民的理论与政策，关于革命统一战线的理论与政策，关于革命战争的理论与政策，关于革命根据地的理论与政策，关于建设新民主主义共和国的理论与政策，关于建设党的理论与政策，关于文化的理论与政策等。

党的七大确立毛泽东思想为党的指导思想，是近代中国历史和人民革命斗争发展的必然选择。毛泽东思想是在党领导人民艰苦奋斗的基础上，通过总结正反两方面的经验，在实践中逐步形成的。它是中国共产党集体智慧的结晶，以独创性理论丰富和发展了马克思主义，实现了马克思主义中国化的第一次历史性飞跃，而毛泽东是马克思主义中国化的伟大开拓者。

党的七大之后，全党同志在毛泽东思想的指引下，团结一致，为夺取抗日战争的最后胜利和新民主主义革命在全国的胜利英勇奋斗。

全面反攻与抗日战争的伟大胜利

1945年上半年，世界反法西斯战争进入最后胜利阶段。4月，联合国制宪会议在美国旧金山举行，包括中国解放区代表董必武在内的中国代表团出席会议。中国成为联合国的创始会员国之一和安理会五个常任理事国之一。

同年8月9日，苏联红军开赴中国东北战场，同中国军民一道对日作战，加速了彻底打败日本侵略者的进程。同日，毛泽东发表《对日寇的最后一战》的声明。随后，延安总部朱德总司令发布七道全面反攻命令。在极为有利的国际形势下，中国抗日战争进入全面反攻阶段。

这时，国民党军队主要集中在中国的西南、西北地区，而日军在华北、华中和华南占领的大部分城镇、交通要道都

八路军、新四军和华南游击队战略反攻形势图
（1945 年 8 — 9 月）

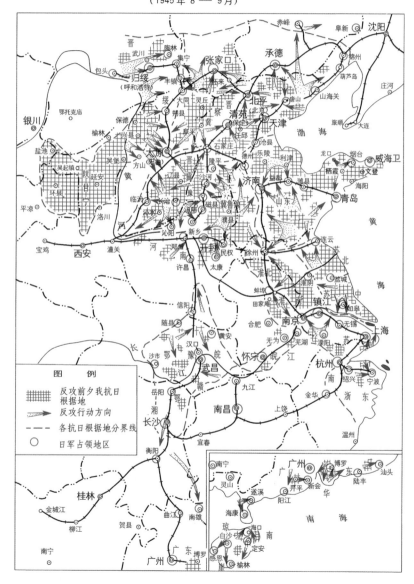

图　例

▦ 反攻前夕我抗日根据地

➤ 反攻行动方向

‐‐‐ 各抗日根据地分界线

○ 日军占领地区

处在共产党领导的敌后军民的包围中。根据延安总部的指示和命令，各抗日根据地军民向日、伪军发起猛烈的全面反攻，很快解放大片国土。

8月15日，日本天皇裕仁以广播形式发布《终战诏书》。日本无条件投降。9月2日，日本代表在投降书上签字。侵华日军128万人向中国投降。至此，中国抗日战争胜利结束，世界反法西斯战争也胜利结束。日本代表在投降书上签字的第二日即9月3日，成为中国人民抗日战争胜利纪念日。

10月25日，中国政府在台湾举行受降仪式。被日本占领50年之久的台湾以及澎湖列岛，重归中国主权管辖之下。这成为抗日战争取得完全胜利的重要标志。

中国人民抗日战争是近代以来中国人民反抗外敌入侵持续时间最长、规模最大、牺牲最多的民族解放斗争，也是第一次取得完全胜利的民族解放斗争。据不完全统计，在整个战争期间，中国军民伤亡3500多万人。按1937年的比值折算，中国直接经济损失1000多亿美元，间接经济损失5000多亿美元。中国人民抗日战争的胜利，成为中华民族走向复兴的历史转折点，也对世界文明进步具有重大而深远的意义：它彻底打败了日本侵略者，有力地捍卫了中国的国家主权和领土完整，彻底洗刷了近代以后抗击外来侵略屡战屡败的民族耻辱；它促进了中华民族的觉醒，使中国人民在精神上、组织上的进步达到了前所未有的高度，为中国共产党带领中国人民实现彻底的民族独立和人民解放奠定了重要基础；它促进了中华民族的大团结，弘扬了以爱国主义为核心的中华民族的伟大精神；它对世界各国人民夺取反法西斯战争的胜利、维护世界和平的伟大事业产生了巨大影响，显著提高了中国的国际地位和国际影响，使中国人民赢得了世界爱好和平人民的尊敬，中华民族赢得了崇高的民族声誉。

中国共产党在全民族抗战中发挥了中流砥柱作用。这是中国人民抗日战争取得完全胜利的决定性因素。中国共产党自成立之日起就把实现中华民族伟大复兴作为自己的历史使命，捍卫民族独立最坚定，维护民族利益最坚决，反抗外来侵略最勇敢，并作出最大的自我牺牲。在抗日战争时期，在民族危亡的历史关头，中国共产党以卓越的政治领导力和正确的战略策略，指引了中国抗战的前进方向，坚定不移推动全民族坚持抗战、团结、进步，反对妥协、分裂、倒退。中国共产党高举抗日民族统一战线的旗帜，坚决维护、巩固、发展统一战线，坚持独立自主、团结抗战，维护了团结抗战大局。中国共产党人勇敢战斗在抗日战争最前线，支撑起中华民族救亡图存的希望，成为全民族抗战的中流砥柱。抗日战争的实践表明，中国共产党是领导中国人民争取民族独立和人民解放的坚强核心。

中国人民在抗日战争的壮阔进程中孕育出伟大抗战精神，向世界展示了天下兴亡、匹夫有责的爱国情怀，视死如归、宁死不屈的民族气节，不畏强暴、血战到底的英雄气概，百折不挠、坚忍不拔的必胜信念。伟大抗战精神，是中国人民弥足珍贵的精神财富，将永远激励中国人民克服一切艰难险阻、为实现中华民族伟大复兴而奋斗。

中国共产党坚持动员人民、依靠人民，在推动展开全民族抗战的人民战争中，自身力量也得到了空前发展壮大。在全民族抗战中，八路军、新四军和其他人民抗日武装对敌作战 12.5 万余次，钳制和歼灭日军大量兵力，歼灭大部分伪军，敌后战场逐渐成为中国人民抗日战争的主战场。到抗战结束时，人民军队发展到约 132 万人，民兵发展到 260 余万人；中国共产党领导的抗日民主根据地即解放区已有 19 块，面积达到近 100 万平方公里，人口近 1 亿。中国共产党在全国社会政治生活中所占的比重，和抗日战争前相比大大增加。这为在取得中国人民抗日战争伟大胜利基础上，最终取得新民主主义革命胜利，创造了前所未有的有利条件。

第四章 ‖ 夺取新民主主义革命的全国性胜利

抗日战争胜利后，中国人民热切希望和平、民主，建设一个新的中国。但是 1946 年 6 月 26 日，国民党重兵围攻以鄂豫边宣化店为中心的中原解放区，挑起全面内战。8 月，面对敌强我弱的严峻形势，毛泽东会见美国记者安娜·路易斯·斯特朗，满怀信心地提出"一切反动派都是纸老虎"的著名论断，十分坚定地说，反动派总有一天要失败，我们总有一天要胜利。这原因不是别的，就在于反动派代表反动，而我们代表进步。

一、重庆谈判和争取和平民主的斗争

抗日战争胜利后国际国内政治形势和党的方针

战后的政治形势，有利于中国政局朝着和平民主方向发展。在国际上，社会主义国家、民族解放运动力量有了新发展，帝国主义势力遭到削弱，已经难以集中力量干涉中国革命。在国内，中国人民的觉悟程度、团结程度和组织程度空前提高，在经受了长期战乱之苦后普遍渴望和平。国内各派政治力量的状况发生了深刻变化。中国共产党已发展成为具有全国影响力的大党，并同国民党统治区内由民主党派和民主人士组成的民主力量保持着密切联系。

中国共产党和中国人民维护国内和平民主的积极努力，却受到国民党统治集团的严重阻碍。国民党统治集团越来越把注意力放到消灭中国共产党和其他民主势力这方面来，目的是继续维持国民党一党专政，"建立一个大地主大资产阶级专政的半殖民地半封建的国家"。

更严重的是，国民党的反共方针得到美国的支持。第二次世界大战结束后，美国依仗强大的经济和军事实力，积极向外扩张，企图建立自己在世界上的统治地位。控制中国是美国全球战略的重要组成部分。正如后来美国国家安全委员会的一份报告中所说，他们当时在中国所追求的长远目标是推动建立一个稳定、统一的亲美政府，而短期目标首先是"阻止共产党完全控制中国"。美国采取的措施是：一方面，要求国民党政府实行某种程度的改革，包括搞一点形式上的民主，争取中间派的同情和支持，诱使或迫使共产党交出军队，实现中国在国民党领导下的"统一"；另一方面，在经济、政治、军备等方面大力援助国民党政府，帮助国民党军队运兵抢占战略要点。

蒋介石的目的是要打，但要做好打的准备，还需要时间。因此，蒋介石在积极备战的同时，不得不表示愿与中共进行和平谈判。1945年8月中下旬，他连续三次电邀毛泽东去重庆"共定大计"。蒋介石的如意算盘是：如果谈判不成，即放手发动内战，并把战争责任强加给中共。

基于对和平的真诚愿望和对局势的清醒认识，党中央认为，同国民党进行和平谈判是必要的；即使是暂时的和平局面，也应该积极争取。8月23日，中央政治局召开扩大会议，提出今后对国民党的方针是"蒋反我亦反，蒋停我亦停"，以斗争达到团结，迫使国民党在一定程度上接受人民的要求，以推进国内和平等目标的实现。8月25日，党中央发表《对目前时局的宣言》，明确提出和平、民主、团结的口号。当晚，中央政治局决定毛泽东等赴重庆同蒋介石进行和平谈判。

重庆谈判

1945年8月28日，毛泽东一行从延安飞抵重庆。这一行动，充分表现了中国共产党谋求和平的真诚愿望。诗人柳亚子赋诗，称颂毛泽东这一行动是"弥天大勇"。

重庆谈判期间，国民党方面企图以"统一政令军令"的名义取消解放区和人民军队。为争取和平民主，揭穿所谓共产党不要和平、不要团结的谣言，党中央在谈判中对解放区管辖权限和人民军队缩编等问题作出必要的让步。在此期间，刘伯承、邓小平指挥晋冀鲁豫军区部队在山西上党地区歼灭来犯的阎锡山部队3.5万人，遏制了国民党军队对解放区的进攻，加强了中国共产党在谈判中的地位。

国共双方于10月10日正式签署《政府与中共代表会谈纪要》，即"双十协定"。国民党当局口头上表示承认"和平建国的基本方针"。国共双方同意：召开有各党派代表和社会贤达出席、讨论和平建国方案的政治协商会议。尽管共

★"双十协定"签订后，毛泽东返抵延安

产党作出同意撤退南方八个解放区的部队、大幅缩编人民军队等重大让步，但双方在人民军队和解放区政权两个根本问题上未能达成协议。10月11日，毛泽东乘飞机返回延安。

重庆谈判的结果，是人民力量的一个胜利。经过谈判，国民党承认了和平建国的基本方针。尽管这种承认只是口头上的，但这样一来它再要发动内战，就在全国和全世界面前输了理，在政治上陷入被动地位。这次会谈和达成的协议，还有力地推动了国民党统治区的民主运动。

政治协商会议

"双十协定"刚签订，蒋介石就发布进攻解放区的密令。

国民党的战略企图是：完全占领长江以南地区；着重夺取华北战略要地和交通线，以分割压缩解放区，打开进入东北的通道，进而占领整个东北。

中国共产党并没有因为努力争取和平民主而对国民党当局寄以不切实际的幻想。党坚定地认为，"绝对不要希望国民党发善心，它是不会发善心的。必须依靠自己手里的力量，行动指导上的正确，党内兄弟一样的团结和对人民有良好的关系"，才能使自己立于不败之地，才能为实现和平民主和建设新中国奠定坚实的基础。

为了保卫人民抗战的胜利成果，壮大人民革命力量，党中央先后从各解放区抽调 11 万人的军队和 2 万名干部进入东北，成立以彭真为书记、陈云等为委员的中共中央东北局（后由林彪任书记），统一领导东北地区工作。在 10 月中下旬，解放区部队连续进行平绥、津浦、平汉（邯郸）三个战役，歼灭来犯的国民党军队 11 万人，迟滞了他们深入华北进军东北的行动。

国民党当局的内战方针并没有因军事进攻失利而有任何改变。至 1945 年 12 月初，它用来进攻解放区的总兵力已达 190 万人以上。这不能不激起要求和平民主的人民群众的强烈愤怒。

1945 年 11 月下旬，昆明学生为反内战举行的时事晚会遭到压迫和破坏，激起 3 万余名学生举行总罢课。12 月 1 日，大批国民党武装暴徒镇压学生，酿成惨案。重庆、上海等地遂爆发声援昆明学生的罢课或游行示威。以"反对内战，争取民主"为基本口号的一二·一运动，使民党当局在政治上愈加被动。

这时，蒋介石还没有完全做好发动内战的准备，还不敢贸然撕毁"双十协定"。1946年1月5日，国共双方达成关于停止国内军事冲突的协定。1月10日，双方下达停战令。同一天，政治协商会议在重庆开幕。出席会议的有国民党、共产党、民主同盟、青年党和无党派人士代表共38人。会议历时22天，在通过政府组织案、国民大会案、和平建国纲领、军事问题案、宪法草案案等五项协议后，于1月31日闭幕。

中国共产党是准备认真履行这些协议的。政协会议闭幕后的第二天，党中央就发出党内指示，要求全党准备为坚决实现政协协议而奋斗。

但是，国民党蒋介石集团从来就没有准备去履行政协协议。政协会议刚刚闭幕，蒋介石就在国民党中央常务委员会会议上表示："我对宪草也不满意，但事已至此，无法推翻原案，只有姑且通过，将来再说。"在3月召开的国民党六届二中全会上，他又公然表示，要对政协协议"就其荦荦大端，妥筹补救"。

二、粉碎国民党的军事进攻和第二条战线的形成

全面内战爆发

1946年6月26日，国民党军队在完成内战准备后，以22万人悍然进攻鄂豫边境的中原解放区。其后，国民党军

向其他解放区展开大规模进攻。全面内战由此爆发。

对人民革命力量来说，战争初期的形势相当严峻。

在军事方面，国民党军队总兵力约 430 万人，其中正规军约 200 万人；解放区人民军队总兵力只有约 127 万人，其中野战军 61 万人。双方总兵力对比为 3.4∶1。国民党军队拥有装备较好的陆、海、空军；解放区人民军队没有海军和空军，装备基本上是缴自日、伪军的步兵武器，仅有少量火炮。

在经济方面，国民党统治区有 3.39 亿人口，约占全国 76% 的面积，国民党政府控制着几乎所有大城市和绝大部分铁路交通线，拥有全国大部分近代工业和人力、物力资源；解放区人口约 1.36 亿，土地面积只约占全国的 24%，近代工业很少，基本上依靠传统农业经济。

国民党过高估计了自己的力量，蒋介石声称，倚仗国民党的优势，"一定能速战速决"。国民党军队参谋总长陈诚甚至扬言，"也许三个月至多五个月便能解决"中共军队。

国民党敢于发动全面内战，很重要的是依恃美国的支持。毛泽东指出："蒋介石虽有美国援助，但是人心不顺，士气不高，经济困难。我们虽无外国援助，但是人心归向，士气高涨，经济亦有办法。因此，我们是能够战胜蒋介石的。"

为粉碎国民党的军事进攻，党制定了各项方针政策。在政治上，坚持党的领导，放手发动群众，团结一切可能团结的力量，建立最广泛的人民民主统一战线。在军事上，实行集中优势兵力、各个歼灭敌人的作战原则和积极防御的方针，以歼灭敌人有生力量为主要目标，而不以保守或夺取城市和地方为主要目标。

粉碎国民党军的全面进攻和重点进攻

从 1946 年 6 月至 1947 年 6 月，人民军队处于战略防御阶段，战争主要在解放区内进行。其中，前 8 个月粉碎了国民党军队的全面进攻；后 4 个月努力打破国民党军队的重点进攻。

从 1946 年 7 月中旬到 8 月下旬，在极为艰难的条件下，粟裕等指挥华中野战军，在苏中地区接连进行 7 次作战（苏中战役），歼敌 5 万余人。淮北战场、晋冀鲁豫定陶战役、晋察冀晋北战役、东北"三下江南、四保临江"战役也都传来捷报。这些胜利，振奋了人民军队的士气，顿挫了国民党军队进攻的锋芒，也取得了主要在内线歼敌的初步经验。在战争的前 8 个月，人民军队收复城市 135 座，歼敌 70.8 万人。国民党企图以速战速决的方式消灭人民革命力量的计划宣告破产。

从 1947 年 3 月开始，国民党军队在全面进攻受挫的情况下，对陕北和山东解放区改行重点进攻。人民军队继续执行积极防御的作战方针。

在山东，华东野战军在陈毅、粟裕等指挥下，先于 2 月下旬在莱芜地区全歼国民党第二"绥靖"区副司令长官李仙洲部 5.6 万余人，后又于 5 月中旬在孟良崮战役中全歼国民党军精锐主力整编第七十四师 3.2 万余人。国民党军队对山东解放区的重点进攻基本上被粉碎。

在陕北，国民党军胡宗南等部 25 万人向延安发动突然袭击。中央机关主动于 3 月 18 日撤离，开始了艰苦的陕北转战。不久，中央机关分为三部分，由刘少奇、朱德等组成中央工作委员会，到华北进行党中央委托的工作；毛泽东、周恩来、任弼时率中央和人民解放军总部的精干机关，继续留在陕北，指挥全国各战场作战；叶剑英、杨尚昆主持的中央后方委员会，转移到晋西北统筹后方工作。

陕北群众基础好，地形险要，回旋余地大。根据中央指示，彭德怀、习仲勋指挥西北野战兵团采取"蘑菇"战术与敌周旋，于撤离延安后45天内，在青化砭、羊马河、蟠龙镇三战三捷，歼敌1.4万余人；而后在沙家店战役全歼胡宗南部整编第三十六师师部和两个旅。到8月间，国民党军队对陕北的重点进攻也被粉碎。

在粉碎国民党军队重点进攻期间，其他解放区的军民，对收缩兵力、转入守势的国民党军队实施战略性的反攻。晋冀鲁豫野战军举行豫北和晋南攻势，解放了豫北、晋南大片地区。晋察冀野战军举行正太战役、青沧战役和保北战役，打通了晋察冀和晋冀鲁豫两解放区的联系。东北民主联军发动夏季攻势，沟通了东满、南满、西满、北满根据地的联系，改变了被分割成为南北两个作战集团的局面。

从1946年7月起至1947年6月止，人民军队在一年的内线作战中歼敌112万人；自己的总兵力发展到190多万人。人民军队在战略防御阶段结束后，以新的态势跨入人民解放战争的第二个年头。

国民党统治区的政治经济危机和人民运动的广泛发展

全面内战爆发后，为筹措内战经费，国民党政府不但对人民征收苛重的捐税，还无限制地发行纸币。通货膨胀像脱缰的野马一样达到骇人听闻的程度。1948 年 8 月，法币发行额已比 1937 年全国抗战前夕增加 47 万多倍，物价飙升至全国抗战前的 725 万多倍。这种恶性通货膨胀，实际上是对国统区人民的普遍掠夺。官僚资本极度膨胀，工农业生产严重萎缩，大批民族工商业濒于倒闭，城市失业人数陡增，广大农村饿殍载道。国民党统治区陷入严重经济危机。全国各阶层人民在饥饿和死亡线上挣扎，不得不团结起来，同国民党政府作你死我活的斗争。

为摆脱经济危机困境，国民党政府进一步投靠美帝国主义，大量出卖国家权益，美国商品在中国市场形成独占地位，给处境危殆的民族资本以毁灭性的打击。驻华美军在中国横行霸道、胡作非为，激起中国人民极大的民族义愤。

1947 年 5 月中旬，学生的反饥饿反内战运动在全国范围内迅速高涨。5 月 20 日，京、沪、苏、杭学生 5000 余名走上南京街头，举行"挽救教育危机联合大游行"，高呼"反饥饿""反内战"等口号，遭到反动当局镇压。同一天，北平 7000 余名学生也举行了"反饥饿""反内战"示威大游行。这就是五二〇运动。

学生运动的高涨促进了整个人民运动的高涨。1947 年，全国 20 多个大中城市中先后有 300 余万工人罢工。在农村，广大农民反抗抓丁、征粮和征税。以学生为先锋的爱国民主运动同国民党政府之间的斗争，逐步形成配合人民解放战争的第二条战线。党适时地提出在国民党统治区人民争生存斗争的基础上，建立反卖国、反内战、反独裁的广大阵线，使第二条战线的斗争更加广泛、深入地发展起来。国民党政府在军事战线和政治战线上都打了败仗，已处在全民的包围之中。

三、人民解放军转入战略进攻

挺进中原和战略进攻的全面展开

经过一年作战，战争形势发生重大变化。1947 年 7 月，国民党军队总兵力已从 430 万人下降为 373 万人，其中正规军由 200 万人下降为 150 万人。人民解放军的总兵力则由 127 万人增加为 195 万人，其中正规军近 100 万人，武器装备也得到很大改善。党中央当机立断，决定不等完全粉碎敌人的战略进攻，立刻转入全国性反攻，以主力打到外线去，将战争引向国民党区域。党中央选择地处中原的大别山区作为主要突击方向，决定晋冀鲁豫野战军采取跃进的进攻样式，不要后方，长驱直入，一举插进敌人的战略纵深地区。

1947 年 6 月 30 日夜，刘伯承、邓小平率领晋冀鲁豫野战军主力 12 万人一举突破黄河天险，揭开了战略进攻的序幕。刘邓大军千里跃进，于 8 月末进入大别山区。他们紧紧依靠人民群众，艰苦作战，粉碎国民党军队的重点轮番进攻，到 11 月共歼敌 3 万余人，建立 33 个县的民主政权。刘邓大军千里跃进大别山能够站住脚、扎下根，根本原因是党同人民一条心、军民团结如一人。正如刘伯承所说，"我们所依靠的是人民，蒋介石所依靠的是碉堡"。

8 月下旬，陈赓、谢富治率领晋冀鲁豫野战军一部渡过黄河，挺进豫西；陈毅、粟裕率领华东野战军主力也在 9 月越过陇海铁路南下，进入豫皖苏平原。到 11 月，两支大军先后完成在豫陕边地区和豫皖苏边地区的战略展开。

至此，三路大军都打到外线，布成"品"字形阵势，纵横驰骋于黄河以南、长江以北、西起汉水、东迄大海的广大地区。它们互为掎角，以鼎足之势，紧逼国民党的长江防线，直接威胁南京、武汉。

这时仍在内线作战的人民解放军，也加紧发起攻击，并渐次转入战略进攻和战略反攻。同年，林彪、罗荣桓率东北民主联军先后发起秋季、冬季攻势作战，将国民党军压缩在沈阳、长春、锦州三个互不联系的、面积仅占东北总面积3%的狭小地区，从根本上改变了东北战局。

1948年4月21日，西北野战军收复延安。此前3月23日，毛泽东率中央机关和人民解放军总部部分人员东渡黄河，随后辗转进驻河北建屏县西柏坡村（今属河北平山县）。

人民解放军转入战略进攻，具有伟大的历史意义。毛泽东指出："这是一个历史的转折点。这是蒋介石的二十年反革命统治由发展到消灭的转折点。这是一百多年以来帝国主义在中国的统治由发展到消灭的转折点。这是一个伟大的事变。""这个事变一经发生，它就将必然地走向全国的胜利。"

土地制度改革运动的发展和整党运动

人民解放军转入战略进攻的新形势，要求解放区更加普遍深入地开展土地制度改革。正如毛泽东指出："如果我们能够普遍地彻底地解决土地问题，我们就获得了足以战胜一切敌人的最基本的条件。"

从1946年5月4日中共中央发布《关于土地问题的指示》

（五四指示）到 1947 年下半年，解放区 2/3 的地方已基本上
实现了"耕者有其田"，但还有 1/3 的地方没有进行土地制
度的改革；已进行改革的地方，有的也不够彻底。为推动解
放区土改运动进一步发展，1947 年 7 月至 9 月，刘少奇在
西柏坡主持召开全国土地会议，制定《中国土地法大纲》，
并于同年 10 月由中共中央批准公布。

　　《中国土地法大纲》是一个彻底反封建的土地革命纲领。
它规定："废除封建性及半封建性剥削的土地制度，实行耕
者有其田的土地制度。"这个大纲公布后，解放区各级领导
机关派出大批土改工作队深入农村，发动群众，组织贫农团
和农会，控诉地主，惩办恶霸，分配土地，迅速形成土改
热潮。

★ 解放区农民在分到的土地上插界标

123

土地制度改革，是中国共产党领导中国人民从根本上摧毁中国封建制度根基的社会大变革。它让占中国人口绝大多数的农民进一步认识到，中国共产党是他们利益的坚决维护者，因而自觉地在党的周围团结起来，这就为打败蒋介石、建立新中国奠定了最深厚的群众基础。

在开展土地制度改革的同时，各解放区针对一些地方党组织特别是农村基层党组织中存在的思想不纯、作风不纯和成分不纯的问题，进行了整党工作。整党的基本内容是：通过查阶级、查思想、查作风和整顿组织、整顿思想、整顿作风，采取党内党外结合等办法，解决基层党组织存在的突出问题。经过整党，农村基层党组织在思想上、政治上和组织上都有很大进步，党同群众的联系更加密切，为争取土改和战争胜利提供了重要保证。

四、夺取全国胜利纲领的制定实施和人民民主统一战线的巩固扩大

夺取全国胜利纲领的提出和政策策略的制定

随着人民解放军转入战略进攻，1947年9月，中国共产党发出"全国大反攻，打倒蒋介石"的号召。10月，中国人民解放军总部发表宣言，响亮地提出"打倒蒋介石，解放全中国"的口号。

1947年12月，党中央在陕北米脂县杨家沟召开扩大会议（十二月会议），毛泽东在会上提交《目前形势和我们的

任务》的书面报告。

报告阐明党的最基本的政治纲领，即："联合工农兵学商各被压迫阶级、各人民团体、各民主党派、各少数民族、各地华侨和其他爱国分子，组成民族统一战线，打倒蒋介石独裁政府，成立民主联合政府。"报告指出："没收封建阶级的土地归农民所有，没收蒋介石、宋子文、孔祥熙、陈立夫为首的垄断资本归新民主主义的国家所有，保护民族工商业。这就是新民主主义革命的三大经济纲领。"报告还总结人民军队的作战经验，提出十大军事原则，其核心是"集中优势兵力，各个歼灭敌人"。报告说，这些战略战术是建立在人民战争的基础之上的，因而是任何反人民的军队所不能利用也无法对付的。这显示了党对胜利前途的自信。

毛泽东的这个报告，是"整个打倒蒋介石反动统治集团，建立新民主主义中国的时期内，在政治、军事、经济各方面带纲领性的文件"。

十二月会议以后的一段时间里，党中央集中全力研究解决新形势下党的各项具体政策和策略问题。这是因为，随着解放战争的胜利发展，解放区迅速扩大，大批城市回到人民手中。对于如何适应新的原先不熟悉的情况，做好新区工作和城市工作，党还缺乏经验。而在实际工作中，已经出现侵犯中农利益和民族工商业利益的偏向，甚至笼统提出"群众要怎样办就怎样办"的错误口号。针对上述情况，毛泽东严肃地告诫全党："现在敌人已经彻底孤立了，但是敌人的孤立并不就等于我们的胜利。我们如果在政策上犯了错误，还是不能取得胜利。"他强调："政策和策略是党的生命，各级领导同志务必充分注意，万万不可粗心大意。"

在探索接收城市经验的过程中，1948年2月，党中央批转《中央工委关于收复石家庄的城市工作经验》，6月批转《东北局关于保护新收复城市的指示》，12月又批转陈云《接收沈阳的经验》。由于党采取了一系列正确政策，新解放城市的社会秩序都很快趋于稳定，生产得到迅速恢复和发展，有力地支援了人民解放战争。

为保证党的路线和各项方针、政策严格地得到贯彻执行，毛泽东反复告诫全党：必须维护党的集中统一的领导，加强组织性纪律性，迅速克服过去由于长期处于被敌人分割的游击战争环境下产生的某些无纪律、无政府状态和地方主义、游击主义。党中央要求各地严格遵守中央制定的各项政策，建立定期向中央请示报告的制度。同时，及时批评党内民主生活不足的现象，要求加强党的民主生活，健全党委制。

这时已处在夺取新民主主义革命全面胜利的历史转折期。党的历史证明，在历史重大转折到来时，必须有预见地认真研究新情况和新问题，及时制定正确的对策，采取有效的措施。党在这个历史时刻制定了各项切合实际的政策，并为增强全党同志的政策观念进行大量工作，使全党在正确路线和政策的基础上保持高度的统一，有条不紊地开展工作，这就为迎接即将到来的革命在全国范围内的胜利创造了最重要的条件。

党领导的爱国民主运动的新发展和民主党派的历史性选择

随着解放战争的胜利推进，国民党统治区的人民运动有了新发展。广大学生越来越把中国的希望寄托在人民解放战争的胜利上，因而不再提"反内战"的口号，而是在"反迫害"的旗帜下展开斗争。1947年10月，浙江大学学生自治会主席于子三遭非法逮捕，惨死狱中。杭州、南京、上海、北平等12个城市的10万余名学生掀起了一场"反对非法逮捕、反对特务、反对屠杀青年"的反迫害斗争。1948年4月，华北学生为抗议当局取缔华北学生联合会的斗争与平津地区教职员工为要求调整待遇而进行的斗争相结合，形成声势浩大的四月风暴。5月至6月间，又爆发了一场全国范围的反对美国政府扶植日本军国主义势力的爱国运动。国民党的反动统治陷于彻底的孤立。

各民主党派和广大无党派民主人士日益倾向于支持人民革命。他们中间一些人，曾经主张在中国实行资产阶级民主主义的"中间路线"，也就是所谓"第三条道路"。但随着解放战争的胜利发展，国民党当局对爱国民主力量迫害的加紧，以及中国共产党进行的宣传教育工作的深入，曾在一部分民主人士和中间阶层中有过影响的"中间路线"的政治主张迅速走向破产。

在中国两条道路、两种前途、两个命运的决战中，原先的中间力量出现了分化。民主同盟等民主党派和无党派民主人士的大多数人在抵制伪国大①、反对伪宪法的斗争中，坚定地同中国共产党站在一起，在反对国民党的独裁统治和内战政策的斗争中起了积极作用。他们同中国共产党合作奋

---

　　① 伪国大，指1946年11月国民党一手包办的"国民大会"。"国民大会"通过了维护蒋介石独裁统治的所谓《中华民国宪法》。

斗，并在斗争实践中不断进步，这是各民主党派在这个时期的表现的主要方面。这使中国各民主党派成为中国共产党领导的革命统一战线的重要组成部分。

当时的民主党派主要有：中国国民党革命委员会、中国民主同盟、中国民主建国会、中国民主促进会、中国农工民主党、中国致公党、九三学社、台湾民主自治同盟。他们都主张爱国、反对卖国，主张民主、反对独裁。在这些方面，他们同中国共产党的新民主主义革命政纲基本上是一致的。中国共产党对各民主党派采取了积极争取和团结的政策，收到了很好的效果。这也帮助了民主党派中的左派，加强了他们在政治上的地位。

各民主党派和民主人士积极向中国共产党靠拢，使国民党当局感到惊恐万状，铤而走险，对各民主党派和无党派民主人士加紧迫害。继李公朴、闻一多之后，著名民主人士杜斌丞又在西安被杀害。民盟地方组织的许多成员被逮捕、绑架，所办的几家报社被捣毁或遭袭击。1947年5月，国民党公然污蔑民主同盟、民主促进会等"受中共之命，而准备甘为中共之新的暴乱工具"。10月，国民党当局宣布民盟为"非法团体"。11月6日，民盟总部被迫在上海发表公告，宣布解散。

1948年1月，沈钧儒等在香港召开民盟一届三中全会，恢复民盟总部，表示今后要与中国共产党携手合作。与此同时，中国国民党革命委员会也公开表示承认中国共产党的领导地位，其他民主党派也明确表示了参加新民主主义革命的立场。

共产党领导的多党合作局面的形成

1948 年 4 月 30 日，中共中央在纪念五一国际劳动节口号中提出："各民主党派、各人民团体、各社会贤达迅速召开政治协商会议，讨论并实现召集人民代表大会，成立民主联合政府！"这个号召得到各民主党派、无党派人士和社会各界热烈响应，标志着各民主党派、无党派人士公开自觉接受中国共产党的领导，揭开了中国共产党同各党派、各团体、各族各界人士协商建国的序幕，奠定了中国共产党领导的多党合作和政治协商制度的基础。

1949 年 1 月，李济深、沈钧儒等民主党派领导人和著名无党派民主人士 55 人联合发表《对时局的意见》，一致认定中共提出的关于召开政治协商会议、成立联合政府的主张"符合于全国人民大众的要求"，恳切表示"愿在中共领导下，献其绵薄，共策进行，以期中国人民民主革命之迅速成功，独立、自由、和平、幸福的新中国之早日实现"。这个政治声明表明，中国各民主党派和无党派民主人士自愿接受中国共产党的领导，决心走人民革命的道路，拥护建立人民民主的新中国。

同年春，毛泽东在同有关人士谈话时提出民主党派应"积极参政，共同建设新中国"。这标志着各民主党派地位的根本变化。它们不再是国民党政权下的在野党，而将在中国共产党领导下，共同担负起管理新中国和建设新中国的历史重任。中国共产党领导的多党合作的政治格局，正是在这个基础上形成的。

五、伟大的战略决战和国民党 反动统治的覆灭

进行辽沈、淮海、平津三大战役

1948 年秋，人民解放战争进入夺取全国胜利的决定性阶段。

这时，人民解放军已由战争开始时的 127 万人发展到 280 万人，其中野战军 149 万人；建立起了较强的炮兵和工兵部队，提高了攻坚能力，取得了打阵地战的经验。

与此相反，国民党军队已由战争开始时的 430 万人下降为 365 万人，可用于第一线的兵力仅 174 万人，而且士气低落，战斗力不强，不得不放弃"全面防御"而改行"重点防御"。国民党军队已被解放军分割在西北、中原、华东、华北、东北 5 个战场上，相互间难以取得配合，已经没有完整战线。党中央和毛泽东当机立断，连续组织辽沈、淮海、平津三大战役。

根据毛泽东和中央军委的部署，选择首先在东北展开战略决战。1948 年 9 月 12 日，林彪、罗荣桓指挥东北野战军主力和地方武装 103 万人发起辽沈战役，向被分割在锦州、长春、沈阳等孤立地区的 55 万国民党军发动进攻。战役首先从攻打锦州、封闭国民党军于东北开始。10 月 14 日，东北野战军对锦州发起总攻，经过 31 小时激战，全歼守敌近 9 万人。

　　锦州解放促使长春守敌一部分起义，其余全部投降，东北国民党军队向关内的退路被切断。东北野战军攻占锦州后，立即合围并全歼沈阳出援锦州的国民党军廖耀湘兵团，随后乘胜追击，于11月2日解放沈阳、营口。东北全境解放。

　　辽沈战役刚结束，华东野战军和中原野战军及部分地方武装共60余万人，在以徐州为中心，东起海州、西至商丘、北起临城（今薛城）、南达淮河的地区，发起规模空前的淮海战役。1948年11月16日，党中央决定由刘伯承、陈毅、邓小平、粟裕、谭震林组成以邓小平为书记的总前委，统一指挥华东野战军和中原野战军。由于先后集结在这个地区的国民党军队在兵力和武器装备上均处优势地位，人民解放军在作战中采取将敌军重兵集团多次分割、集中优势兵力各个歼灭的办法。

★ 辽沈战役中人民解放军向锦州城垣发起冲锋

★ 淮海战役中人民解放军凯歌行进，大批国民党军队俘虏被押下战场

1948 年 11 月 6 日至 22 日，解放军在徐州以东围歼黄百韬兵团约 10 万人，完成中间突破。11 月 23 日至 12 月 15 日，在宿县西南全歼由豫南远道赶来增援而孤军突出的黄维兵团约 12 万人，并在陈官庄一带合围杜聿明集团所部邱清泉、李弥、孙元良三个兵团约 30 万人，后歼灭力图突围的孙元良兵团。12 月 16 日至 1949 年 1 月 10 日，歼灭杜聿明部邱清泉、李弥两个兵团 10 个军，生俘杜聿明。至此，淮海战役胜利结束。

经此一役，南线国民党军队精锐主力已被消灭，长江中下游以北的广大地区获得解放，同华北解放区连成一片。国民党政府首都南京直接暴露在人民解放军面前，国民党反动统治陷入土崩瓦解的境地。

在辽沈战役结束、淮海战役胜利发展之际，东北野战军和华北军区第二、第三兵团以及华北、东北军区地方部队共 100 万人，联合发起了平津战役。

根据党中央部署，东北野战军主力从 1948 年 11 月起隐蔽入关，同华北军区第二、第三兵团一道，先用"围而不打"或"隔而不围"的办法，完成对北平、天津、张家口之敌的战略包围和战役分割。随后按"先打两头、后取中间"的顺序发起攻击，在 12 月下旬连克新保安、张家口。

1949 年 1 月 10 日，党中央决定成立由林彪、罗荣桓、聂荣臻三人组成以林彪为书记的平津前线总前委。天津守敌拒绝接受和平改编后，1 月 14 日，解放军以强大兵力发起总攻，经过 29 小时激战，攻克天津，全歼守敌 13 万人。北平 20 余万守军在解放军严密包围下完全陷于绝境，在傅作义率领下接受和平改编。1 月 31 日，北平和平解放。

辽沈、淮海、平津三大战役，无论战争规模还是取得的

★ 北平和平解放后，人民解放军部队举行盛大的入城式

★ 解放战争时期活跃在山东解放区的民工支前小车队

战果，在中国战争史上都是空前的，在世界战争史上也十分罕见。这三大战役共歼灭国民党军队 154 万余人，使国民党赖以维持其反动统治的主要军事力量基本上被摧毁，为中国革命在全国的胜利奠定了基础。

三大战役的胜利，是毛泽东军事思想的伟大胜利。在三大战役中，毛泽东和中央军委针对东北、华东、华北三个战场的不同特点制定不同的作战方针，全面地运用"十大军事原则"，把歼灭敌人有生力量和夺取城市及地方紧密地结合起来，把集中优势兵力和全部消灭敌军的强大兵团紧密地结合起来，把大规模的运动战、阵地战和城市攻坚战紧密地结合起来，把军事打击与政治争取结合起来。这是毛泽东军事思想在实践中的重要发展。

三大战役的胜利，也是人民战争的伟大胜利。各解放区人民以无比巨大的热情，以源源不绝的人力物力给予前线以空前规模的支援。供应前方庞大部队的军需物资，全靠肩挑背负，小车推送。据统计，仅为支援淮海战役，动员起来的民工累计即达 543 万人，向前线运送 1460 多万斤弹药、9.6 亿斤粮食等军需物资。陈毅曾深情并形象地说过，淮海战役的胜利是人民群众用小车推出来的。

将革命进行到底

面对战场上的军事失败，蒋介石集团为争取喘息时间，搞起了"缓兵计"。蒋介石争取美国增加援助和美、英、法、苏"调解"未果，在各方面压力下，被迫于 1949 年元旦发表"求和"声明。1 月 21 日，蒋介石宣告"引退"，其"总统"职务由"副总统"李宗仁代理。李宗仁政府尽管口头上表示愿意以中共所提条件为基础进行和平谈判，实际上却想争取喘息时间，部署长江防线，实行"划江而治"。

是将革命进行到底，还是让革命半途而废？ 1948 年 12 月 30 日，毛泽东在新华社新年献词中发出"将革命进行到底"的伟大号召。他强调，必须用革命的方法，坚决彻底干净全部地消灭一切反动势力。不动摇地坚持打倒帝国主义，打倒封建主义，打倒官僚资本主义，在全国范围内推翻国民党的反动统治，在全国范围内建立无产阶级领导的以工农联盟为主体的人民民主专政的共和国，并由此向社会主义社会发展。在这个问题上，一切愿意参加当前的革命事业的人们要一致，要合作，而不是建立什么"反对派"，也不是走什么"中间路线"。

1949 年 1 月 14 日，毛泽东发表关于时局的声明，严正指出，为了迅速结束战争，实现真正的和平，减少人民的痛苦，中国共产党愿意在惩办战争罪犯、废除伪宪法和伪法统、改编一切反动军队等八项条件的基础上，同南京国民党政府及国民党地方政府和军事集团进行和平谈判。

尽管中国共产党人对蒋介石的假"和谈"不抱任何幻想，但还是为实现国内和平认真做了最后一次努力。4 月 1 日，以周恩来为首席代表的中共代表团与以张治中为首席代表的国民党政府代表团在北平举行谈判。经反复磋商，4 月 15 日，中共代表团提出《国内和平协定》（最后修正案），限国民党政府在 4 月 20 日前表明态度。由于国民党政府拒绝在这个协定上签字，谈判宣告破裂。4 月 21 日，毛泽东主席和朱德总司令发布向全国进军的命令。

4 月 20 日夜至 21 日，由以邓小平为书记的渡江战役总前委统一指挥，第二、第三野战军在第四野战军先遣兵团和中原军区部队配合下，发起渡江战役。在西起湖口、东至江阴的千里战线上，百万雄师分三路强渡长江。国民党苦心经营 3 个半月的长江防线顷刻瓦解。

渡江战役的胜利，是靠老百姓用小船划出来的。在长江岸边，木帆船、渔船是百姓赖以为生的生产资料、命根子，但他们纷纷支援渡江战役。到渡江战役发起前，解放军已筹集各种船只 2 万余条。此外，船工还创造性地用木材扎成 4 米多宽、10 米多长的木排，装上汽车引擎垒起棉花胎，架上轻重武器，制成"水上土炮艇"。

4 月 23 日，解放军占领国民党统治中心南京，宣告延续 22 年的国民党反动统治覆灭。毛泽东在北平香山双清别墅看到这个捷报后，写下《七律·人民解放军占领南京》。他用"宜将剩勇追穷寇，不可沽名学霸王"，表达了将革命进行到底的决心；用"天若有情天亦老，人间正道是沧桑"，揭示了人类社会进步的客观规律。

随后，人民解放军于5月27日攻占上海。人民解放军在上海解放后，为不惊扰上海市民，不住民房，露宿街头，感动了整座城市。在此前后，解放军分路继续向中南、西北、西南各省胜利大进军，以战斗或和平方式迅速解决残余敌人，解放广大国土。国民党蒋介石集团从大陆逃往台湾。

重庆解放前夕，众多被关押在渣滓洞、白公馆的共产党人惨遭国民党反动派残杀。共产党人江竹筠受尽国民党军统特务的各种酷刑，坚贞不屈，宁死不泄露党的任何机密，人们亲切地称她为"江姐"。面对敌人的严刑拷打，她坚定地说："竹签子是竹子做的，共产党员的意志是钢铁。"在新中国已经成立、重庆即将解放之际，江姐壮烈牺牲，年仅29岁。以江姐为代表的许多革命烈士经受住种种酷刑折磨，不折不挠，宁死不屈，为中国人民解放事业献出自己宝贵生命，凝结成"红岩精神"。

六、党的七届二中全会和筹建新中国

为新中国绘制蓝图

随着党领导的人民革命在全国胜利已成定局，建立新中国的任务被提上日程。

★ 党的七届二中全会会场

1948 年 9 月，中央政治局召开扩大会议。毛泽东在会上论述了即将成立的新中国的国体和政体，即国家政权的阶级性和构成形式。会议还提出了新民主主义经济建设的基本方针。

1949 年 3 月在西柏坡召开的党的七届二中全会，规定党在全国胜利后在政治、经济、外交方面应当采取的基本政策，指出中国由农业国转变为工业国、由新民主主义社会转变为社会主义社会的发展方向。

全会讨论了党的工作重心由乡村转移到城市的问题，指出用乡村包围城市的时期已经完结，从现在起开始了由城市到乡村并由城市领导乡村的时期。

毛泽东告诫全党，夺取全国胜利，这只是万里长征走完了第一步，中国的革命是伟大的，但革命以后的路更长，工作更伟大、更艰苦。为此，毛泽东提出了"两个务必"的思想，即"务必使同志们继续地保持谦虚、谨慎、不骄、不躁的作风，务必使同志们继续地保持艰苦奋斗的作风"。这里面，包含着对中国几千年历史治乱规律的深刻借鉴，包含着对中国共产党艰苦卓绝奋斗历程的深刻总结，包含着对胜利了的政党永葆先进性和纯洁性、对即将诞生的人民政权实现长治久安的深刻忧思，包含着对中国共产党坚持全心全意为人民服务根本宗旨的深刻认识。"两个务必"思想，始终激励全党永远保持艰苦奋斗光荣传统，永远保持同人民群众血肉联系，永远保持党的先进性和纯洁性。毛泽东还指出，在胜利面前，必须警惕资产阶级"糖衣炮弹"的攻击。

1949 年 3 月 23 日上午，毛泽东率领中央机关离开中国革命最后一个农村指挥所——西柏坡，向北平进发。临行前，毛泽东对周恩来说，今天是进京的日子，进京"赶考"去。周恩来说，我们应当都能考试及格，不要退回来。毛泽东说，退回来就失败了。我们决不当李自成，我们都希望考个好成绩。3 月 25 日，毛泽东等中央领导人与中央机关、人民解放军总部进驻北平。党中央和毛泽东进驻北平香山，标志着中国革命重心从农村转向城市。这里成为领导解放战争走向全国胜利、新民主主义革命取得伟大胜利的总指挥部。

为了向全国人民公开阐明中国共产党在建立新中国问题上的主张，6 月 30 日，毛泽东发表《论人民民主专政》一文，指出，人民民主专政需要工人阶级的领导。人民民主专政的基础是工人阶级、农民阶级和城市小资产阶级的联盟，而主要是工人和农民的联盟。进行中国的人民革命和发展中国的经济，需要团结民族资产阶级，但它不能充当革命的领导者，也不应当在国家政权中占主要的地位。

党的七届二中全会决议和毛泽东的《论人民民主专政》，为新中国的建立奠定了理论基础和政策基础。在筹建新中国的过程中，党中央还就新中国的国家结构形式和民族关系进行了慎重考虑并作出决策，认为：单一制的国家结构形式，更加符合中国的国情；在统一的国家内实行民族区域自治，更有利于实现民族平等原则。

中国人民政治协商会议的召开和共同纲领的制定

筹建成立新中国的工作，是通过新政治协商会议（中国人民政治协商会议）进行的。

1949年6月，新政治协商会议筹备会第一次全体会议在北平召开，成立以毛泽东为主任的新政协筹备会常务委员会，负责起草共同纲领、拟定政府方案等，全面展开筹建新中国的工作。

1949年9月，中国人民政治协商会议第一届全体会议在北平隆重召开。中国人民政治协商会议的召开，标志着100多年来中国人民争取民族独立和人民解放运动取得了历史性的伟大胜利，标志着爱国统一战线和全国人民大团结在组织上完全形成，标志着中国共产党领导的多党合作和政治协商制度正式确立。毛泽东在开幕词中向全世界豪迈地宣告："我们有一个共同的感觉，这就是我们的工作将写在人类的历史上，它将表明：占人类总数四分之一的中国人从此

★ 中国人民政治协商会议第一届全体会议上，代表们举手表决议案

站立起来了。"他还预言："随着经济建设的高潮的到来，不可避免地将要出现一个文化建设的高潮。中国人被人认为不文明的时代已经过去了，我们将以一个具有高度文化的民族出现于世界。"

　　人民政协是中国共产党领导的以工农联盟为基础的人民民主统一战线的组织形式。参加政协的有中国共产党、各民主党派、无党派人士、各人民团体、人民解放军、各地区、各民族以及海外华侨的代表。会议通过《中国人民政治协商会议组织法》，选出政协第一届全国委员会。10 月 9 日，毛泽东当选政协全国委员会主席。

　　会议通过了《中国人民政治协商会议共同纲领》。这个

《共同纲领》成为中国人民的大宪章，在一个时期内起着新中国临时宪法的作用。

会议通过了中央人民政府组织法，一致选举毛泽东为中央人民政府主席，朱德、刘少奇、宋庆龄、李济深、张澜、高岗为副主席，陈毅等56人为中央人民政府委员会委员。

会议通过北平为中华人民共和国首都，将北平改名为北京；决定采用公元纪年；以《义勇军进行曲》为代国歌；国旗为五星红旗，象征全国人民在共产党领导下的大团结。

中国新民主主义革命胜利的原因和基本经验

随着国民党反动统治的覆灭和中华人民共和国的成立，中国新民主主义革命取得了基本的胜利。

中国革命的发生和胜利不是偶然的，有着深刻的社会根源和深厚的群众基础。帝国主义、封建势力对中国人民的残酷压迫和剥削，促使中国人民走上反帝反封建的伟大革命斗争的历史道路。以蒋介石为首的国民党统治集团对外依靠帝国主义的支持，对内以封建地主阶级和官僚买办资产阶级作为社会支柱，把自己置于中国人民的对立面。抗日战争后，蒋介石集团坚持独裁统治和内战政策，把全国各阶层人民推向饥饿和死亡，迫使他们奋起团结自救。

中国人民的反抗斗争是十分英勇的，但只有在中国共产党的领导下才彻底摆脱失败的厄运，从胜利走向新的胜利。中国共产党从诞生之日起，就把为中国人民谋幸福、为中华民族谋复兴作为自己的初心和使命。这个初心和使命是激励中国共产党人不断前进的根本动力。中国共产党为中国人民指明了斗争的目标，在长期斗争的实践中找到了使革命走向胜利的道路，并且把被人视为"一盘散沙"的中国人民团结和凝聚成万众一心的不可战胜的力量。"没有共产党，就没有新中国"，这是中国人民依据近代中国革命的历史经验得出的科学结论，是他们基于自己的切身体会所确认的伟大真理。

为了实现初心和使命，实现始终坚持的理想和主张，中国共产党进行了前赴后继的不懈奋斗，作出了巨大的自我牺牲。中国共产党自 1921 年创建至 1949 年中华人民共和国成立这 28 年的时间里，为中国人民的解放事业献出了无数的优秀战士。党的许多卓越领导人，如李大钊、瞿秋白、蔡和森、向警予、邓中夏、苏兆征、彭湃、陈延年、恽代英、赵世炎、张太雷等，许多杰出的将领，如方志敏、刘志丹、黄公略、许继慎、韦拔群、赵博生、董振堂、段德昌、杨靖宇、左权、叶挺等，也都在这场前赴后继的伟大斗争中英勇地献出了自己的生命。中国新民主主义革命的胜利，是千千万万先烈和全党同志、全国各族人民长期牺牲奋斗的结果。

中国走上社会主义道路，是长期社会历史发展和人民实践的最终结果。在很长时期内，中国面临三种可供选择的建国方案：第一种方案先由北洋军阀后由国民党统治集团代表。他们主张实行地主买办阶级的专政，使中国社会继续走半殖民地半封建的道路。第二种方案由某些中间派或中间人士代表。他们主张建立资产阶级共和国，使中国社会走上独立发展资本主义的道路。第三种方案由共产党代表，主张建立工人阶级领导的以工农联盟为基础的人民共和国，经过新民主主义走向社会主义。这三种方案在中国人民的实践中反复地受到检验。只有第三种方案最终赢得中国最广大的人民群众包括民族资产阶级及其政治代表在内的拥护。这昭示了"只有社会主义能够救中国"的历史必然。

中国共产党在领导人民革命的过程中，积累了丰富经验，锻造出了有效的克敌制胜的武器。毛泽东指出："统一战线，武装斗争，党的建设，是中国共产党在中国革命中战胜敌人的三个法宝，三个主要的法宝。"

中国共产党之所以能够把革命引向胜利，一条根本性的经验就是，必须坚持把马克思主义基本原理同中国具体实际结合起来，不断推进马克思主义中国化。毛泽东思想的形成和发展，使马克思主义在中国大地上深深地扎下了根。这个中国化的马克思主义一旦被中国人民所接受，就转化成对中国社会进行革命改造的伟大的物质力量。中国革命的历史充分证明：历史和人民选择马克思主义是完全正确的，中国共产党把马克思主义写在自己的旗帜上是完全正确的，坚持马克思主义基本原理同中国具体实际相结合、不断推进马克思主义中国化时代化是完全正确的。

中国人民革命的胜利，彻底改变了近代以后100多年中国积贫积弱、受人欺凌的悲惨命运，中华民族走上了实现伟大复兴的壮阔道路。

中国人民革命的胜利，从根本上改变了中国社会的发展方向，为实现由新民主主义到社会主义的转变和建立社会主义制度、进行社会主义现代化建设，扫清了主要障碍，创造了政治前提；为实现国家富强和人民幸福，实现中华民族的伟大复兴，开辟了广阔的道路。几千年来受压迫、受奴役的中国人民从此成了新国家、新社会的主人。

第五章 ‖ 中华人民共和国的成立 和社会主义制度的建立

　　1949 年 10 月 1 日下午，首都北京 30 万军民在天安门广场隆重举行开国大典。毛泽东庄严宣告："中华人民共和国中央人民政府今天成立了。"54 门礼炮齐鸣 28 响，象征党领导人民奋斗 28 年的历程。中华人民共和国的成立，揭开了中国历史新的篇章。领导和组织人民革命取得胜利的中国共产党，成为在全国范围执掌政权的党，踏上了带领人民创造幸福美好生活的新征程。党的历史也揭开了新的篇章。

　　10 月 1 日这一天，成为中华人民共和国国庆日。

一、中华人民共和国的成立和新生 人民政权的巩固

执政之初面临的考验

　　开国大典之前，毛泽东主持召开中央人民政府委员会第一次会议。会议一致决议接受《中国人民政治协商会议共同纲领》为施政纲领，任命周恩来为中央人民政府政务院总理

★ 1949 年 10 月 1 日下午 3 时，开国大典在天安门广场隆重举行。毛泽东庄严宣告："中华人民共和国中央人民政府今天成立了。"

兼外交部部长，毛泽东为人民革命军事委员会主席，朱德为人民解放军总司令等。被任命为中央人民政府和政务院机构负责人的，包括中国共产党、各民主党派、海外华侨和其他爱国民主人士等各方面的优秀代表人物、知名人士和专家，充分体现了中国共产党领导的多党合作团结建国的方针和人民民主政权的特色。

中华人民共和国的成立，彻底结束了旧中国半殖民地半封建社会的历史，彻底结束了旧中国一盘散沙的局面，彻底废除了列强强加给中国的不平等条约和帝国主义在中国的一切特权，实现了中国从几千年封建专制政治向人民民主的伟大飞跃，实现了中国高度统一和各民族空前团结。中国人从此站立起来了！中国人民从此把命运牢牢掌握在自己手中，成为国家、社会和自己命运的主人！中华民族发展进步从此开启了新纪元！

中华人民共和国的成立，是具有世界意义的大胜利。它冲破了帝国主义的东方战线，极大地改变了世界的政治格局，壮大了世界和平民主和社会主义的力量，对世界历史进程产生了深远的影响。

中华人民共和国的成立，是马克思列宁主义在中国的胜利，是马克思列宁主义的普遍原理和中国革命的具体实践相结合的思想即毛泽东思想的胜利。这个胜利，使马克思列宁主义、毛泽东思想在中国人民中获得很高的威信，被接受为人民共和国各项事业的指导思想，在世界范围内也扩大了它的影响。

人民企盼已久的新中国成立了，全国各族人民革命热情高涨，中华大地呈现出万象更新的局面。同时，在党和人民面前，还存在很多亟待解决的困难，面临着很多严峻考验。

军事上，人民解放战争还没有完全结束。国民党还有100多万军队在西南、华南和沿海岛屿负隅顽抗。在新解放区，国民党溃逃时遗留下的大批残余力量，同恶霸势力以及惯匪相勾结，严重危及社会新秩序的建立和稳定。

经济上，新中国继承的是一个千疮百孔的烂摊子。生产萎缩，民生困苦。国民党统治下长期的恶性通货膨胀，造成物价飞涨、投机猖獗。党和人民政府有没有能力制止恶性通货膨胀，把经济形势稳定下来，使自己在经济上从而在政治上站住脚跟，这在当时是比向尚未解放的地区进军和剿匪更加困难的新的严峻考验。

国际上，妄图称霸全球的美国，在其"扶蒋反共"政策失败后，仍然不肯放弃与中国人民为敌的立场，拒绝承认新中国，并竭力阻挠其他国家承认新中国，阻挠中华人民共和国恢复在联合国的合法席位，对新中国实行政治孤立、经济封锁和军事包围。党和人民能不能在同美帝国主义的较量中取得胜利，这又是一个严峻考验。

党自身的队伍也面临着全国执政的新考验。面对艰巨繁重的建设任务，党必须尽快学习经济建设和治理国家的全新本领。更重要的是，在执掌全国政权、从事和平建设的条件下，党要继续保持优良传统和作风，经得起资产阶级"糖衣炮弹"的攻击。

总之，新中国已经成立，但新生的人民政权能不能站得住脚，中国共产党能不能管好国家，这在相当一部分群众中仍然是一个疑问，要由实践来作出回答。国际间的朋友和敌人，也在注视和等待着这个回答。

面对复杂形势和种种考验，党采取一系列积极稳健的政策措施，领导全国各族人民满怀信心地迎接挑战，开始了建设新中国的伟大斗争。

地方各级人民政权的建立

在新中国开国大典的礼炮声中，人民解放军继续向华南、西南进军，以雷霆万钧之势扫荡残敌。到1949年底，相继解放闽南地区和广东大部、广西、贵州、四川，和平解放云南、西康地区。在西北，新疆宣告和平解放后，入疆部队完成千里挺进边陲的壮举。1950年5月，海南岛解放。截至同年10月，经过一年作战人民解放军共歼灭国民党正规军128万余人。

西藏是全国大陆最后一个待解放地区。近代以后，西方帝国主义一直觊觎西藏，在西藏培植和扶持分裂势力。新中国成立后，西藏地方政府上层少数分裂分子在帝国主义势力挑唆、策动下，企图将西藏从祖国大陆分离出去。党中央为此确定了绝不容许任何外国势力分割西藏的坚定不移的方针，同西藏上层分裂势力进行了军事和政治紧密配合的斗争。1951年5月，中央人民政府同西藏地方政府签署《关于和平解放西藏办法的协议》（十七条协议）。10月，人民解放军进驻拉萨，西藏获得和平解放，粉碎了帝国主义及西藏少数分裂分子制造"西藏独立"的图谋，实现了祖国大陆的统一。

在新解放区，人民解放军展开大规模剿匪作战。到1951年上半年，各地清剿的股匪已逾百万，大陆上的匪患基本平息，有力地保护了人民安居乐业，基本安定了社会秩序。

随着人民解放军的胜利进军，地方各级人民政权迅速建立起来。到1951年，全国共成立29个省、1个民族自治区（内蒙古）、8个省级行政公署、13个直辖市人民政府，140个省辖市人民政府及2283个县人民政府。人民民主政权成为中国历史上不曾有过的、真正得到人民拥护的、在全国范围内有效行使权力的政权，为党在全国执政奠定了坚实的政治和组织基础。

新中国外交方针的制定和实施

第二次世界大战结束后，世界上逐渐形成以美苏两大强国相互对峙为特征的两极格局，出现美苏之间的矛盾同帝国主义与和平民主两大阵营、资本主义和社会主义两种社会制度相互对抗交织的局面。基于这一形势，1949 年上半年，毛泽东先后提出"另起炉灶""打扫干净屋子再请客"和"一边倒"三条基本外交方针，即：不承认国民党政府同各国建立的旧的外交关系，取消帝国主义在华特权；把帝国主义在中国的残余势力清除干净之后再考虑建交；明确宣布新中国站在社会主义和世界和平民主阵营一边。

根据以上方针，新中国一成立即同苏联建立外交关系，并先后同保加利亚、罗马尼亚、匈牙利、朝鲜、捷克斯洛伐克、波兰、蒙古、德意志民主共和国、阿尔巴尼亚和越南等10 个人民民主国家建立外交关系。1950 年 4 月至 1951 年 5 月，又同印度、印度尼西亚、缅甸和巴基斯坦 4 个亚洲民族独立国家，以及瑞典、丹麦、瑞士和芬兰 4 个欧洲资本主义国家建立外交关系，迈出了打破美国遏制和孤立政策的重要一步。1949 年 12 月，毛泽东出访苏联。次年 2 月 14 日，中苏两国在莫斯科签订《中苏友好同盟互助条约》和有关协定。这有利于新中国放手进行国内建设和中苏共同对付可能的帝国主义侵略，争取和维护世界和平。

与此同时，新中国还着手废除旧中国与外国签订的不平等条约，取消帝国主义在中国的特权，肃清帝国主义在中国的势力和影响。帝国主义在旧中国拥有的海关管理权、驻军权和内河航行权，对中国主权的损害最大，是中国沦于半殖民地的象征。新中国成立之后首先收回了这三项权利。1949年10月，中国海关总署成立。1950年1月至9月，北京、天津、上海的军管会先后宣告收回或征用外国兵营。1950年7月，政务院财政经济委员会发布关于统一航运管理的指示。外国在中国大陆的军事特权和经济特权全部被取消，使鸦片战争以来中国主权被外国肆意践踏、外国人在中华大地上耀武扬威的百年屈辱史彻底结束。

没收官僚资本、稳定物价和统一全国财经

官僚资本是国民党反动政权的经济基础，垄断国家经济命脉，掠夺人民财富，严重阻碍社会生产力的发展。没收官僚资本归人民的国家所有，是新民主主义革命的经济纲领之一。到1950年初，全国接管官僚资本的工矿企业2800余家、金融企业2400余家。以此为主要基础，具有社会主义性质的国营经济迅速建立起来。它一经建立，就成为整个社会经济的领导力量和新中国发展生产、繁荣经济的主要物质基础，为以后的社会主义改造做了重要的物质准备。

中央人民政府成立时，财政经济极为困难。旧社会留下来的畸形发展的投机资本在新解放城市继续兴风作浪，加剧物价上涨。有人甚至扬言：解放军进得了上海，人民币进不了上海。面对极其困难的财政经济状况，党精心领导了稳定物价和统一财经的重大斗争。

为制止因投机资本操纵而加剧的市场混乱，党和人民政府采取必要的行政手段和有力的经济措施，成功组织了同投机资本作斗争的"银元之战"和"米棉之战"。1949年6月，

上海市军管会查封了金融投机的大本营证券大楼。武汉、广州等城市解放后也相继查封地下钱庄，沉重打击了投机商的非法活动，确保了人民币的法定地位。针对投机资本家大量囤积粮食、棉纱、棉布、煤炭，再次掀起物价风潮，中财委部署在全国集中调运相关物资，在涨价最猛的 11 月 25 日，上海、北京等大城市统一敞开抛售，使物价迅速下跌，同时收紧银根，使投机商因资金周转失灵而纷纷破产。经此两大"战役"，不法投机资本一蹶不振，国营经济取得稳定市场的主动权。

要从根本上稳定物价，必须做到国家财政收支平衡和市场物资供求平衡。为此，必须实行全国财政经济工作的统一管理和统一领导。1950 年 3 月，政务院发出《关于统一国家财政经济工作的决定》，决定统一全国财政收入、物资调度、现金管理。这个决定在全国雷厉风行地贯彻执行，很快取得明显成效。当年，国家财政收支已接近平衡。同时，随着整顿税收、推销公债等措施的实行，全国物价进一步回落并趋于平稳。

稳定物价和统一财经的工作，是新中国成立后在财政经济战线上一个具有重大意义的胜利，从此结束了国民党统治时期自抗战以来使人民深受其苦的恶性通货膨胀和物价飞涨的局面，为安定人民生活、恢复和发展工农业生产创造了有利条件。这个胜利，使国内外那些怀疑共产党能否搞好经济的人也不能不表示赞佩、叹为"奇迹"。事实证明，共产党不仅在军事上是无敌的、在政治上是坚强的，在经济上也是完全有办法的。

为全面部署恢复国民经济阶段的各项工作，1950 年 6

月，党召开七届三中全会。会议指出，要获得财政经济状况的根本好转，需用三年左右的时间，创造三个条件，即：土地改革的完成，现有工商业的合理调整，国家机构所需经费的大量节减。毛泽东在会上作题为《不要四面出击》的讲话，指出：我们当前的总方针，就是肃清国民党残余、特务、土匪，推翻地主阶级，解放台湾、西藏，跟帝国主义斗争到底。面对这样复杂的斗争，必须处理好同民族资产阶级、各民主党派、知识分子和少数民族之间的关系，不要四面出击，树敌太多，造成全国紧张。毛泽东批评了"认为可以提早消灭资本主义实行社会主义"的错误思想，强调对民族资产阶级的政策仍然是又团结又斗争，以团结为主，是节制资本而不是挤走资本、消灭资本。七届三中全会是新中国成立初期党中央召开的一次重要会议。全会决定的方针，为国民经济恢复时期党的工作规定了明确的行动纲领。

二、抗美援朝战争、土地制度改革和 其他民主改革

抗美援朝　保家卫国

正当全国人民集中力量争取财政经济状况基本好转的时候，新中国又面临着外部侵略的威胁。1950 年 6 月 25 日，朝鲜内战爆发。美国政府立即作出武装干涉朝鲜内战的决定，并派遣第七舰队侵入台湾海峡，公然干涉中国内政，阻挠中国的统一大业。10 月初，美军无视中国政府一再警告，

悍然越过三八线，把战火烧到中朝边境，直接威胁新中国的国家安全。危急关头，朝鲜劳动党和政府请求中国出兵支援。

敢不敢、能不能迎战世界上经济实力最雄厚、军事力量最强大的美帝国主义，对于成立仅一年、百废待兴的新中国来说，是一个巨大的挑战。在敌我力量极其悬殊的情况下，如果出兵参战，能不能打赢？会不会"引火烧身""惹祸上门"，使经济建设难以进行？中央政治局多次召开会议，全面估量国内外形势，既清醒地看到了面临的困难，又深入地分析了出兵作战的必要和可能，作出了派遣中国人民志愿军入朝作战，抗美援朝、保家卫国的历史性决策。

1950 年 10 月 8 日，毛泽东发布命令，组建以彭德怀为司令员兼政治委员的中国人民志愿军。19 日，志愿军雄赳赳气昂昂跨过鸭绿江。这是以正义之师行正义之举。中国人民志愿军同朝鲜军民密切配合，首战两水洞、激战云山城、会战清川江、鏖战长津湖等，此后又构筑起铜墙铁壁般的纵深防御阵地，实施多次进攻战役，粉碎"绞杀战"、抵御"细菌战"、血战上甘岭，创造了威武雄壮的战争伟业。经过艰苦卓绝的战斗，中朝军队打败了武装到牙齿的对手，打破了美军不可战胜的神话，迫使不可一世的侵略者于 1953 年 7 月 27 日在停战协定上签字。抗美援朝战争以伟大胜利向世界宣告："西方侵略者几百年来只要在东方一个海岸上架起几尊大炮就可霸占一个国家的时代是一去不复返了！"

在波澜壮阔的抗美援朝战争中，英雄的中国人民志愿军始终发扬祖国和人民利益高于一切、为了祖国和民族的尊严而奋不顾身的爱国主义精神，英勇顽强、舍生忘死的革命英

★ 中国人民志愿军跨过鸭绿江赴朝作战

雄主义精神，不畏艰难困苦、始终保持高昂士气的革命乐观主义精神，为了完成祖国和人民赋予的使命、慷慨奉献自己一切的革命忠诚精神，为了人类和平与正义事业而奋斗的国际主义精神，锻造了伟大抗美援朝精神。毛泽东的长子毛岸英第一批入朝参战，英勇牺牲在朝鲜战场。志愿军将士面对强大而凶狠的作战对手，身处恶劣而残酷的战场环境，抛头颅、洒热血，以"钢少气多"力克"钢多气少"。他们说，我们的身后就是祖国，为了祖国人民的和平，我们不能后退一步！他们冒着枪林弹雨勇敢冲锋，顶着狂轰滥炸坚守阵地，以身躯作人梯，抱起炸药包、手握爆破筒冲入敌群，忍饥受冻绝不退缩，敢于"空中拼刺刀"。这种血性令敌人胆寒，让天地动容！他们中涌现出 30 多万名英雄功臣和近 6000 个功臣集体，有毅然抱起炸药包与敌人同归于尽的杨根思，有用胸膛堵住枪眼为战友冲锋开道的黄继光，有烈火烧身岿然不动直至壮烈牺牲的邱少云，有跃入冰河以生命换得朝鲜少年安然无恙的罗盛教……他们用生命谱写了惊天地、泣鬼神的雄壮史诗，被祖国人民称为"最可爱的人"。伟大抗美援朝精神跨越时空、历久弥新，必须永续传承、世代发扬。

抗美援朝战争期间，党中央统揽全局，实施有力的战争动员和正确的战争指导，采取边打、边稳、边建的方针，开展了波澜壮阔的抗美援朝运动，全国各族人民举国同心支撑起这场事关国家和民族前途命运的伟大抗争。

抗美援朝战争伟大胜利，是中国人民站起来后屹立于世界东方的宣言书，是中华民族走向伟大复兴的重要里程碑，对中国和世界都有着重大而深远的意义。经此一战，中国人民粉碎了侵略者陈兵国门、进而将新中国扼杀在摇篮之中的图谋，可谓"打得一拳开，免得百拳来"，帝国主义再也不敢作出武力进犯新中国的尝试，新中国真正站稳了脚跟。经此一战，中国人民彻底扫除了近代以来任人宰割、仰人鼻息的百年耻辱，彻底扔掉了"东亚病夫"的帽子，中国人民真正扬眉吐气了。经此一战，中国人民打败了侵略者，震动了全世界，奠定了新中国在亚洲和国际事务中的重要地位，彰显了新中国的大国地位。经此一战，人民军队在战争中学习战争，愈战愈勇，越打越强，取得了重要军事经验，实现了由单一军种向诸军兵种合成军队转变，极大促进了国防和军队现代化。经此一战，第二次世界大战结束后亚洲乃至世界的战略格局得到深刻塑造，全世界被压迫民族和人民争取民族独立和人民解放的正义事业受到极大鼓舞，有力推动了世界和平与人类进步事业。这一战，拼来了山河无恙、家国安宁，打出了中国人民的精气神，人民军队战斗力威震世界，让全世界对中国刮目相看，充分展示了中国人民不畏强暴的钢铁意志、万众一心的顽强品格、敢打必胜的血性铁骨、维护世界和平的坚定决心，再次证明正义必定战胜强权，和平发展是不可阻挡的历史潮流。

废除封建土地制度和镇压反革命运动

新中国成立时，还有占全国人口一多半的新解放区尚未完成土地改革，严重阻碍了社会生产力发展。在进行抗美援朝战争的同时，从 1950 年冬到 1952 年底，党领导广大新解放区进行了废除封建土地制度的改革。

1950 年 6 月 30 日，中央人民政府公布施行《中华人民共和国土地改革法》。它总结了党过去领导土地改革的经验和教训，又适应新中国成立后的新形势确定了新政策，提出保存富农经济，不动中农土地，限制没收地主财产范围等，以保护中农和分化地主阶级，减少土地改革阻力，促进生产的恢复和发展，成为指导新解放区土地改革的基本法律依据。到 1952 年底，除一部分少数民族地区外，全国大陆的土地改革基本完成。包括老解放区在内，全国约 3 亿无地少地的农民无偿获得约 7 亿亩土地，免除了过去每年向地主交纳的 3000 万吨以上粮食的地租。

土地改革的完成，标志着在我国延续了几千年的封建制度的基础——地主阶级的土地所有制，至此彻底消灭了，农民真正成为土地的主人。这是一个伟大的历史性胜利。它从根本上解放了农村生产力，激发了广大农民的政治热情和生产积极性，促进了农业的迅速恢复和发展，以及农村文化教育的发展，为新中国的工业化开辟了道路。

在进行土地改革的同时，全国还大张旗鼓地开展了镇压反革命运动。朝鲜战争爆发后，国民党遗留在大陆的反革命分子气焰更加嚣张，大肆散布谣言，进行种种破坏和捣乱活动，残害革命干部和群众，妄图里应外合，颠覆人民政权。1950年，各地有近4万名干部和群众被反革命分子杀害，其中仅广西就达7000多人。1950年10月，中共中央发出《关于镇压反革命活动的指示》，决定对罪大恶极、怙恶不悛的反革命分子实行坚决镇压。从12月开始，镇压反革命运动在全国展开。到1951年10月底，全国规模的镇压反革命运动基本结束。

镇压反革命运动扫除了国民党遗留在大陆的反革命残余势力，基本上肃清了特务、地下军及会道门等反动组织，社会秩序获得前所未有的安定，有力地配合了土地改革和抗美援朝战争。

社会各方面的民主改革和"三反""五反"运动

以土地制度改革为中心，党还领导了包括社会改造在内的多方面的民主改革。

在国营工矿交通企业开展民主改革。这些企业原来大都是官僚资本主义企业，接收后需要通过民主改革，使社会主义新型生产关系进一步体现出来。各地在党委领导下，清除了隐藏在企业内部的残余反革命势力，废除了旧社会遗留的官僚管理机构和封建把头制、搜身制等，建立工厂管理委员会，并通过工会委员会、职工代表会议，发动和组织职工参加企业管理，初步建立起适合生产需要的民主管理制度，调动了广大工人群众当家作主、发展生产的积极性，使工业生产的恢复取得显著成绩。

改革封建婚姻制度，是党推进民主改革和社会改造的又一个重要方面。1950年5月1日，中央人民政府颁布《中华人民共和国婚姻法》，这是新中国制定的第一部法律。它明确规定："废除包办强迫、男尊女卑、漠视子女利益的封建主义婚姻制度。实行男女婚姻自由、一夫一妻、男女权利平等、保护妇女和子女合法利益的新民主主义婚姻制度。"

★《中华人民共和国婚姻法》实施后，北京郊区的一对新人举行婚礼

这是几千年来中国社会家庭生活的一个伟大变革。经过贯彻《婚姻法》运动，广大群众普遍树立起婚姻自由、男女平等的思想，开始形成新的社会风气。占全国人口半数的广大妇女从封建婚姻制度的束缚下获得解放，社会地位有了很大提高。

取缔旧社会遗留的卖淫嫖娼、贩毒吸毒、聚众赌博等丑恶现象的斗争，也是扫除社会弊病、进行社会改造的一个重要组成部分。经过三年左右的努力，曾在旧中国屡禁不绝、在西方国家也被视为顽症的娼、赌、毒等社会痼疾，在中国共产党的领导下被基本禁绝。

抗美援朝战争是中国人民民主革命反帝斗争的继续，土地改革和其他各项民主改革是中国人民民主革命反封建斗争的完成。革命的洪流荡涤着旧社会的污泥浊水，中国的社会面貌、社会风尚起了极大变化。这些历史性变化，使人民民主专政的政权更加巩固，使恢复和发展经济的工作有了必要的社会政治条件。

在全国人民努力增加生产、厉行节约的过程中，各地党政机关内部暴露出贪污、浪费现象和官僚主义问题。根据东北、华北地区所反映的严重情况，1951年12月1日，中共中央作出《关于实行精兵简政、增产节约、反对贪污、反对浪费和反对官僚主义的决定》，要求采取群众运动的方式，大张旗鼓，雷厉风行，彻底揭露一切大中小贪污事件，开展"三反"斗争。斗争中抓住典型重大案件，加以处理，以引起全党的警惕和全社会的重视。刘青山、张子善在任天津地委书记、天津行署专员期间，因利用职权盗用公款，从事非法经营活动，生活腐化堕落，蜕变为大贪污犯，被判处死刑。这向全国人民表明，中国共产党绝不容忍利用执政党地位牟取私利的腐败现象，贪污腐败分子一经发现，不管资格多老、职务多高，一律严惩不贷。

"三反"运动历时半年多，于 1952 年 10 月结束。这场斗争，是党在执政情况下保持共产党人和领导干部清廉、惩治腐败的初战，清除了干部队伍里的蛀虫，教育了干部的大多数，对抵制旧社会的恶习和资产阶级腐朽思想的侵蚀，形成清正廉洁的党风政风和健康的社会风气，起了很大作用。

"三反"运动中发现，党政机关内部的贪污行为，往往是与不法商人勾结而来的。大量事实表明，少数资本家以各种非法手段牟取超额利润，甚至用废棉烂棉制造急救包卖给志愿军，使受伤的战士致残致死，激起全民公愤。1952 年 1 月，中央决定在私营工商界开展一场反对行贿、反对偷税漏税、反对盗骗国家财产、反对偷工减料和反对盗窃国家经济情报的"五反"运动。运动中，党和政府广泛发动群众进行说理斗争、揭露不法商人的违法事实。同时中央又指示不能否认民族资产阶级仍有其积极的一面，《中国人民政治协商会议共同纲领》规定的其应有的政治、经济地位没有改变，必须注意维持经济生活的正常进行。

"五反"运动于 1952 年 10 月结束，有力打击了不法资本家严重的"五毒"行为，在工商业者中普遍进行了一次守法经营教育，推动了在私营企业中建立工人监督制度和进行民主改革，为后来用和平方式逐步改造资本主义工商业作了重要铺垫。

三、国民经济的恢复和各项建设的展开

国民经济的恢复和初步发展

旧中国经济本来极其落后，日本帝国主义侵华战争和国民党反动派反人民战争更使它遭到严重的破坏，集中力量恢复国民经济成为摆在党和人民面前的紧迫任务。党和政府按照"公私兼顾、劳资两利、城乡互助、内外交流"的基本方针，全力恢复国民经济。

农业方面，党在发扬农民个体经济积极性的同时，逐步推动个体农民之间的劳动互助。国家对农业的投入逐年增加，并集中力量治理了淮河和修建了荆江分洪、黄河下游防洪工程等骨干项目，初步改变了旧中国江河堤岸年久失修、水患频繁的状况。各地还大力整修水渠塘堰，扩大农田灌溉面积。这些基础设施建设，促进了农业生产的迅速恢复和发展。1952年，全国粮食总产量由1949年的11318.4万吨增加到16393.1万吨，增长44.8%。

工业方面，重点放在恢复国计民生急需的矿山、钢铁、动力、机器制造等行业和主要化学工业，同时恢复和增加纺织及其他轻工业生产。在地区分布上，以恢复东北工业基地为主，同时兼顾内地工业，有计划地新建了一批骨干企业。到1952年底，主要工业产品和轻工业产品的产量均超过历史最高水平。

交通运输业方面，国家用于交通运输业的投资共17.7

★ 1954 年 12 月，贯通"世界屋脊"的康藏、青藏公路全线通车

亿元，占全国基建投资总额的 22.6%。基本恢复了原有的铁路网，重新连接华北和华南。完成了穿越大西南腹地的成（成都）渝（重庆）铁路和西北地区的天（水）兰（州）铁路的修建。成渝铁路是清末就筹款准备兴修的川汉铁路的一段，拖了近半个世纪未能完成，新中国成立后仅用两年就建成通车。国家还新建和改建了一些主要干线及县、乡级公路，全国公路通车里程比新中国成立初期增长了 50% 以上，通往"世界屋脊"的康藏公路（今川藏公路）、青藏公路，于 1950 年开始兴建。

　　贸易的恢复和发展，是促进城乡物资交流，恢复整个国民经济的重要环节。经过几年的努力，国营商业和合作社商业逐步发展壮大，成为流通领域的主渠道。到 1952 年底，在全国范围内，基本形成了从上到下的包括各种门类的统一的国营商业体系。稳定物价、统一财经后，为解决因通货膨

163

胀而形成的虚假购买力消失导致的问题，政府采取扩大对私营工厂加工订货、大量收购农副产品以提高农村购买力、调整税收负担、适当收缩国营商业、教育私营企业工人努力完成生产任务等措施，合理调整公私关系、劳资关系和产销关系，使私营工商业得到很大发展。

经过全国人民三年多的艰苦奋斗，新中国成立前遭到严重破坏的国民经济得到全面恢复，并有了初步发展。1952年底，工农业总产值810亿元，比1949年增长77%多。国家财政收入成倍增加，收支平衡。城乡人民收入逐年增多，生活普遍得到改善。同1949年相比，全国职工平均工资提高了70%，农民收入一般增长30%以上。在经济恢复过程中，国民经济结构也发生了深刻变化。国营经济比重上升，私人资本主义经济比重逐年下降。工业生产力的地位得到加强，现代工业的比重有所上升，为我国开始由农业国逐步转变为工业国打下了基础，进而确保了整个国家经新民主主义稳步地向社会主义迈进。

教育科学文化卫生事业的除旧布新

随着经济建设高潮的到来，一个文化建设的高潮也在到来，其他各方面的建设都有相应的发展。

文化建设，一是要适应和推进政治变革，二是要适应和推进经济建设。为建设民族的、科学的、大众的文化，党领导了对旧有学校教育事业和社会文化事业有步骤地进行改革，争取一切爱国的知识分子为人民服务。

掌握舆论工具，确立马克思主义在全国的指导地位。在接管城市中，把作为舆论宣传、大众传播重要工具的报纸、刊物、电台、通讯社等文化事业，完全置于党和国家的统一领导之下。为系统学习、宣传马克思列宁主义、毛泽东思想，1951 年至 1953 年出版了《毛泽东选集》第一至第三卷，1955 年开始翻译出版《列宁全集》，1956 年开始翻译出版《马克思恩格斯全集》。

教育改革方面，除了实行国家对学校的领导，废除反动政治教育，使马列主义教育进入学校外，还有两个主要方面：一是解决教育向广大工农群众打开大门的问题。针对旧社会劳动人民难有受教育机会的状况，党和政府确定了"教育必须为生产建设服务，为工农服务，学校向工农开门"的教育方针。二是发展和改革高等教育。1951 年底至 1953 年，教育部对全国高等学校进行院系调整，大幅度扩大招生，适应了工业化建设对专业人才的急迫需要。

文艺工作方面，继续提倡文艺为人民服务、为工农兵服务，还提出了"百花齐放，推陈出新"的方针，为繁荣我国文艺事业指明了方向。广大文艺工作者深入社会生活，创作出一批以革命战争、社会改造为题材，启发人民政治觉悟，鼓励人民劳动热情的优秀文艺作品。

科学工作方面，党和政府十分重视科学技术在建设事业中的重要作用。新中国成立之初就成立了中国科学院。中央要求，以中国科学院作为全国科学研究的中心，指导建立地方科研机构，同时发展高等学校和产业部门的科研机构，逐步形成比较完整的科研体系。到 1955 年底，全国科学技术人员已达 40 余万人，专业科研机构超过 800 个。这支力量在国家各项建设中发挥了重要作用。

医疗卫生工作方面，党和政府提出了卫生工作要"面向工农兵""预防为主"和"团结中西医"的方针。在农村、城市街区和工矿企业，普遍建立起基层卫生组织，以及各种专业防疫机构和防疫队伍。同时，在全国开展大规模的爱国卫生运动，使城乡落后的卫生面貌大为改观。

知识分子的思想改造，是我国在各方面彻底实现民主改革和逐步实行工业化的重要条件之一。为了发挥他们在国家建设中的积极作用，党十分重视对知识分子的团结、教育和改造工作。1951年9月，北京大学12位著名教授响应党的号召，发起北大教员政治学习运动，京、津高校随即开展了比较集中的思想改造学习运动。同年9月29日，周恩来向北京、天津高校教师学习会的教师作《关于知识分子的改造问题》的报告，勉励一切有爱国思想的知识分子努力站到人民的立场，站到工人阶级的立场。后来，学习运动逐渐扩展到整个知识界。大多数知识分子通过学习毛泽东著作，联系思想和工作实际进行批评与自我批评，通过肃清封建买办思想影响，批判资产阶级和小资产阶级思想，掌握了马克思主义基础知识，从而由民族的、爱国的立场前进到人民的立场，满腔热情地投身到新中国的建设事业中。

军队和国防的现代化建设

建立巩固的现代化国防，建设一支强大的正规化、现代化的革命军队，是党在新中国成立后提出的一项重大任务。特别是经历了抗美援朝战争，中央军委系统总结了同高度现代化装备的美军作战的经验，推动人民解放军适应现代化战争的要求，逐步实行由单一军种向诸军兵种合成军队的战略转变。

实行统一的指挥、统一的制度、统一的编制、统一的纪律、统一的训练，实现诸军兵种密切的协同动作，是建设现代化国防不可缺少的一项重要条件。遵照中央军委指令，人民解放军进行大幅度精简整编。同时，对军队领导机关的组织编制进行调整，在原有陆军的基础上先后组建空军、海军、防空军、公安军等军种，以及炮兵、装甲兵等各兵种领导机关及其所属部队，人民解放军初步发展成为军兵种较为齐全的军队。

建设正规化、现代化的革命军队，必须加强党的领导。1954 年 4 月，中共中央、中央军委颁布人民解放军政治工作条例草案。这对于保证党对军队的绝对领导，发挥人民解放军作为巩固人民民主专政的坚强柱石作用，具有重要意义。

为加强国防工业建设，提高人民解放军武器装备的现代化水平，1953 年 8 月，中共中央政治局讨论并审定了国防工业"一五"建设计划的安排。1955 年 1 月，中共中央、毛泽东作出发展原子能事业、研制原子弹的决定。毛泽东说："在今天的世界上，我们要不受人家欺负，就不能没有这个东西。"历史证明，重点突出尖端技术的发展，是一项很有远见、很有胆略的战略决策，对于中国国防科技事业发展和国防现代化建设具有重大而深远的意义。

根据国际局势总的趋向缓和，但帝国主义发动战争的可能性依然存在的估计，1956 年 3 月召开的中央军委扩大会议首次明确积极防御的战略方针，为人民解放军执行战备任务和进行军事训练指明了方向，使军队正规化和国防现代化建设进入一个新的阶段。

争取有利于建设的国际和平环境

为了给国内建设创造有利的国际和平环境，党要求在外交方面展开积极的工作和斗争。

为发展同新兴民族独立国家尤其是邻近的民族独立国家的关系，1953年12月，我国政府在同印度就两国间存在的问题特别是印度与中国西藏地方关系问题的谈判中，首次提出和平共处五项原则，其表述后来确定为：互相尊重主权和领土完整、互不侵犯、互不干涉内政、平等互利、和平共处。和平共处五项原则的提出，具有重大的战略意义。它是新中国在国际舞台上开展活动，突破美国的孤立和遏制政策，扩大对外交往的有力武器，不仅成为我国对外政策的基石，也逐渐在国际社会中被普遍接受，为推动建立公正合理的新型国际关系作出了历史性贡献。

朝鲜停战以后，亚洲的紧张局势有所缓和。但是，美国不仅不想从朝鲜半岛撤军，和平解决朝鲜问题，而且其海军舰队继续盘踞在台湾海峡，干涉中国内政，并企图从印度支那地区扼制中国。这种保持国际紧张局势的做法，是不得人心的。1954年4月，由中国、美国、苏联、英国、法国及有关国家外长参加的讨论朝鲜问题和印度支那问题的会议在瑞士日内瓦召开。这是中华人民共和国首次以五大国之一的身份参加讨论国际问题的重要会议。会议期间，周恩来率领的中国代表团进行了卓越的外交斡旋，促使会议达成恢复印

★ 1955 年 4 月，周恩来率中国代表团出席在印度尼西亚万隆举行的亚非会议

度支那和平的协议，法国从越南、老挝、柬埔寨撤军，并确认三国的民族独立地位。日内瓦会议的成功，使亚洲局势和国际局势进一步缓和，增强了我国南部边境的安全。

在亚洲、非洲民族解放运动高涨的形势下，1955 年 4 月，亚非 29 个国家政府首脑在印度尼西亚万隆举行会议。周恩来率中国代表团出席会议，在会上鲜明提出"求同存异"的方针，呼吁各国撇开分歧，为反对殖民主义的共同利益而加强团结合作，受到与会各国的赞同，打开了中国与亚非国家广泛交往的大门。会议通过的《亚非会议最后公报》吸收了中国代表团的建议，形成和平共处、友好合作的十项原则。会议取得圆满成功。会议期间，周恩来还发表声明：中国政府愿意同美国政府坐下来谈判，讨论和缓远东紧张局势的问题，特别是和缓台湾地区的紧张局势问题。这个声明促使中美两国于 1955 年 8 月开始大使级会谈。

这些卓有成效的外交工作和外交斗争，促进了国际紧张局势的缓和，扩大了我国在国际上的联系，显示出我国在国际事务中的重要作用，也为我国的社会主义建设争取到了较为有利的国际和平环境。

加强党在全国执政后的自身建设

新中国成立后，党十分重视在执政条件下党组织自身的建设。1950 年 5 月，针对在全国革命胜利的形势下党内一部分人滋长的以功臣自居的骄傲自满情绪和官僚主义、命令主义作风，党中央发出《关于在全党全军开展整风运动的指示》，要求严格地整顿全党的作风，首先是整顿干部作风。

1951 年三四月间，中共中央召开第一次全国组织工作会议，决定对全党的基层组织进行一次普遍整顿，在全体党员中进行一次关于共产党员必须具备的八项条件的教育，特别是关于社会主义、共产主义前途的教育。在此基础上，对每一个党员进行认真的审查和登记，对犯有严重错误的和不够党员条件的党员进行组织处理。整党从 1951 年下半年开始，到 1954 年春基本结束。经过整党，共有 41 万人被开除出党或被劝告退党，增强了党组织的纯洁性。同时，各级党组织积极而又谨慎地发展新党员，党员人数由整党前的 580 万人发展到 636.9 余万人，党的队伍增加了新的血液。

1954 年 2 月，党的七届四中全会通过《关于增强党的团结的决议》。决议强调，党的团结是党的生命，要求全党尤其是党的高级干部要提高维护党的团结的自觉性。1955年3月，党的全国代表会议决定成立党的中央和地方各级监察委员会，选举产生了中央监察委员会。

总的来说，在新中国成立初期，全党的精神面貌是比较好的，继续保持了革命战争年代的艰苦奋斗作风和同人民群众的密切联系。党中央从延安整风和党的七大以来形成的坚强团结，在执掌全国政权的条件下继续保持下来。一个坚强团结的党，一个为党所确定的正确目标而一致行动、努力奋斗的党，是新中国成立初期我们各项工作取得顺利进展的最重要的保证。

四、党在过渡时期的总路线和有计划大规模经济建设的开始

党在过渡时期总路线的提出

国民经济恢复之后，我们国家的发展面临新的形势和许多新的问题。党领导人民继续前进，需要提出新的任务和目标。

1952年底，土地改革基本完成，恢复国民经济的任务顺利实现，朝鲜停战谈判双方在主要问题上达成协议，战争可望不久结束。这表明，我国已具备了有计划地进行大规模经济建设的条件。党及时决定从1953年开始实行发展国民经济的第一个五年计划。计划的主体当然是国家工业化。这是中国人民百年来梦寐以求的目标，是改变中国落后状态而

臻于富强的关键所在。现在,中国人民终于可以在工业化的道路上迈开大步前进了。

同时,我国社会生活中也出现和积累了一些新的矛盾。在农村,土改以后农民分散落后的个体经济难以满足城市和工业发展对粮食和农产品原料不断增长的需要,而贫富差距的出现又引起党和政府对两极分化的关注。在城市,工人阶级同资产阶级之间限制和反限制斗争时起时伏,给国家经济生活带来很大影响。这种状况使党不能不考虑加紧和扩大农村的互助合作运动和城市限制资本的措施。这样,就把对国民经济实行系统的社会主义改造的任务提到日程上来。

正是在这样的背景下,党中央经过将近一年的酝酿,形成和提出了党在过渡时期总路线,这就是:"从中华人民共和国成立,到社会主义改造基本完成,这是一个过渡时期。党在这个过渡时期的总路线和总任务,是要在一个相当长的时期内,逐步实现国家的社会主义工业化,并逐步实现国家对农业、对手工业和对资本主义工商业的社会主义改造。"这条总路线明确地向全国人民提出了建设社会主义的伟大任务。这是党在历史的关键时刻采取的一个重大战略步骤。

在中国实现社会主义,是中国共产党自创立时就确定的奋斗目标。但在半殖民地半封建的历史条件下,实现社会主义必须分两步走:首先取得反帝反封建的新民主主义革命胜利,然后才能转入社会主义革命。至于何时转变到社会主义阶段,需要在革命发展的实践进程中根据具体情况来确定。新中国成立后,经过三年的实践,党中央认为,制定党在过渡时期的总路线,明确地向全党和全国人民提出向社会主义逐步过渡的任务,时机与条件已经成熟。原因在于:一是已经有了相对强大和迅速发展的社会主义国营经济，成为向社会主义过渡的重要物质基础。二是已经积累了利用和限制私营工商业的许多经验，并已进行了初步改造。三是已经积累了土改后农村开展农业互助合作的许多经验，实际上成为对个体农业进行社会主义改造的最初步骤。四是从国际环境看，资本主义国家很不景气，社会主义国家正充满向上发展的活力。这也是促使党认为应当提出开始向社会主义逐步过渡的一个因素。

过渡时期总路线提出后，在全党和全国人民中进行了广泛深入的学习、宣传和教育，在党内迅速统一了认识，也得到全国人民的拥护，成为团结和动员全国人民共同为建设一个伟大的社会主义国家而奋斗的新纲领。全党和全国人民把自己的注意力，转移到社会主义工业化的任务上来，兴高采烈地迎接和投入新中国大规模、有计划的经济建设的高潮。

第一个五年计划和社会主义工业化的起步

制定一部切实可行的发展国民经济的中期计划，是完成过渡时期总路线规定的工业化主体任务的重要步骤。

实现国家工业化，是党领导各族人民实现国家独立和富强，使中国能够自立于世界民族之林的必由之路。毛泽东早就讲过："没有工业，便没有巩固的国防，便没有人民的福利，便没有国家的富强。"但是到1952年，我国工业化的起步点，仍然是很低的。现代工业产值在工农业总产值中的比重只占43.1%，重工业在工业总产值中只占35.5%。许多重要工业产品的人均产量，不仅远远落后于工业发达国家，也低于印度这样的新兴独立国家。1954 年，毛泽东有一段给人印象深刻的描述："现在我们能造什么？能造桌子椅子，能造茶碗茶壶，能种粮食，还能磨成面粉，还能造纸，但是，一辆汽车、一架飞机、一辆坦克、一辆拖拉机都不能造。"特别是经过抗美援朝战争同世界头号强国美国的较量，改变我国工业落后状况的要求显得尤为紧迫。考虑上述实际情况，党中央作出了优先发展重工业的决策，要求首先保证重工业和国防工业的基本建设，特别是确保那些对国家起决定作用的、能迅速增强国家工业基础与国防力量的主要工程的完成。

作为一个经济文化落后的大国，在工人阶级领导的以工农联盟为基础的人民民主专政的条件下，中国实现工业化，只能走社会主义道路。只有在社会主义制度下，发挥集中力量办大事的优越性，才能加快推进国家工业化，真正赢得经济上的独立。

为准备进行有计划经济建设，我国从 1951 年着手编制第一个五年计划。"一五"计划在编制和实施过程中，较好地处理了我国经济建设中的几个重大关系，提出集中主要力量发展重工业，同时不放松农业、轻工业，对国民经济各部门统筹兼顾、全面安排；科学进行工业布局，改变我国工业大多集中在沿海地区的不合理状况；根据我国国力，积极稳妥确定工业、农业生产年均增长速度；把发展生产同改善人民生活恰当地结合起来；既要争取外援，同时又强调自力更生，国家建设应以国内力量为主。这些对于后来我国经济建设具有深远的指导意义。

从 1953 年开始，经济建设工作有计划地在全国展开。

全国城乡迅速形成参加和支援国家工业化建设的热烈氛围。
这是一个激情燃烧的年代，对工业化的无限憧憬，激发出工
人、农民、知识分子从未有过的劳动热情。"每一秒钟都为
创造社会主义社会而劳动"——这种充满时代精神的号召，
生动反映了工业化目标所激发的建设热情。新中国几乎每一
天都在发生改变。工业建设战线喜报频传。1953 年 12 月，
鞍山钢铁公司的三大工程——大型轧钢厂、无缝钢管厂、七
号炼铁炉举行开工生产典礼。包头、武汉的大型钢铁企业先
后开始施工。限额以上的较大项目，平均每天都有一个开工
或竣工。一大批旧中国没有的基础工业部门一个个建立起
来，一大批工矿企业在内地兴办。旧中国重工业过分落后的
面貌和不合理布局大大改观。五年间工业生产取得的成就，

★ 1956 年 7 月，中国第一批国产汽车——"解放"牌载重汽车在长春第
一汽车制造厂试制成功

远远超过了旧中国的一百年。新中国迅速从废墟上站起，为我国建立独立完整的工业体系奠定了基础，为社会主义建设积累了宝贵经验。

五、社会主义改造的基本完成和社会主义制度的建立

一届全国人大一次会议和《中华人民共和国宪法》

随着国家大规模经济建设的开始，加强国家政治、法律上层建筑领域的建设，更好地为建立社会主义经济基础服务，成为重大而迫切的任务。为此，毛泽东以很大的精力亲自主持了新中国第一部宪法的起草工作。

1954年9月，第一届全国人民代表大会第一次会议在北京举行。大会的一个重大贡献是一致通过了《中华人民共和国宪法》。这是一部社会主义类型的宪法，体现了人民民主原则和社会主义原则，以根本法的形式确认了近代100多年来中国人民为反对内外敌人、争取民族独立和人民自由幸福进行的英勇斗争，确认了中国共产党领导中国人民夺取新民主主义革命胜利、中国人民掌握国家权力的历史变革，确定了中国人民行使当家作主权利的政治制度，指明了为建立社会主义社会继续奋斗的正确道路。

宪法进一步确立了我国的根本政治制度，明确规定："中华人民共和国是工人阶级领导的、以工农联盟为基础的

★ 参加一届全国人大一次会议的代表步入会场

人民民主国家。""中华人民共和国的一切权力属于人民。人民行使权力的机关是全国人民代表大会和地方各级人民代表大会。""全国人民代表大会、地方各级人民代表大会和其他国家机关，一律实行民主集中制。"宪法还确立了国家体制的格局：全国人民代表大会是最高国家权力机关；国务院即中央人民政府，是最高国家行政机关。

大会选举毛泽东为中华人民共和国主席，朱德为副主席；选举刘少奇为全国人民代表大会常务委员会委员长，宋庆龄等 13 人为副委员长；决定周恩来为国务院总理。

人民代表大会制度是我国的根本政治制度。全国人民代表大会的召开，标志着人民代表大会制度的确立。在中国实行人民代表大会制度，是中国人民在人类政治制度史上的伟大创造，是深刻总结近代以后中国政治生活惨痛教训得出的基本结论，是中国社会一百多年激越变革、激荡发展的历史结果，是中国人民翻身作主、掌握自己命运的必然选择。在中国这样一个有五千多年文明史、几亿人口的国家建立起人民当家作主的新型政治制度，在中国政治发展史乃至世界政治发展史上都具有划时代意义。

中国共产党领导的多党合作和政治协商制度是我国的一项基本政治制度，是从中国土壤中生长出来的新型政党制度。《中华人民共和国宪法》明确指出："我国人民在建立中华人民共和国的伟大斗争中已经结成以中国共产党为领导的各民主阶级、各民主党派、各人民团体的广泛的人民民主统一战线。"今后，"我国的人民民主统一战线将继续发挥它的作用"。一届全国人大一次会议召开后，中国人民政治协商会议执行全国人民代表大会职权的任务宣告结束。1954年12月，中国人民政治协商会议举行第二届全国委员会第一次会议。会议通过《中国人民政治协商会议章程》，肯定人民政协作为人民民主统一战线的组织仍然需要存在。会议明确了全国人民代表大会召开后人民政协的性质、地位、作用和任务，以及政协与人大、政府之间的关系等，进一步巩固了人民民主统一战线，为我国长期坚持中国共产党领导的多党合作和政治协商的基本政治制度奠定了基础。人民政协是中国共产党把马克思列宁主义统一战线理论、政党理论、民主政治理论同中国实际相结合的伟大成果，是中国共产党领导各民主党派、无党派人士、人民团体和各族各界人士在政治制度上进行的伟大创造。

《中华人民共和国宪法》的一项重要内容，是从根本大法上确立中国国内各民族间平等友爱互助的关系，保障各少

数民族的自治权利。宪法明确规定："中华人民共和国是统
一的多民族的国家。""各少数民族聚居的地方实行区域自治。
各民族自治地方都是中华人民共和国不可分离的部分。"

　　民族区域自治制度是我国一项基本政治制度，是中国特
色解决民族问题的正确道路的重要内容，是党根据中国历史
和现实的特点，运用马克思主义民族理论解决中国民族问题
的一项重大创造。1949 年 9 月，《中国人民政治协商会议共
同纲领》确定实行民族区域自治制度。1952 年 8 月，中央
人民政府公布施行《中华人民共和国民族区域自治实施纲
要》。1954 年宪法将民族自治地方规范为自治区、自治州、
自治县三级，县以下的少数民族聚居区设民族乡。民族区域
自治制度的实行，对于中国在任何复杂的国际国内环境下，
始终保持国家完整统一、促进各民族团结互助和发展进步，
具有重大而长远的意义。

　　人民代表大会的根本政治制度、中国共产党领导的多党
合作和政治协商、民族区域自治的基本政治制度的确立，构
成了我国社会主义的政治制度体系，为我国确立社会主义经
济基础和相应的经济制度，提供了政治保障。

对生产资料私有制的社会主义改造和社会主义经济制度的建立

　　随着第一个五年建设计划的实施和社会主义工业化的起
步，随着党在过渡时期总路线的提出和宣传，对农业、手工
业和资本主义工商业的社会主义改造，也在有步骤地向前
推进。

　　农业的社会主义改造，实际上在过渡时期总路线提出前就已启动。1951年9月，党中央制定《关于农业生产互助合作的决议（草案）》，强调互助合作运动要根据生产发展的需要和可能，采取稳步前进的方针，必须贯彻自愿和互利的原则，采取典型示范、逐步推广的方法，引导农民走互助合作的道路。过渡时期总路线公布之后，1953年12月，又通过了《中共中央关于发展农业生产合作社的决议》。农村互助合作运动，就是在这两个决议的指导下稳步前进的。农业合作化运动初期主要是发展农业生产互助组。1953年9月以后，进入以发展农业生产合作社为主的阶段。由于1953年开始大规模经济建设后，出现农产品供不应求的矛盾，引发粮食价格剧烈波动。经过反复权衡，1953年10月，中共中央作出关于对粮食实行统购统销的决定，接着实行油料的统购和食油的统销。1954年又实行棉花的统购和棉布的统购统销。主要农产品的统购统销，加快了农业社会主义改造的步伐。在1955年7月后，农业合作化形成高潮。

　　农业合作化运动在前期基本上是健康的，1953年曾经一度出现有些急躁的偏差，很快得到纠正。农业合作化的优越性和成效也是明显的，当时的统计材料表明，合作社80%以上都增产增收，并且一般都是互助组优于单干，合作社又优于互助组。因此，互助合作运动得到了广大贫苦农民的欢迎，参加合作社成为一种群众性的行动。到1956年底，农业合作化基本完成。

　　对资本主义工商业的改造，是通过国家资本主义途径实现的。在1953年底以前，着重发展以加工订货为主的初级和中级国家资本主义形式。从1954年起，开始转入重点发

★ 1956 年 1 月 15 日，在首都各界群众 20 多万人庆祝社会主义改造胜利大会上，工商界代表向毛泽东呈送喜报

展公私合营这种高级形式的国家资本主义。由于公私合营后企业生产迅速发展，私股分得的红利大都比私营时期的利润多，促使更多的资本家要求公私合营。1954 年底，国务院决定采取"统筹兼顾、归口安排、按行业改造"的方针，以解决公私之间的矛盾；按行业采取以大带小、以先进带落后的办法实行合营，加快了改造私营工业的步伐。到 1956 年底，资本主义工商业社会主义改造也基本完成。

　　对个体手工业的社会主义改造，一般都经过手工业生产合作小组、手工业供销生产合作社和手工业生产合作社三个阶段，因地制宜，按照不同手工业者容易接受的形式，由低级到高级、由小到大、由简单到复杂地进行。国家坚持贯彻自愿互利原则，力求把合作社办得对生产者、国家和消费者三方面都有利。到 1956 年底，全国基本实现了手工业合作化。

在社会主义改造过程中，党创造了一系列适合中国特点的由初级到高级逐步过渡的形式，使个体农民、手工业者和私营工商业者能够循序渐进地改变旧的生产方式。尤其是对资本主义工商业，创造了不由国家付出大批赎金，而是在相当一段时期让资本家继续从企业分得一部分红利和股息的"赎买"办法，不仅有利于资本家接受改造，而且能继续发挥私营工商业在扩大生产、搞活流通、维持就业、增加税收等方面的积极作用。党争取到大多数民族资本家对社会主义改造起了有益的配合作用，从而成功地实现了马克思、列宁曾经设想的对资产阶级的和平赎买。这是中国共产党的一个独创性经验，丰富和发展了马克思主义的科学社会主义理论。

历史证明，党提出的过渡时期总路线是完全正确的。但在改造的后期存在要求过急、工作过粗、改变过快，以及在生产资料所有制形式和经济成分上过于简单划一等缺点。尽管如此，社会主义改造作为一场前所未有的深刻的社会变革，是在保证经济发展、社会稳定、人民群众拥护的情况下完成的，其成就和影响是伟大而深远的。

1956 年，社会主义改造基本完成，我国社会主义政治制度和经济制度都已确立。至此，我国社会主义制度建立起来了。在党的带领下，中国这个占世界 1/4 人口的东方大国进入了社会主义社会，成功实现了中国历史上最深刻最伟大的社会变革。这是一个伟大的历史性胜利，为当代中国一切发展进步奠定了根本政治前提和制度基础。从此，党面临的根本任务，就是领导全国各族人民在新建立的社会主义制度的基础上，大力发展社会生产力，为实现国家富强、人民幸福而奋斗。

第六章 ‖ 社会主义建设的探索和曲折发展

　　1956 年 9 月 15 日至 27 日，中国共产党第八次全国代表大会在北京举行。这是党在全国执政后召开的第一次全国代表大会。毛泽东在开幕词中开宗明义地指明大会的任务是：“总结从七次大会以来的经验，团结全党，团结国内外一切可能团结的力量，为了建设一个伟大的社会主义的中国而奋斗。”他满怀信心地说：“已经得到解放的中国人民的力量是无穷无尽的”，“一定能够一步一步地把我国建设成为一个伟大的社会主义工业化的国家”。人们热切感受到，中国历史上一个新的全面的大规模的社会主义建设时期开始了。

一、党的八大和中国社会主义建设的良好开端

“十大关系”和一系列新方针的提出

　　1956 年这一年以基本完成对生产资料私有制的社会主义改造、社会主义制度在中国的建立而载入党的史册，同时

又以开始探索中国自己的建设社会主义的道路而载入党的史册。

如何在中国建设社会主义，是我们党执政后面临的一个崭新课题。刚开始，我们学习苏联经验。但经过实践，我们党很快察觉到苏联模式的局限，认识到了苏联在建设社会主义过程中的一些缺点和错误。毛泽东经过慎重思考，提出要以苏联经验教训为鉴戒，独立探索适合中国国情的社会主义建设道路。党的八大的召开，标志着党对中国社会主义建设道路的探索取得初步成果。《论十大关系》的提出，则是这一探索的开始。

为了准备召开党的八大和迎接大规模的经济建设，1955年底至1956年春，毛泽东等中央领导人进行了大量周密而系统的调查研究。1956年2月至4月间，毛泽东分别听取国务院35个部委关于工业生产和经济工作的汇报，逐渐形成对中国社会主义建设具有指导意义的一系列看法。毛泽东明确提出："最重要的是要独立思考，把马列主义的基本原

★ 毛泽东在最高国务会议上作《论十大关系》的报告

理同中国革命和建设的具体实际相结合。民主革命时期，我们吃了大亏之后才成功地实现了这种结合，取得了新民主主义革命的胜利。现在是社会主义革命和建设时期，我们要进行第二次结合，找出在中国怎样建设社会主义的道路。"4月25日，他在中央政治局扩大会议上作《论十大关系》的讲话，5月2日又向最高国务会议作了报告。

《论十大关系》提出的基本方针是："一定要努力把党内党外、国内国外的一切积极的因素，直接的、间接的积极因素，全部调动起来，把我国建设成为一个强大的社会主义国家。"这是毛泽东关于怎样建设社会主义的根本指导思想。在总结我国经济建设问题和对苏联经验鉴戒的基础上，报告论述了十个问题即"十大关系"。

"十大关系"前五条主要讨论经济问题，从经济工作的各个方面来调动各种积极因素。前三条讲重工业和轻工业、农业的关系，沿海工业和内地工业的关系，经济建设和国防建设的关系。报告强调今后要更多地注意发展农业、轻工业，更多地利用和发展沿海工业，尽量降低军政费用的比重，多搞经济建设。这里涉及的实际上是开辟一条与苏联有所不同的中国工业化道路。第四、第五条讲国家、生产单位和生产者个人的关系，中央和地方的关系，并开始涉及经济体制的改革，提出要充分调动各方面的积极性，在巩固中央统一领导的前提下，扩大一点地方的权力。

"十大关系"后五条主要讨论政治关系，讲汉族和少数民族的关系、党和非党的关系、革命和反革命的关系、是非关系、中国和外国的关系，这些都属于政治生活和思想文化生活中调动各种积极因素的问题。报告提出，在共产党和民主党派的关系上实行"长期共存，互相监督"的方针，确认中国共产党领导的统一战线和多党合作要继续存在、发挥作用。在中国与外国的关系中，要学习资本主义国家先进的科学技术和企业管理方法中合乎科学的方面，但也要抵制和批判资产阶级的一切腐败制度和思想作风。

《论十大关系》初步提出了中国社会主义经济、政治建设的若干新方针，标志着我们党对怎样建设社会主义有了自己新的重要认识，对当时和以后的社会主义建设都有很强的针对性和理论指导作用。毛泽东多次说：前几年经济建设主要学外国经验，《论十大关系》开始提出自己的建设路线，有我们自己的一套内容。

在此前后，党还根据国内外的新形势和国家建设的新任务，在其他方面提出一系列新的方针。1956 年 1 月，中央召开关于知识分子问题的会议。周恩来在报告中充分肯定知识分子在社会主义建设中的地位和作用，认为他们的绝大部分"已经是工人阶级的一部分"，并发出"向现代科学进军"的动员令。会后，国务院成立科学规划委员会，制定《一九五六——一九六七年科学技术发展远景规划纲要》。为繁荣和发展社会主义科学文化事业，党中央提出了"百花齐放、百家争鸣"的"双百"方针。1956 年前后，党还提出争取用和平方式解放台湾，倡议中国共产党和国民党两党为了民族和祖国的利益实现第三次合作。

《论十大关系》和一系列新方针的提出，展现了党为寻找适合中国情况的社会主义建设道路而解放思想、多方探索的生动景象，为党的八大的召开做了重要的思想理论准备。

党的八大

1956 年 9 月 15 日至 27 日，中国共产党第八次全国代表大会在北京举行。毛泽东致开幕词，刘少奇作政治报告，周恩来作关于发展国民经济的第二个五年计划的建议的报告，邓小平作关于修改党章的报告。

党的八大正确分析国内形势和国内主要矛盾的变化，明确提出党和全国人民在新形势下的主要任务。大会宣布：我国无产阶级同资产阶级之间的矛盾已经基本上解决，几千年来的阶级剥削制度的历史已经基本上结束，社会主义的社会制度在我国已经基本上建立起来。国内的主要矛盾，已经是人民对于建立先进的工业国的要求同落后的农业国的现实之间的矛盾，已经是人民对于经济文化迅速发展的需要同当前经济文化不能满足人民需要的状况之间的矛盾。党和全国人民当前的主要任务，就是要集中力量解决这个矛盾，把我国尽快地从落后的农业国变为先进的工业国。这些论述的核心观点，是在社会主义条件下全党要集中力量发展生产力。

党的八大坚持党中央提出的既反保守又反冒进，即在综合平衡中稳步前进的经济建设方针。大会肯定"三个主体，三个补充"思想，即以国家经营和集体经营、计划生产、国家市场三者为主体，而以个体经营、自由生产、自由市场三者作为补充。这是在理论上突破苏联计划经济模式，探索经济体制改革的重要尝试。大会提出在三个五年计划或者再多一点的时间内，在我国建成一个基本上完整的工业体系的战略设想，为全国人民描绘了社会主义发展的宏伟蓝图。

★ 党的八大会场

　　党的八大通过的新党章是中国共产党在全国执政以后制定的第一部党章。新党章根据执政党的特点，提出了全面开展社会主义建设的任务。新党章对贯彻党的民主集中制的根本原则作出了许多新规定，要求"党必须采取有效的办法发扬党内民主"，同时强调"党的民主原则不能离开党的集中原则。党是以一切党员都要遵守的纪律联结起来的统一的战斗组织"。新党章在党员义务方面增加"维护党的团结，巩固党的统一""对党忠诚老实"等内容。

　　党的八届一中全会选举毛泽东为中央委员会主席，刘少奇、周恩来、朱德、陈云为副主席，邓小平为总书记，由上述6人组成中央政治局常务委员会。

　　党的八大宣告了社会主义革命的基本完成和社会主义制

度的基本确立。大会制定的路线是正确的，提出的许多新方针和新设想是富于创造精神的。这次会议对中国建设社会主义道路的探索，站在比较高的历史起点上，取得了初步成果，对于党和国家事业发展具有长远的重要意义。

党的八大以后，为解决社会主义改造中的遗留问题，中央按照"三个主体，三个补充"方针调整经济关系，取得初步进展，并且产生一些搞活经济的新思路。同时，党对农业集体经济内部关系进行调整，以简政放权为内容的改革也逐步展开。

以《论十大关系》和党的八大为标志，党对中国社会主义建设道路的探索有了良好开端。

二、社会主义道路的艰辛探索

提出正确处理人民内部矛盾理论、全党整风和反右派斗争

1956年2月苏共二十大召开，赫鲁晓夫在会上作了全盘否定斯大林的秘密报告，在社会主义阵营引起极大震动和思想混乱。国际共产主义运动出现大的波折。这警示人们如果不能正确认识和处理社会主义社会的各种矛盾特别是人民内部矛盾，社会主义制度将难以巩固，社会主义建设将难以进行。在国内，由于社会主义改造的迅速完成，加上经济建设中出现冒进的影响未能完全消除，领导工作中还存在官僚主义等问题，一些地方出现少数群众闹事等不稳定情况。面

对这些复杂的新情况，党中央和毛泽东深入思考社会主义社会的矛盾，提出了关于正确处理人民内部矛盾的理论。

1957 年 2 月，毛泽东在最高国务会议上发表《如何处理人民内部的矛盾》（后改为《关于正确处理人民内部矛盾的问题》）的讲话。他指出：矛盾是普遍存在的，社会主义社会也充满着矛盾，正是这些矛盾推动着社会主义社会不断地向前发展。社会主义社会的基本矛盾仍然是生产力和生产关系、经济基础和上层建筑之间的矛盾，这些矛盾可以经过社会主义制度本身的自我调整和完善，不断得到解决。这一论断第一次科学揭示了社会主义社会发展的动力，也为后来的社会主义改革奠定了理论基础。

毛泽东还指出：社会主义社会存在着敌我矛盾和人民内部矛盾两类性质根本不同的矛盾。前者需要用强制的、专政的方法去解决，后者只能用民主的、说服教育的、"团结——批评——团结"的方法去解决。他把正确处理人民内部矛盾提升到国家政治生活主题的高度，强调：革命时期大规模的急风暴雨式的群众阶级斗争基本结束，"我们的根本任务已经由解放生产力变为在新的生产关系下面保护和发展生产力"。

《关于正确处理人民内部矛盾的问题》在马克思主义发展史上具有开创性意义。毛泽东深入研究社会主义社会的矛盾问题，形成一套系统的关于社会主义社会矛盾的学说，丰富和发展了科学社会主义理论，对党和社会主义建设事业具有长远的指导意义。

根据党的八大精神和党内外出现的新情况、新问题，中央决定从整顿党的作风入手，克服官僚主义、宗派主义和主观主义，正确处理人民内部矛盾。1957年4月27日，中共中央发出《关于整风运动的指示》。毛泽东后来指出，党希望通过整风，达到这样的目标：造成一个又有集中又有民主，又有纪律又有自由，又有统一意志、又有个人心情舒畅、生动活泼，那样一种政治局面。广大干部群众包括许多有影响的党外人士积极响应号召，对党和政府的工作以及党政干部的思想作风提出大量批评和建议。绝大多数意见比较中肯，富有建设性，对我党整风、改正缺点错误大有益处。

然而，随着整风运动的开展，许多复杂情况出现了。极少数人乘机向党和新生的社会主义制度发动进攻。他们把共产党在国家政治生活中的领导地位攻击为"党天下"，要求"轮流坐庄"，把人民民主专政的制度说成是产生官僚主义、宗派主义和主观主义的根源。这种异常现象引起党的警觉。6月，中央要求组织力量反击右派分子进攻。

对极少数右派分子的进攻进行反击，对反对党的领导、反对社会主义道路的思潮进行批判，是完全必要的，也是正确的。但是，由于对阶级斗争的形势作了过于严重的估计，把大量人民内部矛盾当作敌我矛盾，把大量思想认识问题当作政治问题，反右派斗争被严重地扩大化了。这是党的历史上的一大教训，使党探索中国社会主义建设道路的良好开端遭受挫折。

"大跃进"、人民公社化运动和纠"左"努力

为了尽快改变中国贫穷落后的面貌，党力图在探索社会主义建设道路中打开一个崭新的局面。1956年初，我国经

济建设就已经出现急躁冒进倾向。随着 1957 年一些工厂、农村出现生产迅速增长的新气象，人民群众建设社会主义的积极性大大提高，党认为经济建设应该搞得更快一些。在国际上，中国共产党在 1957 年 11 月莫斯科各国共产党和工人党代表会议上获得了崇高声誉，再加上苏联成功发射第一颗人造地球卫星以及提出 15 年赶上和超过美国，这些给包括中国在内的全世界社会主义者巨大鼓舞。

1957 年冬季，全国掀起以兴修水利、养猪积肥和改良土壤为中心的农业生产高潮，拉开了"大跃进"的序幕。1958 年 5 月，党的八大二次会议通过"鼓足干劲、力争上游、多快好省地建设社会主义"的总路线，反映了党和广大人民群众迫切要求改变我国经济文化落后状况的普遍愿望，但违背了经济建设所必须遵循的客观规律。会后，"大跃进"运动在全国范围内从各方面开展起来。农业方面提出"以粮为纲"口号，要求 5 年、3 年以至一两年达到规定的粮食产量指标，引发严重的浮夸风。工业方面提出"以钢为纲"口号，要求几年内提前实现 15 年钢产量赶超英国的目标，掀起大炼钢铁的群众运动。

在"大跃进"迅猛发展的同时，农村掀起人民公社化运动高潮。1958 年 8 月，中共中央作出《关于在农村建立人民公社问题的决议》。随后，全国农村只用了一个多月就基本实现公社化。"大跃进"初期建立的人民公社的特点是"一大二公"，实际上是刮"一平二调"的"共产风"，搞平均主义，无偿调拨生产队包括社员个人的财物和劳动力，严重损害了农民的生产积极性。

尽最大的努力把建设搞得快一点，以争取更多的主动，是当时全党全国人民的迫切愿望。但是，由于党对大规模社会主义建设经验的不足，由于背离了党一向倡导的实事求是的原则，凭主观愿望和意志办事，结果事与愿违。

1958年秋冬之间，党中央开始发现"大跃进"和人民公社化运动中出了不少乱子。从1958年11月第一次郑州会议到1959年7月庐山会议前期，党中央领导整顿人民公社，调整高指标，作了初步纠正"左"倾错误的努力，"共产风"、浮夸风、高指标和瞎指挥得到初步遏制，形势开始有所好转。这期间，党中央和毛泽东对社会主义建设规律得到一些新的认识。主要包括：生产关系一定要适合生产力的性质；价值法则是一个伟大的学校，必须利用价值规律为社会主义服务；要以"农、轻、重"为序进行社会主义建设；综合平衡是整个经济工作的根本问题，国民经济应当有计划按比例发展。这些认识是纠"左"取得初步成效的重要原因，也是党探索中国社会主义建设道路的重要成果。但是，纠"左"是在肯定"大跃进"和人民公社的前提下和框架内进行的，初步好转的形势还很不巩固。随后出现的"反右倾"斗争中断了纠"左"的进程，加上自然灾害和苏联政府背信弃义撕毁合同，党和人民面临新中国成立以来前所未有的严重经济困难。

国民经济调整和"四个现代化"战略目标的提出

面对严重经济困难，党中央和毛泽东决心认真调查研究，纠正错误，调整政策。1960年11月，中央发出《关于农村人民公社当前政策问题的紧急指示信》，要求全党用最大努力坚决纠正"共产风"；1961年1月，党的八届九中全会决定对国民经济实行"调整、巩固、充实、提高"的八字方针。以这两件事为标志，"大跃进"运动实际上已被停止，国民经济开始转入调整的新轨道。

毛泽东在八届九中全会以及为准备这次全会而召开的中央工作会议上，号召全党恢复实事求是、调查研究的作风。之后，毛泽东、刘少奇、周恩来、朱德、陈云、邓小平等中央领导人带头深入基层调查研究。为系统解决农村人民公社存在的问题，毛泽东于1961年3月主持起草《农村人民公社工作条例(草案)》(农业六十条)。在条例起草和修订期间，全党的认识不断深化，开始逐步解决农民强烈反映的公共食堂等问题。

全党大兴调查研究之风，为各领域的调整提供了重要的思想基础。工业领域调整围绕降低钢产量等指标和整顿企业秩序展开。1961年9月，中央作出《关于当前工业问题的

★ 毛泽东在八届九中全会上号召全党大兴调查研究之风

指示》，强调必须当机立断，把工业生产和基本建设的指标降到确实可靠、留有余地的水平上。同时，中央发布试行《国营工业企业工作条例（草案）》（工业七十条），对于恢复和建立企业正常生产秩序发挥了积极作用。

同经济工作调整相配合，科学、教育、文化等领域也进行了调整。其中心内容是调整党和知识分子的关系，落实知识分子政策；坚持"百花齐放、百家争鸣"的方针；健全必要的规章制度，以恢复正常秩序，保证各方面工作的顺利进行。为进一步调动知识分子积极性，1962年3月，周恩来在《论知识分子问题》报告中，肯定我国知识分子的绝大多数已经是属于劳动人民的知识分子，强调在社会主义建设中要发挥科学和科学家的作用，使知识分子受到很大鼓舞。

为进一步总结"大跃进"以来的经验教训，统一认识，增强团结，1962年1月11日至2月7日，党中央在北京召开扩大的中央工作会议（七千人大会）。刘少奇代表中央提出的书面报告草稿，总结了"大跃进"以来经济建设工作的经验教训，分析了产生缺点错误的原因。1月30日，毛泽东在大会上发表讲话，作了自我批评，强调在社会主义建设上，我们还有很大的盲目性，今后要下苦功夫调查研究，弄清楚社会主义经济的规律。要使中国赶上和超过世界上最先进的资本主义国家，没有一百多年的时间是不行的。这是党中央和毛泽东对社会主义建设长期性的进一步认识。邓小平、周恩来分别代表中央书记处和国务院在大会上作自我批评，并提出了恢复党的优良传统和克服目前困难的主要办法。

七千人大会在当时历史条件下取得了重要成果。虽然会议未能从根本指导思想上清理"大跃进"和"反右倾"的错误，但对待缺点错误的比较实事求是的态度，以及发扬民主和进行自我批评的精神，给全党以鼓舞，增强了党的凝聚力，在动员全党团结奋斗战胜困难方面起了积极作用。

　　七千人大会之后，调整国民经济采取的主要措施是：大力精减职工，减少城镇人口；压缩基本建设规模，停建缓建大批基本建设项目；缩短工业战线，实行必要的关、停、并、转；从人力物力财力各方面加强和支援农业战线，加强农村基层的领导力量。在农业政策的调整中，一些地方进行了包括包产到户在内的各种形式的农业生产责任制尝试，取得较好效果。

★ 七千人大会期间，毛泽东、刘少奇、周恩来、朱德、陈云、邓小平在一起

经过七千人大会前后将近两年的调整，从 1963 年夏开始，各项建设事业呈现明显的健康发展势头。到 1965 年底，调整国民经济的任务全面完成。工农业生产总值超过历史最高水平；农轻重的比例关系得到改善；积累与消费的比例关系基本恢复正常；财政收支平衡，市场稳定，人民生活水平有所提高。"大跃进"和人民公社化运动带来的严重困难局面，依靠党和人民艰苦卓绝的努力终于得到改变。

当国民经济调整工作取得巨大成就的时候，党适时提出了新的奋斗目标。1964 年底，周恩来在三届全国人大一次会议上郑重提出实现"四个现代化"的历史任务，即"在不太长的历史时期内，把我国建设成为一个具有现代农业、现代工业、现代国防和现代科学技术的社会主义强国，赶上和超过世界先进水平"。中央还确定分两步走实现现代化的战略构想，即从第三个五年计划开始，第一步，经过三个五年计划时期，建立一个独立的比较完整的工业体系和国民经济体系；第二步，全面实现农业、工业、国防和科学技术的现代化，使中国经济走在世界前列。"四个现代化"从此成为党和全国各族人民的共同奋斗目标，成为凝聚和团结全国各族人民不懈奋斗的强大精神力量。

坚持独立自主，反对霸权主义

20 世纪 50 年代中期至 60 年代中期，世界局势动荡。在美苏两个超级大国主导的世界冷战格局中，中国面临来自多方的公开的和潜在的侵略威胁、战争挑衅和军事压力。如何坚持独立自主，反对来自各个方面的霸权主义，以维护民族尊严和国家利益，是党在国际关系问题上考虑的中心。

50 年代末期至 60 年代前期，根据形势的发展，毛泽东重新提出"中间地带"问题，认为中间地带有两部分：一部分是指亚非拉广大经济落后的国家，一部分是指以欧洲为代表的帝国主义国家和发达的资本主义国家。这两部分都反对美国的控制，在东欧各国则发生反对苏联控制的问题。争取"中间地带"，发展同亚非拉国家的关系，成为当时中国对外政策的一个重要组成部分。1964 年中法建交，是中国与西方发达国家打开外交局面的重大成果。

这一时期，中美之间围绕美国武装插足台湾、干涉中国内政和美国武装侵略越南、威胁中国安全等问题展开对抗。1958 年 8 月，党中央和毛泽东以炮击金门的方式把台湾问题提出来，沉重打击了蒋介石集团叫嚣"反攻大陆"的气焰和美国搞"两个中国"的企图，有力表明了中国人民反对美国干涉中国内政、维护国家统一的立场和决心。1965 年开始的援越抗美斗争，体现了中国人民反对侵略威胁、维护世界和平的大无畏精神。

从 20 世纪 50 年代后期开始，中苏之间的矛盾和冲突日渐加剧。苏联党以"老子党"自居，要求中国共产党在军事和外交上服从其苏美合作主宰世界的战略。正如邓小平所说："真正的实质问题是不平等，中国人感到受屈辱。"中国共产党坚持独立自主，坚决顶住来自苏联的巨大压力，维护了国家主权、民族尊严和党的尊严。

十年社会主义建设的成就和艰苦奋斗、奋发图强的创业精神

从 1956 年到 1966 年全面建设社会主义的十年，是党对中国社会主义建设道路艰辛探索的十年，虽然经历曲折，仍然取得了无可否认的巨大成就。工业建设、科学研究和国防尖端技术的发展以及农田水利建设和农业机械化、现代化发展的许多工作，都是在那个年代开始布局的。

工业建设，以 1966 年同 1956 年相比，全国工业固定资产按原价计算，增长了三倍。在钢铁工业方面，除了我国最大的鞍山钢铁基地进一步建设以外，武汉、包头两大内地钢铁基地主要是在这十年中建设起来的。在机械工业方面，分别形成了冶金、采矿、电站、石化等工业设备制造以及飞机、汽车、工程机械制造等十几个基本行业，并且能够独立设计和制造一部分现代化大型设备。1964 年，我国主要机器设备的自给率已达 90% 以上。

特别突出的是，石油工业发展成为这个时期我国国民经济的支柱产业。建设完成了大庆油田，随后又开发了胜利油田和大港油田。到 1965 年国内需要的石油已经全部自给，使我们能够自豪地宣布：中国人靠"洋油"过日子的时代已经结束了！

交通运输业长足发展。从 1958 年到 1965 年，全国新增铁路营业里程 9000 多公里。鹰厦、包兰、兰青、兰新、川黔、黔桂等线建成通车。全国除西藏外，各省、自治区、直辖市都有了铁路，福建、宁夏、青海、新疆第一次通火车。公路、水运、航空等事业也有较大发展。

农田水利建设取得重大成就。大型枢纽骨干工程和各类水库，在当时和以后相当长的时期内发挥了重要作用。

科学技术发展成绩显著。1964 年 10 月 16 日，我国成功爆炸第一颗原子弹，有力打破了大国的核垄断和核讹诈，提高了我国的国际地位。导弹和人造卫星的研制也取得突破性进展。基础科学研究方面，1965 年我国在国际上首次人工合成牛胰岛素结晶。

★ 1964 年 10 月 16 日，我国第一颗原子弹爆炸成功

教育卫生事业成就可观。1957 年到 1966 年，高等学校毕业生近 140 万人，中等专业学校毕业生约 211 万人，分别为 1950 年至 1956 年的 4.9 倍和 2.4 倍。医疗卫生机构大幅增加，全国城乡卫生医疗网基本形成。严重危害人民健康的天花、霍乱、血吸虫病、疟疾、鼠疫等疾病，或被灭绝，或得到有效防治。毛泽东曾写下"借问瘟君欲何往，纸船明烛照天烧"的诗句，表达对消灭血吸虫病这一奇迹的赞叹。

优秀文学艺术作品大量涌现，如小说《青春之歌》《创业史》，电影和舞台剧《红色娘子军》《霓虹灯下的哨兵》，歌剧《江姐》等。大型音乐舞蹈史诗《东方红》更是这一时期的经典。

民族地区的经济文化建设迈出较大步伐。许多地方兴建了一些大型现代工业基地，结束了民族地区没有现代工业的历史。一批高等学校在民族地区建立起来，当地建设所需的各类专门人才得到培养。

十年间，我国培养了一大批治党治国治军和社会主义建设事业所需要的专门人才，其中大部分成为后来改革开放和现代化建设事业各方面的骨干力量。党的建设得到加强，党的队伍进一步发展。全国党员人数从1956年的1073万人发展到1965年的1895万人。

正如《关于建国以来党的若干历史问题的决议》所指出的："我们现在赖以进行现代化建设的物质技术基础，很大一部分是这个期间建设起来的；全国经济文化建设等方面的骨干力量和他们的工作经验，大部分也是在这个期间培养和积累起来的。这是这个期间党的工作的主导方面。"

值得自豪的是，党领导人民艰辛探索，在社会主义建设上取得巨大成就的同时，在精神力量上也获得了巨大丰收。我国各族人民意气风发投身于热火朝天的社会主义建设，涌现出大量先进典型和英雄模范人物，抒写了无数改天换地的壮丽诗篇，形成了跨越时空、历久弥新的时代精神。

以铁人王进喜为代表的大庆石油工人，为了早日甩掉中国"贫油"的帽子，以"宁肯少活20年，拼命也要拿下大油田"的豪情，以"有条件要上，没有条件创造条件也要上"的决心，用三年多的时间，建设起了我国最大的石油基地——大庆油田，铸就了爱国、创业、求实、奉献的大庆精神、铁人精神。

河南兰考县委书记焦裕禄，为了改变兰考人民贫穷落后面貌，拖着患有慢性肝病的身体带领全县人民封沙、治水、改地。他以"生也沙丘，死也沙丘，父老生死系"的赤诚，以"心中装着全体人民、唯独没有他自己"的公仆情怀，诠释着亲民爱民、艰苦奋斗、科学求实、迎难而上、无私奉献的焦裕禄精神。

河南林县人民在县委领导下，用十年时间，在峰峦叠嶂的太行山上逢山凿洞、遇沟架桥，削平 1250 座山头，凿通 211 个隧洞，架设 152 座渡槽，建成了长达 1500 公里的"人工天河"红旗渠。在这个过程中，81 人献出了生命。他们以"林县人民多壮志，誓把河山重安排"的豪迈，创造了一代中国农民改天换地的传奇。

人民解放军战士雷锋，在平凡工作岗位上甘当螺丝钉，勇于奉献，乐于助人，表现出崇高的共产主义情操，成为那个年代最响亮的名字。1962 年 8 月，他因公殉职时，年仅 22 岁。毛泽东题词："向雷锋同志学习"。雷锋精神，成了新中国社会风尚的一个标志。

在新中国的发展历程中，"两弹一星"研制成功，是中华民族为之自豪的伟大成就。钱学森、钱三强、邓稼先等一大批科学家，把个人理想与祖国命运紧紧联系在一起，把个人志向与民族振兴紧紧联系在一起。"干惊天动地事，做隐姓埋名人"。他们把热血洒在戈壁滩，把青春和生命奉献给新中国国防建设事业，将热爱祖国、无私奉献、自力更生、艰苦奋斗、大力协同、勇于登攀的"两弹一星"精神，永久镌刻在中国大地上，成为全国各族人民宝贵的精神财富和不竭的动力源泉。

像这样让后人景仰的英模和精神还有许多。这是新中国建设困难重重、艰苦奋斗的年代，是一个英雄辈出、精神昂扬的年代。为了建设繁荣富强的新中国，翻身做了主人的中国人民与时间赛跑，用生命和鲜血描绘了一幅幅最新最美的图画，用实际行动证明了：同困难作斗争，是物质的角力，也是精神的对垒。精神是一个民族赖以长久生存的灵魂，唯有精神上达到一定的高度，这个民族才能在历史的洪流中屹立不倒、奋勇前进。

三、社会主义建设在曲折中发展

"文化大革命"的发生和各方面工作的艰难进展

1966 年，正当我国克服了国民经济的严重困难、完成经济调整任务、开始执行发展国民经济第三个五年计划的时候，"文化大革命"发生了。

"文化大革命"的发生，有着复杂的国际国内的社会历史原因。新中国成立后，很长一段时间一直面临严峻的外部环境。帝国主义长期敌视、封锁，把"和平演变"的希望寄托在中国第三代、第四代人身上，苏联在中苏关系恶化后给中国施加巨大压力。这样的外部环境对党在科学判断国内政治形势、确定党和国家中心任务和方针政策时产生极大影响。我们党是经过长期残酷的战争后迅速进入社会主义历史阶段的，对于如何在一个经济文化落后的国家建设社会主义，缺乏科学认识，也没有充分的思想准备。过去革命战争时期积累下来的成功的阶级斗争经验，使人们在观察和处理社会主义建设的许多新矛盾时容易沿用和照搬，把不属于阶级斗争的问题看作阶级斗争，把只在一定范围存在的阶级斗争仍然看作社会的主要矛盾，并运用大规模群众性政治运动的方法来解决。

1966 年 5 月，中央政治局扩大会议通过"五一六通知"，指出："混进党里、政府里、军队里和各种文化界的资产阶级代表人物，是一批反革命的修正主义分子，一旦时机成熟，他们就会要夺取政权，由无产阶级专政变为资产阶级专政。"8 月，党的八届十一中全会通过《中国共产党中央委员会关于无产阶级文化大革命的决定》，提出"这次运动的重点，是整党内那些走资本主义道路的当权派"。这两次会议的召开，标志着"文化大革命"的全面发动。此后，红卫兵运动迅猛兴起。从 1967 年 1 月起，"文化大革命"进入"全面夺权"阶段，很快发展为"打倒一切"以至"全面内战"的严重局面。2 月前后，谭震林、陈毅、叶剑英、李富春、李先念、徐向前、聂荣臻等老一辈革命家在不同的会议上对"文化大革命"的错误做法提出了强烈批评，但被诬为"二月逆流"，受到压制和打击。到 1968 年 9 月，全国各地先后成立革命委员会，在一定程度上结束了"文化大革命"前期的无政府状态。10 月，在党内生活极不正常的状况下，八届扩大的十二中全会宣布"把刘少奇永远开除出党，撤销其党内外的一切职务"。1969 年 4 月召开的九大使"文化大革命"的理论和实践进一步系统化、合法化。1970 年至 1971

年间发生了林彪反革命集团阴谋夺取最高权力、策动反革命武装政变的事件，客观上宣告了"文化大革命"理论和实践的失败。1972 年，周恩来提出批判极左思潮，使得各方面工作有了明显起色。1973 年 8 月召开的十大继续肯定九大的政治路线和组织路线。党的十大以后，江青与王洪文、张春桥、姚文元结成"四人帮"，企图全面篡夺党和国家最高权力。1975 年 1 月，四届全国人大一次会议重申实现四个现代化的奋斗目标，任命周恩来为总理、邓小平为第一副总理。这使身处反复动乱中的广大干部和群众又看到了党和国家的希望。

发动"文化大革命"，主要考虑的是，防止资本主义复辟、寻求中国自己的建设社会主义的道路。作为一个执政的无产阶级政党领袖，毛泽东不断观察和思考新兴的社会主义社会现实生活中的问题，极为关注艰难缔造的党和人民政权的巩固，高度警惕资本主义复辟的危险，为消除党和政府中的腐败和特权、官僚主义等现象，进行不断探索和不懈斗争。但是，由于对社会主义社会的建设发展规律认识不清楚，由于"左"的错误在理论和实践上的累积发展，很多关于社会主义建设的正确思想没有得到贯彻落实，最终酿成了内乱。

"文化大革命"持续十年，使党、国家和各族人民遭到新中国成立以来时间最长、范围最广、损失最大的挫折。党的组织和国家政权受到极大削弱，大批干部和群众遭受残酷迫害，民主和法制被肆意践踏，全国陷入严重的政治危机和社会危机。"文化大革命"不是任何意义上的革命和社会进步，它是一场由领导者错误发动，被反革命集团利用，给党、国家和各族人民带来严重灾难的内乱，留下了极其惨痛的教训。

　　"文化大革命"期间，党和人民对"左"的错误的斗争一直没有停止过。正是全党和广大工人、农民、解放军指战员、知识分子和各级干部的抵制和斗争，使"文化大革命"的破坏受到一定程度的限制，社会主义建设在一些重要领域仍然取得一定进展，党、人民政权、人民军队和整个社会的性质都没有改变。

　　作为政治运动的"文化大革命"与"文化大革命"历史时期是有区别的。这一时期，我国国民经济出现较大起伏，但在党和人民的共同努力下，各项工作在艰难中仍然取得了重要进展。"文化大革命"初期，动乱主要集中在文教部门和党政机关，大部分生产系统未被打乱，特别是五年调整给国民经济的发展打下较好的基础，所以1966年各项生产建设事业仍然取得比较好的成绩。1969年以后，随着国内局势稍趋安定，主持政府工作的周恩来等领导人抓住时机，着手恢复各主要工业部门和其他综合经济部门的工作，加强了对经济的计划管理。1969年的国民经济扭转了前两年连续下降的局面而有所回升。1970年经济建设中，内地战略后方的建设（重点是国防工业建设）迅速全面铺开，地方"五小"工业（小钢铁、小机械、小化肥、小煤窑、小水泥）迅猛发展。到年底，当年经济指标以及"三五"计划主要指标大体完成。

　　1971年，我国开始执行第四个五年计划。由于忽视经济工作中存在的矛盾，继续追求高指标，经济建设的冒进之风有增无已。1972年至1973年，根据周恩来的指示，国务院采取各种措施对国民经济进行调整。1973年下半年，经济形势明显好转，国民经济计划主要指标都完成或超额完成。在此期间，我国第一次把人口控制指标纳入国民经济发展计划，制定了第一部环境保护的综合性文件，陆续从国外进口了一批技术先进的成套设备和单机，对我国此后经济发展和技术进步发挥了重要的促进作用。

这一时期，三线建设成果引人注目。1964年五六月间，毛泽东从经济建设和国防建设的战略布局考虑，将全国划分为一、二、三线，提出三线建设问题，随后三线建设开始启动。1970年7月至1973年10月，在极端恶劣的条件下，铁道兵指战员和铁路工程建设人员在人迹罕至的崇山峻岭克服重重困难，相继建成成昆铁路、湘黔铁路、襄渝铁路，改变了西南地区长期交通梗阻的闭塞落后状况。此外，在建和建成的大型企业还有贵州六盘水、四川宝鼎山等大型煤矿，甘肃刘家峡，湖北丹江口、葛洲坝等大中型水电站，等等。在金沙江边，建设者"三块石头支口锅，帐篷搭在山窝窝"，依靠人力搬运成千上万吨的大型机械，终于建起"象牙微雕"式的现代化大型企业——四川攀枝花钢铁基地。三线建设在很大程度上改变了旧中国工业布局不平衡的状况，使一大批当时属于顶尖的军工企业、国有企业、科研院所来到西部，为西部地区提供了难得的发展机遇。

一批交通运输线、输油管线设施相继建成。1968年建成的南京长江大桥，是当时我国自行设计建造的最大的铁路、公路两用桥。经过改造的宝成铁路成为我国第一条电气化铁路。1974年，我国建成大庆至秦皇岛的第一条长距离输油管道。

国防科技业绩显著，民用科技也有突破。1966年10月，我国第一次成功进行了发射导弹核武器的试验。1967年6

月成功爆炸了第一颗氢弹。1970 年 4 月成功发射第一颗人造地球卫星"东方红一号"。我国第一颗返回式遥感人造地球卫星于 1975 年 11 月发射成功。在生物技术方面，1972 年，中国中医研究院成功提取出一种新型抗疟药青蒿素，在全球特别是发展中国家挽救了数百万人的生命。1973 年，我国在世界上首次培育成功强优势的籼型杂交水稻。

　　科技战线上的这些重大成就，尤其是国防尖端技术方面取得的成就，不仅增强了我国的综合国力和国防战略防御能力，而且具有重大的政治意义。邓小平后来说过："如果六十年代以来中国没有原子弹、氢弹，没有发射卫星，中国就不能叫有重要影响的大国，就没有现在这样的国际地位。"这些成就是广大党员、干部和人民群众排除干扰、共同奋斗的结果。

打开对外工作新局面

　　新中国成立后，我们党坚持独立自主的和平外交政策。"文化大革命"初期，外交工作受到干扰冲击。20 世纪 70 年代初，国际形势经过第二次世界大战后 20 多年的发展，发生了重大变化，新的国际格局初露端倪。这为中国外交战略的转变提供了机遇。经过多方面努力，到 70 年代初，我国外交工作打开新的局面，迎来了新中国成立后第二次建交高潮。

　　局势转变的关键一环，是中国同美国关系的缓和。美国要尽快消除越南战争败局造成的影响并维持它在世界上的霸权地位，要应对苏联的挑战，迫切需要改善同中国的关系。就中国方面来说，要着重应对苏联当时对我国安全所构成的直接和严重的威胁，要解决台湾问题以实现国家统一大业，要恢复和扩大国际交往、积极参与国际事务，也需要缓和同美国的关系。

1969年，尼克松就任美国总统后表示有意改善中美关系。1971年4月，毛泽东同意邀请美国乒乓球队访华。这种"小球转动大球"的"乒乓外交"，出人意料地促进了中美关系的发展和世界形势的变化。7月，美国总统国家安全事务助理基辛格秘密访华。这一消息震动了世界。1972年2月，美国总统尼克松访华。中美双方经过会谈，于2月28日在上海发表《中美联合公报》，标志着两国关系正常化进程的开始。

1971年10月25日，第二十六届联合国大会以压倒性多数通过2758号决议，恢复中华人民共和国在联合国的一切合法权利，并立即把台湾国民党当局的代表从联合国的一切机构中驱逐出去。11月1日，中华人民共和国五星红旗第一次在联合国升起。这是中国外交战线的一个重大胜利。从此，中国作为联合国安全理事会常任理事国，在联合国组织内为实现联合国宪章的宗旨、维护世界和平、加强各国友好合作、促进人类进步事业作出自己不懈的努力。

中美关系的缓和直接推动了中日关系的改善。日本首相田中角荣于1972年9月25日来华访问。中日双方于9月29日签署建立外交关系的《联合声明》。到1973年底，我国已基本上完成同美国以外的资本主义发达国家的建交过程，同欧洲共同体也建立了正式关系。中国同这些国家在经济、贸易、科技、文化等方面的合作都有良好的发展。中国同东欧各国的关系也有了不同程度的恢复、改善和发展。

这一时期中国对外工作的另一个显著成就，是发展了同

★ 1972 年 2 月 21 日，毛泽东在中南海会见尼克松

亚非拉许多国家的友好合作关系，形成又一个更大范围的建交高潮。中国先后同 40 多个亚非拉国家建立了外交关系，从各个方面坚决支持这些国家捍卫自己的民族独立和国家主权、反对外来侵略和干涉、维护本地区和世界和平的正义斗争。中国真诚维护并努力促进这些国家之间的团结，为打破大国欺侮小国、富国压榨贫国的国际旧秩序，建立以和平共处五项原则为基础的国际新秩序而共同奋斗。

　　还在 70 年代前期，毛泽东对国际形势逐渐形成关于三个世界划分的估计。他认为苏美两个超级大国属于第一世界，苏美以外的西方发达国家和东欧国家属于第二世界，亚洲、非洲、拉丁美洲的广大发展中国家属于第三世界。在当时的历史条件下，这一思想对指导我国的外交工作，坚持反对超级大国的霸权主义和战争威胁，努力建立和发展同第三世界各国和其他类型国家的友好合作关系，包括同美国实现两国关系正常化，都发挥过重要作用。

70 年代上半期是中国外交突破性大发展的时期，到 1976 年，同中国建交的国家已经有 110 多个，这包括了当时世界上的绝大多数国家。我国外交所取得的成就极大地改善了中国的安全环境，拓展了中国外交活动的舞台，也为"文化大革命"结束后中国的改革开放和更加积极地参与国际事务创造了有利前提，打下了基础。

1975 年的全面整顿

1975 年初，四届全国人大一次会议闭幕后，邓小平在毛泽东、周恩来支持下，全面主持中央和国务院的日常工作，大刀阔斧地进行了整顿。

根据毛泽东要安定团结、把国民经济搞上去的指示，邓小平明确、坚定地提出要进行整顿的指导思想。他强调：全国各个方面工作都要整顿。工业、农业、商业、财贸、文教、科技、军队都要整顿，核心是党的整顿，关键是领导班子。经过整顿要建立一个强有力的、"敢"字当头的领导班子。要搞好安定团结，发展社会主义经济。要加强党的领导，发扬党的优良作风。他还提出科学技术是生产力的马克思主义的重要观点，要求一定要搞好科学技术工作，等等。

整顿铁路部门是邓小平在经济领域扭转混乱局面的突破口。党中央于 1975 年 3 月 5 日作出决定，着重解决铁路运输问题，并派出工作组，会同有关地方党委，对一些问题严重的路局进行重点整顿。工作组在一些单位撤换一批派性严重、不停捣乱的坏头头，平反错案，坚决调整领导班子，恢复和健全规章制度。铁路的整顿，带动了整个工业首先是钢铁工业的整顿。经过几个月整顿，经济形势日益好转。

这期间，党中央在组织工作中采取一些重要举措，进一步落实干部政策，使被打倒的老干部尽快恢复工作。军队整顿在解决"肿、散、骄、奢、惰"，调整各大单位领导班子，落实干部政策等方面取得很大进展。文艺工作方面重新强调党的"双百"方针，解除对一些优秀作品发表和演出的限制。特别是《关于加快工业发展的若干问题》和《科学院工作汇报提纲》，是在工业、科技领域系统地提出纠正"左"倾错误、恢复和确立正确政策的重要文件，在一些问题上很有远见地提出了改革工业、科技工作的重要思想，为后来这两方面的改革作了一定的思想准备。

经过全面整顿，形势明显好转。大部分地区社会秩序趋于稳定，国民经济迅速回升。1975年的工农业总产值和大多数产品产量指标按照"四五"计划基本完成。邓小平后来说："拨乱反正在一九七五年就开始了。""说到改革，其实在一九七四年到一九七五年我们已经试验过一段。……那时的改革，用的名称是整顿，强调把经济搞上去，首先是恢复生产秩序。凡是这样做的地方都见效。"

"文化大革命"的结束

1976年1月8日，全国各族人民敬爱的周恩来总理逝世。"四人帮"发出种种禁令，竭力阻挠和诬蔑群众性的悼念活动，激起全国广大干部和群众的极大愤怒。自 3 月下旬起，各地群众冲破阻力，举行悼念周恩来的活动，锋芒直指"四人帮"，是全国人民反对"四人帮"倒行逆施的集中表现。

1976 年 7 月 6 日，德高望重的朱德逝世。

1976 年 9 月 9 日，党和国家主要领导人毛泽东逝世。毛泽东同志是伟大的马克思主义者，伟大的无产阶级革命家、战略家、理论家，是马克思主义中国化的伟大开拓者，是近代以来中国伟大的爱国者和民族英雄，是党的第一代中央领导集体的核心，是领导中国人民彻底改变自己命运和国家面貌的一代伟人。

在短短九个月的时间里，三位党和国家杰出领导人相继逝世，全党全国人民陷入巨大的悲痛之中，也深深思虑着党和国家的前途命运。

毛泽东逝世前后，"四人帮"加紧了夺取党和国家最高领导权的活动，许多老一辈革命家深感忧虑。10 月 6 日晚，华国锋、叶剑英等代表中央政治局，执行党和人民的意志，对"四人帮"及其在北京的帮派骨干实行隔离审查。10 月 14 日，党中央公布粉碎"四人帮"的消息，人们奔走相告，兴高采烈。

粉碎"四人帮"，结束了"文化大革命"，我国的社会秩序得以恢复，党和国家的工作开始重新走上健康发展的轨道。

"文化大革命"是在探求中国自己的社会主义道路的历程中遭到的严重挫折。中国共产党依靠自己的力量，最终自己纠正了这一严重错误。历史再一次证明，中国人民是伟大的人民，中国共产党有能力靠自己的力量纠正错误，中国共

★ 首都群众在天安门广场举行集会和游行，庆祝粉碎"四人帮"的重大胜利

产党和社会主义制度具有强大的生命力。"文化大革命"持续十年，以未曾想见的形式，暴露出当时党和国家在体制、政策、工作等方面存在的严重缺陷。正如邓小平总结1957年以来历史经验时所指出的："二十年的经验尤其是'文化大革命'的教训告诉我们，不改革不行，不制定新的政治的、经济的、社会的政策不行。"

从新中国成立到"文化大革命"结束，是我们党领导人民艰辛探索社会主义革命和建设道路的历史时期。虽然经历了严重曲折，但仍取得了独创性理论成果和巨大成就。我们党领导人民在旧中国一穷二白的基础上，进行了中国历史上从来不曾有过的热气腾腾的社会主义建设，在不长的时间里，我国社会就发生了翻天覆地的变化，建立起独立的比较完整的工业体系和国民经济体系，独立研制出"两弹一星"，有效维护了国家主权和安全，成为在世界上有重要影响的大国，积累起在中国这样一个社会生产力水平十分落后的东方大国进行社会主义建设的重要经验。我们党努力探索符合中国国情的社会主义建设道路，逐步形成了一些十分重要的认识：提出把党和国家的工作重点转到社会主义建设和技术革命上来；提出走自己的路，探索适合中国国情的社会主义建设道路；提出社会主义社会的基本矛盾和主要矛盾，发展生产力是根本任务；提出社会主义现代化建设分两个步骤，进而提出中国社会主义的发展分两个阶段；提出社会主义社会还存在商品生产和商品交换，要尊重价值法则，大力发展商品生产；提出必须正确区分和处理敌我矛盾和人民内部矛盾；等等。这些独创性理论成果和巨大成就，为在新的历史时期开创中国特色社会主义提供了宝贵经验、理论准备、物质基础。

第七章 ‖ 伟大历史转折和中国特色社会主义的开创

粉碎了"四人帮",举国欢腾。纠正"文化大革命"的错误,彻底扭转十年内乱造成的严重局面,使党和国家从危难中重新奋起,是人民的热切期待。这个时候,世界经济正快速发展,科技进步日新月异。国内外发展大势要求中国共产党尽快就关系党和国家前途命运的大政方针作出政治决断和战略抉择。在中国向何处去的重大历史关头,1978年12月,党的十一届三中全会在北京召开。会议作出把全党工作着重点转移到社会主义现代化建设上来、实行改革开放的历史性决策,实现了新中国成立以来党的历史上具有深远意义的伟大转折,开启了改革开放和社会主义现代化建设新时期。

一、党的十一届三中全会实现伟大历史转折

在徘徊中前进和真理标准问题讨论

粉碎"四人帮"后,党中央采取坚决果断的措施,清查

清理"四人帮"帮派体系，纠正冤假错案，调整和配备党政军各级领导班子，部署开展揭发批判"四人帮"的运动，恢复党和国家正常秩序，人民群众期盼已久的安定的政治局面开始形成。

然而，要想短期内消除十年"文化大革命"在政治上思想上造成的严重混乱，并非一件容易的事情。这种混乱的发生，主要是由于林彪、江青两个反革命集团的兴风作浪，但也与党内长期存在的"左"的错误有关。纠正这种严重混乱最突出的阻碍，是当时提出和推行"两个凡是"，即"凡是毛主席作出的决策，我们都坚决维护，凡是毛主席的指示，我们都始终不渝地遵循"。"两个凡是"对毛泽东生前的决策和指示拒绝作任何分析，在理论上违背了马克思主义基本原理和党的实事求是的思想路线，在实践上为新形势下坚持真理、修正错误设置了障碍。

"两个凡是"提出不久，1977年4月10日，尚未恢复领导职务的邓小平在给党中央的信中指出："我们必须世世代代地用准确的完整的毛泽东思想来指导我们全党、全军和全国人民"。此后，他在不同场合多次批评"两个凡是"。叶剑英、陈云、李先念、聂荣臻、徐向前等老一辈革命家也强调要发扬党的实事求是的优良传统，对"两个凡是"进行了抵制。

1977年7月召开的党的十届三中全会决定恢复邓小平中共中央委员、中央政治局委员、常委，中共中央副主席，中共中央军委副主席，国务院副总理，中国人民解放军总参谋长的职务。邓小平复出后，主动要求分管科学教育工作，以此作为推动拨乱反正的突破口。他领导批判林彪、江青等人鼓吹的"文艺黑线专政论""教育黑线专政论"，推翻了多年来压在广大知识分子头上的"两个估计"①，号召尊重知识、尊重人才，强调"科学技术是生产力"，指出为社会主义服务的脑力劳动者是劳动人民中的一部分。从此，党扭转了对知识分子的"左"的政策，知识和知识分子重新受到党和国家的重视，科学、教育、文艺等各个领域的知识分子受到极大鼓舞。《阿诗玛》《桃花扇》《李双双》等一大批被长期禁锢的电影、戏剧重新放映上演，许多中外优秀文艺作品得以解禁，文联、作协等群众团体恢复工作，文艺创作逐步活跃起来。1977 年底，"文化大革命"中一度中断的高等学校统一招生考试制度得到恢复。参加高考的 570 万人中，27.3 万人被录取，怀着喜悦的心情步入大学校园。1978 年 3 月，全国科学大会召开，科学的春天到来了。

1977 年 8 月 12 日至 18 日，党的第十一次全国代表大会召开。大会宣告"文化大革命"结束，重申党的根本任务是要在 20 世纪内把我国建设成为社会主义现代化强国。受历史条件的限制，大会仍然肯定"文化大革命"的错误理论和实践，没有能够从根本上纠正"文化大革命"的错误。大会新产生的中央委员会选举华国锋为主席，叶剑英、邓小平、李先念、汪东兴为副主席。

在"文化大革命"结束后的两年间，党和国家工作有所前进，一些领域的拨乱反正已经开始，经济建设、社会各项事业和外交工作也有所恢复和发展。人们急切地期待着党和

_____

① "两个估计"，即"文化大革命"前 17 年教育战线是资产阶级专了无产阶级的政，是"黑线专政"；知识分子的大多数世界观基本上是资产阶级的，是资产阶级知识分子。

国家迅速摆脱困境，迈开大步前进。但是，由于"文化大革命"中"左"倾错误的长期影响，加上受到"两个凡是"的限制，拨乱反正每往前一步都十分艰难，党和国家工作出现了在徘徊中前进的局面。这种状况引起党内党外许多人的思考：究竟应该用什么样的态度对待毛泽东的指示？判定历史实践的是非标准到底是什么？这就不可避免地产生了实事求是与"两个凡是"的争论。

1978 年 5 月 10 日，中央党校内部刊物《理论动态》刊登《实践是检验真理的唯一标准》一文。5 月 11 日，《光明日报》以特约评论员名义公开发表这篇文章，新华社向全国转发。文章鲜明地提出，社会实践不仅是检验真理的标准，而且是唯一的标准。对"四人帮"设置的禁区"要敢于去触及，敢于去弄清是非"。不能拿现成的公式去限制、宰割、剪裁无限丰富的飞速发展的革命实践，应该勇于研究新的实践中提出的新问题。这篇文章在广大干部群众中激起强烈反响，引发了关于真理标准问题的大讨论。

实践是检验真理的唯一标准，本来是马克思主义的常识。但由于它同"两个凡是"尖锐对立，并且触及盛行多年的思想僵化和个人崇拜，因此真理标准问题讨论一开始就受到一些人的指责。

关键时刻，邓小平给予及时而有力的支持。1978 年 6 月 2 日，他在全军政治工作会议上发表讲话，着重阐述了毛泽东关于实事求是的观点，批评有些人在对待毛泽东和毛泽东思想问题上的"两个凡是"的错误态度，号召"拨乱反正，打破精神枷锁，使我们的思想来个大解放"。在邓小平的领导和许多老一辈革命家的支持下，一场关于真理标准问题的大讨论迅速在全党全社会展开。中央及省级报刊共刊登讨论文章 650 多篇，形成了思想解放的滚滚大潮。

这场深刻而广泛的思想解放运动，成为正本清源、拨乱反正和改革开放的思想先导。通过这场讨论，批判危害多年的极左思潮，恢复党的马克思主义思想路线，反思过去的曲折，思考未来的出路，党内外思想日益活跃，开始出现酝酿对外开放和对各方面体制进行改革的新局面。

粉碎"四人帮"后，中国对外交往迅速扩大，党和国家领导人纷纷走出国门了解外部世界。他们无不痛切地感受到，这些年耽误的时间太多了！中国同发达国家在经济、科技、管理等方面的差距太大了！强烈的危机感和紧迫感，促使党和国家领导人将加快学习、借鉴国外先进的管理经验和科学技术问题提上日程。通过改革开放加快中国发展步伐的总体思路开始形成。

1978 年 3 月，邓小平在全国科学大会上指出，独立自主不是闭关自守，自力更生不是盲目排外。"任何一个民族、一个国家，都需要学习别的民族、别的国家的长处，学习人家的先进科学技术。"在 7 月至 9 月国务院召开的务虚会上，许多部门负责人提出改革僵化的经济管理体制、引进国外先进技术和资金的建议。9 月下旬，全国计划会议又提出，经济工作必须实行三个转变：一是把注意力转到生产斗争和技术革命上来；二是把管理制度和管理方法转到按照经济规律办事的科学管理的轨道上来；三是从闭关自守或半闭关自守状态转到积极引进国外先进技术，利用国外资金，大胆进入国际市场的开放政策上来。

1978 年 9 月，邓小平视察东北三省。他反复强调，世界天天发生变化，新的事物不断出现，新的问题不断出现，我们关起门来不行，不动脑筋永远陷于落后不行。一定要根据现在的有利条件加速发展生产力，使人民的生活好一些。他还提出，揭批"四人帮"的群众运动要适时结束，转入正常工作，从而提出了把党和国家工作重点转移到现代化建设上来的重要主张。这为随后召开的中央工作会议和党的十一届三中全会奠定了思想基础。

党的十一届三中全会召开

党的十一届三中全会召开前，1978年11月10日至12月15日，党中央在北京召开工作会议。会议原来确定的议题主要是讨论经济工作。由于会前邓小平提出的工作重点转移的建议，已经得到中央政治局常委的赞同，这次会议首先讨论工作重点转移的问题。对于工作重点转移，大家是热烈拥护、一致赞成的。但大家感到，如果不正确解决指导思想问题，不纠正"左"倾错误，包括"文化大革命"的严重错误，不克服教条主义、本本主义和思想僵化，不解决检验真理的标准问题，是不可能真正实现工作重点转移的。东北组在讨论中提出，应系统解决"文化大革命"中及其以前的历史遗留问题，引起与会者的强烈反响。随后，会议对真理标准问题展开了思想交锋，对经济问题、党的建设、国家的民主法制建设也进行了热烈讨论，使得会议议程发生改变。会上要求重新确立党的实事求是思想路线的呼声更为强烈。11月25日，中央政治局作出为天安门事件平反、为"薄一波等六十一人叛徒集团"案等错案平反的决定，解决了一批重

★ 邓小平在党的十一届三中全会上

大历史遗留问题。

　　12月13日，邓小平在中央工作会议闭幕会上作题为《解放思想，实事求是，团结一致向前看》的重要讲话。讲话指出，首先是解放思想，只有思想解放了，我们才能正确地以马列主义、毛泽东思想为指导，解决过去遗留的问题，解决新出现的一系列问题。一个党，一个国家，一个民族，如果一切从本本出发，思想僵化，迷信盛行，那它就不能前进，它的生机就停止了，就要亡党亡国。他强调，民主是解放思想的重要条件，为了保障人民民主，必须加强法制，做到有法可依，有法必依，执法必严，违法必究。邓小平在讲话中提出改革经济体制的任务。他语重心长地说："如果现在再不实行改革，我们的现代化事业和社会主义事业就会被葬送。"讲话还提出了一个"大政策"，即要允许一部分地区、一部分企业、一部分工人农民，由于辛勤努力成绩大而收入先多一些，生活先好起来，一部分人生活先好起来，就必然产生示范力量，就会使整个国民经济不断地波浪式地向前发展，使全国各族人民都能较快地富裕起来。这篇讲话是解放思想、开辟新时期新道路的宣言书，实际上成为随后召开的党的十一届三中全会的主题报告。

1978年12月18日至22日，党的十一届三中全会在北京召开。全会冲破长期"左"的错误的严重束缚，彻底否定"两个凡是"的错误方针，高度评价关于真理标准问题的讨论，重新确立了党的实事求是的思想路线。

全会停止使用"以阶级斗争为纲"的口号，及时地、果断地结束全国范围的揭批林彪、"四人帮"的群众运动，决定从1979年1月起，把全党的工作重点和全国人民的注意力转移到社会主义现代化建设上来。全会提出了改革开放的任务。全会指出，实现四个现代化是一场广泛、深刻的革命。要采取一系列新的重大的经济措施，对经济管理体制和经营管理方法进行认真的改革，在自力更生的基础上积极发展同世界各国平等互利的经济合作。

全会强调要充分发扬民主，提出要实现民主制度化、法律化的任务；决定健全党的民主集中制，健全党规党法，严肃党纪。全会还提出要正确对待毛泽东的历史地位和毛泽东思想的科学体系，为坚持和发展毛泽东思想指明了方向。

全会增选了中央领导机构成员，选举产生了以陈云为第一书记的中央纪律检查委员会。华国锋在全会前的中央工作会议上就"两个凡是"问题作了自我批评。全会后，华国锋虽然仍担任党中央主席，但就体现党的正确指导思想以及决定改革开放和社会主义现代化建设的重大方针政策来说，邓小平实际上已经成为党的中央领导集体的核心。

党的十一届三中全会的胜利召开，标志着粉碎"四人帮"后党和国家工作在徘徊中前进的局面的结束。全会重新确立马克思主义的思想路线、政治路线、组织路线，实现了新中国成立以来党的历史上具有深远意义的伟大转折，开启了我国改革开放和社会主义现代化建设的新时期。全会作出实行改革开放的历史性决策，是基于对党和国家前途命运的深刻把握，是基于对社会主义革命和建设实践的深刻总结，是基于对时代潮流的深刻洞察，是基于对人民群众期盼和需要的深刻体悟。改革开放是中国共产党的一次伟大觉醒，正是这个伟大觉醒，孕育了党从理论到实践的伟大创造。从这次全会开始，改革开放和开创中国特色社会主义的大幕拉开，邓小平理论也逐步形成和发展起来。党的十一届三中全会作为一个伟大转折点而载入光辉史册。

二、拨乱反正任务的完成

大规模平反冤假错案和调整社会关系

党的十一届三中全会后，从中央到地方，按照实事求是、有错必纠的原则，平反冤假错案的工作全面推开。

在平反冤假错案工作中，影响最大的是1980年2月党的十一届五中全会通过的《关于为刘少奇同志平反的决议》。《决议》彻底推翻强加给刘少奇的种种罪名，恢复了刘少奇作为伟大的马克思主义者和无产阶级革命家、党和国家主要领导人之一的名誉。这表明中国共产党是一个实事求是、有错必纠、严肃认真、光明磊落的马克思主义政党。党和人民也深刻认识到加强民主集中制、加强民主法制建设的极端重要性。

到1982年底，全国大规模的平反冤假错案工作基本结束。全国共纠正了300多万名干部的冤假错案，47万多名共产党员恢复了党籍，他们心情舒畅地重新走上工作岗位或担任新的领导职务。

在处理党内历史遗留问题的同时，党积极调整社会各方面关系，开展了大量工作。各地对1957年在反右派斗争扩大化中错划的右派分子进行了甄别改正。党中央还宣布原工商业者已改造成劳动者，把原为劳动者的小商小贩、手工业者从原资产阶级工商业者中区别出来，为已改造成为劳动者的绝大多数原地主、富农分子改订了成分。这一系列工作妥善地解决了大量党内和人民内部的矛盾。

党中央高度重视落实知识分子政策问题。国家采取一系列有效措施，先后颁布自然科学奖励条例和学位条例，调动广大知识分子的积极性，推动人才的选拔培养。党中央还要求，尽可能改善科技人员特别是在第一线做实际工作的中年科技人员的工作、生活条件。尊重知识、尊重人才重新在全社会蔚为风尚，我国教育科学文化事业开始呈现勃勃生机。

纠正党在统一战线工作中的一些"左"的做法，是调整社会关系的一个重要方面。1979年6月，邓小平在全国政协五届二次会议上讲话指出，我国的统一战线已经成为工人阶级领导的、工农联盟为基础的社会主义劳动者和拥护社会主义的爱国者的广泛联盟。我国的各民主党派都已经成为各自所联系的一部分社会主义劳动者和一部分拥护社会主义的爱国者的政治联盟。1978 年至 1979 年，各民主党派、全国工商联和各人民团体分别召开代表大会，并选举各自的领导机构和领导人。"文化大革命"中停止活动的各民主党派和工商联重新开展工作。

平反冤假错案和调整社会关系，正确处理党内和人民内部的一系列矛盾，大大调动了全社会各阶层人员的积极性，对促进社会安定、人民团结，对巩固和发展爱国统一战线，从而推动改革开放和社会主义现代化建设事业发展，起到了十分重要的作用。

对林彪、江青两个反革命集团案主犯的审判，是民主法制建设中引人关注的大事。1980 年 9 月，五届全国人大常委会第十六次会议决定成立最高人民检察院特别检察厅和最高人民法院特别法庭，对林彪、江青两个反革命集团案进行公开审判。1980 年 11 月至 1981 年 1 月，最高人民法院特别法庭开庭公审这两个反革命集团案十名主犯，彰显了社会主义民主法制的庄严。

指导思想的拨乱反正和《关于建国以来党的若干历史问题的决议》

党的十一届三中全会后，在解放思想、拨乱反正过程中，广大干部群众从"文化大革命"及其以前的"左"倾思想的严重束缚中解脱出来，党内外呈现出研究新情况、解决新问题的生动局面，但同时也出现了一些值得引起注意和警党的现象。有的人对十一届三中全会以来的新的路线方针政策表现出不理解甚至抵触情绪。少数人对"解放思想"加以曲解，肆意夸大党和毛泽东所犯的错误，企图否定党的领导，否定社会主义制度，否定毛泽东和毛泽东思想。

针对这些思想混乱状况，1979年3月，邓小平在党的理论工作务虚会上发表《坚持四项基本原则》的讲话。他指出，必须在思想上政治上坚持社会主义道路、坚持无产阶级专政（后表述为人民民主专政）、坚持共产党的领导、坚持马列主义毛泽东思想这四项基本原则。这是"实现四个现代化的根本前提"。"如果动摇了这四项基本原则中的任何一项，那就动摇了整个社会主义事业，整个现代化建设事业。"他还提出一个重要思想："现在搞建设，也要适合中国情况，走出一条中国式的现代化道路。"这个讲话郑重表明，中国共产党所领导的改革开放从一开始就具有明确的社会主义方向。

实行改革开放，全面拨乱反正，必须对新中国成立以来中国共产党的重大历史问题作出结论，以统一全党和全国人民的思想，团结一致向前看。1979年11月，在邓小平亲自主持下，《关于建国以来党的若干历史问题的决议》起草小组成立。在接下来的两年时间里，邓小平先后十多次召集起草组开会，对起草工作发表了许多重要指示。他提出《决议》要体现三条总的要求，或者说总的原则、总的指导思想：第一，确立毛泽东同志的历史地位，坚持和发展毛泽东思想，这是最核心的一条；第二，对建国30年来历史上的大事，哪些是正确的，哪些是错误的，要进行实事求是的分析，包括一些负责同志的功过是非，要作出公正的评价；第三，对过去的事情作个基本的总结，这个总结宜粗不宜细，总结过去是为了引导大家团结一致向前看。对毛泽东的功过评价，要实事求是、恰如其分。毛泽东思想这个旗帜丢不得，丢掉了这个旗帜实际上就否定了我们党的光辉历史。他还强调，毛主席多次从危机中把党和国家挽救过来。没有毛主席，至少我们中国人民还要在黑暗中摸索更长的时间。

经过一年多的起草工作和广泛征求意见，1981 年 6 月，党的十一届六中全会通过了《关于建国以来党的若干历史问题的决议》。《决议》从根本上否定了"文化大革命"和"无产阶级专政下继续革命"的错误理论，对一些重大历史事件和重要历史人物作出了实事求是的评价，科学总结了新中国成立以来社会主义革命和建设的历史经验。《决议》指出，中国共产党在中华人民共和国成立以后的历史，总的说来，是我们党在马克思列宁主义、毛泽东思想指导下，领导全国各族人民进行社会主义革命和社会主义建设并取得巨大成就的历史。《决议》实事求是地评价毛泽东的历史地位，充分肯定毛泽东思想作为党的长期坚持的指导思想的伟大意义。《决议》指出，毛泽东是伟大的马克思主义者，是伟大的无产阶级革命家、战略家和理论家。他的功绩是第一位的，错误是第二位的。《决议》将毛泽东晚年的错误同毛泽东思想加以区别，指出毛泽东思想是马克思列宁主义在中国的运用和发展，是被实践证明了的关于中国革命的正确的理论原则和经验总结，是中国共产党集体智慧的结晶。《决议》对毛泽东思想多方面的内容和活的灵魂——实事求是、群众路线、独立自主作了科学概括，强调毛泽东思想是我们党的宝贵的精神财富，它将长期指导我们的行动，必须继续坚持毛泽东思想，以符合实际的新原理新结论丰富和发展我们党的理论。《决议》的形成，表明中国共产党对自己包括领袖人物的失误和错误采取郑重的态度，敢于承认，正确分析，坚决纠正，从而使失误和错误连同党的成功经验一起成为宝贵的历史教材。

《决议》还对党的十一届三中全会以来逐步确立的适合我国情况的社会主义现代化建设正确道路的主要点，从十个方面作了概括，实质上初步提出了在中国建设什么样的社会主义和怎样建设社会主义的问题。《决议》正确解决了既科学评价毛泽东的历史地位和毛泽东思想的科学体系，又根据新的实际和发展要求实行改革开放、确立中国社会主义现代化建设正确道路这两个相互联系的重大历史课题，充分体现了党中央的远见卓识和政治上的成熟。《决议》的通过，标志着党在指导思想上的拨乱反正胜利完成。

根据中央政治局的建议，党的十一届六中全会决定同意华国锋辞去中央委员会主席、中央军事委员会主席的职务，选举胡耀邦为中央委员会主席，邓小平为中央军事委员会主席。

三、农村改革、创办经济特区和改革开放的起步

调整国民经济

为了纠正多年来经济建设指导方针的偏差，解决"文化大革命"结束后国民经济比例关系失调的问题，1979年4月，党中央召开工作会议，正式确立对国民经济实行"调整、改

革、整顿、提高”的方针，通称新“八字方针”。贯彻新“八字方针”，不但是调整经济关系的重要步骤，也是端正经济建设指导方针、探索适合中国国情的社会主义现代化建设道路的过程，是推进改革开放的过程。

在讨论国民经济调整问题时，邓小平强调，要使中国实现四个现代化，至少有两个重要特点是必须看到的。一个是底子薄；一个是人口多，耕地少。陈云也指出，我国社会经济的主要特点是农村人口占80%，而且人口多，耕地少，要认清我们是在这种情况下搞四个现代化的。

在调整中，党中央初步总结新中国成立以来经济建设的经验教训，指出经济建设必须从国情出发，遵循经济规律和自然规律；必须量力而行，循序前进，经过论证，讲求实效，使经济的发展同适当改善人民生活密切结合；必须在坚持独立自主、自力更生的基础上，积极开展对外经济合作和技术交流。国民经济调整和经济体制改革工作，就是在这些方针指导下进行的。

1981年12月，五届全国人大四次会议通过的政府工作报告，提出要真正从我国实际情况出发，走出一条速度比较实在、经济效益比较好、人民可以得到更多实惠的新路子。报告肯定了调整工作取得的成绩，宣布1981年国民经济计划预计可以胜利完成，稳定经济的目标能够基本实现。国民经济调整任务胜利完成。

农村改革率先取得突破

中国是一个农业大国。中国的事情能不能办好，农业的发展状况具有决定性意义。党的十一届三中全会前，我国农村存在经营管理过于集中和分配中的严重平均主义等弊端，严重挫伤了农民的生产积极性，农业发展和农民生活改善比较缓慢。1978 年，全国还有 2.5 亿人口没有解决温饱问题。

1978 年夏秋之际，安徽省遭遇严重旱灾，秋种遇到困难。省委决定把部分土地借给农民种粮种菜，所产粮菜不征购，不计口粮。这一措施很快调动起群众的生产积极性，当年全省超额完成秋种计划。从"借地"中得到启发，安徽一些地方的基层干部和农民冲破旧体制的限制，开始包干到组、包产到户。凤阳县梨园公社小岗村 18 户农民，冒着风险，在包干合同书上按下了手印。小岗村创造的包干到户，就是"保证国家的，留足集体的，剩下都是自己的"。这个办法简便易行，成效显著，受到农民欢迎。四川、甘肃、云南、广东等省份的一些地方也放宽政策，采取了类似做法。这些大胆尝试，揭开了农村经济改革的序幕。

对于包产到户、包干到户等农业生产责任制形式，党内外一度出现了不同意见。不少人心存疑虑，担心这样会影响农村集体经济，会偏离农村发展的社会主义方向。1980 年5 月，邓小平在一次谈话中肯定了农民的改革创举。他说："农村政策放宽以后，一些适宜搞包产到户的地方搞了包产到户，效果很好，变化很快。"他指出，影响集体经济的担心是不必要的，这些地方只要生产发展了，农村的社会分工和商品经济发展了，低水平的集体化就会发展到高水平的集体化，集体经济不巩固的也会巩固起来。9 月，中共中央印发《关于进一步加强和完善农业生产责任制的几个问题》，突破多年来把包产到户等同于分田单干和资本主义的观念，肯定了在生产队领导下实行的包产到户。1982年，党中央发出"一号文件"，明确指出包括包产到户、包干到户在内的各种责任制，都是社会主义集体经济的生产责任制。

在党中央的支持下，以包产到户、包干到户为主要形式的家庭联产承包责任制迅速推广。这充分

★ 喜获丰收的农民向国家交售粮食

调动了农民的生产积极性，促进了农业生产的迅速发展。许多地方一年即见成效，粮食产量明显提高，几年就变了个大样。

随着新的经营体制在广大农村的推行，农民群众有了更大的生产和经营自主权，可以利用剩余劳力和资金发展多种经营。各地农村很快涌现出一大批乡镇工业企业，也涌现出一大批生产和经营专业户。这是我国农村向着专业化、商品化、社会化生产方向转变的开始。

农村改革在推进过程中，有些集体经济基础比较扎实的地方，继续实行集体统一经营，改革原来的平均主义分配办法，逐渐向高水平的集体化前进。他们的做法也是符合中央"宜统则统、宜分则分"精神的。

农村改革是中国农民的伟大创造。改革首先在农村取得突破和成功不是偶然的，它是由我国基本国情和当时农村经济发展困境决定的。党的十一届三中全会为农村改革提供了重要的思想前提，创造了良好的政治环境，广大农村基层干部和亿万农民为改变农村面貌和自身命运，勇敢冲破不利于生产力发展的旧体制，从而掀起了波澜壮阔的改革大潮。建设中国特色社会主义的伟大实践，就这样在党和广大人民群众的创造中，开始一步一步坚定前行。

城市经济体制改革的初步展开

城市经济体制改革，远比农村改革复杂。

党的十一届三中全会后，在借鉴农村改革中扩大生产和经营自主权经验的基础上，以扩大企业自主权为主要内容的城市经济体制改革逐步在全国推开。1979 年 5 月，首都钢铁公司、天津自行车厂、上海柴油机厂等 8 家大型企业开始进行改革试点。到 1980 年 6 月，参与改革的企业增至 6600 个。扩大企业自主权改革，在传统的计划经济体制上打开一个缺口，初步改变了过去只按国家指令性计划生产，不了解市场需要，不关心产品销路，不关心盈利亏损的状况，增强了企业的自主经营意识和市场意识。

在扩大企业自主权的基础上，城市改革逐步推向经济责任制方面。1981 年春，改革首先在山东省的企业中试行。实行经济责任制的改革，是要把企业和职工的经济利益同他们所承担的责任与实现的经济效益联系起来，使广大职工以主人翁的态度，用最少的人力物力，取得最大的经济效益。

此后，经济责任制很快推行到全国 3.6 万个工业企业。

商业流通体制的改革也在展开。从 1979 年起，国家重新限定农副产品的统购和派购范围，放宽农副产品的购销政策，规定供销合作社基层社可以出县、出省购销，集体所有制商业、个体商贩和农民也可以长途贩运。这为加快城乡商品流转创造了有利条件。

所有制结构的改革也开始进行。1979 年，全国出现知青返城大潮。为了缓解与日俱增的就业压力，党中央、国务院果断采取支持城镇集体经济和个体经济发展的方针，开启了以公有制经济为主体、多种经济形式并存的改革。在这种情形下，"个体户"应运而生。在北京前门，大碗茶青年茶社搭棚盘灶。在安徽芜湖，年广久开始了"傻子瓜子"的规模经营。1981 年 10 月，党中央、国务院在《关于广开门路，搞活经济，解决城镇就业问题的若干决定》中指出："在社会主义公有制经济占优势的根本前提下，实行多种经济形式和多种经营方式长期并存，是我党的一项战略决策，决不是一种权宜之计。"在新的政策指引下，集体经济、个体经济有了新的发展，还出现全民、集体和个体联营共同发展的新经济形式。

对外开放和创办经济特区

在改革推进的过程中，对外开放逐步展开，并取得重大突破。

吸引和利用外资、兴办中外合资经营企业和中外合作经营企业（或项目），是对外开放的重要方式和步骤。1979 年，中国国际信托投资公司成立，开展国际信托、投资、租赁等业务。1980年，我国恢复在世界银行、国际货币基金组织的代表权，并加入国际农业发展基金会，开始从这些国际金融机构中得到贷款。我国还先后同日、法、美等国公司签订协议，开展海上石油勘探开发。随着1979年7月《中华人民共和国中外合资经营企业法》及此后一系列相关法律法规的出台，中外合资经营从无到有发展起来。旅游业也异军突起，迅速站到了对外开放的前列，发展为一个新兴产业。

创办经济特区，是党和国家为推进改革开放和社会主义现代化建设进行的伟大创举。早在1978年4月，国家计委、外贸部派遣的经济贸易考察组赴香港、澳门实地考察后，向中央建议，把靠近港澳的广东宝安、珠海划为出口基地。1979年1月，广东省和交通部联名向国务院递交报告，提出在蛇口一带设立工业区的设想，得到中央的批准。不久后，蛇口工业区在轰鸣的开山炮声中诞生了。

★深圳蛇口工业区的建设者点燃开山炮

　　1979 年 4 月，中央召开工作会议。广东省委第一书记习仲勋提出，希望中央下放若干权力，让广东在对外经济活动中有必要的自主权；允许在毗邻港澳的深圳、珠海和侨乡汕头市举办出口加工区。福建省委也提出类似的设想。中央对此表示支持。关于如何命名这几处实行特殊政策的地区，邓小平说，还是叫特区好，陕甘宁开始就叫特区嘛！中央没有钱，可以给些政策，你们自己去搞，杀出一条血路来。

　　1979 年 7 月，党中央、国务院批转广东省委、福建省委的报告，确认两省对外经济活动实行特殊政策和灵活措施，先走一步，把经济尽快搞上去，同时决定在深圳、珠海划出部分地区试办出口特区。1980 年 5 月，党中央、国务院正式决定将"出口特区"定名为"经济特区"。8 月，五届全国人大常委会第十五次会议批准广东、福建两省在深圳、珠海、汕头、厦门设置经济特区。

　　在中央决策的推动下，来自四面八方的特区建设者披荆斩棘、艰苦创业，短短几年间，将深圳、珠海这些昔日落后的边陲小镇、荒滩渔村，建设成为生机勃勃的崭新城市，创造了敢闯敢试、敢为人先、埋头苦干的特区精神。经济特区成为中国改革开放的重要窗口，向世界展示了中国改革开放的磅礴伟力。

党和国家领导制度的改革

　　党的十一届三中全会指出，实现四个现代化，要求大幅度地提高生产力，也就必然要求多方面地改变同生产力发展不适应的生产关系和上层建筑。从这时起，党中央认真总结和汲取以往党和国家政治生活中的经验教训，以改革党和国家领导制度，使民主制度化、法律化为主要内容的政治体制改革开始起步。

1979 年 7 月，五届全国人大二次会议审议并通过地方各级人民代表大会和地方各级人民政府组织法、全国人民代表大会和地方各级人民代表大会选举法、刑法、刑事诉讼法、人民法院组织法、人民检察院组织法、中外合资经营企业法等七部重要法律。我国社会主义民主制度化、法律化迈出重要一步。

在推进民主法制建设的进程中，中国共产党领导的多党合作和政治协商制度得到恢复和发展。1979 年 10 月，邓小平在全国政协、中央统战部举行的招待会上强调，在中国共产党的领导下，实行多党派的合作，这是由我国具体历史条件和现实条件所决定的，也是我国政治制度中的一个特点和优点。长期共存，互相监督，这是一项长期不变的方针。同月，党中央在批转中央组织部、中央统战部的报告中指出，各级党委要克服"清一色"思想，切实做好党外人士特别是具有业务和技术专长的党外人士的安排工作，同他们真诚合作，共同把国家的事情办好。

党中央对改革党和国家领导制度采取了一系列举措。1980 年 2 月召开的党的十一届五中全会，以坚持党的领导、改善党的领导、提高党的战斗力为主题，专门研究部署。全会决定恢复设立中央书记处，作为中央政治局和它的常务委员会领导下的经常工作机构；选举胡耀邦为中央委员会总书记。

1980 年 8 月，中央政治局召开扩大会议。邓小平在会上作《党和国家领导制度的改革》的讲话。他指出，领导制度、组织制度问题，更带有根本性、全局性、稳定性和长期性。这方面的制度好，可以使坏人无法任意横行；制度不好，可以使好人无法充分做好事，甚至会走向反面。邓小平强调，改革党和国家的领导制度，不是要削弱党的领导，涣散党的纪律，而正是为了坚持和加强党的领导，坚持和加强党的纪律。这个讲话，为党和国家领导制度的改革明确了基本的指导思想。

在坚持党的领导的前提下，党和政府着力解决党政职责不清、党委包办一切，以及效率不高、机构臃肿、人浮于事、作风拖拉等问题，增加地方权力，扩大基层民主权利，切实保障审判、检察机关依据宪法而享有的审判权和检察权，等等。

机构改革也很快提上日程。1982年1月，邓小平在中央政治局会议上指出，精简机构是一场革命，最关键的问题是选比较年轻的、德才兼备的干部进领导班子。经过改革，党中央直属单位的局级机构减少11％，工作人员编制缩减17.3％。国务院所属部委、直属机构和办公机构由100个裁并调整为61个，工作人员编制缩减1/3左右。在新组成的领导班子中，新选拔的中青年干部占32％，平均年龄由64岁降到58岁。

1982年2月，党中央作出《关于建立老干部退休制度的决定》，废除干部领导职务实际上存在的终身制。一大批老干部响应号召，主动要求离开领导岗位，离休、退休或退居二线，一批经过考验的中青年干部走上领导岗位。通过这项具有战略意义的举措，解决了在特殊情况下干部队伍老化的问题。

在党的十一届三中全会后三年多的时间里，拨乱反正全面展开，社会主义民主法制建设逐步走上正轨，党和国家领导制度改革稳步推进，改革开放和国民经济调整取得积极成效，各项事业蓬勃发展。这为党的十二大召开奠定了重要基础。

四、党的十二大和社会主义现代化建设的全面展开

党的十二大提出"建设有中国特色的社会主义"重大命题

1982年9月1日至11日，党的第十二次全国代表大会在北京举行。邓小平在开幕词中响亮提出："把马克思主义的普遍真理同我国的具体实际结合起来，走自己的道路，建设有中国特色的社会主义"。"建设有中国特色的社会主义"的重大崭新命题的提出，回答了进入改革开放新时期后走什么样的道路这一全党和全国人民最为关心的重大问题，它成为指引改革开放和社会主义现代化建设的伟大旗帜。

大会通过胡耀邦所作的题为《全面开创社会主义现代化建设的新局面》的报告，提出了全面开创新局面的奋斗纲领。大会确定的党在新的历史时期的总任务是：团结全国各族人民，自力更生，艰苦奋斗，逐步实现工业、农业、国防和科学技术现代化，把我国建设成为高度文明、高度民主的社会

★ 党的十二大会场

主义国家。大会提出，从 1981 年到 20 世纪末，我国经济建设总的奋斗目标是：在不断提高经济效益的前提下，力争使全国工农业的年总产值翻两番，即由 1980 年的 7100 亿元增加到 2000 年的 2.8 万亿元左右，使人民的物质文化生活达到小康水平。大会还把农业、能源和交通、教育和科学作为经济发展的战略重点。大会把 20 世纪末的奋斗目标由先前的实现四个现代化改为实现小康，从战略指导上解决了长期存在的急于求成问题。这是党中央在总结历史经验教训的基础上作出的一个历史性决策。

　　这次大会的另一个重要贡献，是在提出经济建设目标的同时，明确提出要努力建设高度的社会主义精神文明和高度的社会主义民主的战略方针。大会指出：社会主义精神文明是社会主义的重要特征，是社会主义制度优越性的重要表现。建设社会主义的物质文明和精神文明，都要靠继续发展社会主义民主来保证和支持。社会主义民主的建设必须同社会主义法制的建设紧密结合起来。这些任务的提出，体现了社会主义现代化建设的全面性要求，丰富和发展了科学社会主义理论，也标志着党对社会主义的认识不断深化。

大会通过了新的《中国共产党章程》。新党章进一步总结党的建设的历史经验教训，作出了一系列新规定，反映了党的现实生活的新要求。新党章强调，共产党员永远是劳动人民的普通一员，规定了党员的八条义务，要求党员坚持党和人民的利益高于一切，个人利益服从党和人民的利益，吃苦在前，享受在后，克己奉公，绝对不得假公济私，损公利私。新党章还规定入党要在党旗面前宣誓，并且规定了誓词的统一的内容。新党章规定，党中央不设主席只设总书记，由总书记负责召集中央政治局会议、政治局常委会议和主持中央书记处的工作；中央和省一级设顾问委员会作为新老干部交替的过渡性机构，以发挥从第一线退下来的富有经验的老同志对党的事业的参谋作用。新党章规定了民主集中制的基本原则，强调党要保持思想上政治上的高度一致，党的各级委员会实行集体领导和个人分工负责相结合的制度。在党的纪律面前人人平等，党员除了遵守党纪外，还必须严格遵守政纪国法。

大会选举产生了中央委员会、中央顾问委员会和中央纪律检查委员会。党的十二届一中全会选举胡耀邦、叶剑英、邓小平、赵紫阳、李先念、陈云为中央政治局常委，胡耀邦为中央委员会总书记；决定邓小平为中央军事委员会主席；批准陈云为中央纪律检查委员会第一书记，邓小平为中央顾问委员会主任。

党的十二大是进入改革开放新时期后党召开的第一次全国代表大会。自这次大会起，按照党章规定，党的全国代表大会每五年召开一次，实现了制度化。

推进经济体制改革和对外开放新格局的形成

党的十二大以后，农村改革在巩固的基础上进一步深入，改革的重点逐步转向城市并全面铺开。

1982年至1984年，党中央连续发出3个关于农村工作的"一号文件"，家庭联产承包责任制迅速推向全国。到1987年，全国98％的农户实行了家庭联产承包责任制，亿万农民的生产积极性得到极大提高，农业生产摆脱了停滞的困境。这从根本上动摇了"三级所有、队为基础"和"政社合一"的人民公社体制。1982年，新宪法作出改变农村人民公社政社合一体制，设立乡政府作为基层政权，普遍成立村民委员会作为群众性自治组织等规定。到1984年底，全国基本完成了政社分设，实行了20多年的人民公社制度至此不复存在。这是农村经济和政治体制的重大改革。

家庭联产承包责任制的实行，为农村商品经济的发展创造了条件。1985年，党中央下发"一号文件"，决定对粮食、棉花等少数重要农产品实行国家计划合同收购的新政策，合同收购以外的产品可以自由出售，或以协议价格卖给国家；

其余多数农副产品可以在市场上自由交易，国家不再下达指令性计划。这就基本上改变了实行 30 多年的统购派购政策，把农村经济纳入了有计划的商品经济的轨道。

农村改革还带来了乡镇企业的异军突起，一大批农村劳动力从土地上解放出来，从事工业、商业和服务业。浙江萧山万向节厂的鲁冠球，与乡政府签订厂长个人风险承包合同，将这家乡镇企业从小作坊逐步发展为第一个进入美国市场的中国汽车零部件企业。乡镇企业以令人惊异的速度和规模，改变着中国农村的面貌。到 1987 年，乡镇企业产值达到 4764 亿元，第一次超过农业总产值。这是农村经济的一个历史性变化。

农村的经济改革是党从实际出发，及时总结农民的创新创造，因势利导不断加以推进的成功实践。拥有几亿人口的中国农村，比较顺利地实现了如此深刻的社会变革，对于农村经济和整个国民经济的发展，对于其他领域的改革，都产生了深远影响。

在农村改革的推动下，城市改革进一步推进。1984 年 10 月，党的十二届三中全会通过《中共中央关于经济体制改革的决定》，提出和阐明了经济体制改革的一些重大理论和实践问题。《决定》突破了把计划经济同商品经济对立起来的传统观念，提出我国社会主义经济是"公有制基础上的有计划的商品经济"；突破了把全民所有同国家机构直接经营企业混为一谈的传统观念，提出"所有权同经营权是可以适当分开的"。这是党在计划与市场关系问题上取得的新认识。

此后，以城市为重点的经济体制改革全面展开。改革的中心环节是增强全民所有制企业的活力，其中的一项措施是推行承包经营责任制，对责权和奖惩作出明确规定，以增强企业经营者的责任感。到 1987 年，全国 80% 的国营企业实行了各种形式的承包经营责任制。有的企业还开始进行股份制改革尝试。1984 年 11 月，上海飞乐音响公司公开发行股票，成为改革开放后上海第一家试行股份制经营的股份有限公司。1986 年 11 月，纽约证券交易所董事长访华，邓小平把一张面值 50 元的飞乐股票赠送给他。这一颇有象征意义的举动表明，股票和股份制并不为资本主义所专有，社会主义国家也可以利用。

在国有企业改革的同时，不同所有制的多种经济成分得到发展。中外合资、中外合作、外商独资企业和国内劳动者的个体经济、私营经济等非公有制经济成分，在国家的允许和引导下，取得迅速发展。以公有制为主体、多种经济成分并存的所有制结构的形成，开创了发展国民经济、方便人民生活和扩大就业的新局面。

按照发展社会主义有计划商品经济的要求，国家对经济的计划管理权限逐步下放，缩小了指令性计划，扩大了指导性计划。国家宏观调控的范围和方式得到调整与改进，小商品和计划外商品都由市场调节。价格、税收、金融等经济杠杆在宏观调控中的作用日益增强，促进了商品经济的发展。

科学技术体制和教育体制的改革也提上日程。1985 年 3 月，党中央作出关于科学技术体制改革的决定，提出经济建设必须依靠科学技术、科学技术工作必须面向经济建设的战略方针。广大科技工作者的积极性得到极大激发。1986 年 3 月，四位科学家向党中央提出跟踪世界先进水平、发展高技术的建议。邓小平很快作出批示。11 月，我国决定实施发

★ 邓小平为深圳经济特区题词

展高科技的"863"计划。上万名科学家在不同领域协同合作、联合攻关，很快取得丰硕成果。中国的高技术研究进入了一个新的发展阶段。

1983年10月，邓小平提出"教育要面向现代化，面向世界，面向未来"，为我国教育改革和发展指明了方向。1985年5月，党中央作出关于教育体制改革的决定，提出教育体制改革的根本目的是提高民族素质，多出人才、出好人才。教育体制改革激发了地方和社会办教育的积极性，九年义务教育得到有计划分步骤实施，各级各类教育都得到发展，适应现代化建设需要的各类人才不断涌现。

党的十二大以后，对外开放也迈出新步伐。1984 年初，邓小平视察深圳、珠海、厦门等经济特区并题词，充分肯定特区建设的成就。他指出："我们建立经济特区，实行开放政策，有个指导思想要明确，就是不是收，而是放。""特区是个窗口，是技术的窗口，管理的窗口，知识的窗口，也是对外政策的窗口。"邓小平的南方之行和对经济特区的肯定，使对外开放迎来了新的机遇。

1984 年 5 月，中共中央、国务院决定开放大连、秦皇岛、天津、烟台、青岛、连云港、南通、上海、宁波、温州、福州、广州、湛江、北海 14 个沿海港口城市。1985 年 2 月，中共中央、国务院发出通知，批准将长江三角洲、珠江三角洲和闽南厦漳泉三角地区划为沿海经济开放区。由此，在全国范围初步形成了从经济特区到沿海开放城市再到沿海经济开放区这样一个多层次、有重点、点面结合的对外开放新格局，在沿海地区形成了包括 2 个直辖市、25 个省辖市、67 个县、约 1.5 亿人口的对外开放前沿地带。对外开放成为我国经济社会发展的重要推动力。

"六五"计划的完成与"七五"计划的制定

1985 年底，国民经济和社会发展第六个五年计划胜利完成。"六五"期间，主要工农业产品产量都有大幅度增长；国家财政收入由"五五"末期的连年下降转为逐年上升，实现了收支基本平衡；基本建设和技术改造取得重大进展；对外经济贸易和技术交流打开新局面。"六五"计划的完成，使过去长期感到困扰的一些经济问题得到比较好的解决。粮食、棉花产量大幅度增长，为解决人民温饱问题提供了条件。日用消费品货源比较充足，过去许多定量分配和凭票供应的商品，除粮、油外，已基本取消票证，敞开供应。这些成就和变化，同新中国成立以来前几个五年计划时期的情况相比，是很突出的。

在重视经济发展的同时把社会发展摆到突出位置，是"六五"计划的一个鲜明特点。以往的五年计划都称为国民经济发展计划，从"六五"计划开始，改称为国民经济和社会发展计划。"六五"期间，党和政府对人口、劳动就业、居民收入和消费、城乡建设、社会福利、文化、卫生、体育、环境保护等社会发展方面作出安排。计划生育被确定为我国的一项基本国策，国家普遍提倡一对夫妇只生育一个孩子。在当时的历史条件下，这一政策的实行，保证了人口增长同国民经济的增长相适应，对提高人口的质量和素质具有重要意义。这一时期，环境保护被确立为基本国策。党和政府努力解决突出的环境污染问题，北京、杭州、苏州、桂林等重点风景游览城市的环境状况得到一定改善。

在"六五"计划顺利实施的基础上，党中央从1983年开始着手制定"七五"计划的准备工作。1985年9月，党的全国代表会议通过《中共中央关于制定国民经济和社会发展第七个五年计划的建议》。根据中共中央的建议，国务院制定了"七五"计划草案。1986年4月，这个计划经六届全国人大四次会议批准后实施。

社会主义民主法制建设的推进

1982 年 12 月 4 日，五届全国人大五次会议通过新修改的《中华人民共和国宪法》。这部宪法以 1954 年宪法为基础，纠正了 1978 年宪法中的缺点，内容更加完备。新宪法正确总结新中国成立以来的历史经验，明确今后国家的根本任务是集中力量进行社会主义现代化建设，用根本法的形式对我国的根本政治制度和基本政治制度、基本经济制度、公民的基本权利和义务、国家机构的设置和职责等重大问题作出明确规定。其中，对国家机构设置有许多新规定：加强人民代表大会制度；恢复设立国家主席、副主席；国家设立中央军事委员会，领导全国武装力量；国务院实行总理负责制等。这些新规定，为中国特色社会主义制度体系增添了新内容和新特色。

新宪法的施行，推动法制建设加快步伐。六届、七届全国人大期间，共审议通过法律 96 部，重点体现在两个方面：一是制定适应现代化建设、经济体制改革和对外开放需要的法律；二是制定保障公民权利方面的法律。1986 年，"一五"普法活动在全国展开。此后，每隔五年制定一次普法规划，法制宣传教育不断加强和深入。

在发展和完善中国共产党领导的多党合作和政治协商制度方面，党的十二大把"长期共存、互相监督"八字方针发展为"长期共存、互相监督、肝胆相照、荣辱与共"十六字方针。各民主党派在国家政治生活中的作用得到进一步发挥，中国共产党与各民主党派的合作进入一个新的阶段。在完善民族区域自治制度方面，1984 年 5 月，《中华人民共和国民族区域自治法》颁布，民族区域自治制度被确立为国家的一项基本政治制度。在推进基层民主建设方面，全国企事业单位普遍建立职工代表大会，城市中的居民委员会进一步健全，农村中的村民委员会逐步建立，中国特色社会主义的基层群众自治制度逐步形成。

以制定1982年宪法为代表的社会主义民主法制建设和政治体制改革取得的成果，不仅是对我国社会主义政治制度的重要健全和完善，同时也为我国经济体制改革的深化和经济发展、社会稳定提供了重要政治保证。

加强和改善党的领导

党的十一届三中全会以后，为了进一步增强党的凝聚力和战斗力，发扬党的优良传统和作风，党中央采取切实措施，健全党规党法，整顿党的作风。

1980年2月，党的十一届五中全会通过《关于党内政治生活的若干准则》，并向全社会公布。《准则》总结了历史上党内政治生活的经验教训，把党章的有关规定和民主集中制的原则具体化，提出12个方面的要求：坚持党的政治路线和思想路线；坚持集体领导，反对个人专断；维护党的集中统一，严格遵守党的纪律；坚持党性，根绝派性；要讲真话，言行一致；发扬党内民主，正确对待不同意见；保障党员的权利不受侵犯；选举要充分体现选举人的意志；同错误倾向和坏人坏事作斗争；正确对待犯错误的同志；接受党和群众的监督，不准搞特权；努力学习，做到又红又专。

随后，中央纪律检查委员会在一年之内召开三次座谈会，推动《准则》的贯彻施行。陈云在 1980 年 11 月中央纪委召开的座谈会期间尖锐地指出，"执政党的党风问题是有关党的生死存亡的问题"，要求党的各级组织提高认识，努力加强党风建设。《准则》的公布和施行，对于恢复和健全党内民主、维护党的集中统一、严肃党的纪律、促进党的团结，保证改革开放和社会主义现代化建设顺利进行，发挥了十分重要的作用。

为了解决党内存在的突出问题，根据党的十二届二中全会《中共中央关于整党的决定》，1983 年 10 月至 1987 年 5 月，全党分期分批开展了以统一思想、整顿作风、加强纪律、纯洁组织为基本任务的全面整党。经过整党，提高了广大党员特别是党的干部在思想上政治上行动上同党中央保持一致的自觉性，查处了一批党员干部严重违法乱纪的案件，清理了"文化大革命"时期追随林彪、江青反革命集团造反起家、帮派思想严重、打砸抢分子等"三种人"。这次整党，对解决"文化大革命"遗留下来的党内思想、作风、组织不纯和纪律松弛的问题，发挥了重要作用。

建设四个现代化，需要一大批年富力强的各级领导干部。在改革开放和社会主义现代化建设的新形势下，邓小平、陈云等老一辈革命家敏锐地提醒全党同志，要注意培养、选拔合格的接班人，实现干部队伍革命化、年轻化、知识化、专业化，使党的事业能够后继有人，不断前进。按照"四化"标准，党中央加快了选拔中青年干部的步伐。一大批年富力强、有知识、懂业务、德才兼备的中青年干部脱颖而出，担负重任。1985 年 9 月，党的全国代表会议对中央领导层进行较大规模的调整，中央领导层在年轻化方面前进了一大步，有力推动了干部新老交替和干部队伍结构的改善，保证了干部队伍接力不断和党的事业持续向前。

社会主义精神文明建设

改革开放和发展商品经济的客观环境，迫切要求加强社会主义精神文明建设。在党中央的重视和领导下，20 世纪 80 年代初，以讲文明、讲礼貌、讲卫生、讲秩序、讲道德，心灵美、语言美、行为美、环境美，热爱祖国、热爱社会主义、热爱中国共产党为主要内容的"五讲四美三热爱"活动广泛开展起来。社会主义精神文明建设对促进党风和社会风气好转起了积极作用，涌现出一批时代楷模。

中国科学院长春光学精密机械研究所的蒋筑英，甘做追光路上的"铺路石"，辛勤探索、忘我工作，研制出我国第一台光学传递函数测试装置，成为知识分子的优秀代表。航天工业部 771 所的罗健夫，淡泊名利、勇于攻关，为我国航天工业作出重大贡献，被誉为"中国式的保尔"。武汉空军部队的朱伯儒，与群众同忧乐、共甘苦，为群众服务，像一团炭火燃烧自己，温暖别人，被誉为"80 年代新雷锋"。福建省东山县县委书记谷文昌，以"不治服风沙，就让风沙把我埋掉"的胆魄，率领东山人民苦战十几载，在沿海建成一道惠及子孙后代的防护林，在老百姓心中竖起了一座不朽的丰碑。英雄楷模的感人事迹，为全国人民投身改革开放和现代化建设提供了强大的精神动力。

建设社会主义精神文明，必须坚决抵制盲目推崇西方资产阶级腐朽思想文化的错误倾向，必须坚决反对企图背离社会主义道路、脱离党的领导的资产阶级自由化思潮。1983年10月，邓小平在党的十二届二中全会上明确指出，思想战线不能搞精神污染。对于现代西方资产阶级文化，一定要用马克思主义进行分析、鉴别和批判。根据全会精神，全国思想文化领域开展了反对精神污染和反对资产阶级自由化的斗争。

1986年9月，党的十二届六中全会作出《中共中央关于社会主义精神文明建设指导方针的决议》。《决议》强调，搞资产阶级自由化，即否定社会主义制度、主张资本主义制度，是根本违背人民利益和历史潮流，为广大人民所坚决反对的。《决议》从社会主义现代化建设总体布局的高度，阐述了社会主义精神文明建设的战略地位和根本任务，强调要培育有理想、有道德、有文化、有纪律的社会主义公民，用建设有中国特色的社会主义的共同理想团结全国各族人民，提高整个中华民族的思想道德素质和科学文化素质。这个《决议》，是党的第一个关于精神文明建设的纲领性文件，为我国精神文明建设的健康发展提供了基本指导方针。

然而，由于一些人包括有些高级领导干部对资产阶级自由化的实质和危害认识不够、反对不力，导致党的十二届六中全会决议所强调的加强马克思主义在精神文明建设中的指导地位和反对资产阶级自由化的内容，没有得到认真贯彻。1986年底，发生了波及不少城市的学潮。1987年1月，中央政治局召开扩大会议，胡耀邦在会上检讨了在重大政治原则问题上的失误。会议对胡耀邦进行了严肃的同志式的批评，同时也如实地肯定了他工作中的成绩。会议同意接受他辞去中央委员会总书记职务的请求，继续保留他中央政治局委员、政治局常委的职务。赵紫阳被推选为代理总书记。这次政治局扩大会议的决定，后经同年 10 月召开的党的十二届七中全会确认。

五、党的十三大和党在社会主义初级阶段基本路线的确立

党的十三大和"三步走"发展战略

改革开放的不断深化，中国特色社会主义事业的不断推进，迫切需要党在深刻分析基本国情、总结实践经验基础上，对什么是社会主义、怎样建设社会主义的根本问题，以及我国改革开放和社会主义现代化建设应遵循什么样的基本路线的问题，从理论和实践上进一步作出明确回答。

1987 年 10 月 25 日至 11 月 1 日，中国共产党第十三次全国代表大会在北京举行。赵紫阳作题为《沿着有中国特色的社会主义道路前进》的报告。大会审议通过了报告和《中国共产党章程部分条文修正案》。

大会的突出贡献，是系统阐述了社会主义初级阶段的理论，明确概括了党在社会主义初级阶段的基本路线。在大会召开前夕，邓小平指出，整个社会主义历史阶段的中心任务是发展生产力。就我们国家来讲，首先是要摆脱贫穷。贫穷不是社会主义，发展太慢也不是社会主义。他还明确提出："党的十三大要阐述中国社会主义是处在一个什么阶段，就是处在初级阶段，是初级阶段的社会主义。社会主义本身是

★ 党的十三大会场

共产主义的初级阶段，而我们中国又处在社会主义的初级阶段，就是不发达的阶段。一切都要从这个实际出发，根据这个实际来制订规划。"党的十三大指出，社会主义初级阶段包括两层含义：第一，我国社会已经是社会主义社会，我们必须坚持而不能离开社会主义；第二，我国的社会主义社会还处在初级阶段，我们必须从这个实际出发，而不能超越这个阶段。大会指出：社会主义初级阶段不是泛指任何国家进入社会主义都会经历的起始阶段，而是特指我国在生产力落后、商品经济不发达条件下建设社会主义必然要经历的特定阶段。我国从 20 世纪 50 年代生产资料所有制的社会主义改造基本完成，到社会主义现代化的基本实现，至少需要上百年时间，都属于社会主义初级阶段。在社会主义初级阶段中，主要矛盾是人民日益增长的物质文化需要同落后的社会生产之间的矛盾。党和国家的主要任务是发展生产力，推进社会主义现代化建设。社会主义初级阶段理论的提出，成为我们党制定正确路线方针政策的基本依据，为坚持改革开放、坚持和发展中国特色社会主义提供了有力的理论武器。

从社会主义初级阶段这一新的认识出发，大会提出党在社会主义初级阶段的基本路线是：领导和团结全国各族人民，以经济建设为中心，坚持四项基本原则，坚持改革开放，自力更生，艰苦创业，为把我国建设成为富强、民主、文明的社会主义现代化国家而奋斗。概括起来说，它的主要内容就是"一个中心、两个基本点"，即以经济建设为中心，坚持四项基本原则，坚持改革开放。实践证明，以经济建设为中心是兴国之要，四项基本原则是立国之本，改革开放是强国之路，这个基本路线是党和国家的生命线、人民的幸福线。

党的十三大的另一个重大贡献，是制定了"三步走"现代化发展战略。这是根据邓小平关于中国实现现代化步骤的战略构想提出来的。早在1979年12月，邓小平在会见日本首相大平正芳时既已指出："我们要实现的四个现代化，是中国式的四个现代化。我们的四个现代化的概念，不是像你们那样的现代化的概念，而是'小康之家'。"此后，党的十二大确定了分两步走到20世纪末实现小康的战略目标。1987年4月，邓小平在会见西班牙工人社会党副总书记、政府副首相格拉时，明确提出"三步走"现代化战略设想。这一战略设想在党的十三大上得到确认。党的十三大指出，党的十一届三中全会以后，我国经济建设的战略部署分三步走：第一步，实现国民生产总值比 1980 年翻一番，解决人民的温饱问题。这个任务已经基本实现。第二步，到 20 世纪末，使国民生产总值再增长一倍，人民生活达到小康水平。第三步，到 21 世纪中叶，人均国民生产总值达到中等发达国家水平，人民生活比较富裕，基本实现现代化。"三步走"发展战略，对中华民族百年图强的宏伟目标作了积极而稳妥的规划，既体现了党和人民勇于进取的雄心壮志，又反映了从实际出发、遵循客观规律的科学精神，是中国共产党探索中国特色社会主义建设规律的重大成果。

大会高度评价党的十一届三中全会以来开辟建设有中国特色的社会主义道路在马克思主义中国化历史进程中的伟大意义，指出，60 多年来，在马克思主义与我国实践结合的过程中，有两次历史性飞跃。第一次飞跃发生在新民主主义革命时期，中国共产党人总结成功和失败的经验，找到了有中国特色的革命道路，把革命引向胜利。第二次飞跃发生在十一届三中全会以后，中国共产党人在总结新中国成立 30 多年来正反两方面经验的基础上，在研究国际经验和世界形势的基础上，开始找到一条建设有中国特色的社会主义的道路，开辟了社会主义建设的新阶段。大会从我国社会主义建设的阶段、任务、动力、条件、布局和国际环境等方面，对改革开放和现代化建设实践中形成发展起来的一系列科学理论观点作了归纳和概括，从而使建设有中国特色的社会主义理论有了更清晰的轮廓。

大会选举产生了中央委员会、中央顾问委员会和中央纪律检查委员会。党的十三届一中全会选举赵紫阳、李鹏、乔石、胡启立、姚依林为中央政治局常委，赵紫阳为中央委员会总书记；决定邓小平为中央军事委员会主席；批准陈云为中央顾问委员会主任，乔石为中央纪律检查委员会书记。

党的十三大以后，邓小平不再担任中央政治局常委职务。作为中国社会主义改革开放和现代化建设的总设计师，他仍以高度的责任感、使命感关注着改革开放和现代化建设事业，为党领导的中国特色社会主义事业发展继续发挥极为重要的作用。

改革开放的继续推进和治理整顿的开始

按照党的十三大的部署，1988 年经济体制改革以深化企业经营机制改革为重点。这年 2 月，国务院颁布《全民所有制工业企业承包经营责任制暂行条例》。4 月，七届全国人大一次会议通过《中华人民共和国全民所有制工业企业法》，对企业所有权和经营权"两权分离"的改革原则，作了更为明确的规定，为企业承包经营责任制改革提供了法律保障。会议通过的宪法修正案规定："国家允许私营经济在法律规定的范围内存在和发展。私营经济是社会主义公有制经济的补充。"私营经济的法律地位得到确认。

对外开放的步伐进一步加大。1988 年 3 月，国务院决定适当扩大沿海经济开放区，新划入沿海经济开放区的有 140 个市、县，包括杭州、南京、沈阳 3 个省会城市。4 月，七届全国人大一次会议正式批准设立海南省和建立海南经济特区，体现了党中央加快改革开放的魄力和决心。从此，海南这个祖国美丽的海岛获得了前所未有的发展机遇，进入了深化改革、扩大开放的历史新阶段。

在全面改革的推动下，1984 年至 1988 年，我国经济加速发展。五年间，国内生产总值年均增长 12.1%，工业总产值达 6 万多亿元，国家经济实力和综合国力迈上了一个新台阶。但是，在经济运行中也出现了一系列不稳定、不协调的问题，主要表现为通货膨胀加剧，社会生产和消费总量不平衡，结构不合理等。党和政府力图探索新路子加以解决。1985 年初采取了"软着陆"方针，即以较缓和的办法逐步使社会总需求和总供给恢复平衡，但未能达到预期效果。1988 年夏季准备进行"价格闯关"，全面推进价格改革，放开价格。8 月举行的中央政治局会议通过《关于价格、工资改革的初步方案》，准备用五年左右的时间解决价格问题。尽管方案没有正式实施，但消息传开后，引发了人们的高通胀预期和恐慌心理，触发了全国性的挤提储蓄存款和抢购商品的风潮。

面对这一严峻局面，1988 年 9 月下旬，党的十三届三中全会提出治理经济环境、整顿经济秩序、全面深化改革的方针，决定从加快改革步伐转向其后两年以治理经济环境和整顿经济秩序为重点，强调价格改革不能孤军突出，改革必须是全面的配套改革。根据这一决定，国务院采取一系列措施，压缩固定资产投资规模和社会总需求，加强对物价的调控和管理，整顿经济方面特别是流通领域中的各种混乱现象。

经过一年左右的治理整顿，过旺的社会需求得到相当程度的控制，但国民经济发展的难关尚未渡过，一些深层次的结构和体制问题还有待于进一步解决。

六、国防战略的调整

党的十一届三中全会后，国防和军队建设进入一个新的历史时期。根据对国际国内形势变化的判断，军事战略方针由"积极防御、诱敌深入"改为"积极防御"。1981年9月，邓小平在华北军事演习阅兵式上发表讲话，明确提出要建设强大的现代化正规化革命军队的总目标，为新时期军队建设指明了方向。

1985年五六月间，中央军委召开扩大会议，提出对军队建设指导思想实行战略性重大转变，即把军队工作从立足于"早打、大打、打核战争"的临战准备状态真正转入和平时期建设轨道上来，充分利用大仗打不起来的这段和平时期，在服从国家经济建设大局的前提下，实行精兵政策，有计划、有步骤地进行以现代化为中心的根本建设，减少数量、提高质量，增强军队在现代条件下的作战能力。会议作出减少军队员额100万的决策，通过《军队体制改革、精简整编方案》。1985年下半年至1987年初，举世瞩目的百万大裁军基本完成。通过调整，大军区数量由原来的11个调整为7个，总参谋部、总政治部、总后勤部和各大军区机关精简近一半。1988年，开始实行新的军衔制度，建立文职干部制度。人民解放军在精兵、合成、高效方面前进了一大步，军队的正规化建设迈出新步伐。

人民解放军服从和服务于国家经济建设大局，在参加社会主义建设方面不断取得新的成就。一批军事设施陆续改作

★ 1984 年 10 月 1 日，邓小平在中华人民共和国成立 35 周年庆典上检阅中国人民解放军受阅部队

民用，国防科技和民用科技开始走向融合，培养出大量军地两用人才，有力支援了国家经济建设。在引滦入津、胜利油田的建设工地上，在抗洪抢险救灾的危急现场，都活跃着人民子弟兵英姿勃发、奋勇拼搏的身影。

　　20 世纪 70 年代末和 80 年代，人民解放军在保卫国家领土主权斗争中出色地履行了职责。1979 年二三月间，我边防部队实施对越边境自卫反击作战。1981 年实施收复法卡山、扣林山作战。1984 年实施收复老山作战，此后又进行长达数年的老山坚守防御作战，边境地区的局势得到稳定。1988 年 3 月，我海军舰船对窜到我南沙群岛赤瓜礁海区进行挑衅的越南海军舰船进行还击。这些自卫还击作战，保卫了我国领土主权完整，维护了国家尊严，展现了人民解放军威武之师的形象。

七、"一国两制"方针的形成

实现祖国统一，始终是全体中华儿女的共同愿望。中国必须统一，也必然统一。在这个问题上，中国共产党人历来坚定不移、旗帜鲜明。党的十一届三中全会后，党中央和邓小平在毛泽东、周恩来等老一辈革命家关于争取和平解放台湾思想的基础上，正视历史和现实，创造性地提出"一国两制"科学构想，开辟了以和平方式实现祖国统一的新途径。

20世纪70年代后期，台湾问题被提上党和国家重要议事日程。1979年1月1日，全国人大常委会发表《告台湾同胞书》，郑重宣示了争取祖国和平统一的大政方针。此后，党中央进一步从全局高度统筹考虑祖国统一问题。1980年1月，邓小平提出80年代要做三件事：在国际事务中反对霸权主义、维护世界和平；台湾回归祖国，实现祖国统一；加紧经济建设。他还多次阐释在尊重台湾现实的基础上实现祖国和平统一的战略构想。1981年9月，全国人大常委会委员长叶剑英发表谈话，全面系统地阐述了台湾回归祖国、实现和平统一的九条方针。1982年1月，邓小平首次提出"一个国家，两种制度"的概念。1983年6月，他进一步提出解决台湾问题的六条方针，即："祖国统一后，台湾特别行政区可以有自己的独立性，可以实行同大陆不同的制度。司法独立，终审权不须到北京。台湾还可以有自己的军队，只是不能构成对大陆的威胁。大陆不派人驻台，不仅军队不去，行政人员也不去。台湾的党、政、军等系统，都由台湾自己来管。中央政府还要给台湾留出名额。"这六条方针，进一步充实了"一国两制"的构想。

"一国两制"构想最早是为解决台湾问题提出的，但首先被运用于解决香港、澳门回归祖国问题上，并取得成功。

香港问题是英国殖民主义者侵略中国造成的历史遗留问题。1840 年鸦片战争后，英国政府先后强迫清政府签订《南京条约》《北京条约》《展拓香港界址专条》等不平等条约，强占中国的香港岛、九龙并强租新界地区。按照中英《展拓香港界址专条》，新界租期为 99 年，至 1997 年 6 月 30 日期满。20 世纪 70 年代末，英国政府提出了香港未来地位问题，试图向中国施加压力，取得管治香港的长期权力。1981 年 12 月，中共中央作出 1997 年 7 月 1 日收回香港的决定。中国政府就处理香港问题确定两条原则：一定要在 1997 年收回香港，恢复行使主权，不能再晚；在恢复行使主权的前提下，保持香港的稳定和繁荣。

1982 年 9 月，英国首相撒切尔夫人访问中国，拉开了中英关于香港问题谈判的序幕。撒切尔夫人提出，香港的繁荣有赖于英国的统治。如果现在对英国的管理实行或宣布重大改变，将对香港产生灾难性影响，强烈表示不能单方面废除有关香港的三个条约。对此，邓小平斩钉截铁地表示：主权问题不是一个可以讨论的问题。1997 年中国将收回香港，不仅是新界，而且包括香港岛、九龙。中国和英国就是在这个前提下来进行谈判的。如果中国在 1997 年，也就是中华人民共和国成立 48 年后还不把香港收回，任何一个中国领导人和政府都不能向中国人民交代，甚至也不能向世界人民交代。"如果说宣布要收回香港就会像夫人说的'带来灾难

★ 1982 年 9 月 24 日，邓小平会见英国首相撒切尔夫人

性的影响'，那我们要勇敢地面对这个灾难，做出决策。"通过这次会谈，中方掌握了收回香港的主动权，解决香港问题的基调就这样按照党和人民的意志定了下来。

经过两年多共 22 轮的艰难谈判，1984 年 12 月，中英两国政府正式签署关于香港问题的联合声明，确认中国政府于 1997 年 7 月 1 日对香港恢复行使主权。从此，香港进入回归祖国的过渡期。

此后，根据 1982 年宪法的规定，在广泛听取香港各界人士意见的基础上，七届全国人大三次会议于 1990 年 4 月审议通过《中华人民共和国香港特别行政区基本法》。香港基本法把中央政府对香港的各项方针政策以法律形式固定下来，奠定了依法治港的法律基石。

香港回归进程启动后，澳门回归问题也被提上日程。澳门，包括澳门半岛、氹仔岛和路环岛，自古以来就是中国的领土，16 世纪以后被葡萄牙逐步强行占领。1986 年 6 月，中葡两国政府开始就澳门问题举行谈判。谈判比较顺利。1987 年 4 月，中葡两国政府正式签署关于澳门问题的联合声明，宣布中国政府将于 1999 年 12 月 20 日对澳门恢复行使主权。澳门进入回归祖国的过渡期。1993 年 3 月，八届全国人大一次会议审议通过《中华人民共和国澳门特别行政区基本法》。

解决香港、澳门问题的初步实践，证明"一国两制"构想既体现了实现祖国统一、维护国家主权的原则性，又充分考虑到香港、澳门等地的历史和现实，是推动祖国和平统一的创造性方针，在国际社会中产生了巨大影响。

八、外交方针政策的调整

党的十一届三中全会前夕，中国外交采取了两个重大举措：一是 1978 年 8 月同日本签订中日和平友好条约，二是 1978 年 12 月同美国发表正式建交的联合公报。党的十一届三中全会后，随着党和国家工作重点的转移和改革开放的展开，争取一个有利于我国现代化建设的国际和平环境越来越成为全党的共识。基于国际形势的发展变化，党中央开始对外交政策进行重大调整，实行两个重大转变。

第一个转变是改变战争不可避免而且迫在眉睫的观点，对战争与和平问题作出新的科学判断。进入 20 世纪 80 年代后，邓小平反复说明，虽然战争的危险还存在，但是制约战争的力量有了可喜的发展，世界和平力量的增长超过战争力量的增长，在较长时间内不发生大规模的世界战争是可能的，维护世界和平是有希望的。1985 年 3 月，邓小平明确提出"和平和发展是当代世界的两大问题"的重要论断，为新时期党和国家制定对外政策提供了重要依据。

第二个转变是改变"一条线"战略。中美建交后，美国国会通过"与台湾关系法"，继续干涉中国内政，损害中国主权安全。中美两国虽在 1982 年 8 月 17 日就分步骤直到最后彻底解决美国向台湾地区出售武器问题发表联合公报，但后来美国政府并未兑现自己的承诺。苏联多次提出改善中苏关系的愿望。在此背景下，中国改变过去联美抗苏的"一条线"战略。

1982 年 9 月，党的十二大报告郑重申明中国坚持独立自主的对外政策，以和平共处五项原则为指导发展同各国的关系。报告还着重说明中国共产党愿按照"独立自主、完全平等、互相尊重、互不干涉内部事务的原则，发展同各国共产党和其他工人阶级政党的关系"。这四项原则成为中国共产党同世界各国政党建立和发展党际关系的基本原则。

1986 年 4 月，六届全国人大四次会议批准的国务院《关于第七个五年计划的报告》，从十个方面阐述了中国独立自主和平外交政策的主要内容和基本原则，对改革开放以来中国外交政策的调整作了归纳和总结。其中提到：中国主张世界上所有国家不论大小、富贫、强弱一律平等，各国的事应由各国人民自己去管，世界上的事应由各国协商解决，而不能由一两个超级大国说了算。中国决不称霸，也坚决反对来自任何方面和以任何形式出现的霸权主义。中国在任何时候和任何情况下都坚持独立自主，对一切国际问题都根据其本身的是非曲直决定自己的态度和对策。中国决不依附于任何一个超级大国，也决不同它们任何一方结盟。中国不以社会制度和意识形态的异同来决定亲疏、好恶，坚决反对任何国家以社会制度和意识形态的相同或不同作为占领别国领土、干涉别国内政的借口。

随着外交方针政策的调整，中国外交得到全方位发展，一个有利于中国改革开放和现代化建设的外部环境初步形成。到1989年，同中国建交的国家达137个。

这一时期，处理中美、中苏关系是外交工作的主要方面之一。中美关系虽因售台武器等问题受到严峻考验，但在20世纪80年代仍保持稳定发展。中苏关系方面，两国从1982年起就关系正常化问题进行磋商。影响中苏关系的主要障碍基本解决后，1989年5月，苏联最高苏维埃主席团主席、苏共中央总书记戈尔巴乔夫访华，破裂20多年的中苏两党两国关系实现正常化，为建立不结盟、不对抗、不针对第三方的新型大国关系，提供了良好基础。

九、经受政治风波的考验和治理整顿的完成

1989 年政治风波

正当治理整顿工作进一步推进时，1988年末至1989年初，在若干大城市特别是在北京，极少数人利用党和政府工

作中的失误和人民群众对物价上涨的焦虑，以及对一些党员干部中存在腐败现象的不满情绪，进行煽动反对共产党的领导、反对社会主义制度的活动。

1989 年 4 月 15 日，胡耀邦逝世。党中央充分肯定胡耀邦在 60 年的革命生涯中，为中国革命、建设、改革事业作出的卓越贡献。在中央举行悼念活动期间，极少数人借机散布谣言，蛊惑群众举行示威游行，北京发生聚众冲击中南海新华门的严重事件。其他一些城市也发生不法分子打、砸、抢、烧的犯罪活动。4 月 24 日，中央政治局常委会会议分析研究事态发展，认为一场有计划、有组织的反党、反社会主义的政治动乱已经摆在面前。4 月 26 日，《人民日报》发表题为《必须旗帜鲜明地反对动乱》的社论，向全党全国人民指出这场斗争的性质。但是，极少数别有用心的人仍煽动群众占据天安门广场，继续进行各种非法活动，最终发展成为一场反革命暴乱。

在关系党和国家生死存亡的关键时刻，中央政治局在邓小平和其他老一辈革命家坚决有力的支持下，依靠人民，旗帜鲜明地反对动乱，于 6 月 4 日采取果断措施，一举平息了北京地区的反革命暴乱。北京和其他大中城市很快恢复正常秩序。这场斗争的胜利，捍卫了我国社会主义性质的国家政权，维护了社会正常秩序和人民根本利益。

这场政治风波的发生不是偶然的，是国际国内多种因素交互作用的结果。正如邓小平指出，"这场风波迟早要来。这是国际的大气候和中国自己的小气候所决定了的，是一定要来的，是不以人们的意志为转移的"。

从国际环境来看，资本主义世界在第二次世界大战结束后度过危机，在新科学技术革命推动下，生产力得到迅速发展；而一些社会主义国家由于决策的严重失误，经济建设和社会发展陷入相当严重的困难，社会主义制度的优越性未能很好地发挥出来，影响到社会主义在人们心目中的形象，因而产生了"社会主义不如资本主义"的错误认识。一些西方国家的政治势力对社会主义国家长期实行"和平演变"，支持和扶植各种反共反社会主义活动。从这个意义上说，这场政治风波首先是由国际上反共反社会主义的敌对势力和社会思潮煽动起来的。从国内环境来看，在一段时间里主持中央工作的领导人在推进改革开放、发展经济的同时，未能使反对资产阶级自由化方针得到认真的贯彻执行，资产阶级自由化思潮不但没有受到遏制，反而愈益发展以致泛滥。

这场政治风波，促使党更加冷静地思考过去、现实和未来。

1989 年 6 月 9 日，邓小平接见首都戒严部队军以上干部，对中国乃至世界都高度关注的中国向哪个方向发展、走哪条道路的根本问题作出明确回答。他指出：党的十一届三中全会制定的路线方针政策，包括发展战略的"三部曲"没有错；党的十三大概括的"一个中心、两个基本点"的基本路线没有错。我们制定的基本路线方针政策，照样干下去，坚定不移地干下去。邓小平认为，如果说有错误的话，就是坚持四项基本原则还不够一贯，没有把它作为基本思想来教育人民，教育学生，教育全体干部和共产党员；要说不够，就是改革开放得还不够。邓小平的重要讲话，总结了改革开放十年来的经验教训，为政治风波后中国的改革发展指明了正确方向。

党的十三届四中全会和新的中央领导集体的形成

1989 年 6 月，党的十三届四中全会召开。鉴于赵紫阳在关系党和国家生死存亡的关键时刻犯了支持动乱和分裂党的严重错误，全会决定撤销他所担任的党内一切领导职务。全会对中央领导机构成员进行了调整，选举江泽民为中央委员会总书记。

江泽民在全会上指出："这次中央领导机构作了一些人事调整，但是，党的十一届三中全会以来的路线和基本政策没有变，必须继续贯彻执行。在这个最基本的问题上，我要十分明确地讲两句话：一句是坚定不移，毫不动摇；一句是全面执行，一以贯之。"

党的十三届四中全会前后，邓小平多次郑重提出：现在要真正建立一个新的第三代领导。第三代的领导集体必须有一个核心，要有意识地维护这个核心，就是江泽民同志。他强调：中国问题的关键在于共产党要有一个好的政治局，特别是好的政治局常委会。只要这个环节不发生问题，中国就稳如泰山。

全会以后，新的中央领导集体坚决、全面地贯彻党的基本路线，一手抓治理整顿、深化改革，一手抓党的建设、精神文明建设和思想政治工作，全国政治局面迅速趋向稳定，经济形势逐步好转，思想战线出现新的转机。

在新的中央领导集体已卓有成效地开展工作的情况下，1989 年 9 月，邓小平向中央政治局正式提出辞去中央军事委员会主席职务的请求。11 月，党的十三届五中全会同意

★ 江泽民在党的十三届四中全会上发表讲话

邓小平的这一请求，决定江泽民为中央军事委员会主席。全会认为，邓小平从党和国家的根本利益出发，在自己身体还健康的时候辞去现任职务，实现他多年来一再提出的从领导岗位上完全退下来的夙愿，表现了一个伟大的无产阶级革命家的广阔胸怀。与会同志对他身体力行地为废除干部领导职务终身制作出的表率，表示崇高的敬意。

经过党的十三届四中、五中全会，中央领导集体顺利实现了新老交替，这对于保证党的政策的稳定性、连续性，实现党和国家的长治久安，具有极为重大的意义。

加强党的建设和思想政治工作

党在政治风波中经受住了考验，同时也深刻认识到自身存在的问题。邓小平指出，这次暴乱使我们头脑更加清醒起来。这个党该抓了，不抓不行了。党的十三届四中全会以后，党中央下大力气聚精会神抓党的建设。

1989年8月，党中央发出关于加强党的建设的通知。根据通知精神，1989年秋冬和1990年春，各级党组织对在政治风波中的重点人和重点事认真进行清查、清理，以保证党的队伍的纯洁性。其后又在全党进行了做合格共产党员的教育，以及党员重新登记工作。同时，严格党员标准，培养吸收企业、农村生产一线的优秀分子入党。

在加强党的思想建设方面，为了帮助县处级以上党政干部在复杂环境中明辨是非，把握正确方向，着重对他们进行马列主义、毛泽东思想基本理论的教育，并使之经常化、制度化。按照中央的规定，凡进入领导班子的成员，都要经过相应的党校学习，其他领导成员也要定期到党校接受轮训。

经过对政治风波的反思，党中央强调要发扬党的优良传统，密切党群干群关系，开展反腐倡廉建设，坚决同腐败现象、腐败分子作斗争。江泽民在党的十三届四中全会上明确指出："全国各族人民的眼睛盯着我们，看我们能不能拿出惩治腐败的实际行动来。"1989年7月，党中央、国务院作出决定，要求从党中央、国务院的领导同志做起，在制止腐败和带头廉洁奉公、艰苦奋斗方面做群众关心的七件事。1990年3月，党的十三届六中全会通过《中共中央关

于加强党同人民群众联系的决定》。这些举措的实施，取得
了良好效果。

为了解决党的领导受到削弱的问题，党中央强调，必须
坚持中国共产党的领导和社会主义基本政治制度，中国的国
家性质和基本制度决不能动摇，任何国家政权机关和社会政
治组织都不能背离中国共产党的领导，这是我国社会稳定和
经济发展的根本保证。同时，党中央在领导体制上进一步调
整党同国家政权机关和其他社会政治组织的关系，陆续恢复
国家机关、经济组织和文化组织中被撤销的党组，加强企
业、农村、高校党的建设，发挥基层党组织的政治核心和战
斗堡垒作用。

党重视加强对人民群众尤其是青年学生的思想政治工
作。邓小平在分析政治风波发生的原因时说，十年最大的失
误是教育，主要讲思想政治教育，一手比较硬，一手比较
软。党的十三届四中全会以后，党中央采取一系列有力措施
来克服"一手软"的问题。1990年至1991年，在广大党员
干部中开展了马克思主义党建学说和中共党史的学习教育，
在广大人民群众中开展了社会主义思想教育。中国近现代史
及国情教育也越来越受到各方面重视。思想教育制度和工作
方法得到恢复和改进。

党还加强了对新闻舆论战线的领导。1989年11月，
江泽民在中宣部举办的新闻工作研讨班上发表讲话，阐明了
社会主义新闻工作的基本方针，要求报纸、广播、电视做
党、政府和人民的喉舌，坚持新闻工作的党性原则，反对绝
对的新闻自由。会议提出坚持正面宣传为主的方针，发挥舆
论的正确导向作用。

党的建设和思想政治工作的加强，促进了我国的政治稳定和社会安定，为治理整顿、深化改革创造了重要的思想政治条件。

应对国际风云变幻

1989 年政治风波过后，美国政府和国会发表声明，对中国政府进行污蔑和攻击，并宣布一系列"制裁"措施。7 月，西方七国首脑和欧洲共同体会议宣布对中国中止高层政治接触，延缓世界银行贷款等。此后不久，国际形势接连发生重大变化，苏联解体、东欧剧变，世界社会主义运动陷入低潮。

面对以美国为首的一些西方国家掀起的反华浪潮和国际上不绝于耳的唱衰中国的论调，邓小平反复强调，要保持稳定和坚持改革开放，做好一件事，我们自己的事。关键是自己要搞好。他告诫说，西方国家向中国施压，根本点就是要中国放弃社会主义。对这股逆流要旗帜鲜明地坚决顶住。国际舆论压我们，要泰然处之，维护我们独立自主、不信邪、不怕鬼的形象。只要沿着自己选择的社会主义道路走到底，谁也压不垮我们。

1989 年 9 月，江泽民在庆祝中华人民共和国成立 40 周年大会上坚定地表示："企图排斥、孤立中国是很不明智的，也是根本不可能的。任何经济制裁，都丝毫不能动摇我们振兴中华、坚持社会主义道路的决心，丝毫不能动摇我们同世界各国人民友好相处的信念。"

为了扭转局面、争取主动，党和政府确定 20 世纪 90 年代初期外交工作的两个重点：一是开展睦邻外交，稳定和积极发展同周边国家的关系，加强同发展中国家的团结与合作；二是打破西方国家的"制裁"，恢复和稳定同西方发达国家的关系。

党和国家领导人身体力行，积极开展外交活动。1990年至1992年，中国同印度尼西亚恢复外交关系，中越关系实现正常化，中印关系有了很大改善，中国同沙特阿拉伯、新加坡、以色列、韩国建立外交关系，顺利实现了中苏关系向中俄关系的过渡，并同苏联解体后新独立的国家和东欧国家建立或发展了正常关系。到1992年8月底，同中国建交的国家达154个。中国还成功争取到联合国第四次世界妇女大会1995年在北京召开。中国没有因西方国家的"制裁"而被孤立，反而在国际事务中发挥了积极作用。

对于以美国为首的一些西方国家的"制裁"，中国进行了有理有利有节的斗争。中国领导人审时度势，采取政治与经济结合、官方与民间结合的方针，推动日本率先于1990年取消对华"制裁"。随后，其他一些西方国家和国际组织也相继取消对华"制裁"。到1991年底，中国同大多数西方国家的关系基本回到正常轨道。

美国带头"制裁"中国，但也逐渐意识到孤立中国未必符合自身利益。1989年7月至12月，美国总统布什两次派总统国家安全事务助理斯考克罗夫特作为特使来华进行沟通。在中美关系最困难的阶段，邓小平指出："结束过去，美国应该采取主动，也只能由美国采取主动。""要中国来乞求，办不到。哪怕拖一百年，中国人也不会乞求取消制裁。"同时，中方继续以着眼于大局的远见卓识，积极同美方进行沟通。海湾危机爆发后，为得到中国在海湾问题上的支持，美国不得不重新考虑改善两国关系。1993年11月，应美国总统克林顿邀请，中国国家主席江泽民出席在美国西雅图举行的亚太经合组织第一次领导人非正式会议。其间，两国最高领导人举行正式会晤。

经过努力，中国有效应对了1989年政治风波后的种种外部挑战。西方国家的"制裁"没有达到使中国屈服和孤立的目的，反而最终被打破。中国的改革开放和现代化建设赢得了更加有利的国际环境。中国外交坚定地朝着全方位方向发展。

治理整顿的成效和"七五"计划的完成

政治风波后，党中央把一度被延误的治理整顿工作重新提上日程。1989年11月，党的十三届五中全会作出《中共中央关于进一步治理整顿和深化改革的决定》，确定在遏制通货膨胀、稳定经济形势的基础上，从1989年算起，用三年或更长一点时间，基本完成治理整顿的任务。这一阶段治理整顿大体分两步进行：第一步是在调整经济结构的同时，以启动市场、争取经济适度发展为侧重点；第二步是将治理整顿、深化改革的重点逐步转到调整产业结构、提高经济效益上来。

在治理整顿期间，老百姓的"菜篮子"成为各级政府关注的焦点之一。1988年，国家开始实施"菜篮子工程"，建立中央和地方的肉、蛋、奶、水产和蔬菜生产基地。经过治理整顿，过热的经济明显降温，国民经济保持适合实际的一定增长速度，供求平衡矛盾明显缓解。人民群众关心的通货膨胀得到有效控制，流通领域的混乱现象初步缓解，市场秩序明显好转。1992 年 3 月，七届全国人大五次会议宣布，治理整顿的主要任务基本完成，作为经济发展的一个特定阶段可以如期结束。

在治理整顿期间，"七五"计划所规定的国民经济和社会发展各项指标到 1990 年底绝大部分完成或超额完成，提前实现了第一步战略目标。人民生活水平进一步提高，全国绝大多数地区解决了温饱问题，开始向小康社会迈进。

改革开放持续推进，并在一些领域取得重大突破。

证券交易所的建立，是深化改革具有标志性的举措。1990 年 12 月，上海证券交易所正式开业。这是改革开放以来在大陆开业的第一家证券交易所。1991 年 7 月，深圳证券交易所正式开业。这两家交易所的运营实现了股票的集中交易，形成了全国性的沪市、深市两个证券交易市场，推动了股份制的发展。1990 年 10 月，郑州粮食批发市场开业并引入期货交易机制，成为中国期货交易的开端。沪、深两个交易所的成功开业及期货交易机制的引入，向世界发出了中国改革开放将坚定不移地向前推进的强烈信号。

开发开放上海浦东，是扩大开放的一项重大举措。浦东是指黄浦江以东、长江口西南、川杨河以北紧邻上海最繁华的外滩的一块三角形地区。这片具有巨大发展潜力的土地，长期以来没有得到有效开发，是一些人眼中的"烂泥渡"，与繁荣的浦西形成鲜明对比。1990 年 4 月，党中央、国务院批准开发开放浦东，在浦东实行经济技术开发区和某些经济特区的政策。这是党中央全面研判国际国内大势，统筹把握改革发展大局作出的重大决策。由此掀开了我国改革开放向纵深推进的崭新篇章。几十万建设者开进浦东，架桥筑路，建厂造楼，一个外向型、多功能、现代化的浦东新区在长江出海口崛起。这不仅促进了上海的迅速发展，而且对长江三角洲以及整个长江流域乃至全国的改革开放和经济发展产生了强大的辐射和带动作用。

随着治理整顿任务和"七五"计划的胜利完成，改革开放和社会主义现代化建设事业即将进入一个新的阶段。

十、邓小平南方谈话

随着苏联解体、东欧剧变，社会主义在世界范围内的实践陷入低潮。冷战结束后，世界开始走向多极化，经济全球化进程加快，周边一些国家呈现强劲发展势头。而我国社会主义事业发展面临巨大的困难和压力。经过治理整顿，我国经济走出了低谷，但经济运行中存在的深层次问题尚未得到根本解决。世界社会主义发生的严重曲折对我国也产生一定的负面影响，有人对社会主义前途缺乏信心，也有人对改革开放产生怀疑，提出姓"社"还是姓"资"的疑问。能否坚持党的基本路线不动摇，抓住机遇、加快发展，把改革开放和现代化建设继续推向前进，成为中国共产党人必须回答和解决的重大课题。

在党和国家历史发展的紧要关头，1992年1月18日至2月21日，88岁高龄的邓小平先后到武昌、深圳、珠海、上海等地视察。他一路走，一路看，发表了一系列重要谈话。

★ 1992 年 1 月 23 日，邓小平在广东考察时指出，广东要上几个台阶，力争用 20 年的时间赶上亚洲"四小龙"

　　对如何推进改革开放，邓小平在谈话中指出，革命是解放生产力，改革也是解放生产力。改革开放胆子要大一些，敢于试验。看准了的，就大胆地试，大胆地闯。改革开放迈不开步子，不敢闯，说来说去就是怕资本主义的东西多了，走了资本主义道路。要害是姓"资"还是姓"社"的问题。判断的标准，应该主要看是否有利于发展社会主义社会的生产力，是否有利于增强社会主义国家的综合国力，是否有利于提高人民的生活水平。针对一些人对改革开放的非议和责难，邓小平强调，右可以葬送社会主义，"左"也可以葬送社会主义。中国要警惕右，但主要是防止"左"。他指出，恐怕再有 30 年的时间，我们才会在各方面形成一整套更加成熟、更加定型的制度。在这个制度下的方针、政策，也将更加定型化。

关于计划和市场的关系，邓小平指出，计划多一点还是市场多一点，不是社会主义与资本主义的本质区别。计划和市场都是经济手段。他鲜明地提出，社会主义的本质是解放生产力，发展生产力，消灭剥削，消除两极分化，最终达到共同富裕。他还指出，社会主义要赢得与资本主义相比较的优势，就必须大胆吸收和借鉴人类社会创造的一切文明成果，吸收和借鉴当今世界各国包括资本主义发达国家的一切反映现代社会化生产规律的先进经营方式、管理方法。

抓住时机，加快发展，是邓小平在谈话中反复强调的重大问题之一。他指出，周边一些国家和地区经济发展比我们快，如果我们不发展或发展得太慢，老百姓一比较就有问题了。要抓住时机，发展自己，关键是发展经济。发展才是硬道理。在今后的现代化建设长过程中，出现若干个发展速度比较快、效益比较好的阶段，是必要的，也是能够办到的。我们就是要有这个雄心壮志！邓小平认为，解决中国的发展问题，关键是要坚持党的基本路线不动摇。他强调，要坚持党的十一届三中全会以来的路线、方针、政策，关键是坚持"一个中心、两个基本点"。不坚持社会主义，不改革开放，不发展经济，不改善人民生活，只能是死路一条。基本路线要管一百年，动摇不得。

在谈话中，邓小平还阐述了其他一些具有战略指导意义的重要思想。他强调：在整个改革开放的过程中，必须始终注意坚持四项基本原则。要坚持两手抓，一手抓改革开放，一手抓打击各种犯罪活动。两只手都要硬。坚持两手抓，社会主义精神文明建设就可以搞上去。在整个改革开放过程中都要反对腐败。中国的事情能不能办好，社会主义和改革开放能不能坚持，经济能不能快一点发展起来，国家能不能长治久安，从一定意义上说，关键在人。说到底，关键是我们共产党内部要搞好，不出事。

面对世界社会主义出现的低潮，邓小平满怀信心地指出：我坚信，世界上赞成马克思主义的人会多起来的，因为马克思主义是科学。不要惊慌失措，不要认为马克思主义就消失了，没用了，失败了。哪有这回事！一些国家出现严重曲折，社会主义好像被削弱了，但人民经受锻炼，从中吸收教训，将促进社会主义向着更加健康的方向发展。他强调，巩固和发展社会主义制度，还需要一个很长的历史阶段，需要我们几代人、十几代人，甚至几十代人坚持不懈地努力奋斗，决不能掉以轻心。我们要在建设有中国特色的社会主义道路上继续前进。从现在起到下世纪中叶，将是很要紧的时期，我们要埋头苦干。

"东方风来满眼春。"邓小平南方谈话阐发的一系列全新的思想，犹如一股强劲的东风，驱散了人们思想上的迷雾。它从理论上深刻回答了长期困扰和束缚人们思想的许多重大问题，是把改革开放和现代化建设推向新阶段的又一个解放思想、实事求是的宣言书，不仅对即将召开的党的十四大具有十分重要的指导作用，而且对中国整个社会主义现代化建设事业具有重大而深远的意义。

南方谈话，使邓小平一生的光辉业绩达到新的高度。邓小平同志是全党全军全国各族人民公认的享有崇高威望的卓越领导人，伟大的马克思主义者，伟大的无产阶级革命家、政治家、军事家、外交家，中国社会主义改革开放和现代化建设的总设计师，中国特色社会主义道路的开创者，邓小平理论的主要创立者。如果没有邓小平，中国人民就不可能有今天的新生活，中国就不可能有今天改革开放的新局面和社会主义现代化的光明前景。作为一代伟人，邓小平作出的光辉业绩、创立的科学理论，已经并将继续改变和影响着中国和世界。

第八章 ‖ 把中国特色社会主义全面推向 21 世纪

　　1992 年下半年，中国共产党将召开第十四次全国代表大会。邓小平南方谈话之后，中国的改革开放如何迈出新的步伐，国内外十分关注。在指导起草党的十四大报告的过程中，6 月 9 日，江泽民到中央党校，为省部级干部进修班作题为《深刻领会和全面落实邓小平同志的重要谈话精神，把经济建设和改革开放搞得更快更好》的讲话。这实际上是一次就十四大报告征求意见、寻求共识的"吹风会"。在讲话中，江泽民列举了关于经济体制改革目标的几种提法，表示倾向于使用"社会主义市场经济体制"这个提法。会后，江泽民就此征求了邓小平等同志的意见。邓小平表示赞成，并说：这样十四大也就有了一个主题了。江泽民的这篇讲话为党的十四大的召开做了重要的思想理论准备。

一、党的十四大和建立社会主义市场经济体制

党的十四大

　　1992 年 10 月 12 日至 18 日，中国共产党第十四次全国代

表大会在北京举行。江泽民作题为《加快改革开放和现代化建设步伐，夺取有中国特色社会主义事业的更大胜利》的报告。

大会作出了三项具有深远意义的决策。

一是抓住机遇，加快发展，集中精力把经济建设搞上去。大会指出，我国经济能不能加快发展，不仅是重大的经济问题，而且是重大的政治问题。现在国内条件具备，国际环境有利，既有挑战，更有机遇，是加快发展的好时机。大会对我国 20 世纪 90 年代的经济发展速度作出调整，把原定的国民生产总值平均每年增长 6% 调整为 8% 至 9%；提出到 20 世纪末，我国国民经济整体素质和综合国力将迈上一个新台阶，国民生产总值将超过原定比 1980 年翻两番的要求，人民生活由温饱进入小康。

二是确定我国经济体制改革的目标是建立社会主义市场经济体制。大会指出，我国经济体制改革确定什么样的目标模式，是关系整个社会主义现代化建设全局的一个重大问题。这个问题的核心，是正确认识和处理计划与市场的关系。实践的发展和认识的深化，要求党明确提出我国经济体制改革的目标是建立社会主义市场经济体制，以利于进一步解放和发展生产力。我国要建立的社会主义市场经济体制是同社会主义基本制度结合在一起的，目的就是要使市场在社会主义国家宏观调控下对资源配置起基础性作用，使经济活动遵循价值规律的要求，适应供求关系的变化。

三是提出用邓小平同志建设有中国特色社会主义的理论武装全党的任务。大会报告从发展道路、发展阶段、根本任务、发展动力、外部条件、政治保证、战略步骤、领导力量和依靠力量、祖国统一等九个方面，对建设有中国特色社会

★ 党的十四大会场

主义理论的主要内容作了概括，指出这个理论第一次比较系统地初步回答了在中国这样的经济文化比较落后的国家如何建设社会主义、如何巩固和发展社会主义的一系列基本问题，用新的思想、观点继承和发展了马克思主义。

大会审议通过了报告和《中国共产党章程（修正案)》。党章修正案写入建设有中国特色社会主义理论和党在社会主义初级阶段的基本路线；明确提出党的建设必须紧密围绕党的基本路线，坚持从严治党，把党建设成为领导全国人民沿着有中国特色社会主义道路不断前进的坚强核心；增写了纪律的重要性，规定党的纪律是党的各级组织和全体党员必须遵守的行为规则，要求党组织和党员必须严格执行和维护党的纪律，自觉接受党的纪律的约束。

大会选举产生十四届中央委员会和中央纪律检查委员会，决定不再设立中央顾问委员会。从党的十二大到十四大，中央顾问委员会协助党中央做了大量卓有成效的工作，在新的历史时期为党、国家和人民建立了历史性功绩，出色地完成了自己的使命。

党的十四届一中全会选举江泽民、李鹏、乔石、李瑞环、朱镕基、刘华清、胡锦涛为中央政治局常委，江泽民为中央委员会总书记；决定江泽民为中央军事委员会主席；批准尉健行为中央纪律检查委员会书记。

在邓小平南方谈话和党的十四大精神的推动下，中国的改革开放扬起新的风帆。全国上下积极性高涨，经济快速发展。世界的目光也聚焦中国，来华投资热再度兴起。以邓小平南方谈话和党的十四大为标志，我国改革开放和社会主义现代化建设事业进入新的发展阶段。

建立社会主义市场经济体制纲领的制定和实施

建立社会主义市场经济体制是党的十四大作出的重大决策。改革开放以来的实践充分证明，原有的经济体制已经不能适应社会生产力发展的要求，进行修修补补远远不能解决问题，必须对计划经济体制进行根本性改革，建立能够使市场在资源配置中起基础性作用的、充满生机活力的社会主义市场经济体制。

但人们对为什么要在"市场经济"前面加"社会主义"四个字，还存在不同认识。对此，江泽民明确指出："'社会主义'这几个字是不能没有的，这并非多余，并非'画蛇添足'，而恰恰相反，这是'画龙点睛'。所谓'点睛'，就是点

明我们市场经济的性质"，"我们的创造性和特色也就体现在
这里"。这就表明我国的社会主义市场经济体制，必须与国情
相结合，不可能与西方国家的完全一样，不能照搬照抄；社会
主义市场经济体制既有一般市场经济的共性，又有我国的显
著特征，必须处理好发挥市场作用和加强宏观调控的关系。

把社会主义基本制度与市场经济结合起来，建立社会主
义市场经济体制，是改革开放十多年艰辛探索的结果，是中
国共产党的一个伟大创举，是中国共产党人对马克思主义的
重大发展，也是社会主义发展史上的重大突破，对我国改革
开放和经济社会发展具有极其重要的作用。

按照党的十四大的决策，党中央、国务院作出一系列相
应的体制改革和政策调整，同时抓紧制定总体规划，并有计
划、有步骤地加以实施。

1993 年 11 月，党的十四届三中全会审议通过《中共中央
关于建立社会主义市场经济体制若干问题的决定》，把十四大
提出的经济体制改革目标和基本原则进一步具体化，制定了建
立社会主义市场经济体制的总体规划，其基本框架为：在坚
持以公有制为主体、多种经济成分共同发展的基础上，建立
现代企业制度、全国统一开放的市场体系、完善的宏观调控
体系、合理的收入分配制度和多层次的社会保障制度。我国
经济体制改革开始向着建立社会主义市场经济体制的目标整
体性推进。

按照党中央关于建立社会主义市场经济体制的要求，国
务院先后作出一系列部署，加快推进财政、税收、金融、外
贸、外汇、计划、投资、价格、流通等方面的体制改革步伐。

改革带来了供给能力的提升和物质的丰富。1992 年之

后，我国全面放开粮食购销价格和经营。不仅是粮食，交由市场定价的范围几乎涵盖所有的生活资料。一度遇到挫折的价格改革，波澜不惊地取得了成功。1993年，我国取消粮票，实行了40年的粮食统购统销制度宣告终结，百姓生活曾经离不开的粮票、油票等各种票证进入历史博物馆。

国有企业改革是建立社会主义市场经济体制的中心环节，也是难点所在。这一时期，国有企业改革开始从以往的放权让利、政策调整进入到转换机制、制度创新阶段。从1994年底开始，国家经贸委、体改委会同有关部门选择100家国有大中型企业进行建立现代企业制度的试点。随后，全国各地先后选定2700多家国有企业参与试点。国务院还选择18个城市进行"优化资本结构"的配套改革试点，采取多种政策，在减轻企业债务负担、分离社会服务功能、分流富余人员等方面实现了重点突破。

上述改革和调整，从实际步骤上加快了由计划经济体制向社会主义市场经济体制转轨的步伐，市场在资源配置中的基础性作用得到明显增强，全国呈现出改革开放全面推进、经济建设迅猛发展的景象。

二、加强宏观调控与经济发展实现"软着陆"

经济发展实现"软着陆"

在经济快速发展的过程中，一些地方和部门片面追求高速度，加上原有的宏观调控机制逐渐失效，新的调控机制尚未健全，导致出现固定资产投资增加过猛、房地产热、开发区热、金融秩序混乱、物价上涨等新的问题。党中央比较快地发现了这种苗头，1992 年上半年就一再提醒要防止发生经济过热现象，强调要在深化改革上狠下功夫，避免只在扩大投资规模上做文章，以防出现新的重复建设和产品积压。1993 年 4 月，中央召开经济情况通报会，集中讨论解决乱集资、乱拆借、房地产热和开发区热等问题。6月，中共中央、国务院印发《关于当前经济情况和加强宏观调控的意见》，决定采取以整顿金融秩序为重点的 16 条措施，主要是严格控制货币发行，坚决纠正违章拆借资金，坚决制止各种乱集资，严格控制信贷总规模，稳定外汇市场价格等。据此，国务院相继召开全国金融工作会议和全国财政、税务工作会议，加大金融、财税领域的整顿力度。

这次宏观调控，除了采取必要的行政手段和组织措施外，主要着眼于运用经济、法律手段，从加快新旧体制转换中找出路，把解决经济运行中的突出问题变成加快改革、建立社会主义市场经济体制的动力。经过 3 年努力，宏观调控取得显著成效，投资过热得到有效控制，金融秩序逐渐好转，信贷规模总量得到控制，物价逐渐放开且涨幅明显回落。这次宏观调控成功地抑制了通货膨胀，同时保持了经济增长的较快速度，实现了从经济过热和通货膨胀到高增长、低通胀的"软着陆"，避免了经济大起大落，为经济健康发展和后来成功抵御亚洲金融危机的冲击打下了基础。

"八五"计划的完成

在加强宏观调控和深化改革过程中,"八五"计划提出的主要指标完成或超额完成,国民经济和社会发展取得显著成就。"八五"期间,国民经济持续快速增长,国民生产总值年均增长12.3%,1995年达到61130亿元,原定2000年比1980年翻两番的目标提前五年实现。城乡人民生活继续改善,城镇居民人均可支配收入年均增长7.9%,农村居民人均纯收入年均增长4.3%。我国各项事业全面发展,社会生产力、综合国力和人民生活上了一个新台阶。

1995年9月,党的十四届五中全会通过《中共中央关于制定国民经济和社会发展"九五"计划和2010年远景目标的建议》,对"九五"时期实现第二步发展战略目标作出新部署:到2000年,在我国人口将比1980年增长3亿左右的情况下,实现人均国民生产总值比1980年翻两番;基本消除贫困现象,人民生活达到小康水平;加快现代企业制度建设,初步建立社会主义市场经济体制。《建议》确定到2010年主要奋斗目标是:实现国民生产总值比2000年翻一番,使人民的小康生活更加宽裕,形成比较完善的社会主义市场经济体制。《建议》强调,实现奋斗目标的关键是实行两个具有全局意义的根本性转变:一是经济体制从传统的计划经济体制向社会主义市场经济体制转变;二是经济增长方式从粗放型向集约型转变,促进国民经济持续、快速、健康发展和社会全面进步。

江泽民在全会闭幕时发表讲话,深刻阐述了社会主义现代化建设中12个重大关系。其中,最主要的是正确处理改革发展稳定的关系。他强调改革是动力，发展是目的，稳定是前提，做到在政治和社会稳定中推进改革和发展，在改革和发展的推进中实现政治和社会长期稳定。这是对我国改革开放和社会主义现代化建设历史经验的深刻总结。

三、党的十五大和确立邓小平理论为党的指导思想、改革开放的深入推进

党的十五大

1997 年 2 月 19 日，中国社会主义改革开放和现代化建设的总设计师邓小平逝世。全世界在关注，中国共产党能否沿着邓小平开辟的中国特色社会主义道路继续走下去。

1997 年 9 月 12 日至 18 日，中国共产党第十五次全国代表大会在北京举行。江泽民作题为《高举邓小平理论伟大旗帜，把建设有中国特色社会主义事业全面推向二十一世纪》的报告。

大会指出，旗帜问题至关紧要。旗帜就是方向，旗帜就是形象。大会首次使用"邓小平理论"这个概念，把这一理论作为指引党继续前进的旗帜。大会强调，坚持党的十一届三中全会以来的路线不动摇，就是高举邓小平理论的旗帜不动摇。在改革开放和社会主义现代化建设的新时期，在跨越世纪的新征途上，一定要高举邓小平理论的伟大旗帜，用邓小平理论来指导我们整个事业和各项工作。

大会提出了党在社会主义初级阶段的基本纲领，阐明了

★ 党的十五大会场

建设有中国特色社会主义的经济、政治、文化的基本特征和基本要求。大会对我国社会主义初级阶段的所有制结构和公有制实现形式、依法治国和建设社会主义法治国家、有中国特色社会主义文化建设等重大问题作出新阐述。大会指出，公有制为主体、多种所有制经济共同发展是我国社会主义初级阶段的一项基本经济制度。公有制经济不仅包括国有经济和集体经济，还包括混合所有制经济中的国有成分和集体成分。国有经济对经济发展起主导作用，主要体现在控制力上。公有制实现形式可以而且应当多样化。非公有制经济是我国社会主义市场经济的重要组成部分。依法治国，是党领导人民治理国家的基本方略，是发展社会主义市场经济的客观需要，是社会文明进步的重要标志，是国家长治久安的重要保障。建设有中国特色社会主义文化，就是以马克思主义为指导，以培育有理想、有道德、有文化、有纪律的公民为目标，发展面向现代化、面向世界、面向未来的，民族的科学的大众的社会主义文化。这些论述，体现了党在探索回答什么是社会主义、怎样建设社会主义问题上的又一次思想理论认识的深化。

大会在我国经济发展"三步走"战略的第二步目标即将实现之际，对如何实现第三步目标作出进一步规划，提出了新的"三步走"发展战略，即下世纪第一个十年实现国民生产总值比 2000 年翻一番，使人民的小康生活更加宽裕，形成比较完善的社会主义市场经济体制；再经过十年的努力，到中国共产党成立一百年时，使国民经济更加发展，各项制度更加完善；到下世纪中叶中华人民共和国成立一百年时，基本实现现代化，建成富强民主文明的社会主义国家。大会围绕这个发展战略，对我国跨世纪发展作出战略部署。

大会强调，要按照党的建设新的伟大工程的总目标，从思想上、组织上、作风上全面加强党的建设，不断提高领导水平和执政水平，不断增强拒腐防变的能力，以新的面貌和更强大的战斗力，带领人民完成新的历史任务。

大会审议通过了报告和《中国共产党章程（修正案）》，选举产生十五届中央委员会和中央纪律检查委员会。党的十五届一中全会选举江泽民、李鹏、朱镕基、李瑞环、胡锦涛、尉健行、李岚清为中央政治局常委，江泽民为中央委员会总书记；决定江泽民为中央军事委员会主席；批准尉健行为中央纪律检查委员会书记。

确立邓小平理论为党的指导思想

党的十五大把邓小平理论同马克思列宁主义、毛泽东思想一起作为党的指导思想写入党章。这是党经过近20年改革开放和社会主义现代化建设的成功实践作出的历史性决策，表明全党把邓小平开创的中国特色社会主义全面推向前进的决心和信念，也反映了全国人民的共识和心愿。

党的十五大报告指出，邓小平理论是在和平与发展成为时代主题的历史条件下，在我国改革开放和现代化建设的实践中，在总结我国社会主义胜利和挫折的历史经验并借鉴其他社会主义国家兴衰成败历史经验的基础上，逐步形成和发展起来的。它抓住"什么是社会主义、怎样建设社会主义"这个根本问题，第一次比较系统地初步回答了建设有中国特色社会主义的一系列基本问题，指导党制定了在社会主义初级阶段的基本路线。它是贯通哲学、政治经济学、科学社会主义等领域，涵盖经济、政治、科技、教育、文化、民族、军事、外交、统一战线、党的建设等方面比较完备的科学体系，又是需要从各方面进一步丰富发展的科学体系。

邓小平理论开拓了马克思主义的新境界，是马克思主义在中国发展的新阶段，是当代中国的马克思主义，是中国特色社会主义理论体系的开创之作。党的十五大对邓小平理论的历史地位和指导意义作了深刻阐述，指出，马克思列宁主义同中国实际相结合有两次历史性飞跃，产生了两大理论成果。第一次飞跃的理论成果是被实践证明了的关于中国革命和建设的正确理论和经验总结，它的主要创立者是毛泽东，我们党把它称为毛泽东思想。第二次飞跃的理论成果是建设有中国特色社会主义理论，它的主要创立者是邓小平，我们党把它称为邓小平理论。这两大理论成果都是党和人民实践经验和集体智慧的结晶。

农村改革全面推进和国有企业改组改造

党的十五大以后，党中央采取一系列重要举措加快推进改革，并强调着重抓好两个大头：一是要加强农业基础地位；一是要搞好国有大中型企业。

对农村改革和发展问题，1995 年 3 月，江泽民在江西考察农业和农村工作时，重申和进一步阐述了邓小平关于农业改革和发展"两个飞跃"①的思想，指出要长期保持家庭联产承包责任制的稳定不变并不断加以完善，同时从长远趋势来说，逐步走上集约化、集体化道路，是农村发展的大方向。

随着建立社会主义市场经济体制步伐的加快，我国农业管理体制和产业结构与市场经济不相适应的矛盾日益突出。为此，党中央及时提出对农业结构实施战略性调整的方针。1998 年 10 月，党的十五届三中全会通过《中共中央关于农业和农村工作若干重大问题的决定》，提出到 2010 年，基本建立以家庭承包经营为基础，以农业社会化服务体系、农产

---

① 1990 年 3 月 3 日，邓小平在同几位中央负责同志谈话时指出，中国社会主义农业的改革和发展，从长远的观点看，要有两个飞跃。第一个飞跃，是废除人民公社，实行家庭联产承包为主的责任制。这是一个很大的前进，要长期坚持不变。第二个飞跃，是适应科学种田和生产社会化的需要，发展适度规模经营，发展集体经济。这是又一个很大的前进，当然这是很长的过程。

品市场体系和国家对农业的支持保护体系为支撑，适应发展社会主义市场经济要求的农村经济体制。全会提出的坚定不移贯彻土地承包期再延长 30 年的政策，让亿万农民安心地在承包的土地上进行生产和经营，促进了农业的发展。

为解决贫困地区农民温饱和增收问题，党和政府采取多方面措施，加大扶贫攻坚力度。自 20 世纪 80 年代以来，党和政府在全国范围内开展了有组织有计划的大规模扶贫工作。1994 年制定实施的《国家八七扶贫攻坚计划》提出，力争用 7 年左右的时间，基本解决 8000 万农村贫困人口的温饱问题。在计划实施过程中，中央扶贫资金累计投入 1127 亿元。到 2000 年底，全国农村没有解决温饱的贫困人口减少到 3209 万人，占农村人口的比重下降到 3.5% 左右。全国 592 个国家级贫困县生产生活条件明显改善，大部分行政村实现了通电、通路、通邮、通电话，贫困状况得到缓解。

在推进农村改革的同时，按照产权清晰、权责明确、政企分开、管理科学的目标要求，1994 年底开始的国有企业建立现代企业制度改革试点工作取得初步成效。但由于历史包袱和社会负担沉重等原因，再加上 1997 年亚洲金融危机的影响，国有企业面临前所未有的困难。国有企业改革必须寻求新思路，才能取得新突破。党的十五大提出国有企业改革与脱困三年目标，即用三年左右的时间，通过改革、改组、改造和加强管理，使大多数国有大中型亏损企业摆脱困境，使大多数国有大中型骨干企业初步建立现代企业制度。

党的十五大后，以建立现代企业制度为方向的国有企业改革攻坚全面展开。国务院按照鼓励兼并、规范破产、下岗分流、减员增效，实施再就业工程的改革思路，以纺织行业为突破口，通过债转股、国家技改专项资金、国企上市变现、政策性关闭破产等一系列举措，全面打响三年脱困攻坚战。1998 年，中国石油天然气集团、中国石油化工集团、上海宝钢集团等一批按照市场要求运作的特大型企业集团相继组建，向建立现代企业制度迈出重要一步。这些大型国企按照市场要求运作，不再承担行政性职能，增强了自我发展和参与国际竞争的能力。国有小企业发挥"船小好调头"的优势，采取改组、联合、兼并、租赁、承包经营、股份合作制、出售等形式，加快改革步伐。到 2000 年末，国有大中型企业改革和脱困三年目标基本实现，国有控股企业实现利润大幅增长，大多数国有大中型骨干企业初步建立了现代企业制度。

在加快经济结构调整和深化国企改革的过程中，为了解决大量职工下岗问题，党中央反复强调，国有企业的广大职工，几十年来为国家作出了重大贡献，要动员全党、全社会力量，满腔热忱和极端负责地做好国有企业下岗职工基本生活保障和再就业工作。1996 年，上海率先创建再就业服务中心，大力推进再就业工程。这项"民心工程"推向全国后，为国企职工分流架起了从企业到市场的桥梁。1998 年 6 月，党中央、国务院发出通知，要求争取用五年左右时间，初步建立适应社会主义市场经济体制要求的社会保障体系和就业机制。各级政府按照中央部署，为下岗职工建立起基本生活保障、失业保险、城市居民最低生活保障三条保障线，启动以职工养老保险、医疗保险为重点的社会保障制度改革。许多地方还通过加强职业培训，引导职工转变择业观念，积极发展第三产业，拓宽就业渠道。这些措施保障了下岗职工的基本生活，在很大程度上消解了国有企业改革的困难和风险。

全方位对外开放格局的形成

对内深化改革与对外扩大开放是紧密联系在一起的。在20世纪90年代十分复杂的国际环境中，党中央敏锐观察和牢牢把握经济全球化不可逆转的发展趋势，毫不动摇坚持对外开放基本国策，推动对外开放迈出重大步伐。

党的十四大和十四届三中全会提出，对外开放的地域要扩大，形成多层次、多渠道、全方位开放的格局，充分利用国际国内两个市场、两种资源，积极推进以质取胜和市场多元化等战略措施。随着原来在经济特区实行的某些优惠政策和灵活措施在内地逐步推行，特区的一些干部中出现了特区已经不"特"、特区还要不要"特"、还要不要继续发展的议论。1994年，党中央明确提出，中央对发展经济特区的决心不变，中央对经济特区的基本政策不变，经济特区在全国改革开放和现代化建设中的历史地位和作用不变，经济特区要"增创新优势，更上一层楼"。

党的十五大进一步提出，对外开放是一项长期的基本国策，要以更加积极的姿态走向世界，完善全方位、多层次、宽领域的对外开放格局，发展开放型经济，增强国际竞争力。1998年2月，党的十五届二中全会深刻总结亚洲金融危机的教训，提出我们既要敢于又要善于参与经济全球化条件下的国际经济技术合作和竞争；既要充分利用其中可以利

用的各种有利条件和机遇来发展自己，又要清醒认识和及时
防范其中可能带来的各种不利影响和风险，稳步推进对外开
放，趋利避害、掌握主动。此后，党中央又进一步指出，经
济全球化是一把"双刃剑"，对我国的发展有利也有弊，既
要坚定不移地实行对外开放，又要坚持独立自主，增强风险
意识，加强防范工作，切实维护我国经济安全，更好地发展
壮大自己。

根据这些重大决策，在党中央、国务院大力推进下，我
国扩大开放沿海城市和内陆边境城市、沿江城市和省会城
市，建立起一批经济技术开发区和保税区，同时明确了以上
海浦东新区为龙头带动长江流域经济起飞的发展战略，确定
要在 21 世纪初将上海建成国际经济、金融、贸易中心。到
1997 年，从沿海到沿江、从沿边到内陆，多层次、多渠道、
全方位开放的新格局逐步形成。

加入世界贸易组织是我国改革开放进程中具有历史意义
的一件大事，也是进一步推进全方位、多层次、宽领域对外
开放的重要契机。中国政府于 1986 年 7 月申请恢复我国关
贸总协定缔约国地位，并开始同缔约各方进行谈判。1995
年 1 月世界贸易组织成立后，中国开始与世贸组织成员国逐
一进行拉锯式的双边谈判，其过程跌宕起伏，中美之间的
谈判尤为复杂艰难。从"复关"到"入世"，中国进行了长
达 15 年的谈判。其间，党中央始终高度重视，做了大量工
作。2001 年 11 月 10 日，在卡塔尔首都多哈举行的世界贸
易组织第四届部长级会议，通过了中国加入世界贸易组织的
决定。12 月 11 日，中国正式成为世贸组织的第 143 名成员。
融入世界经济是历史大方向，中国经济要发展，就要敢于到

世界市场的汪洋大海中去游泳，如果不敢到大海中去经风雨、见世面，总有一天会在大海中溺水而亡。所以，中国勇敢地迈向世界市场。实践证明，加入世界贸易组织，使中国经济在全球化进程中获得参与制定规则和竞争的有利位置，从而打开了对外开放的新天地，得到更为广阔的发展空间，对推动经济体制改革和现代化建设产生了深刻影响。

四、跨世纪发展战略的制定与实施

科教兴国战略

现代国际间的竞争，说到底是综合国力的竞争，关键是科学技术的竞争。制定和实施科教兴国战略，是在科学技术对我国现代化建设的推动作用日益受到重视的基础上逐步形成的。1993年，《中华人民共和国科学技术进步法》颁布实施，这是新中国第一部关于科学技术的法律。1995年5月，党中央准确分析科技发展趋势和国内外形势，作出关于加速科学技术进步的决定，确定实施科教兴国战略。科教兴国，就是全面落实科学技术是第一生产力的思想，坚持教育为本，把科技和教育摆在经济、社会发展的重要位置，增强国家的科技实力及向现实生产力转化的能力，提高全民族的科技文化素质，把经济建设转移到依靠科技进步和提高劳动者素质的轨道上来，加速实现国家的繁荣强盛。实施科教兴国战略，必须不断提高创新能力。5月26日，江泽民在全国科学技术大会上强调：创新是一个民族进步的灵魂，是国家

★ 江泽民在全国科学技术大会上讲话

兴旺发达的不竭动力；一个没有创新能力的民族，难以屹立于世界先进民族之林。我们必须在学习、引进国外先进技术的同时，坚持不懈地着力提高国家的自主研究开发能力。

党中央提出科教兴国战略后，在继续实施"863"计划的同时，1997 年组织实施《国家重点基础研究发展计划》（"973"计划），加强国家战略目标导向的基础研究工作。党中央还敏锐地认识到，信息化是一场带有深刻变革意义的科技创新，强调要积极推动工业化与信息化相结合，以信息化带动工业化，实现跨越式发展。这一时期，我国科技事业发展取得巨大成就。1999 年 11 月，第一艘无人实验飞船"神舟一号"的成功发射，标志着我国在载人航天飞行技术上获得了重大突破。1999 年"神威"计算机的问世，打破了西方国家在高性能计算机技术方面对我国的封锁。

为鼓励广大科技人员建功立业，在新中国成立 50 周年之际，党中央、国务院、中央军委作出决定，隆重表彰为研制"两弹一星"作出突出贡献的 23 位科技专家。党中央、国务院决定从 2000 年起设立国家最高科学技术奖，并于 2001 年 2 月 19 日召开国家科学技术奖励大会。著名数学家吴文俊、"杂交水稻之父"袁隆平荣膺 2000 年度国家最高科学技术奖，在社会上引起强烈反响。

在教育方面，中共中央、国务院于 1993 年 2 月颁布《中国教育改革和发展纲要》，明确提出必须把教育摆在优先发展的战略地位，努力提高全民族的思想道德和科学文化水平，强调这是实现我国现代化的根本大计。1995 年 9 月，《中华人民共和国教育法》正式实施，为教育事业的发展提供了法律保障。同年，国家正式启动"211 工程"，即面向 21 世纪，重点建设 100 所左右的高等学校和一批重点学科。1999 年，国家开始实施"985 工程"，重点支持若干所高校创建具有世界先进水平的一流大学和一批一流学科。国家合理调整高校布局结构，推动高等教育改革和多种形式联合办学，逐步改变高等教育长期存在的条块分割、重复建设状况，教育资源配置更加合理。在基础教育和职业技术教育方面，逐步形成政府为主与社会参与相结合的办学新体制。国家大幅度增加对教育事业的投入，有力支持了教育体制的改革和教育事业的发展。

可持续发展战略

在我国经济高速粗放增长、经济规模越来越大的形势下，可持续发展问题日益引起党中央的高度重视。1992 年联合国环境与发展大会后，党中央、国务院明确提出将实施可持续发展战略。1994 年，我国发表《中国 21 世纪议程——中国 21 世纪人口、环境与发展白皮书》，提出可持续发展的总体战略、对策和行动方案。党的十五大和 1998 年 3 月召开的九届全国人大一次会议，都将实施可持续发展战略作为我国跨世纪发展的重要任务，坚持计划生育和保护环境的基本国策，正确处理经济发展同人口、资源、环境的关系。

在党和政府的积极推动下，可持续发展战略的实施在一些重要领域取得重大进展。1996 年，国务院发布关于环境保护若干问题的决定，大力推进控制主要污染物排放总量、工业污染源达标和重点城市的环境质量按功能区达标工作，全面开展淮河、海河、辽河和太湖、滇池、巢湖水污染防治，酸雨污染控制区和二氧化硫污染控制区大气污染防治。党的十五大以后，国务院颁布《全国生态环境建设规划》和《中国自然保护区发展规划纲要》，并作出秸秆禁烧和综合利用、严厉打击非法捕杀和经营野生动物等一系列规定，开展水土流失的综合治理，启动天然林保护、退耕还林（还草）、京津风沙源治理等工程，实行资源有偿使用制度，逐年加大生态环境保护的力度。

1978 年，党中央作出在西北、华北、东北风沙危害和水土流失重点地区建设大型防护林的战略决策，启动三北防护林建设工程。经过不懈努力，到 2001 年顺利完成第一阶段建设任务，"三北"地区的森林覆盖率达到 10%，初步建立起阻止风沙南侵的绿色长城。这项工程被誉为"世界生态工程之最"。在建设过程中，涌现了塞罕坝林场、右玉县等一批防沙造林、改善生态的先进典型。

西部大开发战略

我国幅员辽阔，不同地区自然环境和发展条件差异较大，长期以来发展不平衡、不协调。经过新中国成立以来特别是改革开放以来的建设，西部地区积累了相当的物质技术基础，但同东部地区相比，交通、通信等基础设施薄弱，经济水平长期处于落后状态，文化、教育、卫生等事业发展明显滞后。

逐步缩小地区之间的发展差距，实现全国经济社会协调发展，最终达到全体人民共同富裕，是社会主义的本质要求，也是关系我国跨世纪发展全局的一个重大问题。早在1988年9月，邓小平就提出了"两个大局"的战略构想。他指出："沿海地区要加快对外开放，使这个拥有两亿人口的广大地带较快地先发展起来，从而带动内地更好地发展，这是一个事关大局的问题。内地要顾全这个大局。反过来，发展到一定的时候，又要求沿海拿出更多力量来帮助内地发展，这也是个大局。那时沿海也要服从这个大局。"他在1992年南方谈话中又强调，在20世纪末达到小康水平的时候，就要突出地提出和解决这个问题。

1995年12月中下旬，江泽民在陕西、甘肃考察期间，开始思考和酝酿加快西部地区的开发和发展问题。他提出，要通过国家的大力扶助，通过其他地区特别是比较发达地区的多方支援，努力加快西部地区的发展步伐。当时，西部地区面临的最突出最紧迫问题就是生态环境的保护和治理。1997年8月，江泽民在《关于陕北地区治理水土流失，建设生态农业的调查报告》上作出批示，提出要齐心协力大抓植树造林，绿化荒漠，建设生态农业，再造一个山川秀美的西北地区。随后，国务院采取了在西部地区实行退耕还林、还草和移民开发等一系列措施。广大西部地区的人民在全国各地的支援下，积极调整农业生产结构，大规模植树造林，向荒漠化开战。

世纪之交，我国综合国力显著增强，经济结构调整加速推进，东部地区经济社会发展积累了一定的实力，国家支持西部地区加快发展的条件基本具备，时机已经成熟。1999年 9 月，党的十五届四中全会作出实施西部大开发战略的决定，要求通过优先安排基础设施建设、增加财政转移支付等措施，支持中西部地区和少数民族地区加快发展。2000 年10 月，党的十五届五中全会对此作了进一步部署，西部大开发战略的实施全面启动。随后，国务院发出关于实施西部大开发若干政策措施的通知，明确西部开发的政策适用范围包括四川、云南、贵州、西藏、重庆、陕西、甘肃、青海、新疆、宁夏、内蒙古、广西等 12 个省、自治区、直辖市。经国务院批准，湖南省湘西土家族苗族自治州、湖北省恩施土家族苗族自治州和吉林省延边朝鲜族自治州，在实际工作中比照西部开发的有关政策措施予以照顾。为支持西部大开发，国务院制定出台有关财税、金融、外资外贸、吸引人才和科技教育等方面的具体政策，加大对西部地区财政转移支付的力度，扩大西部地区公共投资规模；青藏铁路、西气东输、西电东送等一大批重点工程相继开工，基础设施建设步伐明显加快，有力推动了西部地区经济社会发展。

实施西部大开发战略，是党中央总揽全局作出的一项重大战略决策，对于推动东西部地区协调发展和最终实现共同富裕，维护民族团结、社会稳定和国家安全，扩展国家发展的战略回旋空间，具有重大而深远的意义。

"引进来"和"走出去"战略

改革开放以来，我国通过积极引进国外的资金和先进的技术、管理经验来发展自己，取得了很大成绩。我国经济实力的增强和经济全球化的加速发展，要求我们必须不失时机地大胆"走出去"，充分利用好国际国内两种资源、两个市场。只有这样，才能弥补国内资源和市场的不足，才能把技术、设备、产品和服务带出去，使我国更有条件引进新的技术、发展新的产业，并逐步形成自己的跨国公司，更好地参与经济全球化竞争。

1996年7月，江泽民在河北唐山考察工作时提出，要加紧研究国有企业如何有重点有组织地"走出去"，做好利用国际市场和国外资源这篇大文章。1997年12月，江泽民在会见全国外资工作会议代表时进一步明确提出，"引进来"和"走出去"是我们对外开放基本国策两个紧密联系、相互促进的方面，缺一不可。这是一个大战略，既是对外开放的重要战略，也是经济发展的重要战略。2000年10月，党的十五届五中全会提出，"实施'走出去'战略，努力在利用国内外两种资源、两个市场方面有新的突破"。

根据这一战略部署，我国的对外开放从过去侧重引进为主，发展为"引进来"和"走出去"相结合。一批有实力有优势的企业到非洲、中亚、中东、东欧、南美等地投资办厂，积极参与国际合作，多种形式的对外经济合作业务持续稳定增长。到 2001 年底，我国累计参与境外资源合作项目195 个，总投资 46 亿美元；累计设立各种境外企业 6610 家，其中中方投资 84 亿美元；境外项目平均投资达 252 万美元，比上年提高近 30%。中国石油天然气集团公司、中国石油化工集团公司等一批大型骨干企业在实施海外投资战略中发挥了龙头作用，已初具跨国公司雏形。

"引进来"和"走出去"战略促进了我国开放型经济的发展，加快了我国经济融入经济全球化进程，拓展了我国经济发展空间。这是党中央在我国社会主义事业跨世纪发展道路上作出的又一项富有远见的战略决策。

五、政治文明、先进文化建设和
人民生活实现总体小康

依法治国和政治文明建设扎实推进

发展社会主义民主政治，建设社会主义政治文明，是社会主义现代化建设的重要目标。党的十四大提出，要积极推进政治体制改革，使社会主义民主和法制建设有一个较大的发展。党的十五大把依法治国提到党领导人民治理国家的基本方略的高度，提出要在党的领导下，在人民当家作主的基础上，依法治国，发展有中国特色社会主义民主政治，建设社会主义法治国家。

为适应建立社会主义市场经济体制的需要，党的十四大以后，各级党委和政府按照政企分开和精简、统一、效能原则，对行政管理体制、党政机构进行大刀阔斧的改革。党的十五大以后，行政体制改革和政府职能转变的力度进一步加大，改革围绕加强宏观经济调控部门、调整和减少专业经济部门、强化执法监管部门等方面展开。此后，又围绕转变政府职能，采取了改革行政审批制度、规范招投标制度等一系列深化行政改革的措施。

党的十四大以后，国家的法制建设进入"快车道"。社会主义市场经济也是法治经济。1993 年 3 月，八届全国人大一次会议将"国家实行社会主义市场经济"写入宪法。此后，有关社会主义市场经济的立法步伐明显加快，当年 12 月八届全国人大常委会第五次会议通过《中华人民共和国公司法》。1996 年 2 月，江泽民在党中央举办的法制讲座上发表讲话，把此前"以法治国"的提法改为"依法治国"，指出依法治国是党和政府管理国家和社会事务的重要方针。1997 年，党的十五大把依法治国的目标由"建设社会主义法制国家"改为"建设社会主义法治国家"。由"法制"到"法治"，虽一字之别，却包含着不同的实质意义。"法制"只是法治的内容与形式之一，而"法治"则是治国理政的方式与方略。这样，依法治国就作为党领导人民治理国家的基本方略正式确立下来。为贯彻这一基本方略，全国人大及其常委会把加强立法工作、提高立法质量作为首要任务，制定立法法，修改婚姻法等，颁布实施证券法、合同法等一批发展社会主义市场经济的法律；适应不断扩大对外开放特别是加入世界贸易组织的需要，及时修改了中外合资经营企业法、中外合作经营企业法、外资企业法和多个与知识产权保护有关的法律法规。1999 年 3 月，九届全国人大二次会议将"依法治国，建设社会主义法治国家"载入宪法。这是社会主义民主政治发展的重要成果，标志着我国社会主义民主法制建设进入一个新阶段。

党的十五大后，党中央把坚持党的领导、人民当家作主和依法治国的有机统一，逐步确立为我国社会主义民主政治的基本原则。在这个基本原则的指导下，人民代表大会制度、中国共产党领导的多党合作和政治协商制度、民族区域自治制度进一步完善，爱国统一战线更加壮大，农村村民自治、城市居民自治、职工代表大会和其他形式企事业民主管理制度不断发展，城乡基层民主建设逐步加强。

加强民族工作和宗教工作，是社会主义政治建设的重要组成部分。1990 年八九月间，江泽民在新疆考察工作时，提出各族人民要树立汉族离不开少数民族、少数民族离不开汉族、各少数民族之间也相互离不开的思想。1992 年中央民族工作会议要求，继续巩固和发展平等、团结、互助，共同发展、共同繁荣的社会主义民族关系。1993 年全国统战工作会议提出，要全面正确地贯彻执行党的宗教政策，依法加强对宗教事务的管理，积极引导宗教与社会主义社会相适应。1994 年党中央、国务院召开第三次西藏工作座谈会，制定了加快西藏发展、维护社会稳定的一系列政策措施，作出了中央各部门和 15 个省市对口援藏的重大决策，开创了全国支援西藏的新局面。在党中央的领导关心、全国支援下，西藏广大干部群众继承和发扬"老西藏精神"，推动西藏的改革开放和现代化建设取得显著成就。这一时期，党和国家加强民族地区的资源开发和基础设施建设，实行中央财政转移支付制度，加大对民族教育投入，实施兴边富民行动，开展沿海省市对口帮扶，加大对民族地区的扶贫攻坚力度，有力促进了民族地区的社会稳定和经济文化发展。

精神文明和先进文化建设稳步发展

20 世纪 90 年代，党中央坚持"两手抓，两手都要硬"的方针，强调精神文明重在建设，动员全党全社会的力量，继续推进社会主义精神文明建设，大力发展中国特色社会主义文化，取得新的进展和成就。

为进一步坚持"为人民服务、为社会主义服务"的"二为"方向，贯彻"百花齐放、百家争鸣"的"双百"方针，弘扬主旋律，繁荣社会主义文化，从 1991 年开始，中央宣传部组织实施精神文明建设"五个一工程"奖评选活动①，鼓励文化艺术工作者深入生活、深入群众，创作出优秀作品，满足广大群众精神文化生活需求。1996 年 3 月，八届全国人大四次会议把精神文明建设列入国民经济和社会发展总体规划，推动物质文明建设和精神文明建设相互促进、协调发展。

1996 年 10 月，党的十四届六中全会作出《中共中央关于加强社会主义精神文明建设若干重要问题的决议》，强调要以科学的理论武装人、以正确的舆论引导人、以高尚的精神塑造人、以优秀的作品鼓舞人，培育有理想、有道德、有文化、有纪律的社会主义公民，并对新形势下社会主义精神

---

① "五个一"是指一本好书、一台好戏、一部优秀影片、一部优秀电视剧（片）、一篇或几篇有创见有说服力的文章。从 1995 年度起，又将一首好歌和一部好广播剧列入评选范围，"五个一工程"的名称不变。

文明建设作出部署。全会后，以创建文明城市、文明村镇、文明行业等为主要内容的群众性精神文明创建活动在全国蓬勃开展。青年志愿者行动、"希望工程"等活动，进一步得到各界的积极响应，在全社会弘扬了中华民族助人为乐和扶危济困的美德。文化、科技、卫生"三下乡"活动深入广大农村尤其是"老少边穷"地区，给农村群众带来了精神文化的享受，也使他们获得了致富的信息和技术、健康知识以及医疗服务。

建设有中国特色社会主义文化是党的十五大提出的新命题。十五大强调，就其主要内容来说，有中国特色社会主义文化同社会主义精神文明是一致的，是凝聚和激励全国各族人民的重要力量，是综合国力的重要标志。党的十五大以后，国家实施了文化建设"精品战略"，大力发展公益性文化事业，加强文化基础设施建设和重大文化项目建设。一批反映时代精神、贴近人民生活的优秀作品不断涌现，群众文化生活日益丰富多彩，健康文明的社会氛围逐渐浓厚，社会主义文化阵地不断巩固。

加强社会主义思想道德建设，是发展先进文化的重要内容和中心环节。这一时期，党中央把加强思想道德建设摆上重要位置，提出"以德治国"的重要思想。2001 年 1 月，江泽民在全国宣传部长会议上明确指出："我们在建设有中国特色社会主义、发展社会主义市场经济的过程中，要坚持不懈地加强社会主义法制建设，依法治国；同时也要坚持不懈地加强社会主义道德建设，以德治国。对一个国家的治理来说，法治和德治，从来都是相辅相成、相互促进的。二者缺一不可，也不可偏废。"9 月，中共中央印发《公民道德建设实施纲要》，提出要把法制建设与道德建设、依法治国与以德治国紧密结合起来，形成和发展社会主义道德体系。通过在全社会大力倡导"爱国守法、明礼诚信、团结友善、勤俭自强、敬业奉献"的基本道德规范，社会主义道德建设不断深化和拓展，广大干部和人民群众的道德素质不断提高。

"九五"计划的完成和人民生活实现总体小康

在把中国特色社会主义事业推向 21 世纪的进程中，党团结带领人民坚定不移深化改革开放、加快现代化建设，成功应对各种严峻风险挑战，取得了重大成就。

1997 年下半年，东南亚国家爆发金融危机，我国外贸进出口总额呈下降趋势，经济建设遇到严重困难。面对金融危机冲击，党中央明确提出坚定信心、心中有数、未雨绸缪、沉着应付、埋头苦干、趋利避害的指导方针，果断采取扩大国内需求的措施，实行积极的财政政策和稳健的货币政策，增加投资，加强基础设施建设；增加中低收入者的生活保障，改善人民生活；采取提高出口退税率、打击走私等措施，千方百计增加出口，从多方面拉动经济增长。这些对策措施很快见效。1997 年以后，我国经济持续增长，外贸出口也从 1999 年下半年开始大幅回升。在许多国家出现经济衰退、货币大幅度贬值的危急情况下，中国兑现了人民币不贬值的承诺，在克服亚洲金融危机中发挥了定海神针的关键作用，充分展现出一个负责任大国的形象，为缓解这场影响全球的金融危机作出了贡献。

　　1998 年夏，我国遭遇一场历史罕见的特大洪涝灾害。长江、嫩江、松花江发生超历史记录的特大洪水，珠江流域的西江和福建闽江也一度发生大洪水，受灾人口达 2.3 亿。危急时刻，党中央高度关注灾区群众的生命安全和切身利益，果断决策、周密部署。党和国家领导人亲临抗洪一线指挥；30 余万人民解放军和武警部队官兵参加抗洪斗争，用血肉之躯筑起了冲不垮的坚强大堤；灾区人民舍小家保大家、舍小局顾大局，全国人民大力支持第一线军民，夺取了抗洪抢险斗争的全面胜利。在同洪水的搏斗中，党和人民铸就了万众一心、众志成城，不怕困难、顽强拼搏，坚韧不拔、敢于胜利的伟大抗洪精神。

　　改革开放中，在外部敌对势力渗透、颠覆活动影响下，国内一些错误倾向和不良现象时有泛起。1999 年 4 月，针对极少数人利用"法轮功"蛊惑人心、破坏社会稳定的事件，党中央领导人民坚决果断地进行了反对"法轮功"邪教组织的重大政治斗争，及时依法取缔了这个邪教组织，发动社会各界揭批"法轮功"邪教歪理邪说，对被裹胁蒙蔽的人员进行教育转化，维护了社会政治稳定。

　　应对亚洲金融危机和一系列重大斗争的胜利，充分显示出党中央驾驭全局、应对挑战和抵御风险的能力，彰显了我国社会主义制度的优越性。党和人民在前进的道路上更加充满信心。

　　在应对各种困难和风险挑战的过程中，改革开放和现代化建设取得新的成就。到 2000 年，"九五"计划的主要任务完成或超额完成，国内生产总值达 99776 亿元，年均增长 8.6%；人均国民生产总值比 1980 年翻两番的目标在 1997

年提前 3 年完成；主要工农业产品产量位居世界前列，商品
短缺状况基本结束。城乡居民收入大幅度增加，生活质量显
著提升。各项事业全面进步，综合国力进一步增强。这一时
期，举世瞩目的长江三峡水利枢纽工程胜利实现大江截流；
西煤东运新铁路通道、千万吨级钢铁基地等一批跨世纪特大
工程的兴建取得重大进展；西气东输管道工程、青藏铁路西
宁至格尔木段扩能改造工程等先后启动。

到 2000 年，我国成功实现由计划经济体制向社会主义
市场经济体制的转变，社会主义市场经济体制基本框架初步
建立，经济和社会发展的体制环境发生重大变化。

"九五"计划的胜利完成，标志着我国实现了社会主义
现代化建设第二步战略目标，人民生活总体上达到小康水
平，为迈向第三步战略目标奠定了良好基础。这是我国改革
开放和社会主义现代化建设事业取得的伟大成就，是中华民
族发展史上一个新的里程碑。

2000 年 10 月，党的十五届五中全会通过《中共中央关
于制定国民经济和社会发展第十个五年计划的建议》，为经
济和社会发展描绘了新的蓝图。

六、积极推进中国特色军事变革

20 世纪 90 年代，面对世界新军事变革风起云涌，党中
央和中央军委提出"政治合格、军事过硬、作风优良、纪律
严明、保障有力"的新时期军队建设总要求，着眼于打得赢、
不变质，对军队建设和军事斗争准备作出一系列战略规划和

★ 1999 年 10 月 1 日，江泽民在中华人民共和国成立 50 周年庆典上检阅中国人民解放军受阅部队

部署，推进中国特色军事变革。

　　1991 年初爆发的海湾战争，向世界展示了全新的作战图景，高技术武器装备成为决定战争胜负的重要因素。从军事技术和战争样式来说，这是机械化战争迈向信息化战争的转折点，引发了世界性军事变革浪潮。中央军委对此高度关注，江泽民三次参加关于海湾战争的座谈会，提出要看清国际形势的变化，研究将来的战争究竟怎样打，要下大气力发展国防科技，在武器装备上要有"杀手锏"。1993 年 1 月，中央军委扩大会议制定了新时期积极防御的军事战略方针，在战略指导上实行重大调整，明确了新形势下全军军事斗争准备的目标和任务，提出把军事斗争准备的基点放在打赢现代技术特别是高技术条件下的局部战争上，赋予积极防御的军事战略方针以新的内容。1995 年 12 月，中央军委扩大会

议通过《"九五"期间军队建设计划纲要》，明确提出科技强军战略和"两个根本性转变"的战略思想，即在军事斗争准备上，由准备应付一般条件下局部战争向准备打赢现代技术特别是高技术条件下局部战争转变；在军队建设上，由数量规模型向质量效能型、由人力密集型向科技密集型转变。2000年12月召开的中央军委扩大会议，提出我军建设要完成机械化和信息化建设双重任务，以及实现跨越式发展的新思路。

为推进中国特色军事变革，走中国特色精兵之路，1992年下半年至1994年底，全军体制编制进行了初步调整精简。1997年9月党的十五大宣布，中国在80年代裁减军队员额100万的基础上，将在3年内再裁减军队员额50万。通过这次调整精简，中国人民解放军向合成和小型化、轻型化、多样化的方向迈进了一步。为适应中国特色军事变革的需要，党中央和中央军委对军队后勤保障体制、军事院校体系、现役士兵服役制度特别是士官制度等，也作出了重大调整和改革。

20世纪90年代中期以后，在经济持续快速发展的基础上，国家增加了对国防和军队建设的投入。人民解放军各军兵种认真贯彻科技强军、质量强军方针，加快国防科技和武器装备发展，在航空、航天、船舶、兵器、军用电子、工程物理等方面取得了具有世界先进水平的成果，在微电子、信息、传感、通信技术等方面取得重大进展，特别是包括潜射导弹、机动战略导弹研制等在内的一批尖端武器的突破，为我军武器装备的现代化建设奠定了新的重要技术基础。

人民解放军始终坚持党对军队绝对领导的根本原则和制度，把思想政治建设摆在各项建设的首位。这一时期，党中央、中央军委修订、制定和贯彻落实《中国人民解放军政治工作条例》《关于改革开放和发展社会主义市场经济条件下军队思想政治建设若干问题的决定》等，不断强化官兵的军魂意识，始终保持人民军队坚强的革命意志和旺盛的战斗精神，为我军完成以军事斗争准备为龙头的各项任务提供了坚强保证。

七、香港澳门回归祖国和两岸交流扩大

香港澳门胜利回归祖国

香港进入回归祖国过渡期后，中英两国政府在解决香港问题上前期合作基本顺利。1989 年后特别是苏东剧变后，英国政府错误地估计形势，违背中英联合声明的有关规定，在香港平稳过渡问题上设置重重障碍，阻扰和对抗中国政府对香港恢复行使主权。对此，我们党和政府进行了针锋相对的有理有利有节的斗争。

为确保香港平稳过渡和维持香港长期繁荣稳定，1992年底，党中央提出"以我为主，两手准备"的方针。此后，中国政府根据香港特别行政区基本法加紧对香港恢复行使主权的准备和筹建香港特别行政区的有关工作。1996 年 12 月11 日，香港特别行政区第一届政府推选委员会以无记名投票方式，选举董建华为香港特别行政区第一任行政长官人选。12 月 16 日，中央政府任命董建华为香港特别行政区第一任行政长官。至此，香港回归祖国的各项准备工作基本就绪。

★ 1997 年 7 月 1 日，香港交接仪式在香港会议展览中心举行

1997 年 6 月 30 日午夜，香港会议展览中心灯火通明，举世瞩目的中英两国政府香港交接仪式在这里举行。6 月 30 日 23 时 59 分，英国国旗和香港旗缓缓降下，象征着英国对香港一个半世纪的殖民统治宣告结束。7 月 1 日零时，乐队奏响中华人民共和国国歌，中华人民共和国国旗和中华人民共和国香港特别行政区区旗冉冉升起。中华人民共和国主席江泽民庄严宣告：中国政府对香港恢复行使主权。

历经百年沧桑的香港胜利回到祖国的怀抱，洗刷了中华民族百年耻辱，完成了实现祖国完全统一的重要一步。这是彪炳中华民族史册的千秋功业。香港同胞从此成为祖国这块土地上的真正主人，香港从此走上同祖国共同发展、永不分离的宽广道路。

在香港回归的各项准备工作紧张进行的同时，澳门回归的步伐也在加快。1999 年 5 月 15 日，澳门特别行政区第一

★ 1999 年 12 月 20 日，澳门交接仪式在澳门文化中心举行

届政府推选委员会以无记名投票方式，选举何厚铧为澳门特别行政区首任行政长官人选。5 月 20 日，中央政府任命何厚铧为澳门特别行政区第一任行政长官。

1999 年 12 月 19 日午夜至 20 日凌晨，中葡两国政府举行澳门交接仪式。中华人民共和国主席江泽民庄严宣告：中国政府对澳门恢复行使主权。

著名诗人闻一多 1925 年创作的《七子之歌》，抒发和表达的澳门同胞渴望回到祖国怀抱的强烈期盼，在这一刻成为现实。澳门的胜利回归，是中国人民在完成祖国统一大业道路上树立的又一座丰碑。

回归祖国后，香港、澳门作为直辖于中央政府的特别行政区，重新纳入国家治理体系。中央政府依照宪法和特别行政区基本法对香港、澳门实行管治，与之相应的特别行政区制度和体制得以确立。香港、澳门同祖国内地的联系越来越紧密。面对亚洲金融危机的严重冲击和国际经济环境变化的不利影响，在中央政府的有力支持下，特别行政区政府沉着应对，各界人士携手努力，妥善处理一系列经济和社会问题，保持了香港、澳门经济和社会的稳定与繁荣。事实充分表明，"一国两制"是解决历史遗留的香港、澳门问题的最佳解决方案，也是香港、澳门回归后保持长期繁荣稳定的最佳制度安排。

两岸交流的扩大

随着祖国大陆的发展，经过两岸同胞的多年努力，1987年10月，台湾国民党当局有限制地开放探亲。11月，第一批探亲台湾同胞经香港赴大陆。至此，长达38年之久的两岸隔绝状态被打破，两岸人员往来和经济文化交流逐步展开。

在此基础上，党中央稳步推进海峡两岸关系的发展。1992年3月，海峡两岸关系协会与台湾海峡交流基金会开始进行事务性商谈。11月，双方就如何表述坚持一个中国原则的问题，达成"海峡两岸同属一个中国，共同努力谋求国家统一"的共识，后被称为"九二共识"。1993年4月，海协会会长汪道涵同台湾海基会董事长辜振甫在新加坡成功举行会谈，签署《汪辜会谈共同协议》等四项协议，建立了两岸制度化联系与协商机制，标志着两岸关系迈出了重要一步。1994年3月，八届全国人大常委会第六次会议通过《中华人民共和国台湾同胞投资保护法》，将保护台商投资纳入法制化轨道，进一步促进了两岸经济关系的发展和其他方面交流的扩大。

但是，台湾地区领导人李登辉上台后，在美国等外部反华势力的支持和纵容下，逐步背弃一个中国原则，"台独"活动趋于猖獗。党中央科学分析台湾局势，认为既要遏制"台独"分裂势力，打击其嚣张气焰，又要深入研究"和平统一、一国两制"方针在新形势下的运用和发展。1995 年 1 月 30 日，在中华民族的传统节日春节来临之际，江泽民发表《为促进祖国统一大业的完成而继续奋斗》的讲话，提出现阶段发展两岸关系、推动祖国和平统一进程的八项主张，强调：坚持一个中国的原则，是实现和平统一的基础和前提。我们不承诺放弃使用武力，决不是针对台湾同胞，而是针对外国势力干涉中国统一和搞"台湾独立"的图谋的。讲话既体现中国政府完成祖国统一大业的坚定决心，又充分考虑到台湾同胞的愿望和台湾的实际情况，引起海内外高度关注和积极反响。

然而，李登辉在搞"台独"、搞分裂的路上愈走愈远。1995 年 6 月，李登辉以所谓私人名义访美，公然在国际社会制造"两个中国"，1999 年 7 月，他又抛出所谓"两国论"。2000 年 3 月，台湾民进党领导人陈水扁上台后，拒不接受一个中国原则，否认"九二共识"。

针对台湾岛内和外国敌对势力不断加剧的"台独"分裂活动，党中央采取果断措施，从政治、军事、外交、舆论等方面开展斗争。1995 年下半年至 1996 年上半年，人民解放军在台湾海峡和台湾附近海域进行了一系列大规模军事演习，震动了世界，显示了中国政府和中国人民维护国家主权和领土完整的坚强决心，有力打击了"台独"分裂势力和外国敌对势力的嚣张气焰。

八、推动构建全方位多层次对外关系新格局

20世纪90年代初，随着苏联解体、东欧剧变，国际格局和形势呈现错综复杂的局面。党中央始终把国家的主权和安全放在第一位，积极应对国际关系的新变化及科技迅猛发展的影响和挑战，旗帜鲜明地反对霸权主义和强权政治，维护广大发展中国家的利益，联合一切可以联合的力量，促进世界和平与发展，推动建立公正合理的国际政治经济新秩序。

这一时期，我国向国际社会提出发展以不结盟、不对抗、不针对第三方为主要特征的新型大国关系。根据这一原则，中国分别同俄罗斯、美国、法国、英国、日本及欧盟等建立了发展面向21世纪双边关系的基本框架。倡导并致力于发展新型大国关系，有利于打破以美国为首的西方国家对国际事务的垄断，展现了中国为推动世界走向多极化、国际关系走向民主化的诚意、智慧和力量。

苏联解体后，中国同俄罗斯重新建立外交关系。双方经过谈判，比较妥善地解决了历史遗留下来的两国间绝大部分地段的边界问题。1996年4月，中俄宣布"发展平等信任的、面向二十一世纪的战略协作伙伴关系"。

20世纪90年代，中国同美国的关系呈现出曲折发展的复杂局面。由于美国对中国一直采取所谓接触加遏制、以遏制为主的政策，两国关系经历了几次大的波折。1999年

5 月 8 日，以美国为首的北约轰炸我驻南斯拉夫联盟共和国大使馆。2001 年 4 月 1 日，美国战机在中国南海空域挑衅，发生了撞机事件。面对美国侵犯中国主权的野蛮暴行和在双边关系中挑起的种种事端，中国进行了针锋相对的斗争，维护了国家主权和民族尊严。

发展同周边国家和地区的睦邻友好关系，维护周边地区和平与稳定，促进共同发展，是我国外交的重要目标之一。这一时期，我国在发展睦邻合作友好关系上取得了重要进展。1997 年至 2002 年，《中华人民共和国与东盟国家首脑会晤联合声明》发表，中国倡导并推动建立"中国—东盟自由贸易区"，签署中国与东盟全面经济合作框架协议。1996 年 4 月，中国、俄罗斯、哈萨克斯坦、吉尔吉斯斯坦、塔吉克斯坦五国首脑在上海举行会晤，正式形成"上海五国"机制。在此基础上，2001 年 6 月，中、俄、哈、吉、塔和乌兹别克斯坦六国签署《上海合作组织成立宣言》。上海合作组织是第一个由中国参与推动建立并以中国城市命名的地

★ 2001 年 10 月 21 日，亚太经合组织第九次领导人非正式会议合影

区性合作组织，它所倡导的"互信、互利、平等、协商、尊重多样文明、谋求共同发展"的"上海精神"，在当代国际关系中产生了重要影响。上海合作组织成立后，各成员国在安全、经济和人文等方面加强交流合作，在反对霸权主义、强权政治，防范"颜色革命"方面发挥了重要作用，有力打击并遏制了暴力恐怖势力、民族分裂势力、宗教极端势力，维护了地区的总体稳定，促进了各成员国的经济社会发展。

在实施稳定周边战略的同时，中国加强与其他地区发展中国家的友好合作关系。2000年10月，"中非合作论坛—北京2000年部长级会议"在北京举行，通过了《中非合作论坛北京宣言》和《中非经济和社会发展合作纲领》。中国同拉美和加勒比国家关系快速深入发展，同南美地区除巴拉圭外的所有国家建交。

中国以更加开放的姿态积极参加多边外交各个领域的活动。2000年9月7日，在中国倡议下，出席联合国千年首脑会议的中、美、俄、英、法五个安理会常任理事国首脑举行联合国历史上的首次会晤。2001年2月，博鳌亚洲论坛在海南博鳌成立。这是首个永久定址中国、非官方的国际性会议组织，它以平等、互惠、合作、共赢为主旨，成为亚洲和关心亚洲的各界人士加强了解、增进友谊和扩大合作的纽带。10月，我国在上海成功举办亚太经合组织第九次领导人非正式会议，为促进亚太地区经济的恢复和发展产生积极影响。

世纪之交，我国建立起了全方位多层次的对外关系新格局，在激烈的国际竞争和斗争中越来越主动，国际战略空间不断扩展，国际影响力显著提高。

九、推进党的建设新的伟大工程

明确党的建设总目标与两大历史性课题

20 世纪 90 年代，党中央科学分析自身建设面临的新形势，积极探索在发展社会主义市场经济条件下加强党的建设的目标、任务和途径，采取一系列重大举措加强和改进党的建设。

1994 年 9 月，党的十四届四中全会作出《中共中央关于加强党的建设几个重大问题的决定》，把新时期党的建设提到"新的伟大工程"的高度，明确提出了党的建设的总目标。党的十五大把这个总目标进一步表述为：要把党建设成为用邓小平理论武装起来、全心全意为人民服务、思想上政治上组织上完全巩固、能够经受住各种风险、始终走在时代前列、领导全国人民建设有中国特色社会主义的马克思主义政党。

根据世纪之交世情、国情、党情的深刻变化，2000 年 1 月，江泽民在十五届中央纪委第四次全会上强调，治国必先治党，治党务必从严。治党始终坚强有力，治国必会正确有效。他完整提出"提高领导水平和执政水平、增强拒腐防变和抵御风险的能力"两大历史性课题，要求全党认真研究和解决，使党更加坚强有力、更加朝气蓬勃，带领全国各族人民继续胜利前进。

党的建设总目标和两大历史性课题的提出，升华了党对自身建设规律的认识，丰富了马克思主义建党学说，适应了发展社会主义市场经济对党的建设的新要求，为新的历史条件下加强和改进党的建设指明了方向。

全面加强党的建设和"三讲"教育的开展

按照党的建设总目标要求，围绕两大历史性课题，在跨世纪发展征途中，党中央紧密结合推进改革开放和发展社会主义市场经济的实践，扎实推进党的各方面建设，取得新的重大进展。

这一时期，党中央坚持用邓小平理论武装全党、教育干部和人民；把思想政治工作作为经济工作和其他一切工作的生命线，继承和发扬党的优良传统，在内容、形式、方法、手段、机制等方面不断创新和改进；按照总揽全局、协调各方的原则，进一步加强和改善党的领导，既保证党委的领导核心作用，又充分发挥人大、政府、政协及人民团体等方面的作用；按照"集体领导、民主集中、个别酝酿、会议决定"的原则，进一步完善党委内部的议事和决策机制，建立健全领导、专家、群众相结合的决策机制，逐步完善科学决策、民主决策制度；高度重视培养选拔优秀年轻干部，加快各级领导层的新老交替步伐；制定实施机关、高校、国企、农村、社团、非公等基层组织工作条例和意见，指导和推动各个领域党的基层组织建设。这些措施，使党的自身建设得到了明显加强，保证了改革和建设事业的健康发展。

随着社会主义市场经济的发展，我国出现了新的社会阶层和新经济组织、新社会组织。为适应新情况，党中央及时提出"增强党的阶级基础、扩大党的群众基础"的要求，加快在新经济组织、新社会组织中组建党组织，不断扩大党的工作覆盖面。从 2001 年 8 月起，开始在新的社会阶层中进行发展党员的试点工作。

加强领导班子建设、提高领导干部素质，是推进党的建设新的伟大工程的关键所在。1995 年 11 月，江泽民在北京考察工作时提出，必须把教育干部特别是教育领导干部摆在突出位置、作为关键的一环来抓，向各级领导干部提出了"讲学习、讲政治、讲正气"的要求。讲学习、讲政治、讲正气，三者是紧密相连、相互统一的，核心是讲政治，讲政治必须坚持学习、必须体现在讲正气上。1998 年 11 月至 2000 年底，全党在领导班子和领导干部中分期分批开展以讲学习、讲政治、讲正气为主要内容的党性党风教育。

"三讲"教育是新的历史条件下加强党的建设特别是领导班子建设、领导干部思想政治建设的一次创造性探索性的实践，是延安整风精神和党的"三大作风"在历史新时期的丰富和发展。广大干部在"三讲"教育中切实拿起批评与自我批评的武器，广泛听取群众意见，查找领导工作中及自身存在的问题，开展积极健康的思想斗争，普遍受到一次深刻的马克思主义教育，经受了一次党内政治生活的严格锻炼。

改革开放新阶段，在各级党组织的积极推动下，广大党员干部自觉加强党性锻炼，努力提高自身素质，始终站在时代前列，涌现出以孔繁森为代表的一大批优秀共产党员。孔繁森两次进藏工作，历时十载，呕心沥血，忘我工作，艰苦奋斗，政绩卓著，不幸于 1994 年因公殉职，被誉为"领导干部的楷模"。这些优秀共产党员充分展示了当代共产党人的风采，成为改革开放和现代化建设的时代先锋。

推进党风廉政建设与反腐败斗争

在改革开放和发展社会主义市场经济新条件下，党中央坚持把党风廉政建设和反腐败斗争作为关系党和国家生死存亡的大事来抓。1993年8月，江泽民在十四届中央纪委第二次全体会议上提出要从三个方面着手做好反腐败工作：一是各级党政领导干部要带头廉洁自律；二是集中力量查办一批大案要案；三是紧紧抓住本地区本部门本单位的突出问题，刹住群众最不满意的几股不正之风。此后，党中央、国务院着重抓了对各级党政领导干部廉洁自律情况的监督检查、集中力量查办大案要案、狠刹群众反映强烈的不正之风三个方面的工作，逐步形成了反腐败三项工作格局。

为了加强反腐倡廉工作，党中央、国务院进一步健全相关机构。1993年1月，中央纪委、监察部合署办公。1995年11月，最高人民检察院反贪污贿赂总局成立。这一时期，党中央制定《中国共产党纪律处分条例（试行）》《关于实行党风廉政建设责任制的规定》《中国共产党党员领导干部廉洁从政若干准则（试行）》等党内法规。同时，规定党政机关县处级以上领导干部收入需申报，党和国家机关工作人员在国内公务活动中收受的礼品需登记，国有企业业务招待费使用情况需向职代会报告等。领导干部廉洁从政行为规范初步建立，逐步形成了党委统一领导、党政齐抓共管、纪委组织协调、部门各负其责、依靠群众支持和参与的反腐败领导体制和工作机制。为了进一步推进党风廉政建设，2001年9月，党的十五届六中全会通过《中共中央关于加强和改进党的作风建设的决定》，对加强作风建设作出全面部署。

　　党中央还果断作出了军队、武警部队和政法机关不再从事经商活动和党政机关与所办经营性企业脱钩，实行收支两条线、工程招标、政府采购制度等决策，努力从源头上预防和遏制腐败。各级党委、政府和纪检监察机关不断加大反腐败斗争力度，严肃查处违纪违法案件，特别是对一批大案要案的查处，产生了较大震慑作用，维护了党纪国法的严肃性。党风廉政建设和反腐败斗争取得了阶段性成果。但是，党内存在的一些消极腐败现象依然屡禁不止，有的情况甚至还日趋严重。一个重要原因，就是一些党组织程度不同地存在软弱涣散、治党不严的问题，对党员干部特别是领导干部疏于教育、管理、监督，在纪律和制度贯彻执行上失之于宽、失之于软。实践表明，党风廉政建设和反腐败斗争既是攻坚战，也是持久战。反腐倡廉必须常抓不懈，拒腐防变必须警钟长鸣。

"三个代表"重要思想的提出

　　在推进中国特色社会主义伟大事业和党的建设新的伟大工程进程中，以江泽民同志为主要代表的中国共产党人，科学分析国内外形势、党所处的历史方位和肩负的历史使命，深入思考面临的新情况新问题，加深了对什么是社会主义、怎样建设社会主义和建设什么样的党、怎样建设党的认识，逐步提出了"三个代表"重要思想。

　　2000 年 2 月 21 日至 25 日，江泽民在广东考察工作时明确提出"三个代表"要求。他指出："我们党所以赢得人民的拥护，是因为我们党在革命、建设、改革的各个历史时期，总是代表着中国先进生产力的发展要求，代表着中国先进文化的前进方向，代表着中国最广大人民的根本利益，并通过制定正确的路线方针政策，为实现国家和人民的根本利益而不懈奋斗。"5月14日，江泽民在上海主持召开江苏、浙江、上海党建工作座谈会时进一步指出，始终做到"三个代表"，是我们党的立党之本、执政之基、力量之源。

2001年7月1日，江泽民在庆祝中国共产党成立80周年大会上发表的讲话中，系统阐述了"三个代表"重要思想。他指出，我们党要始终代表中国先进生产力的发展要求，就是党的理论、路线、纲领、方针、政策和各项工作，必须努力符合生产力发展的规律，体现不断推动社会生产力的解放和发展的要求，尤其要体现推动先进生产力发展的要求，通过发展生产力不断提高人民群众的生活水平。我们党要始终代表中国先进文化的前进方向，就是党的理论、路线、纲领、方针、政策和各项工作，必须努力体现发展面向现代化、面向世界、面向未来的，民族的科学的大众的社会主义文化的要求，促进全民族思想道德素质和科学文化素质的不断提高，为我国经济发展和社会进步不断提供精神动力和智力支持。我们党要始终代表中国最广大人民的根本利益，就是党的理论、路线、纲领、方针、政策和各项工作，必须坚持把人民的根本利益作为出发点和归宿，充分发挥人民群众的积极性、主动性、创造性，在社会不断发展进步的基础上，使人民群众不断获得切实的经济、政治、文化利益。

"三个代表"重要思想，是我们党始终保持先进性历史经验的基本总结，既坚持了马克思主义的基本原理，又反映了当代世界和中国的发展变化对党和国家工作的新要求，并以新的思想、观点、论断，继承、丰富和发展了马克思列宁主义、毛泽东思想和邓小平理论，是加强和改进党的建设、推进我国社会主义自我完善和发展的强大理论武器。它的提出，为党的十六大的召开，为全党在充满希望和挑战的 21 世纪完成自己承担的神圣历史使命，做了重要的思想理论准备。

第九章 ‖ 在新的形势下坚持和发展中国特色社会主义

2002 年 12 月 5 日至 6 日，党的十六大后新当选的中共中央总书记胡锦涛带领中共中央书记处的同志，来到河北省平山县西柏坡学习考察，重温毛泽东关于"两个务必"的重要论述。胡锦涛号召全党同志特别是领导干部大力发扬艰苦奋斗的作风，牢记全心全意为人民服务的宗旨，做到权为民所用、情为民所系、利为民所谋，在带领人民实现全面建设小康社会奋斗目标、不断开创中国特色社会主义事业新局面这场考试中经受新的考验，交出优异的答卷。西柏坡之行，展现了新世纪新阶段中国共产党人的情怀和追求。

一、党的十六大和确立"三个代表"重要思想为党的指导思想、提出全面建设小康社会的纲领

党的十六大

2002 年 11 月 8 日至 14 日，中国共产党第十六次全国

代表大会在北京举行。江泽民作题为《全面建设小康社会，开创中国特色社会主义事业新局面》的报告。

大会系统总结了党的十三届四中全会以来13年奋斗历程和基本经验。报告指出，这些经验，联系党成立以来的历史经验，归结起来就是，我们党必须始终代表中国先进生产力的发展要求，代表中国先进文化的前进方向，代表中国最广大人民的根本利益。大会对全面贯彻"三个代表"重要思想提出了要求。

大会提出全面建设小康社会的奋斗目标。大会认为，经过全党和全国各族人民的共同努力，我们胜利实现了现代化建设"三步走"战略的第一步、第二步目标，人民生活总体上达到小康水平。但必须看到，我国正处于并将长期处于社会主义初级阶段，现在达到的小康还是低水平的、不全面的、发展很不平衡的小康，人民日益增长的物质文化需要同落后的社会生产之间的矛盾仍然是我国社会的主要矛盾。巩固和提高目前达到的小康水平，还需要进行长时期的艰苦奋斗。大会指出，21世纪头20年，对我国来说，是一个必须紧紧抓住并且可以大有作为的重要战略机遇期。我国要在本世纪头20年，集中力量，全面建设惠及十几亿人口的更高水平的小康社会，使经济更加发展、民主更加健全、科教更加进步、文化更加繁荣、社会更加和谐、人民生活更加殷实。这是实现现代化建设第三步战略目标必经的承上启下的发展阶段，也是完善社会主义市场经济体制和扩大对外开放的关键阶段。经过这个阶段的建设，再继续奋斗几十年，到本世纪中叶基本实现现代化，把我国建成富强民主文明的社会主义国家。大会还从经济、政治、文化、社会、生态环境

★ 党的十六大会场

等方面提出了全面建设小康社会的目标，强调在优化结构和提高效益的基础上，国内生产总值到 2020 年力争比 2000 年翻两番。

大会审议通过报告和《中国共产党章程（修正案）》。党章修正案明确规定，中国共产党是中国工人阶级的先锋队，同时是中国人民和中华民族的先锋队，是中国特色社会主义事业的领导核心，代表中国先进生产力的发展要求，代表中国先进文化的前进方向，代表中国最广大人民的根本利益。这样表述党的性质，有利于最广泛地调动广大党员的积极性、主动性和创造性，团结和带领广大人民群众共同建设中国特色社会主义。党章修正案增写了党必须按照总揽全局、协调各方的原则，增加了党组发挥领导核心作用的规定；明确了将申请入党对象扩大到其他社会阶层的先进分子；增写了在社区、社会团体、社会中介组织中成立党的基层组织的内容。党章修正案还增写了"党徽党旗"一章，对于发挥党徽党旗的感召力，增强党的凝聚力和影响力，具有重要作用。

大会选举产生十六届中央委员会和中央纪律检查委员会。党的十六届一中全会选举产生胡锦涛、吴邦国、温家宝、贾庆林、曾庆红、黄菊、吴官正、李长春、罗干为中央政治局常委，胡锦涛为中央委员会总书记；决定江泽民为中央军事委员会主席；批准吴官正为中央纪律检查委员会书记。2004 年 9 月，党的十六届四中全会决定胡锦涛为中央军事委员会主席。

党的十六大是党在新世纪召开的第一次全国代表大会。大会明确回答了新世纪新阶段中国共产党举什么旗、走什么路、实现什么样的发展目标等重大问题。它向世人昭示：在新世纪新阶段，中国共产党高举的旗帜，就是马克思列宁主义、毛泽东思想和邓小平理论的旗帜，就是"三个代表"重要思想的旗帜；中国共产党要走的道路，就是中国特色社会主义道路；中国共产党带领人民在新世纪前 50 年所要实现的目标，就是全面建设小康社会并进而实现现代化的目标。从此，中国人民踏上了全面建设小康社会的新征程。

确立"三个代表"重要思想为党的指导思想

党的十六大的一个历史性贡献，是把"三个代表"重要思想同马克思列宁主义、毛泽东思想、邓小平理论一道，作为党必须长期坚持的指导思想写入党章。

党的十六大对"三个代表"重要思想的科学内涵和根本要求作了全面阐述。大会强调,"三个代表"重要思想是在科学判断党的历史方位的基础上提出来的,是对马克思列宁主义、毛泽东思想和邓小平理论的继承和发展,反映了当代世界和中国的发展变化对党和国家工作的新要求,是加强和改进党的建设、推进社会主义制度自我完善和发展的强大理论武器,是全党集体智慧的结晶。大会指出,贯彻"三个代表"重要思想,关键在坚持与时俱进,核心在坚持党的先进性,本质在坚持执政为民。始终做到"三个代表",是我们党的立党之本、执政之基、力量之源。为此,全党必须始终保持与时俱进的精神状态,不断开拓马克思主义理论发展的新境界;必须把发展作为党执政兴国的第一要务,不断开创现代化建设的新局面;必须最广泛最充分地调动一切积极因素,不断为中华民族的伟大复兴增添新力量;必须以改革的精神推进党的建设,不断为党的肌体注入新活力。

党的十六大以后,党中央采取一系列举措,推动"三个代表"重要思想的学习贯彻。各地区、各部门认真落实中央的要求,把学习贯彻"三个代表"重要思想不断推向新高潮,有力地推动了党和国家各项事业的发展。

二、推动经济社会科学发展

科学发展观的提出

正当各地区各部门围绕党的十六大提出的全面建设小康

社会奋斗目标，大力推进改革开放和社会主义现代化建设各项事业的时候，我国遭遇了一场突如其来的非典型性肺炎（简称"非典"）疫情。

2003年2月中下旬，非典疫情在广东局部地区流行，3月上旬在华北地区传播和蔓延，4月中下旬波及全国26个省、自治区、直辖市。非典疫情对人民群众身体健康和生命安全构成严重威胁，给经济社会发展带来严重冲击。党中央、国务院坚持把人民群众身体健康和生命安全放在第一位，及时作出坚持一手抓防治工作这件大事不放松，一手抓经济建设这个中心不动摇，齐心协力夺取抗击非典和促进发展双胜利的重大决策。在党中央、国务院坚强领导下，全国各族人民大力弘扬万众一心、众志成城，团结互助、和衷共济，迎难而上、敢于胜利的精神，举国上下紧急动员，坚持群防群控，携手共克时艰，有效控制了非典疫情，保持了经济较快增长。6月，世界卫生组织宣布解除对北京的旅行警告。我国抗击非典取得阶段性重大胜利。

抗击非典的胜利，充分显示出我国社会主义制度的巨大优越性。同时，非典的发生和蔓延，也暴露出我国在经历了一个经济高速发展阶段之后，存在发展不够协调、公共卫生事业发展滞后、突发事件应急机制不健全等新矛盾新问题，这进一步引发了党中央对新形势下中国发展问题的深入思考。"实现什么样的发展、怎样发展"这一重大理论和实践问题，历史地摆到了中国共产党人面前。

2003年8月底9月初，胡锦涛在江西考察时提出"科学发展观"概念，指出要牢固树立协调发展、全面发展、可持续发展的科学发展观。10月，党的十六届三中全会第一

★ 2003 年 5 月 12 日，正在四川考察农村防治非典工作的胡锦涛来到自贡市富顺县人民医院，看望医护人员

次在党的正式文件中完整地提出了科学发展观，强调"坚持以人为本，树立全面、协调、可持续的发展观，促进经济社会和人的全面发展"。

2004 年 3 月 10 日，胡锦涛在中央人口资源环境工作座谈会上对科学发展观的科学内涵、基本要求和指导意义作了全面阐述。他指出，坚持以人为本，就是要以实现人的全面发展为目标，从人民群众的根本利益出发谋发展、促发展，不断满足人民群众日益增长的物质文化需要，切实保障人民群众的经济、政治和文化权益，让发展的成果惠及全体人民。全面发展，就是要以经济建设为中心，全面推进经济、政治、文化建设，实现经济发展和社会全面进步。协调发展，就是要统筹城乡发展、统筹区域发展、统筹经济社会发展、统筹人与自然和谐发展、统筹国内发展和对外开放，推进生产力和生产关系、经济基础和上层建筑相协调，推进经济、政治、文化建设的各个环节、各个方面相协调。可持续发展，就是要促进人与自然的和谐，实现经济发展和人口、资源、环境相协调，坚持走生产发展、生活富裕、生态良好的文明发展道路，保证一代接一代地永续发展。

科学发展观，是党中央对 20 多年改革开放实践的经验总结，是战胜非典疫情的重要启示，也是推进全面建设小康社会的迫切要求。科学发展观提出以后，在实践中不断得到丰富和完善，对中国特色社会主义事业发展发挥了重要的指导作用。

完善社会主义市场经济体制与推动经济又好又快发展

经过改革开放以来特别是党的十四大以来的奋斗探索，我国初步建立起社会主义市场经济体制，极大地促进了社会生产力的发展。但是社会主义市场经济体制还有诸多不完善的地方，需要进一步改革。

2003 年 10 月，党的十六届三中全会通过《中共中央关于完善社会主义市场经济体制若干问题的决定》，提出大力发展国有资本、集体资本和非公有资本等参股的混合所有制经济；放宽市场准入，允许非公有资本进入法律法规未禁入的基础设施、公用事业及其他行业和领域；建立归属清晰、权责明确、保护严格、流转顺畅的现代产权制度；建立有利于逐步改变城乡二元经济结构的体制等重大政策措施。《决定》标志着我们党对在社会主义条件下发展市场经济的认识进一步深化，把握和运用市场经济规律的能力进一步提高。按照全会的部署，我国经济体制改革向重点领域和关键环节稳步推进。

巩固和发展公有制经济，发挥国有经济的主导作用，是完善基本经济制度的重要方面。中央、省、市三级相继成立国有资产监督管理委员会，改变过去政府直接管理企业的职能，以保证国有资产保值增值的责任得到落实。按照《决定》提出的要使股份制成为公有制的主要实现形式的要求，通过规范上市、中外合资、相互参股、兼并收购等多种途径，不断推进国有企业股份制改革。改革后，涌现出一批能够把握市场机遇、应对国际市场挑战的新型国有企业，成为国民经济的支柱力量，国有经济活力、控制力和影响力明显增强。

在毫不动摇地巩固和发展公有制经济的同时，毫不动摇地鼓励、支持和引导非公有制经济发展。2005年2月，国务院出台关于鼓励支持和引导个体私营等非公有制经济发展的若干意见，提出放宽非公有制经济市场准入，允许非公有资本进入垄断行业、公用事业、社会事业、金融服务业等领域，鼓励参与国有企业重组。随着政策环境不断改善，非公企业得以迅速发展，这一时期创造的产值超过了国内生产总值的一半，上缴国家的税收比重不断增加，在促进经济增长、扩大就业和活跃市场等方面发挥着越来越重要的作用。

在改革持续和深化的过程中，党和政府针对工业化、城镇化进程中出现的固定资产投资增长过快、货币信贷投放过多、外贸顺差过大等问题，及时采取措施加大宏观调控力度。2003年以后，中央提出必须严把土地、信贷两个闸门，将土地等资源政策作为宏观调控手段。由于措施及时，从2004年第二季度起经济缓慢降温，部分行业投资过快增长势头得到一定程度的遏制。

在加强宏观调控的同时，党中央根据经济社会发展的新情况提出新的发展方针。2006年10月，党的十六届六中全会提出"促进经济又好又快发展"的新要求。又好又快发展，强调既要保持经济平稳较快增长，防止大起大落，又要坚持好中求快，注重优化结构，努力提高质量和效益。指导经济发展的方针，从持续使用多年的"又快又好"到"又好又快"，虽只是"好"与"快"顺序的调整，却体现了科学发展的本质要求。

党中央通过重点领域和关键环节的改革，以及宏观调控的有效实施、指导方针的适时调整，使经济运行中的一些突出矛盾得到缓解，国民经济保持了增长较快、结构趋优、效益提高的良好态势，没有出现大的起落。到2007年，我国经济总量上升到世界第四位，进出口总额上升到世界第三位。

提出构建社会主义和谐社会战略目标

实现社会和谐、建设美好社会，是我们党不懈奋斗的目标。进入新世纪，面对经济体制深刻变革、社会结构深刻变动、利益格局深刻调整、思想观念深刻变化，党中央从中国特色社会主义事业总体布局和全面建设小康社会的全局出发，准确把握我国发展的阶段性特征，客观分析影响社会和谐的突出矛盾和问题，提出了构建社会主义和谐社会的重大战略目标。

2002年11月，党的十六大在阐述全面建设小康社会目标时，提出了实现社会更加和谐的要求。2004年9月，党的十六届四中全会明确提出了构建社会主义和谐社会的重大战略任务，把提高构建社会主义和谐社会能力确定为加强党的执政能力建设的重要内容。

2006年10月，党的十六届六中全会通过《中共中央关于构建社会主义和谐社会若干重大问题的决定》，提出按照民主法治、公平正义、诚信友爱、充满活力、安定有序、人与自然和谐相处的总要求，构建社会主义和谐社会。《决定》强调，必须坚持以人为本，始终把最广大人民的根本利益作为党和国家一切工作的出发点和落脚点，做到发展为了人民、发展依靠人民、发展成果由人民共享，促进人的全面发展。《决定》还提出了构建社会主义和谐社会的政策措施。

构建社会主义和谐社会重大战略目标的提出，使中国特色社会主义事业总体布局增加了"社会建设"这一重要方面，从而由经济建设、政治建设、文化建设"三位一体"扩展为经济建设、政治建设、文化建设、社会建设"四位一体"。

促进区域、城乡协调发展

区域、城乡发展不平衡，是制约我国经济社会发展的突出问题。科学发展观提出后，党中央认真贯彻科学发展观的要求，对统筹区域、城乡发展作出一系列重大决策部署。

西部大开发战略在世纪之交实施后，按照中央提出的重点先行、适当超前的方针，着力加强西部基础设施建设，重点展开了西电东送、西气东输、青藏铁路等标志性工程建设。青藏铁路被称为"离天最近的铁路"，全体参建人员在恶劣的自然条件下，克服常年冻土、高寒缺氧、生态脆弱三大世界性工程技术难题，建成了世界上海拔最高、线路最长的高原铁路，创造了人类铁路建设史上的奇迹。2006 年 7 月 1 日，全长 1956 公里的青藏铁路全线通车，结束了西藏不通铁路的历史，有力推动了雪域高原的跨越式发展和各族人民生活的改善，成为西藏经济社会发展的"输氧线"。西部大开发战略的深入实施，使西部经济社会发展不断呈现新的局面。

　　在深入实施西部大开发战略的同时，党中央着眼于实现区域协调发展，相继作出振兴东北地区等老工业基地、促进中部地区崛起等重大决策，形成并丰富了区域发展总体战

★ 青藏铁路通车当天，在位于青海省境内的沱沱河大桥桥头，当地群众欢迎从格尔木出发的"青 1"次列车

略。东北地区通过实施工业结构调整重大项目，大庆油田、中国一汽等一批重点企业技术水平有了显著提高，自主创新和先进制造能力不断增强，辽宁阜新等一批资源型城市经济转型试点工作取得阶段性成果。中部地区在中央的支持下全力实现崛起，一批具有竞争力的优势产业和产品不断涌现，城市群、城市带和城市圈加快形成，承东启西的区位优势进一步凸显。国家批准上海浦东新区和天津滨海新区为全国综合配套改革试验区，积极推动长江三角洲、台湾海峡西岸等重点地区的开发开放。东部地区抓住区位优势和先发优势，努力实现率先发展，长三角、珠三角和京津冀三大都市圈始终保持我国经济发展的"三大引擎"地位。

统筹城乡发展是推动科学发展、促进社会和谐的另一个重要任务。党的十六届四中全会深刻分析一些国家工业化发展历程，明确提出"两个趋向"的重要论断，即"在工业化初始阶段，农业支持工业、为工业提供积累是带有普遍性的趋向；但在工业化达到相当程度以后，工业反哺农业、城市支持农村，实现工业与农业、城市与农村协调发展，也是带有普遍性的趋向"。中央认为，经过几十年的发展，我国在总体上已进入以工促农、以城带乡的发展阶段，必须统筹城乡经济社会发展，把解决好农业、农村和农民问题作为全党工作的重中之重，坚持"多予、少取、放活"的方针，努力增加农民收入。从2004年起，中央每年都印发有关"三农"问题的"一号文件"。2005年10月，党的十六届五中全会明确提出建设社会主义新农村的重大战略任务，对社会主义新农村建设作了部署。

党和政府还采取一系列重大措施，切实减轻农民负担。

2005 年 12 月 29 日，十届全国人大常委会第十九次会议决定，自 2006 年 1 月 1 日起废止《中华人民共和国农业税条例》。由此，国家不再针对农业单独征税，一个在我国存在 2600 年的古老税种宣告终结。附加在农业税上的一系列地方性收费也一并取消。农业税及各种附加收费的取消，根本性地扭转了农民负担过重的状况，给亿万农民带来了看得见、摸得着的实惠。河北省灵寿县青廉村农民王三妮自掏腰包铸成"告别田赋鼎"，用特殊的方式表达对取消农业税的喜悦心情，让子孙后代永远铭记这一历史性举措。

国家还进行了包括乡镇机构、农村义务教育、县乡财政管理体制改革在内的农村综合改革和集体林权制度改革。在社会主义新农村建设的伟大进程中，农村改革发展揭开了新的篇章。

"十五"计划的完成和"十一五"规划的制定

世纪之交，西方国家一些人鼓噪所谓"中国经济崩溃论"。然而，事实证明，中国经济不仅没有崩溃，而且成为全球经济发展的重要力量。

"十五"计划的五年中，我国摆脱亚洲金融危机带来的冲击，又成功战胜非典疫情和重大自然灾害，从容应对加入世界贸易组织新变化，不失时机推进改革开放、加强和改善宏观调控，保持了经济平稳较快发展，社会生产力、综合国力都迈上一个新台阶。2001 年至 2005 年五年间，国内生产总值增长 57.3%，年均增长 9.5%。人民生活明显改善，老百姓住房条件大为改观，汽车迅速进入普通家庭，人们的旅游消费大大增加，不仅国内黄金周假日消费红红火火，而且越来越多的人走出国门，足迹遍及世界各地。

"十五"期间，我国人均国内生产总值突破1000美元，经济社会发展进入一个关键时期。随着"十五"计划的完成，党中央深入研究和把握这一时期我国发展呈现出来的一系列重要阶段性特征，高度重视存在的挑战和风险，努力通过制定"十一五"规划加以克服和应对。

2005年10月，党的十六届五中全会通过《中共中央关于制定国民经济和社会发展第十一个五年规划的建议》。《建议》的鲜明特点是强调坚持以科学发展观统领经济社会发展全局，把科学发展观贯穿到改革开放和现代化建设全过程。《建议》有两个突出亮点：一个是强调在优化结构、提高效益、降低消耗的基础上，实现2010年人均国内生产总值比2000年翻一番，这个人均指标比以前提出的国内生产总值翻一番的目标更高了；另一个是首次将能源消耗纳入目标体系，提出单位国内生产总值能源消耗比"十五"期末降低20%左右。2006年3月，十届全国人大四次会议审议通过《中华人民共和国国民经济和社会发展第十一个五年规划纲要》。

"十一五"规划纲要确定的目标、任务和政策措施，既与全面建设小康社会的目标相衔接，又反映了经济社会发展的客观要求和阶段性特征。"十一五"规划还第一次将延续50多年的"计划"改为"规划"，这一字之差体现了社会主义市场经济条件下中长期规划的功能定位，反映了我国发展理念、经济体制、政府职能的重大变革。

三、党的十七大和全面建设小康社会新部署

党的十七大

2007 年 10 月 15 日至 21 日，中国共产党第十七次全国代表大会在北京举行。胡锦涛作题为《高举中国特色社会主义伟大旗帜，为夺取全面建设小康社会新胜利而奋斗》的报告。

大会对改革开放的宝贵经验作了"十个结合"的精辟概括，阐述了中国特色社会主义道路的基本内涵，首次提出中国特色社会主义理论体系的概念并作了概括。大会强调，改革开放以来我们取得一切成绩和进步的根本原因，归结起来就是：开辟了中国特色社会主义道路，形成了中国特色社会主义理论体系。高举中国特色社会主义伟大旗帜，最根本的就是要坚持中国特色社会主义道路和中国特色社会主义理论体系。

大会对科学发展观的时代背景、科学内涵、精神实质和根本要求进行了全面系统的阐述。

大会深刻分析国际国内形势发展变化和新世纪新阶段我国发展一系列新的阶段性特征，对实现全面建设小康社会的宏伟目标作出全面部署，在经济、政治、文化、社会、生态文明等五个方面提出新要求。与党的十六大确定的到 2020 年奋斗目标相比较，这些新要求既与之相衔接，保持了目标的连续性，又根据新的情况和条件进行了充实，使全面建设

★ 党的十七大会场

小康社会的目标更全面、内涵更丰富、要求更具体。特别是根据经济持续快速发展的实际，调整了党的十六大提出的到 2020 年力争实现国内生产总值比 2000 年翻两番的经济增长目标，提出"实现人均国内生产总值到二〇二〇年比二〇〇〇年翻两番"的更高要求。这些新要求深刻反映了党的执政治国理念的新发展，集中体现了科学发展观的本质要求和基本精神。

大会审议通过报告和《中国共产党章程（修正案）》。党章修正案增写了中国特色社会主义事业总体布局，全面推进经济建设、政治建设、文化建设、社会建设的内容，体现了我们党对共产党执政规律、社会主义建设规律、人类社会发展规律认识的深化。此外，还增写了党的中央和省、自治区、直辖市委员会实行巡视制度，以利于加强党内监督、促进反腐倡廉工作；增写了党的干部要树立正确政绩观，作出经得起实践、人民、历史检验的实绩的要求；增加了推进党务公开、发展党内民主、加强和改进流动党员管理等方面的新规定。

大会选举产生十七届中央委员会和中央纪律检查委员会。党的十七届一中全会选举产生胡锦涛、吴邦国、温家宝、贾庆林、李长春、习近平、李克强、贺国强、周永康[①]为中央政治局常委，胡锦涛为中央委员会总书记；决定胡锦涛为中央军事委员会主席；批准贺国强为中央纪律检查委员会书记。

中国特色社会主义理论体系的概括提出

创造性地提出并深刻阐述马克思主义中国化的第二次飞跃的理论成果——中国特色社会主义理论体系，是党的十七大的重大理论贡献。

中国特色社会主义理论体系是党在领导改革开放和社会主义现代化建设的伟大实践中逐步形成的。党的十七大首次概括提出，中国特色社会主义理论体系，就是包括邓小平理论、"三个代表"重要思想以及科学发展观等重大战略思想在内的科学理论体系。这个理论体系，坚持和发展了马克思列宁主义、毛泽东思想，凝结了几代中国共产党人带领人民不懈探索实践的智慧和心血，是马克思主义中国化最新成

---

① 2014年12月，鉴于周永康严重违纪，中共中央经立案审查后决定给予其开除党籍处分。2015年6月，周永康因受贿、滥用职权、故意泄露国家秘密罪被天津市第一中级人民法院判处无期徒刑，剥夺政治权利终身。

果，是党最可宝贵的政治和精神财富，是全国各族人民团结奋斗的共同思想基础。大会强调，中国特色社会主义理论体系是不断发展的开放的理论体系，必须倍加珍惜、长期坚持和不断发展。

大会指出，科学发展观是立足社会主义初级阶段基本国情，总结我国发展实践，借鉴国外发展经验，适应新的发展要求提出来的。科学发展观的第一要义是发展，核心是以人为本，基本要求是全面协调可持续，根本方法是统筹兼顾。在新的发展阶段继续全面建设小康社会、发展中国特色社会主义，必须坚持以邓小平理论和"三个代表"重要思想为指导，深入贯彻落实科学发展观。

大会认为，科学发展观是中国特色社会主义理论体系重大创新成果，决定将这一成果写入党章。党章明确规定：科学发展观，是同马克思列宁主义、毛泽东思想、邓小平理论和"三个代表"重要思想既一脉相承又与时俱进的科学理论，是我国经济社会发展的重要指导方针，是发展中国特色社会主义必须坚持和贯彻的重大战略思想。

四、应对重大挑战和深化改革开放

应对国际金融危机和各种挑战

从 2007 年开始的美国次贷危机，到 2008 年演化成一场全球性的金融危机，并且迅速由金融领域扩散到实体经济领域，由美国扩散到世界主要经济体，其来势之猛、扩散之快、影响之深，为 20 世纪 20 年代末 30 年代初世界经济大危机以来所仅见。美国次贷危机爆发后，党中央密切关注危机的发展态势，特别是可能对我国经济发展带来的风险和产生的冲击，强调要树立忧患意识，做好应对危机的预案。

到了 9 月，国际金融危机对我国的冲击迅速加剧，第四季度经济增速出现急剧下滑势头，对外贸易出口困难，就业压力迅速加大。党中央、国务院全面分析、准确判断、从容应对，将宏观调控的着力点转到防止经济增速过快下滑上来，实施积极的财政政策和适度宽松的货币政策，着力扩大国内需求特别是消费需求，形成了包括大规模增加政府投资、实行结构性减税、大范围实施十个重点产业调整振兴规划等一揽子计划。

经过艰苦努力，我国在世界上率先实现经济回升向好。从 2009 年第二季度起，经济止跌回升，全年增长 9.2%。事实证明，我国应对国际金融危机冲击的方针、政策和举措总体上是有效的。但采取的一些经济刺激政策会有一个消化的过程，同时我国经济发展仍存在不少突出的矛盾和问题。从根本上解决经济平稳健康发展问题，必须坚定不移推进和深化改革。

2008 年 5 月 12 日，四川汶川发生里氏 8.0 级特大地震，造成 8.7 万人遇难，受灾群众达 4625 万多人，直接经济损失 8451 亿多元。在党中央领导下，我国迅速组织起历史上救援速度最快、动员范围最广、投入力量最多的抗震救灾活动。党中央坚持以人为本、尊重科学，果断决策、沉着应对，全国人民患难与共、同心协力，人民子弟兵舍生忘死、冲锋在前，一方有难、八方支援、集中力量办大事的制度优势得到充分发挥。在这场波澜壮阔的抗震救灾过程中，无数人在生死瞬间把生的希望留给他人，父母用臂膀为孩子撑起生命的空间，老师用身躯为学生挡住死神的威胁，党员干部在关键时刻、危难关头豁得出来、冲得上去，在地震废墟上谱写了一曲曲感天动地的英雄壮歌，充分展现了万众一心、众志成城，不畏艰险、百折不挠，以人为本、尊重科学的伟大抗震救灾精神。

在夺取抗震救灾斗争重大胜利后，党和政府迅速制定灾区灾后恢复重建计划，决定用三年时间完成灾后恢复重建任务，并动员全国力量实行对口支援。全国各族人民、港澳台同胞和海外侨胞以各种方式支持抗震救灾和灾后重建。到2010年9月底，重建任务提前一年基本完成，受灾地区的基础设施和群众的生产生活大大超过灾前水平，创造了灾后重建的人间奇迹。

2008年至2010年间，党和政府还带领人民取得抗击南方雨雪冰冻极端天气、青海玉树强烈地震和甘肃舟曲特大山洪泥石流等严重自然灾害以及恢复重建的胜利。依法坚决平息和妥善处理2008年3月14日拉萨等地打砸抢烧严重暴力犯罪事件和2009年7月5日乌鲁木齐打砸抢烧严重暴力犯罪事件，坚决打击了暴力恐怖势力、民族分裂势力和宗教极端势力的破坏活动，维护了民族团结和社会稳定。

成功应对各种困难和风险挑战，充分显示了我们党抵御各种风险、驾驭各种复杂局面的能力，显示了党的坚强领导和我国社会主义制度能够集中力量办大事的政治优势，显示了"任何困难都难不倒英雄的中国人民"的大无畏气概。

加快转变经济发展方式和深化重要领域改革

加快经济发展方式转变是我国经济领域的一场深刻变革。为更好地解决经济长期积累的结构性矛盾和经济增长方式粗放问题，党的十七大提出加快转变经济发展方式的战略任务。把过去常讲的"转变经济增长方式"表述为"转变经济发展方式"，虽然只是两个字的改动，但却有着十分深刻的内涵。转变经济发展方式，除了涵盖转变经济增长方式的全部内容外，还对经济发展的理念、目的、战略、途径等提出了新的更高的要求，充分体现了党对经济发展规律认识的深化。

国际金融危机的冲击，使我国内需外需不平衡、投资消费不协调、产业结构不合理、发展方式不可持续的问题进一步凸显出来。2010 年 10 月召开的党的十七届五中全会明确指出，加快转变经济发展方式是做好"十二五"时期经济社会发展工作的主线。党中央还对加快转变经济发展方式的基本要求作出了新的概括，明确要求把经济结构战略性调整作为主攻方向，把科技进步和创新作为重要支撑，把保障和改善民生作为根本出发点和落脚点，把建设资源节约型、环境友好型社会作为重要着力点，把改革开放作为强大动力。按照这一要求，党和国家相继采取一系列措施，坚持实施扩大内需战略，坚持走中国特色新型工业化道路，扎实推进节能减排和生态环境保护，深入实施区域发展总体战略，积极稳妥推进城镇化，推动经济发展方式转变迈出了新步伐。

经济发展方式转变滞后是多方面因素造成的，但最大症结在于体制机制不合理。为此，党中央强调要通过不断深化改革，既从制度上更好发挥市场在资源配置中的基础性作用，又形成有利于科学发展的宏观调控体系，为经济社会发展提供强大动力和制度保障。

在所有制改革方面，国有经济战略性调整和国有大型企业改革加快推进。2006年起，中央企业加大兼并重组力度，到2011年，国资委监管的中央企业从2007年的159家减少到117家，其中有超过80%的资产集中在石油石化、电力、国防和通信等关键领域以及运输、矿业、冶金等支柱行业，国有企业整体素质和竞争力大大增强。在国有企业做强做优的同时，党和政府坚持"两个毫不动摇"的方针，积极鼓励和引导非公有制经济健康发展。2010年5月，国务院印发关于鼓励和引导民间投资健康发展的若干意见，非公有制经济发展的体制环境进一步得到改善。

在农村改革发展方面，中央在改革开放30周年之际明确宣示，现有土地承包关系要保持稳定并长久不变。2008年10月召开的党的十七届三中全会作出《中共中央关于推进农村改革发展若干重大问题的决定》，强调农业是安天下、稳民心的战略产业，要求坚决守住18亿亩耕地红线，促进城乡经济社会发展一体化。此后，中央进一步加大对农业的财政投入，出台一系列强农惠农富农政策，在实施粮食直补的基础上，对种粮农民实施良种补贴、农机具购置补贴和农资综合补贴等，充分调动了种粮农民的积极性。从2004年起，我国粮食产量实现8年连续增长，2011年达到5.7亿吨。农民人均纯收入也连年增长。

在扩大对外开放方面，开放型经济水平全面提升。中国履行加入世界贸易组织承诺，大幅降低关税，到2010年关税总水平降至 9.8%，远远低于发展中国家的平均水平。同时，大规模开展法律法规清理修订工作。从 2001 年开始，10 年间中央政府共清理法律法规和部门规章 2300 多件，地方政府共清理地方性政策和法规 19 万多件。国际金融危机爆发后，中国积极应对外部环境的急剧变化，及时出台稳定外需的政策措施，实施市场多元化战略，在对外贸易、利用外资、对外投资等领域取得重要进展。2002 年至 2011 年加入世界贸易组织的 10 年间，中国货物贸易额的全球排名由第六位上升到第二位。中国实行的平等、互利、合作、共赢的对外开放政策，不仅惠及 13 亿中国人民，也使世界各国人民获益，给世界经济发展以有力推动。

"十一五"规划的完成和"十二五"规划的制定

"十一五"时期，面对国内外环境的复杂变化和重大风险挑战，党中央紧紧抓住发展这个执政兴国的第一要务，充分发挥社会主义制度的政治优势，充分发挥市场在资源配置中的基础性作用，加速推进改革开放和现代化建设，国家面貌发生新的历史性变化。

经济平稳较快发展，国民经济迈上新台阶。"十一五"期间，国内生产总值年均增长 11.3%，2010 年超过 40 万亿元，经济总量先后超过德国和日本，跃升至世界第二位，成为仅次于美国的世界第二大经济体。城镇居民人均可支配收入和农村居民人均纯收入年均分别增长 9.7% 和 8.9%，人民生活明显改善。

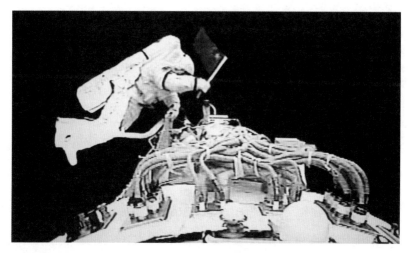

★ 2008年9月27日，执行"神舟七号"载人航天飞行出舱活动任务的航天员翟志刚在舱外挥舞中国国旗

经济快速发展需要科技创新提供动力，同时又为科技进步提供了条件。继2005年提出建设创新型国家后，2012年中央进一步提出实施创新驱动发展战略。按照这一部署，国家加大科技投入，组织实施16个重大科技专项、技术创新工程、十大产业振兴规划和战略性新兴产业发展规划，在重要学科前沿和战略必争领域取得一批重大自主创新成果，载人航天、探月工程、超级计算机等实现新的重大突破。继2003年"神舟五号"飞船首次实现载人航天飞行，5年后"神舟七号"飞船航天员成功进行中国人的第一次太空漫步，实现了我国空间技术发展具有里程碑意义的重大跨越。2007年"嫦娥一号"首次完成绕月探测。中华民族几千年来的飞天梦想终于变成了现实。2008年8月，京津城际高速铁路开通运营，标志着中国开始迈入高铁时代。此外，三峡水利枢纽、青藏铁路、南水北调、西电东送、西气东输等重大工

程建设捷报频传，充分展现了我国改革开放和现代化建设的辉煌成就。

"十一五"期间，我国还办好了许多大事。2008 年 8 月 8 日至 24 日，第二十九届夏季奥运会在北京举行，随后举行第十三届残疾人奥运会。中国体育代表团在奥运会上居于金牌榜首位，在残奥会上居于金牌榜和奖牌榜首位，取得了运动成绩和精神文明双丰收。中国人民成功举办了一届有特色、高水平奥运会，实现了中华民族的百年期盼，兑现了对国际社会的郑重承诺，进一步增进了同世界各国人民的相互了解和友谊。2010 年 5 月 1 日至 10 月 31 日，以"城市，让生活更美好"为主题的世界博览会在上海举行。这是第一次在发展中国家举办的注册类世博会。在 184 天的时间里，有 246 个国家和国际组织参展，7308 万人次参观展览，书写了中国人民同世界各国人民交流互鉴的新篇章。

进入 21 世纪第二个十年，党中央综合分析面临的国际国内形势，提出"十二五"时期我国发展仍处于可以大有作

★ 第二十九届夏季奥运会会场

为的重要战略机遇期的重要判断。2010 年 10 月，党的十七届五中全会通过《中共中央关于制定国民经济和社会发展第十二个五年规划的建议》，对在新的历史起点上向着全面建设小康社会目标继续前进作出全面部署。《建议》的鲜明特点是明确提出"十二五"规划的主题是科学发展，主线是加快转变经济发展方式。2011 年 3 月，十一届全国人大四次会议批准了《中华人民共和国国民经济和社会发展第十二个五年规划纲要》。

积极稳妥推进民主法治建设

进入新世纪，顺应时代要求和人民期待，党中央坚持把党的领导、人民当家作主和依法治国统一起来，坚持走中国特色社会主义政治发展道路。

人民代表大会制度建设进一步加强。2005 年 5 月，中共中央转发《中共全国人大常委会党组关于进一步发挥全国人大代表作用，加强全国人大常委会制度建设的若干意见》。2010 年 3 月，十一届全国人大三次会议通过新修改的全国人大和地方各级人大选举法，在我国经济社会快速发展、城镇化不断推进、城乡人口结构比例发生巨大变化的背景下，明确城乡按相同人口比例选举人大代表。2011 年上半年到2012 年底，全国完成修改选举法后的首次县乡两级人大换届选举，实现了新中国历史上城乡"同票同权"，人人平等、地区平等、民族平等原则得到了更好的体现。科学立法、民主立法的步伐也进一步加快。到 2010 年底，以宪法为统帅，以宪法相关法、民法商法等多个法律部门的法律为主干，由法律、行政法规、地方性法规等多个层次的法律规范构成的中国特色社会主义法律体系形成。这是我国社会主义民主法制建设史上的重要里程碑，是中国特色社会主义制度逐步走向成熟的重要标志。

基本政治制度进一步完善和发展。党的十七大首次把基层群众自治制度纳入中国特色社会主义政治制度的基本范畴，作为发展社会主义民主政治的基础性工程加以推进。无论在城市，还是在乡村，基层民主选举、民主决策、民主管理、民主监督实践日益广泛深入开展，亿万群众依法管理自己的事情，享有更多更切实的民主权利，基层民主活力增强。至2012年底，农村普遍开展了八轮以上的村委会换届选举，全国98%以上的村委会实行了直接选举，村民平均参选率达到95%；城市开展了六轮以上的居委会换届选举。

推动社会主义文化大发展大繁荣

建设社会主义文化强国是进入新世纪党作出的重大战略决策。党的十七大强调，要更加自觉、更加主动地推动文化大发展大繁荣，提高国家文化软实力。2011年10月召开的党的十七届六中全会，通过《中共中央关于深化文化体制改革，推动社会主义文化大发展大繁荣若干重大问题的决定》，提出了坚持中国特色社会主义文化发展道路、努力建设社会主义文化强国的战略任务。我国文化建设进入新的发展阶段。

建设社会主义核心价值体系是思想文化建设的一个重大创新。2006年3月，胡锦涛在参加全国政协十届四次会议民盟、民进界委员联组讨论时，提出要树立社会主义荣辱观。10月，党的十六届六中全会提出了建设社会主义核心价值体系的任务。此后，社会主义核心价值体系建设融入国民教育和精神文明建设全过程，全社会广泛开展理想信念教育、爱国主义教育、国情教育和形势政策教育，使人民群众进一步增强了对中国共产党的领导、社会主义制度、改革开放事业、全面建设小康社会目标的信念和信心。

实现文化繁荣发展，迫切需要建立与社会主义市场经济体制相适应的文化体制。2005年12月，中共中央、国务院出台关于深化文化体制改革的若干意见，明确文化体制改革着重围绕重塑市场主体、培育市场体系、改善宏观管理、转变政府职能等关键环节展开。截至2012年，出版发行、电影电视剧制作、广电传输等国有经营性单位的转企改制工作全面完成，国有文艺院团体制改革基本完成。

在文化体制改革过程中，国家加大投入、改革机制，推动公共文化服务体系建设进入快车道。实施文化信息资源共享工程、广播电视村村通、乡镇综合文化站建设等一大批文化惠民工程，基本实现"县有图书馆、文化馆，乡有综合文化站"的目标，同时积极推行公共博物馆、纪念馆、公共图书馆、美术馆、文化馆（站）等免费开放，使公共文化设施的公益性日益彰显。

文化体制改革极大激发了文化创新创造活力，文化产业崛起和发展成为进入新世纪后文化改革发展的显著特征。众多过去"吃皇粮"的文化事业单位通过改革，转变成为自主经营、自负盈亏、自我发展、自我约束的市场主体，大大提高了我国文化产品的供给能力。到2012年，全国文化产业总产值突破 4 万亿元；年出版图书品种、总量稳居世界第一位；电影产量连年保持在 500 部以上，成为世界第三大电影生产国；年产电视剧上万集，是世界第一大电视剧生产国；文化创意、数字出版、移动多媒体、动漫游戏等新兴文化产业快速发展。

加快推进以改善民生为重点的社会建设

人民是改革的参与者，也是发展成果的分享者。能否解决好民生问题，不仅关系到社会和谐稳定，更关系到人心向背和党的执政基础巩固。这一时期，党中央在经济发展的基础上，秉持发展为了人民、发展依靠人民、发展成果由人民共享的理念，着眼人民最关心、最直接、最现实的利益问题，着力解决经济社会发展"一条腿长、一条腿短"的问题，加快推进以改善民生为重点的社会建设，努力使全体人民学有所教、劳有所得、病有所医、老有所养、住有所居。

教育公平是社会公平的重要基础。党的十六大以后，国家大幅度增加财政性教育经费，建立农村义务教育经费保障新机制，全面免除农村义务教育学杂费，在西部农村地区实施"两免一补"政策，进一步完善国家奖助学金资助制度，确保教育资源重点向农村、边远地区、少数民族地区、贫困地区倾斜，努力保障人民群众接受良好教育的机会。到 2008 年，城乡义务教育实现全部免除学杂费，惠及 1.6 亿学生，减轻了亿万家庭的经济负担，确保了所有义务教育适龄儿童都能"不花钱，有学上"，当年全国学龄儿童入学率达到 99.5%。高等教育大众化程度进一步提高，2012 年高等教育毛入学率达到 30％以上，为莘莘学子提供了更多接受高等教育的机会。

党和政府坚持把就业作为民生之本，千方百计扩大就业。同时还颁布实施就业促进法、劳动合同法等法律法规，为解决就业平等问题提供法制保障。2008 年国际金融危机爆发后，我国就业形势出现新的压力。一时间，保就业成为从中央到地方各级政府各项工作的重中之重。各地实施更加积极的就业政策，帮助高校毕业生就业，广开农民就业门路，帮助城市困难家庭就业，同时鼓励以创业带动就业。2011 年末，我国城乡就业人数达到 7.6 亿人，保持了就业形势总体稳定。

医疗卫生事业是民生大事。从 2003 年起，我国开始在西部部分地区实行新型农村合作医疗制度，2006 年在全国推开，到 2008 年底覆盖了全国，有 8.14 亿农村居民参与其中。这种个人自愿参加，以大病统筹为主、兼顾小病，个人筹资小部分、国家和地方政府补贴大部分的新型农村合作医疗制度，受到广大农民的热烈欢迎。

建立和完善社会保障体系，是全面建设小康社会的重要目标。党的十六大以后，党中央坚持广覆盖、保基本、多层次、可持续方针，以基本养老、基本医疗、最低生活保障制度为重点，加快建立覆盖城乡居民、与经济发展水平相适应的社会保障体系。在农村，新型农村合作医疗、农村最低生活保障、农村养老保险等一系列重大制度建设陆续出台；在城镇，从城镇职工到城镇居民，特别是非公企业职工、灵活就业人员和农民工，社会保障范围不断扩大。到 2012 年，我国各项养老保险参保人数达到 7.9 亿人，城乡基本养老保

险制度全面建立；各项医疗保险参保人数超过 13 亿人，全
民医保基本实现；最低生活保障制度实现全覆盖，城乡社会
救助体系基本建立。世界上覆盖人口最多的社会保障网基本
建成。

随着改革发展进入关键时期，我国社会矛盾多发，党和
各级政府针对新情况和新问题，积极探索完善新形势下社会
管理和服务的新路子、新举措，初步形成了党委领导、政府
负责、社会协同、公众参与的社会管理格局，努力把矛盾化
解在基层，解决在萌芽状态。同时，积极探索建立和完善应
急管理体制，进一步提升应对和处置突发公共事件的能力和
水平。在经济社会深刻变革和急剧转型过程中，由于加强社
会管理和服务工作，我国始终保持了社会稳定和政治稳定。

加大环境保护力度

进入 21 世纪，我国发展面临着越来越突出的资源环境
制约，人民群众对解决生态环境问题的要求越来越迫切。按
照加快建设资源节约型、环境友好型社会的要求，中央和各
地采取措施，推动我国环境保护工作进入新的发展阶段。

不断加强环境保护力度。我国制定或修订了清洁生产促
进法、循环经济促进法、水污染防治法等法律，并在发展中
国家中第一个制定并实施应对气候变化国家方案。"十一五"
规划还明确规定了单位国内生产总值能源消耗比"十五"期
末降低 20％左右，主要污染物排放总量减少 10％，森林
覆盖率提高到 20％等约束性指标。从中央到地方，对绿色
GDP 的追求开始取代以往单纯追求 GDP 的做法。

党和政府重视节能减排，并将重点放在搞好钢铁、有色、化工、建材等行业上，依法淘汰了一大批小火电、小煤矿等落后产能。同时还将淮河、太湖等确定为重点流域范围，着力开展水污染治理工程建设，以让不堪污染重负的江河湖泊得到休养生息。2011 年，在全国开展评价的 18.9 万公里河流中，Ⅰ—Ⅲ类水河长的比例为 64.2%；城市污水处理率达到 83.6%。

坚持不懈推进退耕还林工程，是党中央、国务院为解决水土流失严重、江河水患频繁等问题作出的重大决策。到 2008 年，全国共安排退耕还林任务超过 4 亿亩，相当于再造了一个东北、内蒙古国有林区。此外，我国还持续实施了青海三江源自然保护区生态保护与建设工程、京津风沙源治理工程、石漠化综合治理工程等一系列生态环境保护重点工程。到 2013 年，全国森林覆盖率达到 21.63%，沙化土地实现了从"沙进人退"向"人进沙退"的历史性转变。

经过不懈努力，我国环境污染和生态破坏加剧的趋势有所减缓，环境保护变成实实在在的行动。

五、履行新世纪新阶段军队历史使命

2004 年 12 月，胡锦涛在中央军委扩大会议上对军队历史使命提出新要求，指出军队要为中国共产党巩固执政地位提供重要的力量保证，为维护国家发展的重要战略机遇期提供坚强的安全保障，为维护国家利益提供有力的战略支撑，为维护世界和平与促进共同发展发挥重要作用。2005 年 4 月，

★ 2009 年 10 月 1 日，胡锦涛在中华人民共和国成立 60 周年庆典上检阅中国人民解放军受阅部队

胡锦涛明确提出坚持在国防和军队建设中贯彻落实科学发展观，推动国防和军队建设全面协调可持续发展，实现富国和强军的统一。12 月，胡锦涛对在国防和军队建设中贯彻落实科学发展观进行了系统阐述。

军队建设坚持把思想政治建设摆在首位。2006 年 10 月，胡锦涛提出建设一支听党指挥、服务人民、英勇善战的革命军队的要求。2008 年 12 月，胡锦涛在中央军委扩大会议上提出"忠诚于党、热爱人民、报效国家、献身使命、崇尚荣誉"的当代革命军人核心价值观。全军上下大力培育当代革命军人核心价值观，以及深入开展历史使命、理想信念、战斗精神、社会主义荣辱观教育，使军队各级党组织的创造力凝聚力战斗力不断增强。全军涌现出载人航天英雄集体等一批先进集体和个人。

全军坚持以军事斗争准备为龙头带动军队现代化建设。随着信息化在现代战争中的作用日益突出，2004 年，中央军委充实、完善新时期军事战略方针，提出把军事斗争准备的基点放在打赢信息化条件下的局部战争上。适应中国特色军事变革的要求，中央对军队体制编制进行了调整改革。2003 年到 2005 年，人民解放军裁减员额 20 万，重点精简陆军部队，同时强化军委总部战略管理功能，推进新型作战能力建设，推动作战力量编成向精干、联合、多能、高效方向发展。军队全面建设现代后勤的步伐也不断加快，在实现三军联勤的基础上，符合信息化条件下局部战争要求的保障体制、保障方式、保障手段和管理模式逐步形成。军队还加快实施人才战略工程，不断提高全军官兵信息化素养，不断优化人才队伍结构。

围绕建设信息化军队、打赢信息化战争，加快推进战斗力生成模式转变。军队积极推进机械化条件下军事训练向信息化条件下军事训练转变，成功组织了一系列重大联合战役、战术训练和演习。着力提升国防科技和武器装备自主创新能力，大力发展以军事信息系统为支撑的现代化武器装备，以第二代为主体、第三代为骨干的武器装备体系基本建成，为战斗力转型奠定坚实的物质基础。2012 年 9 月，我国第一艘航空母舰"辽宁舰"正式交付海军。

全军和武警部队还出色完成一系列急难险重任务。积极参加抗击非典、南方低温雨雪冰冻灾害、汶川和玉树地震、舟曲特大山洪泥石流灾害等抢险救灾行动，参加利比亚撤侨行动，以实际行动捍卫了"人民子弟兵"的称谓。中国军队还积极参加多个国家联合军事演习、联合国维和行动以及赴亚丁湾、索马里海域护航等，充分展示了过硬的军事素质和良好的威武之师、文明之师、和平之师形象。

六、推进"一国两制"实践和祖国和平统一大业

推进"一国两制"实践

进入新世纪，中央政府继续坚定不移贯彻"一国两制"、"港人治港"、"澳人治澳"、高度自治的方针，严格按照宪法和特别行政区基本法办事，全力支持香港、澳门经济社会发展。

回归以后，香港特别行政区的民主政制依法推进。全国人大常委会行使宪法和香港基本法赋予的职权，先后于1999年、2004年、2005年、2011年，对香港基本法及其附件有关条款作出解释。根据基本法和全国人大常委会的有关解释，2007年12月，十届全国人大常委会第三十一次会议决定，2012年香港特别行政区第四任行政长官和第五届立法会的具体产生办法可以作出适当修改；2017年香港特别行政区第五任行政长官的选举可以实行由普选产生的办法；在行政长官由普选产生以后，香港特别行政区立法会的选举可以实行全部议员由普选产生的办法。

澳门特别行政区的民主政制也按照基本法的规定向前发展。2011年12月，十一届全国人大常委会第二十四次会议

对澳门基本法附件一第七条、附件二第三条作出解释，明确了修改澳门特别行政区行政长官和立法会产生办法的程序。

新世纪以后，中央政府及时采取开放内地部分城市居民个人赴港澳游、扩大香港人民币业务、推动内地企业在港上市等一系列政策措施，为港澳走出亚洲金融危机、摆脱非典影响、恢复经济增长注入"强心剂"。从 2003 年开始，内地与香港、澳门分别签署关于建立更紧密经贸关系的安排（CEPA）及其补充协议，消除港澳与内地在贸易、投资等方面的制度性障碍，不断促进内地与港澳之间的货物、服务贸易自由化和投资便利化，实现了两地互利共赢。国际金融危机爆发后，中央政府出台了一系列政策举措，为香港应对国际金融危机提供了坚强后盾。中央政府还加大对澳门经济发展和适度多元化的支持力度，支持澳门建设世界旅游休闲中心，批准澳门大学在珠海横琴岛进行新校区建设，支持澳门特区发展与葡语国家间的经贸关系。

在中央政府的大力支持下，内地与港澳合作不断加强，建立了粤港、粤澳、京港、沪港和泛珠三角九省区等合作机制，不断拓宽港澳发展空间。作为粤港澳合作的重点，中央政府还积极推进深圳前海、珠海横琴、广州南沙合作开发。香港、澳门的经济实现了较快速发展。2011 年，香港 GDP较回归前的 1996 年增长 54%；澳门 GDP 较 2000 年翻了两番多，年均增长率达 12.5%。香港、澳门社会保持稳定，经济更加繁荣，显示了"一国两制"方针的强大生命力。

2012 年 7 月，胡锦涛在庆祝香港回归祖国 15 周年大会上指出，"一国两制"是香港回归后保持长期繁荣稳定的最佳制度安排。必须坚持全面理解和贯彻"一国两制"方针，严格按照基本法办事，把坚持"一国"原则和尊重"两制"差异、维护中央权力和保障特别行政区高度自治权、维护国家整体利益和保障香港社会各界利益、支持香港积极开展对外交往和反对外部势力干预香港事务等有机结合起来，任何时候都不能偏废。

推动两岸关系和平发展

在坚决维护香港、澳门稳定繁荣的同时，党中央坚定不移按照"和平统一、一国两制"方针推进祖国和平统一大业。

进入新世纪，"台独"分裂活动不断加剧，台湾陈水扁当局图谋通过"宪政改造"，以所谓"宪法"和"法律"的形式把台湾从中国分割出去，给海峡两岸关系和平稳定发展造成严重影响。党中央将反对和遏制"台独"摆在对台工作更为突出的位置。2005年3月4日，胡锦涛就发展两岸关系提出四点意见，强调坚持一个中国原则决不动摇，争取和平统一的努力决不放弃，贯彻寄希望于台湾人民的方针决不改变，反对"台独"分裂活动决不妥协。这四个"决不"的主张，在海峡两岸和国际社会产生重大反响。3月14日，十届全国人大三次会议高票通过《反分裂国家法》，强调"台独"分裂势力以任何名义、任何方式造成台湾从中国分裂出去的事实，或者发生将会导致台湾从中国分裂出去的重大事变，或者和平统一的可能性完全丧失，国家得采取非和平方式及其他必要措施，捍卫国家主权和领土完整。这充分表明全中国人民反对"台独"、维护国家统一和领土完整的共同意志和坚定决心。对台政策由此进入"以法遏独、以法促统"的新阶段。

同时，中共中央积极推动两岸政党交流。2005 年 4 月 29 日，中共中央总书记胡锦涛在北京会见中国国民党主席连战，实现了 60 年来中国共产党和中国国民党主要领导人之间第一次历史性握手。会后发表《两岸和平发展共同愿景》，国共两党达成一系列共识。2006 年 4 月，中国共产党和中国国民党共同举办首届两岸经贸论坛，10 月，共同举办两岸农业合作论坛。通过论坛平台，大陆方面推出多项促进两岸交流合作、惠及台湾同胞的政策措施，促进了两岸关系的发展。

2008 年 3 月，顽固坚持"台独"立场的民进党下台，国民党重新上台，台湾局势出现积极变化。12 月 31 日，胡锦涛在纪念《告台湾同胞书》发表 30 周年座谈会上全面系统阐述了两岸关系和平发展重要思想，提出推动两岸关系和平发展的六点主张，指明了推动两岸关系和平发展是实现和平统一的必由之路，对进一步推动两岸关系发展具有重要指导意义。

两岸双方本着"建立互信、搁置争议、求同存异、共创双赢"的精神，共同致力于两岸关系改善与发展。2008 年 6 月，海协会与台湾海基会在"九二共识"基础上恢复制度化协商。12 月，两岸海、空直航及直接通邮正式启动，两岸全面直接双向"三通"迈开历史性步伐。2010 年 6 月，《海峡两岸经济合作框架协议》的签署，推进了两岸经济合作机制化、制度化进程。

随着两岸经贸关系逐渐迈入正常化，两岸在学术、文化、教育、新闻、体育、宗教等方面的交流交往不断深化。

从 2009 年开始，每年举办一届海峡论坛。2011 年 6 月，大陆居民赴台个人游正式启动。中国政府还妥善处理了台湾参加世界卫生大会、亚太经合组织领导人非正式会议等涉台外交问题，在协助处理台胞涉外纠纷等事务中切实维护台胞的合法权益，照顾台胞福祉。这一系列举措，既获得了台湾岛内民众的欢迎和赞誉，又巩固了国际社会一个中国的格局，为两岸关系的和平发展增添了积极因素。

七、坚持和平发展合作

进入新世纪，党中央顺应世界求和平、谋发展、促合作的时代潮流，始终不渝走和平发展道路。2005 年 4 月 22 日，胡锦涛在雅加达亚非峰会上提出推动建设"和谐世界"的主张。2007 年 10 月，党的十七大报告重申"各国人民携手努力，推动建设持久和平、共同繁荣的和谐世界"，建设和谐世界的外交目标首次在党代会文件中得到体现和确认。为推动建设和谐世界，中国提出"大国是关键、周边是首要、发展中国家是基础、多边是重要舞台"的外交工作总体布局，积极开展富有成效的外交活动。

大国关系总体上保持稳定和发展。2011 年 1 月，胡锦涛应邀对美国进行国事访问，两国元首发表中美联合声明，就建设相互尊重、互利共赢的合作伙伴关系达成重要共识。中俄两国在 2008 年解决了历史遗留的中俄国界东段的边界问题，战略协作伙伴关系继续深化。中国与欧盟于 2003 年确定建立全面战略伙伴关系，此后双方经贸合作迅猛发展，欧

★ 2005 年 9 月 15 日，胡锦涛在联合国成立 60 周年首脑会议上发表题为《努力建设持久和平、共同繁荣的和谐世界》的讲话

盟连续八年保持第一大贸易伙伴地位。中日关系在曲折中发展。2008 年 5 月，胡锦涛访问日本，两国领导人共同发表《中日关于全面推进战略互惠关系的联合声明》。2012 年 9 月，针对日本政府对钓鱼岛实施所谓"国有化"，中国政府发表了《中华人民共和国政府关于钓鱼岛及其附属岛屿领海基线的声明》和《钓鱼岛是中国的固有领土》白皮书，并通过常态化执法巡航等措施，对钓鱼岛及其附近海域实施管理，坚决捍卫国家主权。

　　中国同周边国家实现高层互访和交流，推进区域合作进程。在中国推动下，2007 年上海合作组织各成员国缔结长期睦邻友好合作条约。中国同东盟在 2002 年 11 月签署《南海各方行为宣言》，为相关国家在南海开展务实合作和共同开发奠定了政治基础。2010 年 1 月，"中国—东盟自由贸易区"正式启动，使世界上近 1/3 人口得到实惠。

　　中国同发展中国家的团结合作取得重要进展，先后出台了中国对非洲、拉丁美洲和加勒比的政策文件。2006 年 11 月，中非合作论坛北京峰会举行，峰会宣言郑重宣布建立中非新型战略伙伴关系。中国对发展中国家继续提供力所能及的援助，与广大发展中国家的团结合作不断加强。

　　中国通过多边舞台，推动解决国际和地区热点问题。国际金融危机爆发后，中国通过出席二十国集团领导人峰会、亚太经合组织领导人非正式会议，以及举办博鳌亚洲论坛年会等，推动世界经济治理机制改革。推动建立金砖国家领导人会晤机制，从 2009 年开始，金砖国家领导人定期举行会晤，增强了新兴市场国家和发展中国家在全球治理中的代表性和发言权。中国还积极参与安全反恐等全球性问题的国际合作，充分展示负责任大国的形象。

　　这一时期，中国政府践行"外交为民"宗旨，稳妥处理撤侨、人质解救、劳务纠纷等重大突发事件，特别是 2011 年二三月间，利比亚出现紧张局势，我国迅速有序地组织了一次新中国成立以来最大规模的撤离海外中国公民（包括港澳台同胞）行动，将 35860 名在利比亚的中国公民全部安全撤离回国，有效维护了中国公民在海外的人身安全和合法权益。

八、提高党的建设科学化水平和确立 科学发展观为党的指导思想

加强党的执政能力建设和先进性建设

新世纪新阶段全面建设小康社会，对党的执政能力提出了新的更高要求。党中央坚持以执政能力建设和先进性建设为主线，紧密结合治国理政实践，继续全面推进党的建设新的伟大工程。

党的十六大提出"加强党的执政能力建设"的命题。2004 年 9 月，党的十六届四中全会通过《中共中央关于加强党的执政能力建设的决定》，就科学执政、民主执政、依法执政的目标及其内涵作了进一步阐述，明确提出要不断提高驾驭社会主义市场经济的能力，发展社会主义民主政治的能力，建设社会主义先进文化的能力，构建社会主义和谐社会的能力，应对国际局势和处理国际事务的能力。胡锦涛在全会上强调，要紧紧围绕为谁执政、靠谁执政、怎样执政这个重大问题，开展全面系统深入的研究，努力使党的执政方略更加完善、执政体制更加健全、执政方式更加科学、执政基础更加巩固。

贯彻落实党的十六大和十六届四中全会要求，党领导国家立法机关科学立法、民主立法，修订了宪法和人民代表大会选举法、组织法，颁布了各级人大常委会监督法，完善了根本政治制度，使党的执政体制更加健全，从而为加强党的

执政能力建设提供了规范的法律框架。党中央还先后就深化行政管理体制和机构改革，加强人民政协及人民法院、人民检察院工作作出部署，把党的领导、人民当家作主和依法治国有机统一起来，扩大了人民民主，党的科学执政、民主执政、依法执政的能力不断提高。

2004 年 11 月，党中央印发文件，对在全党开展以实践"三个代表"重要思想为主要内容的保持共产党员先进性教育活动作出部署。2005 年 1 月，胡锦涛在新时期保持共产党员先进性专题报告会上提出"党的先进性建设"这一重大命题，强调党的先进性建设是马克思主义政党自身建设的根本任务。先进性教育活动从 2005 年 1 月起，分三批进行，到 2006 年 6 月基本结束。教育活动着力解决党员和党组织在思想、组织、作风以及工作方面存在的突出问题，取得了丰硕的成果。

党的十六大以后，围绕加强党的执政能力建设和先进性建设这条主线，党中央还提出和实施了一系列加强党的建设的重要举措。主要有：落实高级干部带头学习的号召，建立中央政治局集体学习制度；建立起中央和地方各级党委常委会向全委会负责并报告工作和接受监督制度，以及党的代表大会代表提案制度、代表提议处理和回复机制；改革干部人事制度，实施公开选拔、竞争上岗；加大新经济组织、新社会组织党建工作力度，扩大基层党组织覆盖面。党中央还决定成立中国浦东干部学院、中国井冈山干部学院、中国延安干部学院，组织开展大规模多层次培训，着力提高党员干部的能力和素质。

提高党的建设科学化水平

党的十七大在把科学发展观写入党章的同时，作出在全党开展深入学习实践科学发展观活动的部署。从 2008 年 9 月到 2010 年 2 月底，全党开展深入学习实践科学发展观活动。这次学习实践活动，紧紧围绕党员干部受教育、科学发展上水平、人民群众得实惠的总要求，基本实现了提高思想认识、解决突出问题、创新体制机制、促进科学发展、加强基层组织的目标。

在学习实践活动中，党中央根据世情、国情、党情变化，就如何加强和改进新形势下党的建设作出新的决策部署。2009 年 9 月，党的十七届四中全会通过《中共中央关于加强和改进新形势下党的建设若干重大问题的决定》，提出了提高党的建设科学化水平这个重大命题和重大任务。此后，党中央多次强调，坚持用中国特色社会主义理论体系武装全党，以科学理论指导党的建设；建立健全以党章为根本、以民主集中制为核心的制度体系，以科学制度保障党的建设；创造性地研究和解决时代发展、社会变革对党的建设提出的新课题，以科学方法推进党的建设。

围绕提高党的建设科学化水平，党中央着力推进党内制度建设，修订和出台党和国家机关基层组织工作条例、实行党政领导干部问责的暂行规定等文件，有效解决了党的建设中遇到的一些新问题。2012 年 5 月，中共中央印发《中国共产党党内法规制定条例》，努力通过规范党内法规的制定、审批、备案和清理活动，促进从严治党，推进科学执政、民主执政、依法执政。

为了巩固和拓展全党深入学习实践科学发展观活动成果，党中央于 2010 年 4 月决定在党的基层组织和党员中开展"创建先进基层党组织、争当优秀共产党员"活动，并以此作为党的建设的一项重要的经常性工作。各地区、各部门、各单位在推动科学发展、促进社会和谐、服务人民群众、加强基层组织中建功立业，充分发挥了基层党组织的战斗堡垒作用和共产党员的先锋模范作用。云南省原保山地委书记杨善洲践行"只要生命不结束，服务人民不停止"的誓言，退休后卷起铺盖扎进大山，22 年义务植树造林，带领群众把 5.6 万亩荒山变为绿洲。鞍钢集团职工郭明义数十年如一日学雷锋做好事，被誉为新时期的"雷锋传人"。在创先争优活动中，他们的先进事迹在广大党员干部群众中引起强烈反响，全国掀起了向杨善洲、郭明义等学习的热潮。

扎实推进惩治和预防腐败体系建设

增强拒腐防变和抵御风险能力，是执政党长期面临的历史性课题。党中央对党风廉政建设和反腐败斗争的长期性、复杂性、艰巨性始终保持着清醒的认识，着眼于保持党的先进性和纯洁性，把党风廉政建设和反腐败斗争放在突出位置。2003 年 10 月，党的十六届三中全会提出建立健全与社会主义市场经济体制相适应，教育、制度、监督并重的惩治和预防腐败体系的目标。

在反腐败斗争中，逐步确立了领导干部廉洁自律、查办违纪违法案件、纠正部门和行业不正之风的工作格局。在反腐倡廉的领导体制和工作机制方面，形成了党委统一领导、党政齐抓共管、纪委组织协调、部门各负其责、依靠群众支持和参与的体制机制。在权力运行机制方面，建立健全了决策权、执行权、监督权既相互制约又相互协调的权力结构和运行机制。

在反腐倡廉制度建设方面，制定了《中国共产党党员领导干部廉洁从政若干准则》《中国共产党纪律处分条例》《关于领导干部报告个人有关事项的规定》《关于对配偶子女均已移居国（境）外的国家工作人员加强管理的暂行规定》等一系列规定。2006年2月，我国成为《联合国反腐败公约》缔约国，反腐败的国际合作得到加强。

在依法查处大案要案方面，在坚持查处重点案件的同时，着重查办领导干部搞官商勾结、权钱交易、索贿受贿的案件，为黑恶势力充当"保护伞"的案件，严重侵害群众利益的案件，群体性事件和重大责任事故背后的腐败案件。自2007年11月至2012年6月，全国纪检监察机关共立案64.37万多件，结案63.9万多件，给予党纪政纪处分66.8万多人。涉嫌犯罪被移送司法机关处理2.4万多人。特别是党的十六大后，坚决查处了陈良宇等一批重大违纪违法案件，彰显了党中央反腐败的坚强决心。

在纠正损害群众利益的不正之风方面，党中央开展制止公款出国（境）旅游专项工作，开展公务用车问题专项治理，开展工程建设领域突出问题专项治理，查办一大批违纪违法案件。在深入开展专项治理的同时，还加大纠风工作力度，纠正教育、医疗、征地拆迁、土地和矿产资源管理、食品药品安全、环境保护、安全生产、保障性住房建设和管理、执法司法等方面损害群众利益的行为，切实维护人民群众合法权益，取得了良好社会效果。

经过坚持不懈的探索和努力，党的建设科学化水平不断提高，为保持党的先进性和纯洁性发挥了重要作用，为党领导改革开放和社会主义现代化建设提供了有力保证。但也要看到，滋生腐败的土壤依然存在，反腐败形势依然严峻复杂。在一些地方和部门，腐败现象趋于严重化，出现了区域性腐败、系统性腐败、家族式腐败、塌方式腐败，严重损害党的肌体健康。坚定不移加强党的领导，坚持不懈加强党的建设，坚决遏制腐败蔓延势头，仍需要全党上下付出艰巨努力。

确立科学发展观为党的指导思想

科学发展观提出以后，经历了一个实践、认识、再实践、再认识的过程，理论内涵不断丰富，实践成效不断显现。科学发展观对新形势下实现什么样的发展、怎样发展等重大问题作出了新的科学回答，把党对中国特色社会主义规律的认识提高到新的水平。

2012 年，党的十八大把科学发展观正式确立为党的指导思想。大会指出，总结十年奋斗历程，最重要的就是坚持以马克思列宁主义、毛泽东思想、邓小平理论、"三个代表"重要思想为指导，勇于推进实践基础上的理论创新，围绕坚持和发展中国特色社会主义提出一系列紧密相连、相互贯通的新思想、新观点、新论断，形成和贯彻了科学发展观。科学发展观是马克思主义同当代中国实际和时代特征相结合的产物，是马克思主义关于发展的世界观和方法论的集中体现，开辟了当代中国马克思主义发展新境界。科学发展观是中国特色社会主义理论体系重要组成部分，是中国共产党集体智慧的结晶，是指导党和国家全部工作的强大思想武器。科学发展观同马克思列宁主义、毛泽东思想、邓小平理论、"三个代表"重要思想一道，是党必须长期坚持的指导思想。

确立科学发展观为党的指导思想，是党的十八大作出的重要决策和历史性贡献。大会指出，面向未来，深入贯彻落实科学发展观，对坚持和发展中国特色社会主义具有重大现实意义和深远历史意义，必须把科学发展观贯彻到我国现代化建设全过程、体现到党的建设各方面。

第十章 ‖ 中国特色社会主义 进入新时代

　　2012 年 11 月，党的十八大实现了中央领导集体的新老交替。新当选的中央委员会总书记习近平在十八届一中全会上指出，历史的接力棒传到了我们手里，我们一定不负重托，忠于党、忠于祖国、忠于人民，以自己的最大智慧、力量、心血，作出无愧于历史、无愧于时代、无愧于人民的业绩。从此，围绕实现社会主义现代化和中华民族伟大复兴的总任务，一系列理论创新和实践创新相继展开，中国特色社会主义新时代的大幕徐徐拉开。

一、党的十八大和实现中华民族 伟大复兴的中国梦

党的十八大

　　2012 年 11 月 8 日至 14 日，中国共产党第十八次全国代表大会在北京召开。胡锦涛代表十七届中央委员会作题为《坚定不移沿着中国特色社会主义道路前进，为全面建成小

康社会而奋斗》的报告。

党的十八大是在我国进入全面建成小康社会决定性阶段召开的一次十分重要的大会。大会的主题是：高举中国特色社会主义伟大旗帜，以邓小平理论、"三个代表"重要思想、科学发展观为指导，解放思想，改革开放，凝聚力量，攻坚克难，坚定不移沿着中国特色社会主义道路前进，为全面建成小康社会而奋斗。

大会贯穿始终的主线是坚持和发展中国特色社会主义。大会强调，中国特色社会主义道路、中国特色社会主义理论体系、中国特色社会主义制度，是党和人民90多年奋斗、创造、积累的根本成就，必须倍加珍惜、始终坚持、不断发展。建设中国特色社会主义，总依据是社会主义初级阶段，总布局是社会主义经济建设、政治建设、文化建设、社会建设、生态文明建设"五位一体"，总任务是实现社会主义现代化和中华民族伟大复兴。大会提出，在中国共产党成立一百年时全面建成小康社会，在新中国成立一百年时建成富强民主文明和谐的社会主义现代化国家。

大会根据我国经济社会发展实际，确定了全面建成小康社会的目标，即：经济持续健康发展；人民民主不断扩大；文化软实力显著增强；人民生活水平全面提高；资源节约型、环境友好型社会建设取得重大进展。大会强调，全面建成小康社会，必须以更大的政治勇气和智慧，不失时机深化重要领域改革，坚决破除一切妨碍科学发展的思想观念和体制机制弊端，构建系统完备、科学规范、运行有效的制度体系，使各方面制度更加成熟更加定型。

大会根据"五位一体"总体布局和全面建成小康社会目

★ 2012 年 11 月 15 日，国家主席胡锦涛和新当选的中央委员会总书记、中央军事委员会主席习近平亲切握手

标要求，对推进中国特色社会主义建设作出全面部署，强调要加快完善社会主义市场经济体制和加快转变经济发展方式，坚持走中国特色社会主义政治发展道路和推进政治体制改革，扎实推进社会主义文化强国建设，在改善民生和创新管理中加强社会建设，大力推进生态文明建设，加快推进国防和军队现代化，丰富"一国两制"实践和推进祖国统一，继续促进人类和平与发展的崇高事业。

　　大会强调，要以改革创新精神全面推进党的建设新的伟大工程，全面提高党的建设科学化水平。要牢牢把握加

★ 习近平当选为十八届中央委员会总书记

强党的执政能力建设、先进性和纯洁性建设这条主线，坚持解放思想、改革创新，坚持党要管党、从严治党，全面加强党的思想建设、组织建设、作风建设、反腐倡廉建设、制度建设，增强自我净化、自我完善、自我革新、自我提高能力，建设学习型、服务型、创新型的马克思主义执政党，确保党始终成为中国特色社会主义事业的坚强领导核心。

大会选举产生了十八届中央委员会和中央纪律检查委员会。党的十八届一中全会选举习近平、李克强、张德江、俞正声、刘云山、王岐山、张高丽为中央政治局常委，习近平为中央委员会总书记；决定习近平为中央军事委员会主席；批准王岐山为中央纪律检查委员会书记。

2012 年 11 月 15 日，在与中外记者见面会上，习近平代表新一届中央领导集体庄严承诺："人民对美好生活的向往，就是我们的奋斗目标。""我们一定要始终与人民心心相印、与人民同甘共苦、与人民团结奋斗，夙夜在公，勤勉工作，努力向历史、向人民交出一份合格的答卷。""打铁还需自身硬。我们的责任，就是同全党同志一道，坚持党要管党、从严治党，切实解决自身存在的突出问题，切实改进工作作风，密切联系群众，使我们党始终成为中国特色社会主义事业的坚强领导核心。"

《中国共产党章程》的修改

党的十八大审议并一致通过了十七届中央委员会提出的《中国共产党章程（修正案）》。

党章修改的主要内容是：对科学发展观作出定位和阐述，把科学发展观同马克思列宁主义、毛泽东思想、邓小平理论、"三个代表"重要思想一道，确立为我们党的行动指南；充实了中国特色社会主义主要成就的内容，把确立了中国特色社会主义制度与开辟了中国特色社会主义道路、形成了中国特色社会主义理论体系一道，作为改革开放以来我们取得一切成绩和进步的根本原因；充实了坚持改革开放的内容，强调只有改革开放，才能发展中国、发展社会主义、发展马克思主义；完善了中国特色社会主义事业总体布局的内容，把生态文明建设纳入中国特色社会主义事业总体布局，充实了经济建设、政治建设、文化建设、社会建设的内容，增写了生态文明建设的段落；充实了加强党的建设总体要求的内容，对党员、党的基层组织、党的干部分别提出了一些新要求。

党的十八大对党章的修改，使党章的内容更加科学、更加完善，更加有效地发挥推进党的事业、加强党的建设的根本性规范和指导作用。

提出实现中华民族伟大复兴的中国梦

在新的历史条件下续写坚持和发展中国特色社会主义这篇大文章，需要凝心聚力，需要精神支撑，需要目标引领。2012年11月29日，习近平在参观《复兴之路》展览时首次提出并阐述实现中华民族伟大复兴的中国梦，指出："实现中华民族伟大复兴，就是中华民族近代以来最伟大的梦想。这个梦想，凝聚了几代中国人的夙愿，体现了中华民族和中国人民的整体利益，是每一个中华儿女的共同期盼。"中国梦的提出，贯通了中华民族的昨天、今天和明天，传递出新一届中央领导集体勇担民族复兴使命的坚定决心和信心。

此后，习近平在十二届全国人大一次会议等重要场合，进一步阐述和丰富了中国梦的基本内涵、实践途径和依靠力量。习近平指出，中国梦核心内涵是中华民族伟大复兴，本质是国家富强、民族振兴、人民幸福。实现中国梦必须走中国道路，这就是中国特色社会主义道路；必须弘扬中国精神，这就是以爱国主义为核心的民族精神和以改革创新为

★ 2012 年 11 月 29 日，十八届中央政治局常委来到中国国家博物馆，参观《复兴之路》展览

核心的时代精神；必须凝聚中国力量，这就是中国各族人民大团结的力量。中国梦是国家的梦、民族的梦，也是每一个中华儿女的梦。中国梦归根到底是人民的梦，必须紧紧依靠人民来实现，必须不断为人民造福。中国梦是和平、发展、合作、共赢的梦，不仅造福中国人民，而且造福世界人民。

中国梦把国家的追求、民族的向往、人民的期盼融为一体，体现了中华民族和中国人民的整体利益，表达了每一个中华儿女的共同愿景，成为激荡在中国人民心中的高昂旋律，成为中华民族团结奋斗的最大公约数和最大同心圆，成为激励中华儿女团结奋进、开辟未来的一面精神旗帜。

坚持和发展中国特色社会主义的战略部署

中国特色社会主义是改革开放以来党的全部理论和实践的主题。党的十八大以后，以习近平同志为核心的党中央以巨大的政治勇气和一往无前的进取精神，团结带领全党全国人民继续坚持和发展中国特色社会主义。2013年1月5日，在新进中央委员会的委员、候补委员学习贯彻党的十八大精神研讨班开班式上，习近平坚定申明必须毫不动摇坚持和发展中国特色社会主义。习近平强调，中国特色社会主义，是科学社会主义理论逻辑和中国社会发展历史逻辑的辩证统一，是根植于中国大地、反映中国人民意愿、适应中国和时代发展进步要求的科学社会主义，是全面建成小康社会、加快推进社会主义现代化、实现中华民族伟大复兴的必由之路。中国特色社会主义是社会主义而不是其他什么主义，科学社会主义基本原则不能丢，丢了就不是社会主义。改革开放前后两个历史时期是两个相互联系又有重大区别的时期，但本质上都是我们党领导人民进行社会主义建设的实践探索，两者决不是彼此割裂的，更不是根本对立的。习近平还指出，坚持和发展中国特色社会主义是一篇大文章，我们这一代共产党人的任务，就是继续把这篇大文章写下去。这些重要论述，深刻阐释了中国特色社会主义的根本理论和实践问题，极大凝聚起全党全国人民坚持和发展中国特色社会主义的思想共识。

在新的历史起点上坚持和发展中国特色社会主义，必须准备进行具有许多新的历史特点的伟大斗争。领导好这场伟大斗争，首先必须把党建设好。2012年12月4日，习近平主持召开中央政治局会议，决定从作风建设入手，进一步加强党的建设。会议审议通过中央政治局关于改进工作作风、密切联系群众的八项规定。新的中央领导集体从落实八项规定精神破题，坚持以上率下，推动作风建设不断走向深入，极大提升了党在人民心目中的形象和威信。

党的十八大后，改革开放到了一个新的历史关头，改革进入攻坚期和深水区。改革开放的旗帜能不能继续高高举起，成为党开辟治国理政和中国特色社会主义建设新局面的新的赶考。2012 年 12 月 7 日至 11 日，当选总书记后第一次外出调研，习近平选择来到广东这个在我国改革开放中得风气之先的地方。面对发展中的难题和深层次矛盾，他指出，现在中国改革已经进入攻坚期和深水区，我们必须以更大的政治勇气和智慧，不失时机深化重要领域改革。要坚持改革开放正确方向，敢于啃硬骨头，敢于涉险滩，既勇于冲破思想观念的障碍，又勇于突破利益固化的藩篱，做到改革不停顿、开放不止步。

消除贫困，是全面建成小康社会的底线任务，是新一届中央领导集体摆在第一位解决的问题。2012 年 12 月 29 日至 30 日，党的十八大闭幕不久，习近平就踏雪前往河北省阜平县看望慰问困难群众，考察扶贫开发工作，连夜听取当地工作汇报，与干部群众促膝长谈。在详细了解情况后，习近平指出："全面建成小康社会，最艰巨最繁重的任务在农村、特别是在贫困地区。没有农村的小康，特别是没有贫困地区的小康，就没有全面建成小康社会。"以此为起点，习近平作出向贫困宣战的战略部署，向全党全国发出脱贫攻坚的动员令。

党的十八大后的短短一个多月，新的中央领导集体肩负起对民族、对人民、对党的责任，以实现中华民族伟大复兴的中国梦为总目标引领新时代新征程，以作风建设为切入口推进党的建设新的伟大工程，以全面深化改革开放为根本动力推进中国特色社会主义伟大事业，党和国家事业很快打开新局面，展现新气象。

随着改革的不断深入和各项事业的发展，各领域改革和改进越来越具有全面性、系统性，关联性和互动性明显增强，单兵突进、零敲碎打调整、碎片化修补很难取得实质性效果。习近平指出，要深入研究全面深化体制改革的顶层设计和总体规划，加强对各项改革关联性的研判，把经济、政

★ 2014 年 12 月 13 日，习近平在江苏省镇江市丹徒区世业镇永茂圩自然村调研时同村民握手交谈

治、文化、社会、生态文明等方面的体制改革有机结合起来，把理论创新、制度创新、科技创新、文化创新以及其他各方面创新有机衔接起来。党的十八大以后的五年，党中央召开七次全会，分别就政府机构改革和职能转变、全面深化改革、全面推进依法治国、全面建成小康社会、全面从严治党等重大问题作出决定和部署，中国特色社会主义经济建设、政治建设、文化建设、社会建设、生态文明建设"五位一体"总体布局和全面建成小康社会、全面深化改革、全面依法治国、全面从严治党"四个全面"战略布局统筹联动、相互促进，有力推动了理论创新和实践创新的步伐。

明确习近平总书记的核心地位

党的十八大后，习近平带领新的中央领导集体，以巨大的政治勇气和强烈的责任担当，提出一系列新理念新思想新战略，出台一系列重大方针政策，推出一系列重大举措，推进一系列重大工作，解决了许多长期想解决而没有解决的难题，办成了许多过去想办而没有办成的大事，推动党和国家事业取得历史性成就、发生历史性变革，推动中国特色社会主义进入了新时代。

在治国理政新实践中，习近平作为党、国家和军队的最高领导人，展现出坚定信仰信念、鲜明人民立场、非凡政治智慧、顽强意志品质、强烈历史担当、高超政治艺术，赢得了全党全军全国各族人民衷心拥护，受到了国际社会高度赞誉。习近平把握时代大趋势，回答实践新要求，顺应人民新期待，提出一系列重大思想观点，进一步丰富和发展了党的科学理论，为在新的历史起点上实现新的奋斗目标提供了基本遵循。在新的斗争实践中，习近平事实上已经成为党中央的核心、全党的核心。

党的十八届六中全会召开之前，党内外形成一种普遍共识和强烈呼声，这就是：维护党中央权威和集中统一领导，必须明确和维护习近平在党中央、全党的核心地位。这是全党全国各族人民的共同愿望，是推进全面从严治党、提高党的创造力凝聚力战斗力的迫切要求，是保持党和国家事业发展正确方向的根本保证。经过充分酝酿，2016年10月，党的十八届六中全会明确了习近平总书记党中央的核心、全党的核心地位，正式提出"以习近平同志为核心的党中央"。2017年10月，党的十九大把习近平总书记党中央的核心、全党的核心地位写入党章。确立习近平的核心地位，是实践的选择、历史的选择，是全党的选择、人民的选择。习近平总书记成为党中央的核心、全党的核心，是众望所归、名副其实。坚决维护习近平总书记的核心地位，坚决维护党中央权威和集中统一领导，是党的十八大后的重大政治成果和宝贵经验，是全党在革命性锻造中形成的共同意志，对于更好地凝聚党和人民的力量，推进中国特色社会主义伟大事业和民族复兴大业，具有重大而深远的意义。

二、统筹推进"五位一体"总体布局

进入新时代，以习近平同志为核心的党中央总揽全局，科学决策，坚持统筹推进中国特色社会主义经济建设、政治建设、文化建设、社会建设、生态文明建设"五位一体"总体布局，推动中国特色社会主义事业全面发展、全面进步。党的十八大以后的五年，我国改革开放和社会主义现代化建设取得了历史性成就，发生了历史性变革。

经济建设取得重大成就

党的十八大以后，国内外经济形势极其错综复杂，很多情况是改革开放以来没有遇到过的。面对新情况新挑战，党中央审时度势，准确把握我国经济发展大势，提出一系列关系我国经济发展全局的重大论断，成功驾驭我国经济发展大局，经济建设取得重大成就。

能不能保持经济社会持续健康发展，从根本上讲取决于党在经济社会发展中的领导核心作用发挥得好不好。2012年11月，习近平指出，要按照稳中求进的工作总基调，扎实推动我国经济持续健康发展。12月，中央经济工作会议明确提出，必须切实加强党对经济工作的领导。此后，党中央不断完善党领导经济工作的体制机制，形成定期分析研究经济形势和重大经济问题等制度，加强对发展大局大势的分析和把握，及时制定重大方针、重大战略，作出重大决策，部署重大工作，确保党对经济工作的领导落到实处，为推动各方面共同做好经济工作提供了重要保证。

2013年8月，国务院正式批准设立中国（上海）自由贸易试验区。此后，自贸试验区试点逐步扩大，形成一批可复制、可推广的政策，拓展了改革开放空间，提高了开放型经济水平。

2013 年 11 月，党的十八届三中全会对全面深化改革作出全面规划和部署，强调经济体制改革的核心问题是处理好政府和市场的关系，使市场在资源配置中起决定性作用和更好发挥政府作用，实现了理论上的重大突破和实践上的重大创新，为深化经济体制改革指明了方向。经济体制改革全方位推进，在一些关键性、基础性改革上取得突破性进展。通过改革进一步健全市场机制，破除垄断，发挥价格机制作用，增强市场主体活力，发挥政府在各种形式的行政经济调节、市场监管、社会管理、公共服务、生态环境保护中的作用，增强国有经济活力、控制力、影响力和抗风险能力，激发非公有制经济活力和创造力，为经济发展注入了强大动力。

2013 年 12 月，中央城镇化工作会议召开，明确了推进新型城镇化的指导思想、主要目标、基本原则、重点任务。2014 年 3 月，中共中央、国务院印发实施《国家新型城镇化规划（2014—2020 年）》。2014 年底，审议通过《关于农村土地征收、集体经营性建设用地入市、宅基地制度改革试点工作的意见》。2015 年 12 月，中央城市工作会议召开，明确了城市工作总体思路和重点任务。2016 年 10 月，中共中央办公厅、国务院办公厅印发《关于完善农村土地所有权承包权经营权分置办法的意见》。"三权分置"是继家庭联产承包责任制后农村改革的又一重大制度创新。

针对我国经济发展处于增长速度换挡期、结构调整阵痛期、前期刺激政策消化期"三期叠加"阶段的基本特征和工作要求，2013 年，习近平作出我国经济发展进入新常态这一重大论断。在新常态下，我国经济发展的主要特点是：增长速度从高速转向中高速，发展方式从规模速度型转向质量效率型，经济结构调整从增量扩能为主转向调整存量、做优增量并举，发展动力从主要依靠资源和低成本劳动力等要素投入转向创新驱动。这些变化，是我国经济向形态更高级、分工更优化、结构更合理的阶段演进的必经过程。实现这样广泛而深刻的变化是一个新的巨大挑战。认识新常态，适应新常态，引领新常态，是这一时期我国经济发展的大逻辑。

适应、把握、引领经济发展新常态，需要进一步明确主攻方向、总体思路和工作重点。2015年10月，党的十八届五中全会审议通过"十三五"规划建议，明确提出了以人民为中心的发展思想，提出了创新、协调、绿色、开放、共享的发展理念。新发展理念集中体现了新时代我国的发展思路、发展方向、发展着力点，是管全局、管根本、管长远的导向，集中反映了党对经济社会发展规律认识的深化。

2015年11月，习近平在中央财经领导小组第十一次会议上首次提出推进"供给侧结构性改革"。以供给侧结构性改革适应并引领经济新常态，是党中央的一项重大战略部署。12月，在中央经济工作会议上的讲话中，习近平对供给侧结构性改革从理论到实践作了全面阐述，强调抓好去产能、去库存、去杠杆、降成本、补短板五大任务，明确宏观政策要稳、产业政策要准、微观政策要活、改革政策要实和社会政策要托底五大政策支柱。

以"三去一降一补"为抓手，党中央大力推进供给侧结构性改革。以钢铁、煤炭等行业为重点加大去产能力度，中央财政安排1000亿元专项奖补资金予以支持，用于分流职工安置；坚持房子是用来住的、不是用来炒的定位，因

★ 2016 年 8 月，包头钢铁集团炼铁厂拆除高炉淘汰落后产能

城施策分类指导，三四线城市商品住宅去库存取得明显成效，热点城市房价涨势得到控制；积极稳妥去杠杆，控制债务规模，增加股权融资，工业企业资产负债率连续下降，宏观杠杆率涨幅明显收窄、总体趋于稳定；全面推开营业税改增值税试点；多措并举降成本，压减政府性基金项目 30％，削减中央政府层面设立的涉企收费项目 60％以上，阶段性降低"五险一金"缴费比例，推动降低用能、物流、电信等成本；突出重点加大补短板力度，推进供给侧结构性改革取得明显成效。

党的十八大后，针对关系全局、事关长远的问题，党中央提出、实施了一系列重大发展战略，主要包括：以疏解北京非首都功能为重点的京津冀协同发展战略，以共抓大保护、不搞大开发为导向的长江经济带建设，以促进合作共赢为落脚点的"一带一路"建设、粤港澳大湾区建设，以促进人的城镇化为核心、提高质量为导向的新型城镇化战略，强化激励实施创新驱动发展战略，谷物基本自给、口粮绝对安全的国家粮食安全战略，推动能源消费、能源供给、能源技术、能源体制革命和加强能源国际合作的能源安全新战略等。制定实施制造强国行动纲领，设立国家新兴产业创业投资引导基金，促进大数据发展，实施"互联网+"行动计划，加快推动传统产业技术改造，加快培育新兴产业，加快发展现代服务业，实施创新驱动发展战略，着力培育发展新动能。鼓励优势骨干企业参与境外基础设施建设和产能合作，推动中国装备走向世界。这些重大战略对我国经济发展变革产生了深远影响。

在新发展理念正确指引下，党中央坚持稳中求进工作总基调，以推进供给侧结构性改革为主线，主动适应、把握、引领经济发展新常态，经济发展取得巨大成就，经济保持中高速增长，发展质量和效益不断提升。2013年至2017年，GDP年均增长超过7%；2017年，GDP总量达到82.08万亿元，稳居世界第二，占世界经济比重达到15%左右，成为世界经济增长的主要动力源和稳定器。基础设施建设快速推进，农业现代化稳步推进，城镇化水平稳步提高。开放型经济新体制逐步健全，对外贸易、对外投资、外汇储备稳居世界前列。载人航天、探月工程、量子通信、载人深潜等一批具有标志性意义的重大科技成果涌现。以新产业新业态新模式为核心的新动能不断增强，成为推动我国经济平稳增长和经济结构转型升级的重要力量，增长的包容性和人民群众的获得感不断增强，稳中有进、稳中向好的态势更加明显。我国经济增长从主要依靠工业带动转为工业和服务业共同带动、从主要依靠投资拉动转为消费和投资一起拉动，从出口大国转为出口和进口并重的大国，实现了我国多年想实现而没有实现的重大结构性变革，经济实力、经济结构、经济活力和韧性、对全球经济发展的影响力都迈上了一个新台阶。

民主政治建设迈出重大步伐

以什么样的思路来谋划和推进中国社会主义民主政治建设，在国家政治生活中具有管根本、管全局、管长远的作用。中国是一个发展中大国，坚持正确的政治发展道路是关系根本、关系全局的重大问题。

2012年12月4日，在首都各界纪念现行宪法公布施行30周年大会上，习近平概括了中国特色社会主义政治发展道路的核心内涵，强调坚持中国特色社会主义政治发展道路，关键是要坚持党的领导、人民当家作主、依法治国有机统一，以保证人民当家作主为根本，以增强党和国家活力、调动人民积极性为目标，扩大社会主义民主，发展社会主义政治文明。2014年9月5日，在庆祝全国人民代表大会成立60周年大会上，习近平进一步阐述了中国特色社会主义政治发展道路的历史逻辑、理论逻辑、实践逻辑，深刻总结了中国特色社会主义政治制度的优势和特点。习近平明确提出了评价一个国家政治制度是不是民主有效的重要标准：主要看国家领导层能否依法有序更替，全体人民能否依法管理国家事务和社会事务、管理经济和文化事业，人民群众能否畅通表达利益要求，社会各方面能否有效参与国家政治生活，国家决策能否实现科学化、民主化，各方面人才能否通过公平竞争进入国家领导和管理体系，执政党能否依照宪法法律规定实现对国家事务的领导，权力运用能否得到有效制约和监督。

党的十八大以后，党中央以增加和扩大我国社会主义民主政治的优势和特点为关键，坚持发挥党总揽全局、协调各方的领导核心作用；坚持国家一切权力属于人民；坚持和完善中国共产党领导的多党合作和政治协商制度；坚持和完善民族区域自治制度；坚持和完善基层群众自治制度；坚持和完善民主集中制的制度和原则；持续推进社会主义民主政治制度化、规范化、程序化，更好发挥中国特色社会主义政治制度的优越性，不断为党和国家兴旺发达、长治久安提供更加完善的制度保障。

人民代表大会制度不断完善。紧扣全面依法治国，抓住提高立法质量这个关键，科学立法、民主立法、依法立法水平不断提高。2015年3月，十二届全国人大三次会议对《中华人民共和国立法法》作出重要修改，依法赋予设区的市地方立法权，明确地方立法权限和范围，进一步完善了我国立法体制。十二届全国人大及其常委会加强重点领域立法，截至2017年9月，新制定法律22件，修改法律110件次，通过有关法律问题和重大问题的决定决议37件，作出9个法律解释，以宪法为核心的中国特色社会主义法律体系更加完善。坚持正确监督、有效监督，切实依法履行人大监督职责。贯彻党中央关于健全人大讨论决定重大事项制度、各级政府重大决策出台前向本级人大报告的部署要求，认真做好人大讨论决定重大事项工作，更好发挥国家权力机关职能作用。代表工作不断深化和拓展，人大代表中一线工人、农民、专业技术人员代表比例和农民工代表人数有所增加，代表依法履职得到充分保障。代表列席常委会会议、参加执法检查、参与专门委员会和工作委员会活动日益常态化，进一步畅通了社情民意表达和反映渠道。

社会主义协商民主广泛多层制度化发展。协商民主是中国社会主义民主政治中独特的、独有的、独到的民主形式，是切实保障人民当家作主的制度安排。2015年初，中共中央印发《关于加强社会主义协商民主建设的意见》，从顶层设计的高度系统谋划了协商民主的发展路径，形成了包括政党协商、人大协商、政府协商、政协协商、人民团体协商、基层协商、社会组织协商等七种协商形式，推动协商民主广泛多层制度化发展不断取得新成效，极大地丰富了民主形式、拓宽了民主渠道、加深了民主内涵。从党的十八大到十九大五年间，党中央召开或委托有关部门召开的协商会、座谈会、情况通报会共计110多次，其中习近平主持召开或出席的就有20多次。

中国共产党领导的多党合作和政治协商制度实现新发展。2015年5月，中共中央颁布《中国共产党统一战线工作条例（试行）》，首次将"参加中国共产党领导的政治协商"作为民主党派基本职能之一，将民主党派基本职能拓展为"参政议政、民主监督，参加中国共产党领导的政治协商"。2012年11月至2017年11月，各民主党派中央结合自身特色和优势，围绕大力推进供给侧结构性改革、深入推进新型城镇化、"一带一路"建设、促进科技发展和自主创新、大力振兴和提升实体经济等重大问题，组织专家学者深入调研，共向中共中央、国务院报送意见建议496件。其中，加快推进平潭综合实验区建设、科学设定"十三五"期间 GDP 增速等建议还转化为党和国家重大决策。人民政协还坚持把协商民主贯穿履行职能全过程，坚持发扬民主和增进团结相互贯通、建言资政和凝聚共识双向发力，不断完善专门协商机构制度。全国政协落实中共中央关于政协协商民主建设重大改革举措，形成和完善了以全体会议为龙头，以专题议政性常委会议和专题协商会为重点，以双周协商座谈会、对口协商会、提案办理协商会等为常态的协商议政格局，充分调动了政协委员参政议政的积极性主动性创造性。

民族区域自治制度得到切实贯彻落实。党的十八大以后，党中央高度重视民族地区经济社会发展，完善差别化的区域政策，优化转移支付和对口支援机制，实施促进民族地区和人口较少民族发展、兴边富民行动等规划，确保少数民族和民族地区同全国一道实现全面小康和现代化。认真执行党的民族宗教政策，高举民族团结旗帜，深入开展民族团结进步宣传教育，促进各民族像石榴籽一样紧紧抱在一起，引导各族群众增强对伟大祖国的认同、对中华民族的认同、对中华文化的认同、对中国特色社会主义道路的认同，进一步铸牢中华民族共同体意识。民族区域自治法配套法规建设不断加强，民族工作法律法规体系不断健全，民族区域自治制度越来越展现出强大的生命力和优越性，有力地推进了民族事务治理体系和治理能力现代化。

基层群众自治制度充满活力。人民群众通过村民委员会、居民委员会、职工代表大会等，广泛、直接参与社会事务管理。全国农村普遍制定了村规民约或村民自治章程，城

★ 2015年3月，福建省莆田市荔城区后黄村村民在古民居"流转"村民监督讨论会上举牌表决

市社区普遍制定了居民公约或居民自治章程。以城乡村(居)民自治为核心，民主选举、民主协商、民主决策、民主管理、民主监督为主要内容的基层群众自治制度基本建立并不断完善，人民群众从各层次各领域有序参与政治生活，我国基层民主正日益发挥巨大作用。

爱国统一战线不断巩固发展。党中央先后召开了中央统战工作会议、中央民族工作会议、全国宗教工作会议、第二次中央新疆工作座谈会、中央第六次西藏工作座谈会和全国新的社会阶层人士统战工作会议，颁布了党关于统一战线的第一部党内法规《中国共产党统一战线工作条例（试行）》和一批规范性文件，统一战线不断创新发展、巩固壮大，在中国特色社会主义事业中发挥了重要的法宝作用。

思想文化建设取得重大进展

　　文化是一个国家、一个民族的灵魂，文化兴国运兴，文化强民族强。坚定中国特色社会主义道路自信、理论自信、制度自信，说到底是要坚定文化自信。2016 年 5 月 17 日，习近平在哲学社会科学工作座谈会上指出："文化自信是更基本、更深沉、更持久的力量。"6 月 28 日，习近平在十八届中央政治局第三十三次集体学习时提出坚定"四个自信"，即中国特色社会主义道路自信、理论自信、制度自信、文化自信，明确把文化自信纳入"四个自信"之中。党中央强调坚定文化自信，就是坚持中国特色社会主义文化发展道路，激发全民族文化创新创造活力。

　　党对意识形态工作的领导发生深刻变革。随着人们思想活动的独立性、选择性、多变性、差异性明显增强，舆论生态、媒体格局、传播方式发生深刻变化，意识形态工作面临的国内外环境更趋复杂。为加强和改进宣传思想工作，从 2013 年至 2016 年，党中央先后召开了全国宣传思想工作会议、文艺工作座谈会、党的新闻舆论工作座谈会、网络安全和信息化工作座谈会、哲学社会科学工作座谈会、全国党校工作会议和全国高校思想政治工作会议，习近平发表了一系列重要讲话，深刻回答了新的历史条件下宣传思想文化工作的重大理论和现实问题。党中央作出了一系列重大工作部署，出台了《关于推动传统媒体和新兴媒体融合发展的指导意见》《关于实施网络内容建设工程的意见》《党委（党组）意识形态工作责任制实施办法》等文件。经过不懈努力，意识形态领域敢抓敢管、敢于亮剑，牢牢掌握工作领导权、管理权、话语权，人心凝聚、团结向上的良好局面日益形成。

马克思主义在我国社会主义意识形态中的指导地位进一步巩固。各级党组织和政府部门切实采取有效措施，持续做好做强马克思主义宣传教育工作，把深入学习宣传贯彻习近平总书记系列重要讲话精神和治国理政新理念新思想新战略作为重中之重，深化中国特色社会主义和中国梦的学习宣传教育，理论武装卓有成效，主旋律更加响亮，正能量更加强劲，全党全社会思想上的团结统一更加巩固。

培育和践行社会主义核心价值观。党的十八大提出，倡导富强、民主、文明、和谐，倡导自由、平等、公正、法治，倡导爱国、敬业、诚信、友善，积极培育和践行社会主义核心价值观。2013年12月，中共中央办公厅印发《关于培育和践行社会主义核心价值观的意见》，要求把培育和践行社会主义核心价值观融入国民教育全过程、落实到经济发展实践和社会治理中。全社会普遍开展爱国主义教育活动和群众性精神文明创建活动，社会主义核心价值观被纳入国民教育体系，推动社会主义核心价值观进教材、进课堂、进学生头脑。一些重大礼仪活动上升到国家层面。国家通过法定程序，将9月3日确定为中国人民抗日战争胜利纪念日，将12月13日设立为南京大屠杀死难者国家公祭日，将9月30日设立为烈士纪念日，等等。2015年12月，中共中央印发《关于建立健全党和国家功勋荣誉表彰制度的意见》，全国人大常委会审议通过《中华人民共和国国家勋章和国家荣誉称号法》。通过肯定功勋模范的历史功绩，竖起标杆、立起旗帜，推动全社会形成见贤思齐、崇尚英雄、争做先锋的良好氛围。

实施中华优秀传统文化传承发展工程，推动中华优秀传统文化创造性转化、创新性发展，越来越多的传统经典、戏曲、书法等内容走入课堂、走进校园，融入国民教育体系。各地采取多种方式，让收藏在博物馆里的文物、陈列在大地上的遗产、书写在古籍里的文字都活起来，发挥其弘扬中华优秀传统文化的重要作用。

文化事业和文化产业蓬勃发展，不断为人民提供更加丰富的精神食粮。坚持把社会效益放在首位、社会效益和经济效益相统一，新一轮文化体制改革全面实施。2017 年 3 月，《中华人民共和国公共文化服务保障法》施行，实现了人民群众基本文化权益的法律保障。健全现代文化产业体系和市场体系，在经济下行压力较大的背景下，文化产业保持了较快增长速度。截至 2017 年底，我国文化产业增加值达到 3.47 万亿元，占 GDP 比重提升到 4.2%。统筹对外文化交流、文化传播和文化贸易，加快推动中华文化走出去。

人民生活不断改善

进入新时代，随着经济社会发展水平的提高，人民对美好生活的向往更加强烈，民生领域需求日益复杂多元，保障和改善民生的任务十分繁重。党中央坚持以人民为中心，把增进人民福祉作为发展的根本目的，着眼在发展中补齐民生短板，在幼有所育、学有所教、劳有所得、病有所医、老有所养、住有所居、弱有所扶上取得一系列开创性成果，改革发展成果更多更公平惠及全体人民。

就业是最大的民生，关系老百姓的饭碗，是天大的事，必须下大力气解决。面对结构性就业压力，党中央深入实施就业优先战略和更加积极的就业政策，出台完善各项创业优惠政策，大力发展职业教育和职业培训，加大援企稳岗力度。2013 年到 2017 年，每年城镇新增就业人数 1300 万人以上，城镇登记失业率保持在较低水平。就业结构不断优化，第三产业已经成为吸纳就业最多的产业。城镇就业人员比重由 2012 年的 48.4% 提高到 2016 年的 53.4%。城镇就业人员数量超过乡村，城乡就业格局发生历史性转变，中西部地区劳动力就近就地就业和返乡创业趋势明显。各级党委和政府不断健全劳动关系协调和矛盾调处机制，坚决防止和纠正就业歧视，建立解决农民工工资拖欠长效机制，推动全社会共同构建和谐劳动关系。

收入是民生之源。党和政府坚持按劳分配原则，努力拓宽居民劳动收入和财产性收入渠道，完善按要素分配的体制机制，在坚持居民收入增长和经济增长同步、劳动报酬提高和劳动生产率提高同步的条件下，通过"扩中、提低、调高、打非"，缩小收入分配差距，促进收入分配更合理、更有序。通过改革完善收入分配制度，实现了居民收入和经济发展同步增长，劳动报酬和劳动生产率同步提高。2013 年到 2017 年，全国居民人均可支配收入从 18311 元增长到 25974 元。2017 年，城乡居民人均可支配收入之比为 2.71，比 2012 年下降 0.17。

百年大计，教育为本。教育寄托着亿万家庭对美好生活的期盼，建设教育强国是中华民族伟大复兴的基础工程。党中央紧扣落实立德树人根本任务深化教育改革，努力构建德智体美劳全面培养的教育体系，中国特色社会主义教育制度体系的主体框架基本确立。2012 年起，国家财政性教育经费支出占当年国内生产总值比例连续保持在 4% 以上。全面改善贫困地区义务教育薄弱学校基本办学条件、农村义务教育学生营养改善计划、全学段学生资助政策体系等深入实施，教育公平得到更好保障。各级政府不断扩大优质教育资源覆盖面，努力解决人民群众反映强烈的"择校热""入园难"问题。2017 年，学前教育毛入园率达 79.6%，小学学龄儿童净入学率达 99.91%，初中阶段毛入学率达 103.5%，九年义务教育巩固率为 93.8%，高中阶段教育毛入学率达 88.3%，90% 以上的残疾儿童享有受教育机会，80% 以上的外来务工人员随迁子女在流入地公办学校就学。高等教育毛入学率达 45.7%，即将从大众化迈进普及化阶段。教师队伍建设大为加强，覆盖大中小学完整的师德建设制度体系加快建立。

社保是民生之依。坚持全覆盖、保基本、多层次、可持续的方针，不断深化社会保障制度改革，建成世界上规模最大的社会保障体系。全面建立统一的城乡居民基本养老保险制度，推进机关事业单位养老保险制度改革，建立企业职工基本养老保险基金中央调剂制度，启动养老保险基金投资运营，制度的公平性和可持续性显著增强。2017 年，全国参加城镇职工基本养老保险人数 40199 万人，参加城乡居民基本养老保险人数 51255 万人，参加基本医疗保险人数 117664 万人，基本实现全民参保。失业保险、工伤保险、生育保险的参保人数均达到 2 亿人左右，覆盖绝大多数职业群体。经过努力，一个覆盖城乡居民的多层次社会保障体系逐步建立起来。

健康中国战略全面深入实施。2016 年 8 月，全国卫生与健康大会召开，习近平强调，要把人民健康放在优先发展的战略地位，加快推进健康中国建设，努力全方位、全周期保障人民健康。大会提出以基层为重点，以改革创新为动力，预防为主，中西医并重，把健康融入所有政策，人民共建共享的卫生与健康工作方针。10月，中共中央、国务院印发的《"健康中国2030"规划纲要》，对健康中国建设作出全面部署。根据这个方针和部署，医药卫生体制改革坚持医疗、医保、医药"三医"联动，坚持防治结合、联防联控、群防群控，不断推进疾病治疗向健康管理转变。

以体制创新为关键，加强和创新社会治理。坚定不移走中国特色社会主义社会治理之路，把党的领导和社会主义制度优势转化为社会治理优势，不断完善中国特色社会主义社会治理体系，基本建成党委领导、政府负责、社会协同、公众参与、法治保障的社会治理体制，初步形成共建共治共享的社会治理格局。社会治理重心向基层下移，更多资源、服务、管理下放到基层。通过加强基层网格化服务管理，综合运用大数据、人工智能等先进技术，打造起全方位、立体化的社会治安防控体系，全社会公共安全风险预测预警预防能力大幅提高。改革社会组织管理制度、促进社会组织健康有序发展，更好发挥社会组织作用，实现政府治理和社会调节、居民自治良性互动。通过深入开展严厉打击暴力恐怖活动专项行动，暴恐袭击风险得到有效防控。

生态文明建设成效显著

党的十八大后，以习近平同志为核心的党中央把生态文明建设作为统筹推进"五位一体"总体布局和协调推进"四个全面"战略布局的重要内容，以"绿水青山就是金山银山"理念为先导，推动我国生态环境保护发生历史性、转折性、全局性变化。

良好生态环境是最普惠的民生福祉。经过 30 多年持续快速发展，多年积累下来的环境问题在某些地方、某些领域进入高强度频发阶段。这不仅是关系党的使命宗旨的重大政治问题，也是关系民生的重大社会问题。

建设生态文明，重在建章立制，用最严格的制度、最严密的法治保护生态环境。2013 年 11 月，党的十八届三中全会将"生态文明体制改革"纳入全面深化改革的目标体系，提出紧紧围绕建设美丽中国深化生态文明体制改革，加快建立生态文明制度，健全国土空间开发、资源节约利用、生态环境保护的体制机制，推动形成人与自然和谐发展现代化建设新格局。2015 年，中共中央、国务院先后印发《关于加快推进生态文明建设的意见》和《生态文明体制改革总体方案》，从总体目标、基本理念、主要原则、重点任务、制度保障等方面对生态文明建设进行全面系统部署安排，要求到 2020 年构建起产权清晰、多元参与、激励约束并重、系统完整的生态文明制度体系。在这些顶层设计指引下，生态文明制度建设全面展开并不断向纵深推进，取得一系列重大突破。

推进生态文明建设离不开对生态环境有力的监管。党的十八大后，一些严重破坏生态环境事件受到严肃查处。党中央明确生态环境保护实行党政同责、一岗双责，严格落实领导干部生态文明建设责任制。2015 年至 2020 年，开展两轮次中央生态环境保护督察，对解决突出生态环境问题、促进经济高质量发展等发挥了关键作用。被称为"史上最严"的新环保法从 2015 年开始实施，在打击环境违法犯罪方面力度空前。2015 年至 2020 年，全国实施生态环境行政处罚案件 93.06 万件，罚款金额 578.64 亿元。

从保护到修复，牢固树立保护生态环境就是保护生产力、改善生态环境就是发展生产力的理念，着力补齐生态短板。2013 年至 2017 年，全国新增造林面积 4.6 亿亩，完成森林抚育 6.38 亿亩，全国森林覆盖率达到 21.66%。到 2017 年底，我国治理沙化土地 1.26 亿亩，荒漠化沙化呈整体遏制、重点治理区明显改善的态势，沙化土地面积年均缩减 1980 平方公里，实现了由"沙进人退"到"人进沙退"的

★ 浙江省安吉县余村走出一条"生态美、产业兴、百姓富"绿色之路

历史性转变。全国地表水国控断面Ⅰ—Ⅲ类水体比例增加到 67.9%，劣Ⅴ类水体比例下降到 8.3%，大江大河干流水质稳步改善。同 2013 年相比，2017 年全国地级及以上城市可吸入颗粒物平均浓度下降 22.7%，京津冀、长三角、珠三角等重点区域 PM2.5 平均浓度分别下降 39.6%、34.3%、27.7%。

在生态文明建设深入推进的实践中，国土空间开发保护制度和空间规划体系不断健全。落实主体功能区规划，严格按照主体功能区定位推动发展，进一步优化国土空间开发格局。2015 年 8 月，国务院印发《全国海洋主体功能区规划》，我国主体功能区战略实现陆域国土空间和海域国土空间的全覆盖。党中央倡导简约适度、绿色低碳的生活方式。绿色家庭、绿色学校、绿色社区、绿色商场、绿色建筑等创建行动广泛开展。

坚持山水林田湖草是一个生命共同体，全面加大生态系统保护力度。通过采取全面停止天然林商业性采伐、实施沙化土地封禁保护区试点、加大退耕还林还草退牧还草工程力度、全面停止新增围填海、推进大规模国土绿化等一系列重要举措，森林、草原、湿地等重要生态功能区得到休养生息。全国江河湖泊全面推行河长制湖长制。推动实现生态保护补偿对重点领域和重要区域全覆盖，补偿水平同经济社会发展状况相适应，探索开展跨地区、跨流域补偿试点，生态损害者赔偿、受益者付费、保护者得到合理补偿的运行机制正在形成。

积极参与全球环境与气候治理。我国率先发布《中国落实 2030 年可持续发展议程国别方案》，实施《国家应对气候变化规划（2014—2020年）》。2015年12月，中国积极推动联合国气候变化巴黎大会达成《巴黎协定》这一历史性文件。在2016年二十国集团领导人杭州峰会期间，习近平代表中国政府正式向联合国交存了《巴黎协定》批准文书。中国积极履行生物多样性保护国际义务，为全球环境治理作出持续努力。中国关于生态文明建设的理念和战略，得到国际社会的广泛认可。

生态环境问题，归根结底是发展方式和生活方式问题。这一时期，绿色发展方式加快形成。实行资源总量和强度双控制度，严守水资源红线，严控新增建设用地规模；推动能源生产和消费革命，能源结构调整不断加快，中国已经成为世界利用新能源和可再生能源第一大国。全面节约资源有效推进，能源资源消耗强度大幅下降。大幅提高生态环保标准，倒逼传统产业改造升级，持续化解环境污染重、资源消耗大、达标无望的落后与过剩产能，加快发展节能环保产业和循环经济。通过发展绿色信贷、绿色债券、绿色保险等绿色金融产品，开展碳排放权、排污权交易等试点，更多社会资本被引导投入绿色产业，重大环保基础设施建设、生态保护与修复工程、美丽乡村建设等成为投资热点。

伴随着绿色发展方式的不断推进，绿色生活方式日益成为人们的普遍共识和共同追求。党中央倡导简约适度、绿色低碳的生活方式，反对奢侈浪费和不合理消费，引导形成文明健康的生活风尚。绿色产品和服务供给不断增加，共享经济、服务租赁、二手交易等新业态蓬勃发展，节能环保再生产品受到消费者青睐，"光盘行动"、低碳出行等倡议得到全社会积极响应。在国民教育和培训体系中，珍惜生态、保护资源、爱护环境等内容大为加强。全党全国贯彻绿色发展理念的自觉性和主动性显著增强，忽视生态环境保护的状况明显改变。

三、协调推进"四个全面"战略布局

"四个全面"战略布局的提出

2013 年 11 月，党的十八届三中全会对全面深化改革进行了系统部署，作出关于全面深化改革若干重大问题的决定，明确了当前和今后一个时期改革的方向、目标和任务；2014 年 10 月，党的十八届四中全会专题研究法治建设问题，通过关于全面推进依法治国若干重大问题的决定，对法治中国建设进行了战略部署，明确了全面推进依法治国的重大任务。党的十八届三中、四中全会作出的两个决定形成姊妹篇，使改革和法治如鸟之两翼、车之两轮，有力推动全面建成小康社会事业向前发展。随着实践的发展，党对治国理政规律性认识也在不断深化。12 月，党的十八届四中全会闭幕后不久，习近平在江苏调研时首次提出协调推进全面建成小康社会、全面深化改革、全面依法治国、全面从严治党。

2015 年 2 月，习近平在省部级主要领导干部学习贯彻十八届四中全会精神全面推进依法治国专题研讨班开班式上的讲话，明确将"四个全面"定位为"战略布局"。"四个全面"战略布局，每一个"全面"都具有重大战略意义，都是事关全局的战略重点。同时，"四个全面"相辅相成、相互促进、相得益彰，具有紧密逻辑和内在联系，是战略目标与战略举措相统一的有机整体。"四个全面"战略布局，抓住了主要矛盾和矛盾的主要方面，体现了唯物辩证法，成为党在新形势下治国理政的总抓手。

继党的十八届三中、四中全会专题研究全面深化改革、全面推进依法治国后，党中央又相继召开党的十八届五中、六中全会，就全面建成小康社会、全面从严治党进行专题研究，作出重要部署。2015年10月召开的党的十八届五中全会，在深刻认识和把握经济发展新常态的基础上，明确提出创新、协调、绿色、开放、共享的新发展理念。全会审议通过的《中共中央关于制定国民经济和社会发展第十三个五年规划的建议》，以新发展理念为统领，明确了"十三五"时期我国的发展思路、发展方向、发展着力点。2016年10月，党的十八届六中全会专题研究全面从严治党问题，为新形势下严肃党内政治生活、净化党内政治生态、完善党内监督体系提供了基本遵循，为全面从严治党提供了重要制度保障。

"四个全面"战略布局，是党在新时代把握我国发展新特征确定的治国理政新方略，抓住了党和国家事业发展中根本性、全局性、紧迫性的重大问题，擘画了推进改革开放和现代化建设的顶层设计，集中体现了党和国家事业长远发展的战略目标和举措。统筹推进"五位一体"总体布局、协调推进"四个全面"战略布局的形成，标志着党对中国特色社会主义建设规律的把握达到了一个前所未有的新高度。

全力推进全面建成小康社会进程

全面建成小康社会，在"四个全面"战略布局中居于引领地位。党中央带领全党全国各族人民朝着党的十八大确定的到2020年全面建成小康社会宏伟目标不断迈进。全面建成小康社会，强调的不仅是"小康"，更重要、更难做到的是"全面"。没有全民小康，就没有全面小康。

小康不小康，关键看老乡。农村特别是贫困地区，是全面小康最大的短板。习近平指出："贫穷不是社会主义。如果贫困地区长期贫困，面貌长期得不到改变，群众生活长期得不到明显提高，那就没有体现我国社会主义制度的优越性，那也不是社会主义。""以更大决心、更精准思路、更有力措施，采取超常举措，实施脱贫攻坚工程，确保我国现行标准下农村贫困人口实现脱贫、贫困县全部摘帽、解决区域性整体贫困。"

党的十八大后，党中央加大扶贫投入，创新扶贫方式，扶贫开发工作呈现新局面。脱贫攻坚贵在精准，重在精准，成败之举在于精准。开对"药方子"，因人因地施策、因贫困原因施策、因贫困类型施策，做到对症下药、靶向治疗，才能拔掉"穷根子"。2013年11月，习近平在湖南考察时，首次创造性地提出"精准扶贫"的重要理念，强调要"实事求是、因地制宜、分类指导、精准扶贫"，标志着我国扶贫方式的重大转变。

伴随着精准扶贫的贯彻实施，我国扶贫攻坚事业不断取得新突破。党的十八届五中全会审议通过的《中共中央关于制定国民经济和社会发展第十三个五年规划的建议》，把农

★ 2013 年 11 月 3 日，习近平在湖南考察时与湘西土家族苗族自治州花垣县排碧乡十八洞村村民座谈

村贫困人口脱贫作为全面建成小康社会的基本标志，强调全面建成小康社会，关键是要把经济社会发展的"短板"尽快补上，确保到 2020 年我国现行标准下农村贫困人口实现脱贫、贫困县全部摘帽、解决区域性整体贫困。随后，中共中央、国务院发布《关于打赢脱贫攻坚战的决定》，围绕到 2020 年稳定实现"两不愁、三保障"（农村贫困人口不愁吃、不愁穿，义务教育、基本医疗、住房安全有保障）扶贫开发工作目标，坚持扶持对象精准、项目安排精准、资金使用精准、措施到户精准、因村派人（第一书记）精准、脱贫成效精准等"六个精准"，对于"扶持谁""谁来扶""怎么扶""如何退"等关键性问题，提出了实施"五个一批"（发展生产脱贫一批，易地搬迁脱贫一批，生态补偿脱贫一批，发展教

育脱贫一批，社会保障兜底一批）工程等具体解决方案，吹响了脱贫攻坚啃硬骨头、攻坚拔寨的冲锋号。

这一时期，通过加强产业扶贫，贫困地区特色优势产业和旅游扶贫、光伏扶贫、电商扶贫等快速发展，增强了贫困地区内生发展活力和动力。通过生态扶贫、易地扶贫搬迁、退耕还林还草等，贫困地区生态环境明显改善，实现了生态保护和扶贫脱贫一个战场、两场战役的双赢。通过基础设施和公共服务建设，贫困地区特别是农村基础条件明显改善，改变了贫困地区整体面貌。通过组织开展贫困识别和贫困退出、扶贫项目实施，贫困地区基层治理能力和管理水平明显提高，增强了农村基层党组织凝聚力和战斗力。通过选派第一书记和驻村工作队，锻炼了机关干部，培养了农村人才。截至 2017 年底，累计向贫困村选派第一书记 43.5 万名，驻村干部 278 万人次。农村贫困人口减少 6800 多万，易地扶贫搬迁 830 万人，贫困发生率由 10.2%下降到 3.1%。

为了确保脱贫攻坚顺利推进，党中央坚持发挥政府投入主体和主导作用，充分发挥政府和社会两方面力量作用，深入推进东西部扶贫协作、党政机关定点扶贫、军队和武警部队扶贫、社会力量参与扶贫，构建专项扶贫、行业扶贫、社会扶贫互为补充的大扶贫格局，增加金融资金对脱贫攻坚的投放，发挥资本市场支持贫困地区发展作用，吸引社会资金广泛参与脱贫攻坚，形成脱贫攻坚资金多渠道、多样化投入。截至 2017 年 1 月，东部有 267 个发达县市区与西部 390 个贫困县结成对子，促进了西部地区脱贫攻坚和区域协调发展。到 2017 年底，全国有 4.62 万家民营企业帮扶 5.12 万个村，投资 527 亿元实施产业扶贫项目，捐资 109 亿元开展公益帮扶，带动和惠及 620 多万建档立卡贫困人口。

扩大中等收入群体，关系全面建成小康社会目标的实现。党的十六大提出全面建设小康社会目标的同时，就首次明确了"扩大中等收入者比重"的目标。党的十七大提出"中等收入者占多数"，党的十八大提出"中等收入群体持续扩大"的任务。党的十八届三中全会研究全面深化改革、十八届五中全会研究"十三五"规划时再次强调了这一任务。围绕稳定扩大中等收入群体，党和政府提出了一系列理论和实践创新的重点方向，并先后出台一系列新政策，有力推动了中等收入群体的扩大。经过不懈努力，我国已经形成了世界上规模最大的中等收入群体，这一群体已超过 4 亿人。

全面深化改革取得重大突破

全面深化改革是"四个全面"战略布局中具有突破性和先导性的关键环节。进入新时代，党中央推进全面深化改革，改革呈现全面发力、多点突破、蹄疾步稳、纵深推进的态势。

2013 年 11 月，党的十八届三中全会审议通过的《中共中央关于全面深化改革若干重大问题的决定》，站在中国特色社会主义事业发展全局的战略高度，对全面深化改革作出顶层设计和总体规划，明确全面深化改革的指导思想、目标任务、重大原则，科学规划全面深化改革的战略重点、优先顺序、主攻方向、工作机制、推进方式和时间表、路线图。全会明确全面深化改革的总目标是完善和发展中国特色社会主义制度，推进国家治理体系和治理能力现代化；要求到 2020 年，在重要领域和关键环节改革上取得决定性成果，形成系统完备、科学规范、运行有效的制度体系，使各方面制度更加成熟更加定型。全会在重大理论和政策问题上取得一系列新突破，提出"使市场在资源配置中起决定性作用和更好发挥政府作用""推进协商民主广泛多层制度化发展"等新观点新论断，出台包括经济、政治、文化、社会、生态文明和党的建设等领域 336 项较大的改革举措。党的十八届三中全会的意义是划时代的，开启了全面深化改革、系统整体设计推进改革的新时代，开创了我国改革开放的全新局面。

全面深化改革是一个复杂的系统工程，需要建立更高层面的领导机制。2013 年 12 月，中央成立习近平任组长的中央全面深化改革领导小组，负责改革总体设计、统筹协调、整体推进、督促落实。这充分体现了党中央对改革的高度重视，充分表明了党中央的改革决心，有利于发挥党总揽全局、协调各方的领导核心作用，有利于确保改革的系统性、整体性、协同性，有利于保证全面深化改革的各项任务和各个环节落到实处。党的十八大以后的五年，先后召开 38 次中央全面深化改革领导小组会议，审议通过 365 个重要改革文件，确定 357 个重点改革任务，出台 1500 多项改革举措，重要领域和关键环节改革取得突破性进展，主要领域改革主体框架基本确立。

在改革实践中，党中央突出强调以经济体制改革为重点，发挥经济体制改革牵引作用，着力使市场在资源配置中起决定性作用和更好发挥政府作用，提出并推进供给侧结构性改革、农村土地"三权分置"、深化国资国企改革、发展混合所有制经济、共建"一带一路"、设立自由贸易试验区等新理念新举措，推动国有企业、财税金融、科技创新、土地制度、对外开放、文化教育、司法公正、环境保护、养老就业、医药卫生、党建纪检等领域具有牵引作用的改革不断取得突破，使各方面体制机制弊端阻碍全社会创造力和发展活力的状况得到明显改变。

在推进全面深化改革的发展历程中，党中央着力抓好基础性、长远性、系统性的制度设计，对于完善国有资产管理体制、以管资本为主加强国有资产监管，实施全面规范、公开透明的预算制度，稳妥推进财税和金融体制改革，健全城乡发展一体化体制机制，构建开放型经济新体制，推进协商民主广泛多层制度化发展，确保司法机关依法独立行使审判权和检察权，健全反腐败领导体制和工作机制，设立国家安全委员会，健全自然资源资产产权制度，深化国防和军队改革等，都作了制度性安排。国家治理体系与治理能力在制度的不断完善中得到提升。

全面推进依法治国迈出坚实步伐

全面推进依法治国是解决发展中的一系列重大问题，解放和增强社会活力、促进社会公平正义、维护社会和谐稳定、确保国家长治久安的根本要求。2014年1月，习近平在中央政法工作会议上强调，要把维护社会大局稳定作为基本任务，把促进社会公平正义作为核心价值追求，把保障人民安居乐业作为根本目标，着眼于让人民群众在每一个司法案件中感受到公平正义。要从确保依法独立公正行使审判权检察权、健全司法权力运行机制、完善人权司法保障制度三个方面，着力破解体制性、机制性、保障性障碍，不断提高司法公信力。

2014 年 10 月，党的十八届四中全会通过《中共中央关于全面推进依法治国若干重大问题的决定》，明确全面推进依法治国的总目标是建设中国特色社会主义法治体系，建设社会主义法治国家。这个总目标既明确了全面推进依法治国的性质和方向，又突出了工作重点和总抓手，具有纲举目张的意义。围绕这一总目标，全会提出了 180 多项重大改革举措，涵盖了依法治国各个方面。2015 年 4 月，中央全面深化改革领导小组第十一次会议审议通过《党的十八届四中全会重要举措实施规划（2015—2020 年)》，为此后一个时期推进全面依法治国提供了总施工图和总台账。

在全面依法治国的实践中，党中央高度重视宪法在治国理政中的重要地位和作用，明确坚持依法治国首先要坚持依宪治国。2014 年 11 月，十二届全国人大常委会以立法形式将 12 月 4 日设立为国家宪法日。2015 年 7 月，又明确规定国家工作人员就职时公开进行宪法宣誓，庄严承诺忠于宪法、忠于祖国、忠于人民。

建立健全完备的法律规范体系，以良法保障善治，是全面依法治国的前提和基础。立法机关坚持从国情出发，加快推进国家安全领域立法，出台国家安全法、国家情报法、反间谍法、反恐怖主义法、网络安全法、境外非政府组织境内活动管理法、国防交通法、核安全法等一系列涉及国家安全的法律，为维护国家安全、核心利益和其他重大利益提供了坚实的法制保障。同时，经济、社会、民生、文化、生态环境等重点领域立法工作不断推进。截至 2017 年 9 月，我国有现行有效法律 260 部。以宪法为核心的中国特色社会主义法律体系不断完善。

推进全面依法治国，法治政府建设是重点任务，对法治国家、法治社会建设具有示范带动作用。从依法全面履行职能的基本要求出发，各地对政府部门权力进行全面梳理、调整、审核确认并对外公布。2015 年 12 月，中共中央、国务院印发《法治政府建设实施纲要（2015—2020 年）》，提出到 2020 年基本建成"职能科学、权责法定、执法严明、公开公正、廉洁高效、守法诚信"的法治政府的总体目标和行动纲领。2016 年 1 月，国务院在国家发改委等七部门开展权力和责任清单编制试点，用"权力清单"和"责任清单"明确政府权力边界，推动"放管服"改革落地见效。截至 2017 年底，国务院部门行政审批事项削减 44%，非行政许可审批彻底终结。

推动以司法责任制为重点的司法体制改革。实行法官、检察官员额制，进一步全面落实司法责任制，不断健全"让审理者裁判、由裁判者负责""谁决定谁负责"的新型司法权力运行机制。根据中央部署，从 2014 年开始，全国分批开展司法人员分类管理、完善司法责任制、健全司法人员职业保障、省以下地方法院检察院人财物统一管理改革试点，2016 年改革试点在全国推开。全面落实司法责任制改革，实行法官、检察官员额制，让审理者裁判、由裁判者负责，落实"谁办案谁负责"机制，法官检察官依法对案件质量终身负责，不断健全权责明晰、权责统一的司法权力运行机制。着眼提升司法公信力，推进以审判为中心的诉讼制度改革，确保侦查、审查起诉的案件事实经得起法律检验。深化认罪认罚从宽制度改革，完善速裁程序运行机制，推进案件繁简分流、轻重分离、快慢分道，着力构建多层次诉讼制度体系。最高人民法院六个巡回法庭覆盖六大区域，实现了最高审判机关重心下移；完善人民陪审员制度、人民监督员制度。为了逐步解决人民群众反映的打官司难的问题，全面实施立案登记制改革，变立案审查制为立案登记制，做到有案必立、有诉必理，加强监督，依法制裁虚假诉讼，维护正常诉讼秩序。深化司法责任制综合配套改革，进一步健全侦查权、检察权、审判权、执行权相互配合、相互制约的体制机制，加快构建系统完备、规范高效的执法司法制约监督体系。经过新一轮司法改革，新的司法管理体制、司法权力运行机制逐步形成，公平正义成为新时代的鲜亮底色。

作为全面依法治国的固本之举，法治社会建设不断得到强化。2016 年，中央组织部等四部门联合印发《关于完善国家工作人员学法用法制度的意见》，紧紧抓住领导干部这个"关键少数"，促使国家工作人员带头尊法学法守法用法。3 月，中共中央、国务院转发《中央宣传部、司法部关于在公民中开展法治宣传教育的第七个五年规划（2016—2020年)》，"七五"普法工作拉开帷幕。2017 年 5 月印发的《关于实行国家机关"谁执法谁普法"普法责任制的意见》，首次将国家机关明确为法治宣传教育的责任主体。落实"谁执法谁普法"要求，抓住普法责任制这个"牛鼻子"，党委统一领导、部门分工负责、各司其职、齐抓共管的"大普法"格局逐步形成。

全面从严治党成效卓著

全面从严治党是"四个全面"战略布局的根本保证，是党的十八大以来党中央抓党的建设的鲜明主题。习近平指出，新的历史条件下，我们要更好进行具有许多新的历史特点的伟大斗争、推进中国特色社会主义伟大事业，就必须以更大力度推进党的建设新的伟大工程，坚定不移推进全面从严治党，切实把党建设好、管理好。全面从严治党永远在路上，不能有任何喘口气、歇歇脚的念头。必须始终保持思想上的冷静清醒、增强行动上的勇毅执着，坚定全面从严治党的政治自觉，不断推动全面从严治党向纵深发展。

2013年12月，习近平在中央经济工作会议上指出，中国特色社会主义有很多特点和特征，但最本质的特征是坚持中国共产党领导。2016年7月，习近平在庆祝中国共产党成立95周年大会上强调，中国特色社会主义最本质的特征是中国共产党领导，中国特色社会主义制度的最大优势是中国共产党领导。

坚持党的领导，首先是坚持党中央权威和集中统一领导。2014年1月，习近平在十八届中央纪委第三次全会上指出，"中央委员会，中央政治局，中央政治局常委会，这是党的领导决策核心"。为体现这一要求，2015年1月16日，中央政治局常委会会议专门听取了全国人大常委会、国务院、全国政协、最高人民法院、最高人民检察院党组工作汇报。1月23日，中央政治局会议听取了有关综合情况报告。

2016年10月，党的十八届六中全会审议通过《关于新形势下党内政治生活的若干准则》和《中国共产党党内监督条例》。《准则》强调，"坚决维护党中央权威、保证全党令行禁止，是党和国家前途命运所系，是全国各族人民根本利益所在"。这次全会明确了习近平总书记在党中央和全党的核心地位，反映了全党全军全国各族人民的共同心愿，是党和国家根本利益所在，是坚持和加强党的领导的根本保证。全会号召全党同志紧密团结在以习近平同志为核心的党中央周围，牢固树立政治意识、大局意识、核心意识、看齐意识，坚定不移维护党中央权威和集中统一领导。

为加强党的全面领导，中央进一步健全完善相关制度机制。2015年1月，中共中央印发《关于加强和改进党的群团工作的意见》，强调党的领导是做好群团工作的根本保证。6月，中共中央印发《中国共产党党组工作条例（试行）》。这是中国共产党在党组工作方面第一部专门党内法规。12月，中共中央印发《中国共产党地方委员会工作条例》，进一步健全了地方党委发挥领导核心作用的制度基础，完善了地方党委运行机制。2016年10月，中央召开全国国有企业党的建设工作会议，对解决国有企业党的领导、党的建设弱化、淡化、虚化、边缘化问题作出系统部署，强调要坚持党对国有企业的领导不动摇，开创国有企业党的建设新局面。12月，中共中央、国务院印发《关于加强和改进新形势下高校思想政治工作的意见》，要求把党的建设贯穿始终，牢牢掌握党对高校的领导权。

全面从严治党首先从作风问题抓起。新时代全面从严治党从中央政治局立规矩开始，从落实中央八项规定精神入手。八项规定是党的十八大之后制定的第一部重要党内法规，也是改进工作作风的一个切入点。习近平强调，共产党员永远是劳动人民的普通一员，除了法律和政策规定范围内的个人利益和工作职权外，所有共产党员都不得谋求任何私利和特权，必须反对特权思想、特权现象。我们党坚持把反"四风"、反腐败与反特权思想和特权现象相结合，在干部办公用房、公务用车、秘书配备、公务消费等方面出台了一系列整治措施，严格规范领导干部的工作和生活待遇，一些干部身上存在的特权思想和特权现象得到有效遏制。各级纪检监察机关从治理公款吃喝、旅游、送礼等不正之风入手，以一个个具体问题的突破，带动了全党全社会风气整体转变，为深入推进全面从严治党凝聚了党心民心。

坚持把纪律挺在前面，严明政治纪律和政治规矩。2012年11月16日，习近平在十八届中央政治局第一次会议上强调，"大家要带头遵守党的组织原则和党内政治生活准则，懂规矩，守纪律"。2013年1月，习近平在十八届中央纪委第二次全会上进一步指出，严明党的纪律，首要的就是严明政治纪律，政治纪律是最重要、最根本、最关键的纪律。会议还提出，党的各级纪律检查机关要把维护党的政治纪律放在首位，加强对政治纪律执行情况的监督检查，铲除政治腐败和经济腐败相互交织形成的利益集团，消除重大政治隐患。各级纪委着力解决无视政治纪律和政治规矩的问题，严肃查处公开发表违背中央精神的言论和有令不行、有禁不止行为。党的十八大以后的五年，共立案审查违反政治纪律案件1.5万件，处分1.5万人，其中中管干部112人，有力维护了党的集中统一领导。2015年10月，重新修订的《中国共产党廉洁自律准则》和《中国共产党纪律处分条例》印发。《准则》坚持正面倡导、重在立德，重申党的理想信念宗旨、优良传统作风，树立了看得见、摸得着的高标准。《条例》列出"负面清单"、重在立规，把党章对纪律的要求整合成"六项纪律"。为了强化纪律执行，党中央坚持惩前毖后、治病救人方针，创造性提出并运用监督执纪"四种形态"①，加强日常监督管理，在用好第一种形态上下更大功夫，纪律建设的治本作用日益显现。

腐败是党面临的最大威胁，严重侵蚀党的执政基础。面对一段时间党内腐败问题比较严重的状况，以习近平同志为核心的党中央以"得罪千百人，不负十四亿"的坚定决心，坚持反腐败无禁区、全覆盖、零容忍，坚定不移"打虎""拍蝇"，深化国际反腐败执法合作，织密国际追逃"天网"，以雷霆之势、霹雳手段惩治腐败，持续形成强大威慑。党的十八大以后的五年，经党中央批准立案审查的省军级以上党员干部及其他中管干部440人。其中，十八届中央委员、候补委员43人，中央纪委委员9人。全国纪检监察机关共处置问题线索267.4万件，立案154.5万件，处分153.7万人，其中厅局级干部8900余人，县处级干部6.3万人，涉嫌犯罪被移送司法机关处理5.8万人。特别是坚决查处了周永康、薄熙来、郭伯雄、徐才厚、孙政才、令计划等人严重违纪违法问题。以反腐败为重点突破口的全面从严治党取得重大战略性成果，不敢腐的目标初步实现，不能腐的笼子越扎越牢，不想腐的堤坝正在构筑，反腐败斗争压倒性态势已经形成并巩固发展。

---

①　监督执纪"四种形态"，是指经常开展批评和自我批评、约谈函询，让"红红脸、出出汗"成为常态；党纪轻处分、组织调整的成为违纪处理的大多数；党纪重处分、重大职务调整的成为少数；严重违纪涉嫌违法立案审查的成为极少数。

党要管党，首先要从党内政治生活管起；从严治党，首先要从党内政治生活严起。2016年10月，党的十八届六中全会深入分析了新形势下党的建设面临的新情况新问题，针对党内政治生活和党内监督存在的薄弱环节提出了明确措施，对严肃党内政治生活、净化党内政治生态作出全面规范，强调全党必须牢固树立政治意识、大局意识、核心意识、看齐意识，自觉在思想上政治上行动上同以习近平同志为核心的党中央保持高度一致。

党中央坚持思想建党和制度治党紧密结合，注重解决思想问题、拧紧"总开关"，持续夯实全面从严治党思想基础。按照党的十八大部署，从2013年6月到2014年9月，全党开展以为民务实清廉为主要内容的党的群众路线教育实践活动。2015年在县处级以上领导干部中开展"三严三实"专题教育，2016年在全体党员中开展"两学一做"学习教育，2017年对推进"两学一做"学习教育常态化制度化作出安排和部署，持续推动全面从严治党从"关键少数"向广大党员拓展、从集中性教育向经常性教育延伸，全党理想信念更加坚定、党性更加坚强。

全方位扎紧制度的笼子，制度治党依规治党水平不断提升。2013年11月，中共中央发布《中央党内法规制定工作五年规划纲要（2013—2017年）》，提出"力争经过五年努力，基本形成涵盖党的建设和党的工作主要领域、适应管党治党需要的党内法规制度体系框架，使党内生活更加规范化、程序化"，"到建党一百周年时全面建成内容科学、程序严密、配套完备、运行有效的党内法规制度体系"。中共中央印发《关于加强党内法规制度建设的意见》，提出按照"规范主体、规范行为、规范监督"相统筹相协调原则，完善党内法规制度体系。

党中央不断完善党和国家监督体系。党的十八大以后的五年，党中央两次修订《中国共产党巡视工作条例》，制定中央巡视工作五年规划，组织开展12轮巡视，巡视277个党组织，在党的历史上首次实现一届任期内巡视全覆盖。修订党内监督条例，加强对党内政治生活状况、党的路线方针政策执行情况监督检查，坚决维护党中央权威和集中统一领导。通过实行单独派驻和综合派驻相结合，实现了中央一级党和国家机关全面派驻纪检机构，统一名称、统一管理。深化国家监察体制改革，构建党统一领导、权威高效的国家反腐败机构，实现对所有行使公权力的公职人员监察全覆盖，不断完善党和国家的监督制度。

从严治党，关键是从严治吏，培养选拔党和人民需要的好干部。以什么标准选人、选什么样的人，是干部工作的首要问题。2013年6月，习近平在全国组织工作会议上首次提出"信念坚定、为民服务、勤政务实、敢于担当、清正廉洁"的好干部标准。为了贯彻新时代好干部标准，中共中央修订印发《党政领导干部选拔任用工作条例》等法规文件，强化党组织领导和把关作用，有力破解了"唯票""唯分""唯GDP""唯年龄"取人偏向等突出问题。针对干部工作中的一些"老大难"问题，党中央不断深化干部人事制度改革。2015年7月，中共中央办公厅印发《推进领导干部能上能下若干规定（试行）》，明确了"下"的标准，规范了"下"的方式，疏通了"下"的渠道，对于推动形成能者上、优者奖、庸者下、劣者汰的用人导向和从政环境发挥了重要作用。2016年8月，中共中央办公厅印发《关于防止干部"带病提拔"的意见》，明确提出"凡提四必"要求，确保人选忠诚、干净、担当。为了加强对干部的管理监督，2017 年 2 月，中共中央修订《领导干部报告个人有关事项规定》、制定《领导干部个人有关事项报告查核结果处理办法》，完善并严格落实中国特色领导干部报告个人有关事项制度。

四、全面推进国防和军队现代化建设

确立党在新时代的强军目标

当今世界正经历百年未有之大变局，国际战略格局深刻演变，国际军事竞争日趋激烈，中国正处在由大向强发展的关键阶段。强国必须强军，军强才能国安。2012 年 11 月，党的十八届一中全会决定习近平为中央军事委员会主席。上任伊始，习近平从实现中华民族伟大复兴的中国梦的战略高度，敏锐把握世界新军事革命发展动向，统筹谋划新时代国防和军队现代化建设的一系列重大问题。12 月，在会见驻广州部队师以上领导干部时，习近平首次提出"强军梦"，指出，强国梦，对于军队来讲，也是强军梦。我们要实现中华民族伟大复兴，一定要坚持富国和强军相统一，建设巩固国防和强大军队。

实现强军梦，必须明确回答新时代建设一支什么样的强大人民军队、怎样建设强大人民军队。2012 年底，习近平在中央军委扩大会议上提出，为建设一支听党指挥、能打胜仗、作风优良的人民军队而奋斗。2013 年 3 月，在参加十二届全国人大一次会议解放军代表团全体会议时，习近平明确指出，建设一支听党指挥、能打胜仗、作风优良的人民军队，是党在新形势下的强军目标。2016 年 2 月，习近平在中央军委扩大会议上进一步提出了实现强军目标、建设世界一流军队的要求。

强军目标中，听党指挥是灵魂，决定军队建设的政治方向；能打胜仗是核心，反映军队的根本职能和军队建设的根本指向；作风优良是保证，关系军队的性质、宗旨、本色。强军目标明确了加强军队建设的聚焦点和着力点，体现了坚持党的建军原则、军队根本职能、特有政治优势的高度统一，是党中央从全局上对国防和军队建设作出的战略筹划和顶层设计，是党在新时代建军治军的总方略。

强国强军，战略先行。根据国家安全和发展战略，适应新的历史时期形势任务要求，党中央、中央军委不断丰富和完善积极防御战略思想内涵，与时俱进加强军事战略指导。2013 年 11 月，党的十八届三中全会提出，创新发展军事理论，加强军事战略指导。2014 年，中央军委制定新形势下军事战略方针。这一方针坚持积极防御，整体运筹备战与止战、维权与维稳、威慑与实战、战争行动与和平时期军事力量运用，将军事斗争准备基点放在打赢信息化局部战争上，以海上方向军事斗争为战略重心，增强了战略指导的积极性和主动性。2015 年 5 月，首部专门阐述中国军事战略的白皮书《中国的军事战略》正式发表。白皮书聚焦新形势下积极防御军事战略方针，明确调整军事斗争准备基点、创新基本作战思想、优化军事战略布局，坚决维护国家主权、安全、发展利益，集中体现了人民军队军事战略发展和实践成果。

贯彻新时代政治建军方略

贯彻落实党在新时代的强军目标，首要是听党指挥。2014年10月30日至11月2日，新世纪第一次全军政治工作会议在福建省上杭县古田镇召开。习近平在会上发表重要讲话，强调革命的政治工作是革命军队的生命线，明确提出了军队政治工作的时代主题，即紧紧围绕实现中华民族伟大复兴的中国梦，为实现党在新形势下的强军目标提供坚强政治保证。

习近平强调，军队政治工作只能加强不能削弱，要把理想信念、党性原则、战斗力标准、政治工作威信这四个带根本性的东西立起来，着力抓好铸牢军魂工作、高中级干部管理、作风建设和反腐败斗争、战斗精神培育、政治工作创新发展等五个方面的重点工作。

习近平指出，军队政治工作实质上是党领导和掌握军队的工作。人民军队作为执行党的政治任务的武装集团，必须坚持党的绝对领导，必须坚定不移听党的话、跟党走，必须做到党指向哪里、就打到哪里。讲话系统总结了军队政治工作在长期实践中形成的一整套优良传统，强调这些优良传统是军队政治工作的根本原则和内容，必须一代代传下去。

全军政治工作会议是在党、国家和军队事业发展的重要关口召开的一次极为重要的会议，开启思想建党、政治建军新征程。习近平的重要讲话从时代发展和战略全局的高度，深刻阐明了党从思想上政治上建设军队的一系列重大问题，确立了新时代政治建军方略，是引领新时代人民军队建设开创新局面的纲领性文献。

2014 年 12 月，中共中央转发《关于新形势下军队政治工作若干问题的决定》。自 2014 年底开始，全军深入展开整顿思想、整顿用人、整顿组织、整顿纪律的"四个整顿"以及干部工作大检查和财务检查整治等专项清理整治，以整风精神推进政治整训，重振政治纲纪。2015 年 2 月，中央军委制定《贯彻落实全军政治工作会议精神总体部署方案》，向全军下达落实政治建军方略的总规划、任务书。人民军队聚焦绝对忠诚，刀刃向内、刮骨疗毒，特别是严肃查处郭伯雄、徐才厚等人严重违纪违法案件并全面彻底肃清其流毒影响，纯正政治生态。人民军队突出抓好军魂培育，着力培养有灵魂、有本事、有血性、有品德的新时代革命军人，锻造铁一般信仰、铁一般信念、铁一般纪律、铁一般担当的过硬部队。

中央军委实行主席负责制，是坚持党对人民军队绝对领导的根本制度和根本实现形式。为推动贯彻军委主席负责制严起来、实起来，2012 年 11 月，中央军委修订《中央军事委员会工作规则》，明确写入军委主席负责制。2014 年 4 月，中央军委印发《关于贯彻落实军委主席负责制建立和完善相关工作机制的意见》，建立请示报告、督促检查、信息服务"三项机制"，推动军委主席负责制各项要求机制化运行。通过改革重塑军队领导指挥体制、优化规模结构和力量编成，形成更加有利于贯彻军委主席负责制的全新体制架构。

以全军政治工作会议为重要起点，新时代的人民军队经过思想洗礼，重整行装再出发，深入贯彻政治建军方略，恢复和发扬光荣传统和优良作风，政治生态得到有效治理，为军队建设和改革奠定了坚实政治基础。

深化国防和军队改革

面对长期制约国防和军队建设的体制性障碍、结构性矛盾、政策性问题，党中央、中央军委把改革作为关键一招，向积存多年的顽瘴痼疾开刀，坚决破除各方面体制机制弊端，整体重塑人民军队，形成推进改革强军的强大势场。深化国防和军队改革大开大合、大破大立、蹄疾步稳，推进力度之大、触及利益之深、影响范围之广前所未有。

2013年11月，党的十八届三中全会把深化国防和军队改革单列为一个部分写入全会决定中，纳入全面深化改革总体布局、上升为党的意志和国家行为。2014年3月，由习近平担任组长的中央军委深化国防和军队改革领导小组召开第一次全体会议，此后陆续成立相关工作机构，对改革方案作研究论证和拟制工作。2015年7月，习近平分别主持召开中央军委常务会议和中央政治局常委会会议，审议和审定《深化国防和军队改革总体方案》，一整套解决深层次矛盾问题、有重大创新突破、人民军队特色鲜明的改革设计破茧而出。

2015年11月，中央军委改革工作会议召开，对深化国防和军队改革进行总体部署。会后，中央军委印发《关于深化国防和军队改革的意见》，明确改革的指导思想、基本原则和总体目标，绘制了改革的路线图和时间表，部署了领导管理体制、联合作战指挥体制、军队规模结构、部队编成、新型军事人才培养、政策制度、军民融合发展、武装警察部队指挥管理体制和力量结构、军事法治体系等改革主要任务，要求努力构建能够打赢信息化战争、有效履行使命任务的中国特色现代军事力量体系，进一步完善中国特色社会主义军事制度。

从 2015 年底开始，领导指挥体制改革率先展开，重在破除体制性障碍。按照军委管总、战区主战、军种主建的总原则，调整组建军委机关 15 个职能部门，成立陆军领导机构、火箭军、战略支援部队、联勤保障部队，构建起"中央军委—军种—部队"的领导管理体系。健全军委联合作战指挥机构，组建战区联合作战指挥机构，把七大军区调整划设为五大战区，实施联勤保障体制改革，构建起"中央军委—战区—部队"的作战指挥体系。这轮"脖子以上"改革，打破了长期实行的总部体制、大军区体制、大陆军体制，实现了军队组织架构的历史性变革。

从 2016 年底开始，规模结构和力量编成改革压茬推进，重在破解结构性矛盾。按照调整优化结构、发展新型力量、理顺重大比例关系、压减数量规模的要求，优化兵力规模构成，军队现役总员额由 230 万减至 200 万，精简机关和非战斗机构人员；调整力量结构布局，着力压减陆军规模，优化各军兵种内部力量结构，大幅提高新质战斗力比重；改革作战部队编成，在主要作战部队实行"军—旅—营"体制；优化院校力量布局。这轮改革，构建起中国特色现代军事力量体系，推动军队由数量规模型向质量效能型、人力密集型向科技密集型转变。

至党的十九大前，国防和军队改革取得历史性突破，形成军委管总、战区主战、军种主建新格局，人民军队组织架构和力量体系实现革命性重塑。

科技是现代战争的核心战斗力。党中央、中央军委对国防科技创新作出战略筹划。2016 年 1 月，组建中央军委科学技术委员会。2017 年 7 月，在新调整组建的军事科学院、国防大学、国防科技大学成立大会暨军队院校、科研机构、训练机构主要领导座谈会上，习近平提出，全面实施科技兴军战略，依靠科技进步和创新把军队建设模式和战斗力生成模式转到创新驱动发展的轨道上来。8 月，习近平在庆祝中国人民解放军建军 90 周年大会上指出，全面实施科技兴军战略，不断提高科技创新对人民军队建设和战斗力发展的贡献率。

瞄准世界军事科技前沿，人民军队坚持向科技创新要战斗力，坚持自主创新战略基点，围绕发展新型作战力量、加快研发高新技术武器装备等作出一系列战略部署，加快推进重大工程建设，加速战略性前沿性颠覆性技术发展，取得了一系列显著成就。

依法治军、从严治军是强军之基，是人民军队深化改革、推进现代化建设的重要内容。2014 年 10 月，党的十八届四中全会把依法治军、从严治军纳入全面依法治国的总体布局。12 月，习近平在中央军委扩大会议上强调，依法治军、从严治军是党建军治军的基本方略，军队越是现代化，越是信息化，越是要法治化。要按照法治要求转变治军方式，努力实现"三个根本性转变"，即从单纯依靠行政命令的做法向依法行政的根本性转变，从单纯靠习惯和经验开展工作的方式向依靠法规和制度开展工作的根本性转变，从突击式、运动式抓工作的方式向按条令条例办事的根本性转变。2015 年 2 月，中央军委印发《关于新形势下深入推进依法治军从严治军的决定》，对加强军队法治建设作出全面部署，要求构建完善中国特色军事法治体系，形成系统完备、严密高效的军事法规制度体系、军事法治实施体系、军事法治监督体系、军事法治保障体系，提高国防和军队建设法治化水平。

按照党中央、中央军委的要求，人民军队改革创新"中央军委—战区、军兵种、武警部队"两级军事立法体制，规范立法权限。2017年5月，《军事立法工作条例》施行，为新时代开展军事立法工作提供了法规依据和基本遵循。出台国防交通法等军事法律，修订共同条令、《军队基层建设纲要》等，建立起新时代军队建设发展的法规制度和行为准则。

从严治军，从贯彻落实中央八项规定要求入手。2012年12月，《中央军委加强自身作风建设十项规定》出台，中央军委机关和领导率先垂范。党的十八大之后，中央军委决定在军队建立巡视制度、设置巡视机构、开展巡视工作。至2017年2月，完成了对军委机关部门、大单位第一轮巡视和回访巡视全覆盖。建立健全法治监督体系，组建新的军委纪律检查委员会、军委政法委员会，调整组建军委审计署，全部实行派驻审计，建立基层风气监察联系点制度。为保持人民军队性质和本色，2015年11月，中央军委改革工作会议作出全面停止军队开展对外有偿服务的决策。2016年2月，中央军委印发《关于军队和武警部队全面停止有偿服务活动的通知》，明确计划用3年左右时间，分步骤停止军队和武警部队一切有偿服务活动。

聚焦能打胜仗强化练兵备战

新时代国防和军队现代化建设中，党中央、中央军委聚焦备战打仗主责主业，把能打仗、打胜仗这一"强军之要"

作为实现党在新时代的强军目标的核心来抓，全部心思向打仗聚焦，各项工作向打仗用劲，全面提高新时代备战打仗能力，确保部队召之即来、来之能战、战之必胜。

2012 年底，习近平在中央军委扩大会议上鲜明地提出牢固确立战斗力这个唯一的根本的标准，要求把战斗力标准贯穿到军队建设全过程和各方面，为新时代备战打仗指明了方向。2014 年 3 月，一场"战斗力标准大讨论"在全军展开，层层对照检查、人人全程参与，凝聚起练精兵、谋打赢的高度共识。

从实战需要出发，人民军队大抓实战化军事训练，坚持以战领训、以训促战、战训一致。2014 年 3 月，中央军委印发《关于提高军事训练实战化水平的意见》，作出系统部署。同月，成立全军军事训练监察领导小组，对全军军事训练进行督导督查。2015 年底，军委和战区、军兵种、武警部队两级机关设立训练监察部门，正式确立军事训练监察体制。2016 年 11 月，中央军委印发《加强实战化军事训练暂行规定》，对落实实战化军事训练提出刚性措施、作出硬性规范。对军事训练不严不实的单位、个人追责问责，促进了部队实战化训练水平提升。

适应联合作战要求，人民军队深入推进联战联训，加速提升一体化联合作战能力。2015 年 1 月，出台《中国人民解放军联合战役训练暂行规定》等一系列法规文件，系统规范各领域、各层次联合训练的组织与实施。2016 年组建军委和战区两级联指机构，开启了以联为纲、联战联训新局面，不断提高基于网络信息体系的联合作战能力、全域作战能力。

贯彻落实党中央和中央军委的决策部署，全军部队广泛开展各战略方向使命课题针对性训练和各军兵种演训。各战区组织"东部""南部""西部""北部""中部"系列联合实兵演习，陆军广泛开展军事训练大比武，海军拓展远海训练，空军加强体系化实案化全疆域训练，火箭军组织对抗性检验性训练、整旅整团实案化训练，战略支援部队、联勤保障部队积极融入联合作战体系，武警部队实施"卫士"等系列演习，加强中外联演联训、展开国际军事合作等，人民军队的军事斗争准备取得重大进展。这一时期，人民军队有效执行海上维权、反恐维稳、抢险救灾、国际维和、亚丁湾护航、人道主义救援等重大任务，维护了国家主权、安全、发展利益，提振了国威军威。

五、坚持"一国两制"和推进祖国统一

保持香港、澳门长期繁荣稳定

"一国两制"是中国共产党的伟大创举。进入新时代，党中央研究新形势新情况，妥善应对复杂局面，排除各种干扰，全面准确贯彻"一国两制"方针，牢牢掌握宪法和基本法赋予的中央对香港、澳门全面管治权，深化内地和港澳地区交流合作，引领"一国两制"实践在乘风破浪中取得新成功。

2012年12月，习近平在听取香港特别行政区行政长官汇报时，郑重申明中央贯彻落实"一国两制"、严格按照基本法办事的方针不会变，支持行政长官和特别行政区政府依法施政、履行职责的决心不会变，支持香港、澳门两个特别行政区发展经济、改善民生、推进民主、促进和谐的政策也

不会变。同时强调，关键是要全面准确理解和贯彻"一国两制"方针，切实尊重和维护基本法权威。

在中央政府的全力支持下，香港特别行政区政府根据十届全国人大常委会第三十一次会议决定，依法推进选举制度改革。2014 年 6 月，针对香港社会一些人对"一国两制"方针政策和基本法的模糊认识和片面理解，国务院新闻办公室发表《"一国两制"在香港特别行政区的实践》白皮书，系统阐述中央对香港的基本方针政策，突出强调中央对香港拥有全面管治权等重要观点，起到正本清源的作用。根据香港特别行政区行政长官提交的有关报告，8 月 31 日，十二届全国人大常委会第十次会议通过《关于香港特别行政区行政长官普选问题和 2016 年立法会产生办法的决定》，确定香港特别行政区行政长官普选制度的核心要素和制度框架。9 月底，香港一部分人策划已久的非法"占领中环"活动爆发。面对香港复杂严峻甚至一度风高浪急的局势，中央政府全面准确贯彻落实"一国两制"方针不动摇，坚守原则底线不退让，统筹协调有关各方，全力支持香港特别行政区政府依法平息了持续 79 天的非法"占领中环"活动以及后来的"旺角暴乱"事件，维护了香港大局稳定。

2014 年 12 月，习近平出席庆祝澳门回归祖国 15 周年大会暨澳门特别行政区第四届政府就职典礼时指出，继续推进"一国两制"事业，必须牢牢把握"一国两制"的根本宗旨，共同维护国家主权、安全、发展利益，保持香港、澳门长期繁荣稳定；必须坚持依法治港、依法治澳，依法保障"一国两制"实践；必须把坚持"一国"原则和尊重"两制"差异、维护中央权力和保障特别行政区高度自治权、发挥祖国内地坚强后盾作用和提高港澳自身竞争力有机结合起来，任何时候都不能偏废。2015年12月，习近平在听取香港特别行政区行政长官述职汇报时进一步强调，中央贯彻"一国两制"方针坚持两点：一是坚定不移，不会变、不动摇；二是全面准确，确保"一国两制"在香港的实践不走样、不变形，始终沿着正确方向前进。

在推进"一国两制"实践中，中央政府高度重视依法治港治澳，依法遏制和打击"港独"势力，坚决维护国家核心利益和香港、澳门特别行政区根本利益。2016年11月，针对香港特别行政区第六届立法会议员宣誓过程中极少数候任议员宣扬"港独"等违法言行，全国人大常委会主动对香港基本法第104条作出解释，明确依法宣誓的含义和要求，支持香港特别行政区政府有关机构和司法机关对有关议员作出检控和判决，取消其议员资格，维护了基本法的权威和香港法治。澳门特别行政区依据全国人大常委会有关释法精神，主动在立法会选举法中增加"防独"条款，以防患于未然。在完善行政长官述职制度、依法行使对行政长官和主要官员的实质任命权、加强国家宪法和基本法的宣传教育等方面，中央政府也采取了相应举措。

在依法治港治澳的同时，党和国家从整体发展战略的高度着眼，从保持香港、澳门长期繁荣稳定的要求出发，积极谋划、全力支持港澳经济社会发展和民生改善，促进港澳与内地优势互补、合作共赢、共同发展。2016年3月，国家"十三五"规划纲要明确提出，提升港澳在国家经济发展和对外开放中的地位和功能，支持港澳参与国家双向开放、"一带一路"建设，推动内地与港澳关于建立更紧密经贸关系安排升级，深化内地与香港金融合作。这一时期，中央政府支持香港举办"一带一路"高峰论坛、加入亚洲基础设施投资银行，支持澳门举办第八届亚太经合组织旅游部长会议和中国—葡语国家经贸合作论坛第四、五届部长级会议。中央政府还出台了一系列支持内地与港澳加强交流合作、共同发展的政策措施。内地与香港实施基金互认安排，先后实施"沪港通""深港通""债券通"等金融互联互通政策，不但稳步推动了我国金融市场对外开放，也巩固和提升了香港作为国际金融中心的竞争力。在 CEPA 框架下，内地分别与香港、澳门签署服务贸易协议，基本实现服务贸易自由化。内地与香港签署投资协议、经济技术合作协议，推动内地与港澳的跨境基础设施建设和人员、货物通关便利化。

2017 年 6 月 29 日至 7 月 1 日，习近平出席庆祝香港回归祖国 20 周年大会暨香港特别行政区第五届政府就职典礼，并视察香港特别行政区。在香港期间，习近平提出"三个相信"[①]"四个带头"[②]"四个始终"[③] 等重要理念、思想和主张。习近平指出，香港回归祖国 20 年来，"一国两制"实践取得了举世公认的成功。他强调，"一国"是根，根深才能叶茂；"一国"是本，本固才能枝荣。必须牢固树立"一国"意识，坚守"一国"原则，正确处理特别行政区和中央的关系。任何危害国家主权安全、挑战中央权力和香港特别行政区基本

---

① "三个相信"，即希望香港同胞相信自己、相信香港、相信国家。

② "四个带头"，即希望香港社会各界代表人士带头支持行政长官和新一届特别行政区政府依法施政、带头搞好团结、带头关心青年、带头推动香港同内地交流合作。

③ "四个始终"，即始终准确把握"一国"和"两制"的关系、始终依照宪法和基本法办事、始终聚焦发展这个第一要务、始终维护和谐稳定的社会环境。

法权威、利用香港对内地进行渗透破坏的活动，都是对底线的触碰，都是绝不能允许的。发展是永恒的主题，是香港的立身之本，也是解决香港各种问题的金钥匙。香港背靠祖国、面向世界，有着许多有利发展条件和独特竞争优势。我们既要把实行社会主义制度的内地建设好，也要把实行资本主义制度的香港建设好，坚守"一国"之本，善用"两制"之利。这些重要论述，对"一国两制"在香港的实践行稳致远，对香港特别行政区提高管治水平、谋划长远发展，具有重要指导作用。

2012 年至 2016 年，香港本地生产总值年均实际增长 2.6%，高于发达经济体同期平均增速。香港国际金融、航运、贸易中心地位不断巩固，全球离岸人民币业务枢纽地位和国际资产管理中心功能不断强化。澳门人均本地生产总值居全球前列，社会事业迈上新台阶。"一国两制"的成功实践再次证明，"一国两制"不仅是历史遗留的香港、澳门问题的最佳解决方案，也是香港、澳门回归后保持长期繁荣稳定的最佳制度安排，是行得通、办得到、得人心的。

推进两岸关系和平发展

推进两岸关系和平发展和祖国统一，是实现中华民族伟大复兴的必然要求。面对两岸关系和平发展进入深水区、台湾局势和我周边形势发生复杂变化等困难与挑战，党中央保持高度战略自信和战略定力，始终把握两岸关系发展正确方向，坚持对台大政方针不动摇，牢牢把握两岸关系主导权和主动权，推动两岸关系取得重要进展。

2013 年 2 月，习近平在会见中国国民党荣誉主席连战及随访的台湾各界人士时强调，继续推动两岸关系和平发展、促进两岸和平统一，是新一届中共中央领导集体的责任。习近平指出，两岸同胞同属中华民族，这种天然的血缘纽带任何力量都切割不断；两岸同属一个中国，这一基本事实任何力量都无法改变；两岸交流合作得天独厚，这种双向利益需求任何力量都压制不住；全体中华儿女有决心通过自己的不懈奋斗自立于世界民族之林，这种全民族共同愿望任何力量都阻挡不了。6 月，以"聚焦亲情、共圆梦想"为主题的第五届海峡论坛在福建举办，台湾方面有 22 个县市、37 家主办单位、30 多个界别代表和基层民众近万人参加论坛。10 月，习近平在会见台湾两岸共同市场基金会荣誉董事长萧万长时强调，增进两岸政治互信，夯实共同政治基础，是确保两岸关系和平发展的关键，两岸长期存在的政治分歧问题终归要逐步解决。对两岸关系中需要处理的事务，双方主管部门负责人也可以见面交换意见。

2014 年 2 月，经两岸双方协商，国务院台湾事务办公室与台湾方面大陆委员会在坚持"九二共识"共同政治基础上建立起常态化联系沟通机制，两部门负责人多次互访，为维护两岸关系和平发展和推进两岸各领域交流合作发挥了积极作用。签署《海峡两岸服务贸易协议》等多项协议，为推动两岸关系和平发展和增进两岸同胞利益福祉发挥了重要作用。国共两党用好定期沟通的平台，努力扩大两岸经济文化交流合作，继续举办两岸经贸文化论坛，形成"积极推进两岸经济合作框架协议后续协议商谈和落实"等多项共同建议，并大多转化为两岸共同或各自的具体政策措施，给两岸同胞带来了实实在在的好处。大陆秉持"两岸一家亲"和两岸命运共同体理念，继续办好海峡论坛、两岸企业家峰会年会、海峡青年节、"上海—台北城市论坛"、中山论坛等主题广泛的互动合作、汇聚民意的平台，基层民众交流更加热络。

2015年11月7日，习近平同台湾地区领导人马英九在新加坡会晤时，就进一步推进两岸关系和平发展交换意见。习近平强调，两岸中国人完全有能力、有智慧解决好自己的问题，并共同为世界与地区和平稳定、发展繁荣作出更大贡献。站在两岸关系发展的新起点上，两岸双方应该胸怀民族整体利益、紧跟时代前进步伐，携手巩固两岸关系和平发展大格局，共同实现中华民族伟大复兴。习近平提出四点意见，强调坚持两岸共同政治基础不动摇，坚持巩固深化两岸关系和平发展，坚持为两岸同胞多谋福祉，坚持同心实现中华民族伟大复兴。这是1949年以来两岸领导人的首次会晤，开创了两岸领导人直接对话、沟通的先河，为两岸关系未来发展开辟了新的空间。根据两岸领导人会晤达成的共识，国务院台办与台湾方面陆委会建立并启用"两岸热线"。

2016年民进党上台执政，台湾岛内政局发生重大变化后，两岸关系和平发展的势头受到严重冲击。3月，习近平在参加十二届全国人大四次会议上海代表团审议时强调，我们对台大政方针是明确的、一贯的，不会因台湾政局变化而改变。11月，习近平会见时任中国国民党主席洪秀柱，强调只要是有利于增进两岸同胞亲情和福祉的事，只要是有利于推动两岸关系和平发展的事，只要是有利于维护中华民族整体利益的事，国共两党都应该尽最大努力去做，并把好事办好。

党中央在妥善应对台湾局势变化的同时，继续加强同岛内认同"九二共识"、支持两岸关系和平发展的政党、团体、县市和人士交流互动，继续推进两岸各领域交流合作与经济社会融合发展，坚定维护两岸关系和平发展大局。2015年6月，国务院修改《中国公民往来台湾地区管理办法》，对台湾居民往来大陆免签注手续并实行卡式台胞证。这一时期，有关部门出台20多项政策措施，为台湾同胞在大陆学习、工作、生活提供更多便利，创造更好条件。为给来大陆实习、就业、创业的台湾青年提供便利条件，国务院台办及有关省市设立53个海峡两岸青年就业创业基地和示范点，吸引1000多家台资企业和团队入驻。两岸教育交流合作取得新进展，文化交流合作形式更加丰富，两岸工会、青年、妇女、体育、卫生、宗教、宗亲和民间信仰等各领域、各界别交流持续热络，增强了两岸同胞中华文化情感纽带，夯实了两岸合作的民意基础。

坚决反对和遏制"台独"分裂势力

对两岸关系和平发展的最大现实威胁是"台独"势力及其分裂活动。党的十八大以后，党中央深刻洞悉台湾局势重大变化，始终着眼于中华民族整体利益和长远利益，坚定维护国家主权和领土完整，坚决反对和遏制任何形式的"台独"分裂行径，保持台海局势总体稳定。

2014年3月，台湾岛内发生"反服贸事件"，实质上是"台独"及外部势力在背后煽动、支持的一次"反中"事件，是蓄意阻挠两岸关系发展的有预谋、有组织的行动，两岸关系和平发展进程和节奏受到了相当程度的影响。2016年5月，主张"台独"的民进党当局上台后，拒不承认体现一个中国原则的"九二共识"，单方面破坏两岸关系和平发展的政治基础，纵容支持各种形式的"去中国化""渐进台独"分裂活动，煽动两岸民意对立，阻挠破坏两岸各领域交流合作，并企图挟洋自重，对两岸关系和平发展构成了严峻挑战。

党中央高度警惕形形色色的"台独"活动，坚决反对"法理台独"分裂行径，坚决遏制"渐进台独"侵蚀和平统一的基础，绝不为各种形式的"台独"分裂活动留下任何空间。在台湾局势变化前后，习近平多次发表讲话，强调"台独"煽动两岸同胞敌意和对立，损害国家主权和领土完整，破坏台海和平稳定，阻挠两岸关系发展，只会给两岸同胞带来深重祸害，两岸同胞要团结一致、坚决反对；我们将坚决遏制任何形式的"台独"分裂行径，维护国家主权和领土完整，绝不让国家分裂的历史悲剧重演。从而向台湾当局和"台独"势力划出清晰底线，形成强大震慑。台湾问题是中国的内政，中国政府坚决反对外部势力打"台湾牌"在台海兴风作浪，与有关国家的涉台消极动向进行坚决斗争，使越来越多国家和人民理解并支持中国维护国家统一的正义事业。

六、全面推进中国特色大国外交和推动构建人类命运共同体

中国特色大国外交的提出

进入 21 世纪第二个十年，世界多极化、经济全球化、

社会信息化、文化多样化深入发展，新兴市场国家和发展中国家快速崛起，国际力量对比更趋均衡，全球治理体系深刻重塑，国际格局加速演变，世界处于大变革大调整之中。中国与世界的关系发生深刻变化，我国前所未有地走近世界舞台中央，与世界的互联互动空前紧密，中华民族伟大复兴进入了关键时期。世界与中国的发展变化同步交织、相互激荡，中国外交站在了新的历史起点上。

面对世界百年未有之大变局，党中央精心谋划我国外交工作，提出了必须统筹国内国际两个大局，完善外交总体布局，全方位推进大国、周边、发展中国家、多边外交和各领域外交工作，为全面建成小康社会争取良好国际环境的战略任务。

2014年11月，习近平在中央外事工作会议上明确提出了推进中国特色大国外交的战略思想。他指出，中国必须有自己特色的大国外交。我们要在总结实践经验的基础上，丰富和发展对外工作理念，使我国对外工作有鲜明的中国特色、中国风格、中国气派。要高举和平、发展、合作、共赢的旗帜，统筹国内国际两个大局，统筹发展和安全两件大事，牢牢把握坚持和平发展、促进民族复兴这条主线，维护国家主权、安全、发展利益，为和平发展营造更加有利的国际环境，维护和延长我国发展的重要战略机遇期，为实现"两个一百年"奋斗目标、实现中华民族伟大复兴的中国梦提供有力保障。

党中央全面推进中国特色大国外交，全方位外交布局深入展开：倡导构建人类命运共同体，实施共建"一带一路"倡议，发起创办亚洲基础设施投资银行，设立丝路基金，举办首届"一带一路"国际合作高峰论坛等多场多边会议，促进全球治理体系变革。我国国际影响力、感召力、塑造力进一步提高，塑造了中国外交独特风范，走出了一条中国特色大国外交新路，为实现中华民族伟大复兴的中国梦营造了良好外部环境，为世界和平与发展作出了新的重大贡献。

倡导推动构建人类命运共同体

在世界百年未有之大变局的演化过程中，人类面临许多共同的风险和挑战。霸权主义、强权政治和新干涉主义有所上升，保护主义、单边主义不断抬头，战乱恐袭、饥荒疫情此伏彼现，传统安全和非传统安全问题复杂交织，世界充满不确定性。人们对人类的未来感到担忧，希望有新的智慧提供新的解决方案。

2013年3月，习近平在莫斯科国际关系学院发表演讲，倡导构建人类命运共同体。之后，在一系列重大国际场合，习近平对构建人类命运共同体理念进行了深入阐发，在国际社会产生广泛影响。2015年9月，习近平在纽约联合国总部出席第七十届联合国大会一般性辩论并发表重要讲话，将构建以合作共赢为核心的新型国际关系与打造人类命运共同体紧密相连，进一步丰富发展了人类命运共同体思想。

2017年1月17日，习近平在达沃斯世界经济论坛年会上发表主旨演讲，指出经济全球化是社会生产力发展的客观要求和科技进步的必然结果，不是哪些人、哪些国家人为造出来的。面对经济全球化带来的机遇和挑战，正确的

★ 习近平在莫斯科国际关系学院发表演讲

选择是充分利用一切机遇，合作应对一切挑战，引导好经济全球化走向，打造富有活力的增长模式、开放共赢的合作模式、公正合理的治理模式、平衡普惠的发展模式。只要我们牢固树立人类命运共同体意识，携手努力、共同担当，同舟共济、共渡难关，就一定能够让世界更美好、让人民更幸福。

2017 年 1 月 18 日，习近平在联合国日内瓦总部发表主旨演讲。面对"世界怎么了、我们怎么办？"这一时代之问，习近平提出"构建人类命运共同体，实现共赢共享"的中国方案，系统阐释构建人类命运共同体的理论内涵和目标路径，倡导建设持久和平、普遍安全、共同繁荣、开放包容、清洁美丽的世界。这一重大理念，以宏阔的国际视野和高度的责任担当，廓清错误认识、厘清发展出路，为处于十字路口的世界指引前行方向。

构建人类命运共同体，是面对世界百年未有之大变局，为解决人类面临的各种复杂问题贡献的中国智慧和中国方案，得到国际社会的广泛认同。2017年3月，"构建人类命运共同体"被写入联合国安理会第2344号决议。

这一理念集中了中华优秀传统文化智慧，体现了全人类共同的愿望和追求，反映了世界各国人民对和平、发展、繁荣向往的必然趋势，成为引领时代潮流和人类文明进步的鲜明旗帜。

积极促进"一带一路"国际合作

"一带一路"倡议是中国特色大国外交的伟大实践。2013年秋，习近平提出了共建丝绸之路经济带和21世纪海上丝绸之路倡议。11月，"推进丝绸之路经济带、海上丝绸之路建设，形成全方位开放新格局"作为一项重大决策部署，写入党的十八届三中全会审议通过的《中共中央关于全面深化改革若干重大问题的决定》。2014年6月，习近平在中国—阿拉伯国家合作论坛第六届部长级会议上首次正式使用"一带一路"的提法，并对丝绸之路精神和"一带一路"建设应该坚持的原则作出系统阐述。"一带一路"建设作为一种全新的合作模式和共同繁荣发展的方案正式提出。

伴随着"一带一路"倡议的提出，"一带一路"建设规划也随即展开。2014 年 11 月，"加强互联互通伙伴关系"东道主伙伴对话会在北京举行，习近平提出以亚洲国家为重点方向、以经济走廊为依托、以交通基础设施为突破、以建设融资平台为抓手、以人文交流为纽带的合作建议，指出互联互通是要建设全方位、立体化、网络状的大联通，是生机勃勃、群策群力的开放系统，进一步指明了"一带一路"建设的方向和路径。2015 年 3 月，国家发展改革委、外交部、商务部联合发布了《推动共建丝绸之路经济带和 21 世纪海上丝绸之路的愿景与行动》，涵盖"一带一路"建设的时代背景、共建原则、框架思路、合作重点、合作机制等八大方面，坚持共商、共建、共享原则，努力实现政策沟通、设施联通、贸易畅通、资金融通、民心相通。"一带一路"国际合作平台以更清晰的轮廓展现在世人面前。

"一带一路"建设是我国扩大开放的重大战略举措和经济外交的顶层设计，更是探索全球治理新模式、推动构建人类命运共同体的新平台，引起世界的普遍关注和响应。2017 年 5 月，首届"一带一路"国际合作高峰论坛在北京召开。习近平出席开幕式并发表主旨演讲，强调要将"一带一路"建成和平之路、繁荣之路、开放之路、创新之路、文明之路。29 个国家的元首和政府首脑出席论坛，140 多个国家、80 多个国际组织的 1600 多名代表参会，领导人圆桌峰会发表了联合公报，为推动各方合作共建"一带一路"取得广泛共识。

截至 2017 年 9 月底，已有 74 个国家和国际组织与中方签署共建"一带一路"合作文件。共建"一带一路"国家由亚欧延伸至非洲、拉美、南太等区域。

在明确的愿景规划引导下，在"一带一路"沿线各国人民的共同努力下，"一带一路"建设逐步从理念到行动，发展成为实实在在的国际合作。2014 年至 2016 年，中国同"一带一路"沿线国家贸易总额超过 3 万亿美元。中国对"一带一路"沿线国家投资累计超过 500 亿美元。截至 2017 年 10 月，中国已与"一带一路"沿线国家签署 130 多个双边和区域运输协定，与相关国家开通了 356 条国际道路客货运输线路；每周约 4200 个航班，中国与 43 个沿线国家实现空中直航；中欧班列开通 50 多条，累计开行 5000 多列，从中国驶出的"钢铁驼队"到达欧洲 12 个国家 30 多个城市。

打造全球伙伴关系

实现中华民族伟大复兴，推动构建人类命运共同体，必须积极发展全球伙伴关系，扩大同各国的利益交汇点。在与世界上很多国家已经建立多种形式伙伴关系的基础之上，党中央通盘谋划，整体推进大国、周边、发展中国家外交和多边合作，打造更富包容性和建设性的全球伙伴关系。通过构建覆盖全球的伙伴关系网络，中国的"朋友圈"越来越大。

大国关系事关全球战略稳定。推动构建总体稳定、均衡发展的大国关系框架至关重要。中俄关系作为维护世界和平与稳定的压舱石，一直是中国外交的重点方向之一。2013
年3月，习近平就任国家主席后首次出访就到俄罗斯与普京
会晤。此后，中俄高层保持频密交往，两国元首在不同场合
会晤20余次。2017年7月，两国元首签署《中华人民共和
国和俄罗斯联邦关于进一步深化全面战略协作伙伴关系的联
合声明》，对中俄关系发展作出全面规划，中俄全面战略协
作伙伴关系不断迈向更高水平。对于中美关系，中方历来主
张，作为世界上最大的发展中国家和最大的发达国家，应该
本着对人类负责、对历史负责、对人民负责的态度，认真对
待和妥善处理两国关系。2013年6月，习近平访美与奥巴
马会晤并一致同意共同致力于构建中美新型大国关系。2017
年4月，习近平再次访美与特朗普会晤，双方确立了涵盖中
美关系外交安全、全面经济、执法及网络安全、社会和人文
四个高级别对话机制。中欧关系不断深化拓展。2013年11
月与欧盟共同制定发布了《中欧合作2020战略规划》，双方
一致同意致力于进一步推动中欧全面战略伙伴关系向前发
展。2014年3月，习近平访问欧洲，并对欧盟总部进行访问。
中欧关系发展层次更加丰富，交流合作更加全面、均衡、深
入，中国同欧洲各国关系呈现出竞相发展、相互促进的良好
态势。

中国与周边国家唇齿相依、命运与共，相互以德为邻，
是共同发展繁荣之基。2013年10月，党中央专门召开新中
国成立以来的首次周边外交工作座谈会，强调我国周边外交
的基本方针，就是坚持与邻为善、以邻为伴，坚持睦邻、安
邻、富邻，提出"亲、诚、惠、容"的周边外交理念。在
2014年11月的中央外事工作会议上，习近平强调要切实抓

好周边外交工作，打造周边命运共同体。党的十八大后，习近平出访足迹遍布东北亚、南亚、东南亚、欧亚等地区，基本实现了周边国家高层交往的全覆盖，为深化互信、促进合作发挥了战略引领作用。同时，不断深化同周边国家的互利合作和互联互通，推进"一带一路"建设，通过这一建设更好惠及周边国家，我国与周边国家相互依存和利益融合的格局更加稳固。2016年澜湄合作机制正式启动，成为增进澜湄六国人民友好往来的纽带，为流域国家经济社会发展作出重要贡献。

广大发展中国家是我国在国际事务中的天然同盟军。2013年3月访问非洲时，习近平首次提出"真实亲诚"的对非工作理念；10月，在周边外交工作座谈会上，习近平强调坚持正确义利观，多向发展中国家提供力所能及的帮助。秉持正确义利观和真实亲诚理念，我国同发展中国家的团结合作不断加强，同发展中国家集体对话机制实现全覆盖，各方向合作实现全覆盖。在中非关系方面，在2015年中非合作论坛约翰内斯堡峰会上，中国提出并实施中非"十大合作计划"，开启了中非合作共赢、共同发展的新时代。在中阿关系方面，弘扬丝路精神、加强战略和行动对接，深入推进"一带一路"建设，带动中阿全方位合作进入新阶段，全面合作、共同发展、面向未来的中阿战略伙伴关系不断深化，合作机制日臻成熟。在中拉关系方面，推动共同创立中国—拉美和加勒比国家共同体论坛，倡议描绘中拉共建"一带一路"新蓝图，打造跨越太平洋的合作之路，平等互利、共同发展的中拉全面合作伙伴关系不断深化，开启中拉关系崭新时代。2015年9月，我国和联合国共同举办南南合作圆桌会，推动南南合作向更高水平、更深层次发展，促进发展中国家发展。

政党外交、经济外交、人文外交、民间外交等，是国家关系发展的社会基础。党的十八大后，在党中央集中统一领导下，政党、政府、军队、地方、民间等相互协调与配合，形成了我国对外工作大协同局面。

引领全球治理体系改革和建设

随着国际力量对比消长变化和全球性挑战日益增多，加强全球治理、推动全球治理体系改革和建设是大势所趋。

中国是当代国际秩序参与者、维护者，也是改革者，努力为全球治理贡献中国智慧和力量。2014年3月，习近平出席在荷兰海牙举行的第三届核安全峰会，首次提出"理性、协调、并进"的核安全观。11月，在北京举行的亚太经合组织第二十二次领导人非正式会议确立了共建面向未来的亚太伙伴关系，启动亚太自贸区进程，批准《亚太经合组织互联互通蓝图（2015—2025)》，在近30个领域共取得100多项合作成果。2016年9月二十国集团领导人杭州峰会上，中国引导协调各方在创新增长、结构性改革、多边投资、气候变化、可持续发展等重要问题上制定出一系列指导原则和指标体系，发表《二十国集团领导人杭州峰会公报》，核准28份核心成果文件，有力推动二十国集团从危机应对向长效治理机制转型。我国还成功举办了亚信上海峰会、金砖国家领导人厦门会晤等主场外交活动。习近平提出构建创新、活力、联动、包容的世界经济，为解决人类社会面临的种种

★ 二十国集团领导人杭州峰会合影

全球性挑战提供了中国方案。

　　我国积极参与制定多个新兴领域治理规则，推动改革全球治理体系中不公正不合理的安排。2013 年 10 月，习近平在访问印度尼西亚期间提出筹建亚洲基础设施投资银行，2016 年 1 月亚投行开业，成为首个由中国倡议设立的多边金融机构。2014 年 12 月，中国设立专门的丝路基金开始运行，重点围绕"一带一路"建设，推进与相关国家和地区的基础设施、资源开发、产能合作和金融合作等。2015 年 7 月，中国推动成立的新开发银行开业，总部设在上海，支持成员国的基础设施建设和可持续发展。随着中国国际地位的上升，出任联合国专门机构和重要国际组织主要职务的中国人不断增加。2016 年，中国在国际货币基金组织中的份额从第六位跃居第三位。同年，人民币被纳入国际货币基金组织特别提款权货币篮子。中国的国际话语权和影响力得到显著增强。

我国建设性地参与解决国际和地区热点问题，坚持发展中国家定位，努力维护发展中国家的共同利益，发起一系列以发展中国家为主体的国际组织及合作机制，实现了多边机制在发展中国家的网络化全覆盖。我国认真履行自己的责任，遵守国际规则，履行国际义务，同国际社会采取协调一致行动，共同应对气候变化、国际反恐、核安全和国际防扩散等全球性挑战。此外，我国大力支持中东、非洲的经济社会发展，为解决难民问题作出贡献，积极参与网络、极地、深海、外空、生物安全等新兴领域规则制定，发起并主办世界互联网大会，推动建立多边、民主、透明的全球互联网治理体系。截至 2017 年 9 月，我国先后同 70 多个国家和地区深度开展打击网络犯罪合作，提出责任共担、社会共治的国际禁毒合作方案，联合各国开展国际追逃追赃、打击电信诈骗等执法行动，全面参与联合国、国际刑警组织、上海合作组织、中国—东盟等国际和区域合作框架内的执法安全合作，创建了湄公河流域执法安全合作机制，建立了新亚欧大陆桥安全走廊国际执法合作论坛。坚定支持和积极参与联合国维和行动，是联合国安理会 5 个常任理事国中派出维和人员最多的国家。

坚决维护国家主权、安全、发展利益

2016 年 7 月 1 日，习近平在庆祝中国共产党成立 95 周年大会上的讲话中指出，"中国不觊觎他国权益，不嫉妒他国发展，但决不放弃我们的正当权益。中国人民不信邪也不怕邪，不惹事也不怕事，任何外国不要指望我们会拿自己的核心利益做交易，不要指望我们会吞下损害我国主权、安全、发展利益的苦果"。党中央不断丰富和发展维护国家利益的方式手段，坚决捍卫国家主权、安全和领土完整，坚决遏制和打击一切形式的分裂行径，积极保障经济金融安全，有效维护海外利益，防范和化解各种风险挑战，为改革发展和民族复兴提供有力支撑。

扎实开展涉疆、涉藏外交，回击无端指责，在联合国平台和国际上赢得大多数国家理解支持。坚决捍卫领土主权和海洋权益，有效遏制侵害我国国土安全的各种图谋和行为。在南海问题上，坚持有理、有利、有节的维权斗争，在坚决应对域外势力干扰介入的同时，与地区有关国家加强沟通、增进互信、妥处分歧、聚焦合作。中国政府先后发表《中华人民共和国政府关于在南海的领土主权和海洋权益的声明》等多份官方声明文件，我国在多个国际场合重申中国对南海问题的立场主张，有效维护了中国在南海的领土主权和海洋权益；同时，坚持通过对话谈判解决具体争议，稳步推进"南海行为准则"磋商进程，稳定海上形势。我国排除干扰如期完成在南沙群岛部分驻守岛礁扩建工程，南海维权取得历史性进展。2014年7月设立的三沙市永兴（镇）工委、管委会，标志着中国在西沙岛礁首个基层政权城市雏形诞生，用政权实体组织形式进一步宣示了我国主权。2015年起，华阳灯塔、赤瓜灯塔、渚碧灯塔、永暑灯塔和美济灯塔陆续建成发光并投入使用，维护了我国南海主权和海洋权益。在钓鱼岛问题上，中国坚持原则，在尊重历史和国际法的基础上进行合情合理斗争，在多个外交场合和部分国家重要媒体上发表"钓鱼岛属于中国"的言论或文章，在钓鱼岛海域进行巡航执法，依法行使国家主权，充分展示了中国共产党、中国政府和中国人民捍卫国家领土主权的坚定决心和意志。

积极维护周边和平稳定，坚持通过对话协商解决问题。中国在坚持原则、不断提高管控能力的同时，坚持通过外交和军事渠道谈判沟通，维护中印边境地区的和平与安宁。我国积极践行中国特色的热点问题解决之道，坚持劝和促谈，推进朝鲜半岛问题政治解决进程。中国还在阿富汗和平和解问题上积极斡旋，在印度和巴基斯坦之间呼吁对话，在缅甸和孟加拉国之间居中协调，这些行动都为实现地区局势的稳定作出了重要贡献。

切实维护我国海外利益安全，保护海外中国公民、组织和机构的安全与正当权益，努力形成强有力的海外利益安全保障体系。2014年9月，外交部全球领事保护与服务应急呼叫中心启动，可以随时为在海外遇到困难和有所需求的中国公民提供关怀与帮助。党的十八大后的五年，中国还成功从多个突发战争或重大自然灾害的国家接回滞留同胞，成功组织9次海外公民撤离行动。截至2017年9月，先后处理100多起中国公民在境外遭绑架或者袭击案件，受理各类领保救助案件30万起。在国家安全体系建设总体框架下，建立起统一高效的境外企业和对外投资安全保护体系。中国还同其他国家达成多项便利人员往来协定或安排。截至2017年9月，持中国普通护照可以有条件免签或落地签的国家和地区已达64个，与中国缔结简化签证手续协议的国家达41个。我国公民出行更加安全方便。

七、党的十九大和确立习近平新时代中国
　　特色社会主义思想为党的指导思想、
　　决胜全面建成小康社会

党的十九大

2017 年 10 月 18 日至 24 日，中国共产党第十九次全国代表大会在北京举行。大会正式代表 2280 人，特邀代表 74 人，代表全国 8900 多万党员。

习近平代表十八届中央委员会向大会作题为《决胜全面建成小康社会，夺取新时代中国特色社会主义伟大胜利》的报告。大会的主题是：不忘初心，牢记使命，高举中国特色社会主义伟大旗帜，决胜全面建成小康社会，夺取新时代中国特色社会主义伟大胜利，为实现中华民族伟大复兴的中国梦不懈奋斗。

大会高度评价党的十八大以来党和国家事业取得的历史性成就、发生的历史性变革。五年来，我们党以巨大的政治勇气和强烈的责任担当，提出一系列新理念新思想新战略，出台一系列重大方针政策，推出一系列重大举措，推进一系列重大工作，解决了许多长期想解决而没有解决的难题，办成了许多过去想办而没有办成的大事，推动党和国家事业发生历史性变革。以习近平同志为核心的党中央勇于面对党面临的重大风险考验和党内存在的突出问题，以顽强意志品质正风肃纪、反腐惩恶，消除了党和国家内部存在的严重隐

★ 习近平代表十八届中央委员会向大会作报告

患，党内政治生活气象更新，党内政治生态明显好转，党的创造力、凝聚力、战斗力显著增强，党的团结统一更加巩固，党群关系明显改善，党在革命性锻造中更加坚强，焕发出新的强大生机活力，为党和国家事业发展提供了坚强政治保证。五年来的成就是全方位的、开创性的，五年来的变革是深层次的、根本性的。

党的十九大报告明确指出，中国共产党人的初心和使命，就是为中国人民谋幸福，为中华民族谋复兴。这个初心和使命是激励中国共产党人不断前进的根本动力。报告围绕实现中华民族伟大复兴这一近代以来中华民族最伟大的梦想，回顾了中国共产党成立以来近百年的奋斗历程，强调：今天，我们比历史上任何时期都更接近、更有信心和能力实现中华民族伟大复兴的目标。行百里者半九十。中华民族伟大复兴，绝不是轻轻松松、敲锣打鼓就能实现的。全党必须准备付出更为艰巨、更为艰苦的努力。实现伟大梦想，必须进行伟大斗争、建设伟大工程、推进伟大事业。这"四个伟大"紧密联系、相互贯通、相互作用，其中起决定性作用的是党的建设新的伟大工程。

正确认识党和人民事业所处的历史方位和发展阶段，是我们党明确阶段性中心任务、制定路线方针政策的根本依据。大会作出中国特色社会主义进入新时代的重大政治判断。中国特色社会主义进入新时代，意味着近代以来久经磨难的中华民族迎来了从站起来、富起来到强起来的伟大飞跃，迎来了实现中华民族伟大复兴的光明前景；意味着科学社会主义在 21 世纪的中国焕发出强大生机活力，在世界上高高举起了中国特色社会主义伟大旗帜；意味着中国特色社会主义道路、理论、制度、文化不断发展，拓展了发展中国家走向现代化的途径，给世界上那些既希望加快发展又希望保持自身独立性的国家和民族提供了全新选择，为解决人类问题贡献了中国智慧和中国方案。

大会提出我国社会主要矛盾已经转化为人民日益增长的美好生活需要和不平衡不充分的发展之间的矛盾，这是关系全局的历史性变化，对党和国家工作提出了许多新要求。从人民日益增长的物质文化需要同落后的社会生产之间的矛盾到人民日益增长的美好生活需要和不平衡不充分的发展之间的矛盾，是经济社会发展的必然结果。

漫漫征途谋新篇，雄心壮志启新程。大会结合"两个一百年"奋斗目标，对决胜全面建成小康社会、开启全面建设社会主义现代化国家新征程作出战略部署和安排。报告指出，从党的十九大到二十大，是"两个一百年"奋斗目标的历史交汇期。既要全面建成小康社会、实现第一个百年奋斗目标，又要乘势而上开启全面建设社会主义现代化国家新征程，向第二个百年奋斗目标进军。综合分析国际国内形势和我国发展条件，从 2020 年到本世纪中叶可以分两个阶段来安排。第一个阶段，从 2020 年到 2035 年，在全面建成小康社会的基础上，再奋斗 15 年，基本实现社会主义现代化。第二个阶段，从 2035 年到本世纪中叶，在基本实现现代化的基础上，再奋斗 15 年，把我国建成富强民主文明和谐美丽的社会主义现代化强国。

大会按照中国特色社会主义事业"五位一体"总体布局，对经济建设、政治建设、文化建设、社会建设、生态文明建设进行了全面部署。报告指出，要贯彻新发展理念，建设现代化经济体系；健全人民当家作主制度体系，发展社会主义民主政治；坚定文化自信，推动社会主义文化繁荣兴盛；提高保障和改善民生水平，加强和创新社会治理；加快生态文明体制改革，建设美丽中国。大会还对国防和军队建设、港澳台工作和外交工作作出重要部署。报告强调，要坚持走中国特色强军之路，全面推进国防和军队现代化；坚持"一国两制"，推进祖国统一；坚持和平发展道路，推动构建人类命运共同体。

大会明确提出新时代党的建设总要求：坚持和加强党的全面领导，坚持党要管党、全面从严治党，以加强党的长期执政能力建设、先进性和纯洁性建设为主线，以党的政治建设为统领，以坚定理想信念宗旨为根基，以调动全党积

★ 新当选的中央政治局常委同采访十九大的中外记者见面

极性、主动性、创造性为着力点，全面推进党的政治建设、思想建设、组织建设、作风建设、纪律建设，把制度建设贯穿其中，深入推进反腐败斗争，不断提高党的建设质量，把党建设成为始终走在时代前列、人民衷心拥护、勇于自我革命、经得起各种风浪考验、朝气蓬勃的马克思主义执政党。

大会通过了报告和《中国共产党章程（修正案）》，批准了中央纪律检查委员会的工作报告。大会选举产生了十九届中央委员会和中央纪律检查委员会。党的十九届一中全会选举习近平、李克强、栗战书、汪洋、王沪宁、赵乐际、韩正为中央政治局常委，习近平为中央委员会总书记；决定习近平为中央军事委员会主席；批准赵乐际为中央纪律检查委员会书记。

确立习近平新时代中国特色社会主义思想为党的指导思想

党的十九大着眼中国特色社会主义事业长远发展，郑重提出习近平新时代中国特色社会主义思想，并把这一思想确立为党必须长期坚持的指导思想，写进党章，实现了党的指导思想的又一次与时俱进。

党的十八大以来，以习近平同志为核心的党中央从理论和实践结合上系统回答了新时代坚持和发展什么样的中国特色社会主义、怎样坚持和发展中国特色社会主义这个重大时代课题，回答了新时代坚持和发展中国特色社会主义的总目标、总任务、总体布局、战略布局和发展方向、发展方式、发展动力、战略步骤、外部条件、政治保证等基本问题，并且根据新的实践对经济、政治、法治、科技、文化、教育、民生、民族、宗教、社会、生态文明、国家安全、国防和军队、"一国两制"和祖国统一、统一战线、外交、党的建设等各方面作出理论分析和政策指导，创立了习近平新时代中国特色社会主义思想。

大会报告用"八个明确"和"十四个坚持"全面阐述了习近平新时代中国特色社会主义思想的科学内涵和实践要求。

"八个明确"，即：明确坚持和发展中国特色社会主义，总任务是实现社会主义现代化和中华民族伟大复兴，在全面建成小康社会的基础上，分两步走在本世纪中叶建成富强民主文明和谐美丽的社会主义现代化强国；明确新时代我国社会主要矛盾是人民日益增长的美好生活需要和不平衡不充分的发展之间的矛盾，必须坚持以人民为中心的发展思想，不断促进人的全面发展、全体人民共同富裕；明确中国特色社会主义事业总体布局是"五位一体"、战略布局是"四个全面"，强调坚定道路自信、理论自信、制度自信、文化自信；明确全面深化改革总目标是完善和发展中国特色社会主义制度、推进国家治理体系和治理能力现代化；明确全面推进依法治国总目标是建设中国特色社会主义法治体系、建设社会主义法治国家；明确党在新时代的强军目标是建设一支听党指挥、能打胜仗、作风优良的人民军队，把人民军队建设成为世界一流军队；明确中国特色大国外交要推动构建新型国际关系，推动构建人类命运共同体；明确中国特色社会主义最本质的特征是中国共产党领导，中国特色社会主义制度的最大优势是中国共产党领导，党是最高政治领导力量，提出新时代党的建设总要求，突出政治建设在党的建设中的重要地位。

"十四个坚持"，即：坚持党对一切工作的领导，坚持以人民为中心，坚持全面深化改革，坚持新发展理念，坚持人民当家作主，坚持全面依法治国，坚持社会主义核心价值体系，坚持在发展中保障和改善民生，坚持人与自然和谐共生，坚持总体国家安全观，坚持党对人民军队的绝对领导，坚持"一国两制"和推进祖国统一，坚持推动构建人类命运共同体，坚持全面从严治党。"十四个坚持"是新时代坚持和发展中国特色社会主义的基本方略。

"八个明确""十四个坚持"有机融合、有机统一，反映了以习近平同志为核心的党中央对中国特色社会主义规律性认识的深化，体现了理论与实际相结合、认识论和方法论相统一的鲜明特色。在新时代，我们要坚持好党的基本理论、基本路线、基本方略，推动中国特色社会主义事业不断向前发展。

大会指出，习近平新时代中国特色社会主义思想，是对马克思列宁主义、毛泽东思想、邓小平理论、"三个代表"重要思想、科学发展观的继承和发展，是马克思主义中国化最新成果，是党和人民实践经验和集体智慧的结晶，是中国特色社会主义理论体系的重要组成部分，是全党全国人民为实现中华民族伟大复兴而奋斗的行动指南，必须长期坚持并不断发展。继党的十九大确立习近平新时代中国特色社会主义思想的指导地位之后，2018年3月，十三届全国人大一次会议通过的宪法修正案，把习近平新时代中国特色社会主义思想载入宪法，实现了国家指导思想的与时俱进，反映了全国各族人民共同意志和全社会共同意愿。

习近平总书记是习近平新时代中国特色社会主义思想的主要创立者，他以马克思主义政治家、思想家、战略家的非凡勇气、卓越政治智慧、强烈使命担当，提出一系列具有开创性意义的新理念新思想新战略，为这一思想的创立发挥了决定性作用、作出了决定性贡献。

习近平新时代中国特色社会主义思想，坚持马克思主义立场观点方法，坚持科学社会主义基本原则，科学总结世界社会主义运动经验教训，根据时代和实践发展变化，以崭新的思想内容丰富和发展了马克思主义，形成了系统科学的理论体系。这一思想，体系严整、逻辑严密、内涵丰富、博大精深，闪耀着马克思主义真理光辉。这一思想贯通马克思主义哲学、政治经济学、科学社会主义，贯通历史、现实和未来，贯通改革发展稳定、内政外交国防、治党治国治军等各领域，彰显着坚定理想信念，展现着真挚人民情怀，贯穿着高度自觉自信，体现着鲜明问题导向，充满着无畏担当精神，使我们党对共产党执政规律、社会主义建设规律、人类社会发展规律的认识达到了新高度。

习近平新时代中国特色社会主义思想为发展马克思主义作出了原创性贡献。这一思想是不断发展的开放的理论，是在理论与实践相结合的基础上不断与时俱进的科学理论，在指导新时代伟大社会革命和伟大自我革命的历史进程中，随着中国特色社会主义伟大实践的深入推进而持续发展、不断丰富、更加完善。习近平强军思想、经济思想、外交思想、生态文明思想、法治思想是这一理论体系在相关领域的展开。实践永无止境，理论创新也永无止境，习近平新时代中国特色社会主义思想作为当代中国马克思主义、21 世纪马克思主义，必然随着时代的变化和实践的发展不断实现创新发展。

理论创新每前进一步，理论武装就要跟进一步。为了进一步用习近平新时代中国特色社会主义思想武装头脑、指导实践、推动工作，党的十九大以后，党中央把学懂弄通做实习近平新时代中国特色社会主义思想作为首要政治任务，采取一系列重大举措，推动学习贯彻习近平新时代中国特色社会主义思想往深里走、往实里走、往心里走，切实做到学思用贯通、知信行统一。

《中国共产党章程》的修改

修改党章是实现党的指导思想与时俱进的客观需要，是新时代推动党和国家事业发展的必然要求，是推进党的建设新的伟大工程的战略举措，是贯彻落实党的十九大精神的现实需要。把习近平新时代中国特色社会主义思想确立为党的指导思想，写在党的旗帜上，是这次党章修改的最大亮点和最突出的历史贡献。大会一致同意，在党章中把习近平新时代中国特色社会主义思想同马克思列宁主义、毛泽东思想、邓小平理论、"三个代表"重要思想、科学发展观一道确立为党的行动指南。

这次党章修改充分体现了党的十八大以后党的理论创新、实践创新、制度创新成果，充分体现了党的十九大报告确立的重大理论观点和重大战略思想。比如，把中国特色社会主义文化同中国特色社会主义道路、中国特色社会主义理论体系、中国特色社会主义制度一道写入党章；在党章中明确实现"两个一百年"奋斗目标、实现中华民族伟大复兴的中国梦的宏伟目标；根据党的十九大对我国社会主要矛盾的新概括，对党章作出相应修改；把发挥市场在资源配置中的决定性作用和更好发挥政府作用，推进供给侧结构性改革，建设中国特色社会主义法治体系，推进协商民主广泛、多层、制度化发展，培育和践行社会主义核心价值观，推动中华优秀传统文化创造性转化、创新性发展，牢牢掌握意识形态工作领导权，加强和创新社会治理，坚持总体国家安全观，增强绿水青山就是金山银山的意识，坚持政治建军、改革强军、科技兴军、依法治军，建设一支听党指挥、能打胜仗、作风优良的人民军队，铸牢中华民族共同体意识，坚持正确义利观，推动构建人类命运共同体，推进"一带一路"建设等内容写入党章；等等。作出这些调整和充实，对全党更加自觉、更加坚定地贯彻党的基本理论、基本路线、基本方略，更好坚持和发展中国特色社会主义，具有十分重要的作用。

这次党章修改实现了党的指导思想与时俱进，有力地推动了新时代党和国家事业发展，极大地推进了党的建设新的伟大工程的展开；修改后的党章充分体现了马克思主义中国化最新成果，充分体现了党的十八大以来党中央提出的一系列重大战略思想，充分体现了党的工作和党的建设的新鲜经验。

八、坚持党的全面领导和提高党的建设质量

党的十九大报告提出的新时代党的建设总要求，对推进党的建设新的伟大工程作出顶层设计和全面部署，对新时代党的建设目的、方针、主线、总体布局、目标等作出明确规定，进一步回答了新时代"建设什么样的党、怎样建设党"这一历史性课题，为坚持党的全面领导和提高党的建设质量指明前进方向，提供基本遵循。

坚持党对一切工作的领导

党政军民学，东西南北中，党是领导一切的，是最高的政治领导力量。习近平对党的领导核心作用作了鲜明生动的阐述，他强调："形象地说是'众星捧月'，这个'月'就是中国共产党。"党的领导是做好党和国家各项工作的根本保

证，是战胜一切困难和风险的"定海神针"。

党的十九大将"中国特色社会主义最本质的特征是中国共产党领导，中国特色社会主义制度的最大优势是中国共产党领导，党是最高政治领导力量"确立为习近平新时代中国特色社会主义思想的重要内容，同时把这一重大政治原则写入党章，把"坚持党对一切工作的领导"作为新时代坚持和发展中国特色社会主义的基本方略的第一条。这是中国共产党、中国人民在坚持和发展中国特色社会主义中最根本的经验总结，是道路自信、理论自信、制度自信、文化自信的集中体现。

★ 十三届全国人大一次会议投票表决《中华人民共和国宪法修正案（草案）》

2018年3月，十三届全国人大一次会议通过《中华人民共和国宪法修正案》，在宪法序言确定党的领导地位的基础上，又在总纲中明确规定中国共产党领导是中国特色社会主义最本质的特征，强化了党总揽全局、协调各方的领导地位。宪法以根本法的形式确立党的领导地位，反映的是中国最大的国情，有利于在全体人民中强化党的领导意识，有效地把党的领导落实到国家工作全过程和各方面，确保党和国家事业始终沿着正确方向前进。

党的全面领导是具体的，不是空洞的、抽象的，必须体现到治国理政的方方面面，体现到国家政权的机构、体制、制度等的设计、安排、运行之中，确保党的领导全覆盖，确保党的领导更加坚强有力。在实践中，不断完善坚持党的全面领导的制度，强化党的组织在同级组织中的领导地位，在国家机关、事业单位、群团组织、社会组织、企业和其他组织中设立的党委（党组），接受批准其成立的党委统一领导，定期汇报工作，确保党的方针政策和决策部署在同级组织中得到贯彻落实，加快在新型经济组织和社会组织中建立健全党的组织机构，做到党的工作进展到哪里，党的组织就覆盖到哪里。

2019 年 10 月，党的十九届四中全会把坚持和完善党的领导制度体系放在首要位置，突出了党的领导制度体系的统领地位，抓住了国家治理的关键和要害。全会通过的决定强调，"健全总揽全局、协调各方的党的领导制度体系，把党的领导落实到国家治理各领域各方面各环节"。这为新时代加强党的全面领导提供了有力制度保证。

坚决维护党中央权威和集中统一领导

事在四方，要在中央。在国家治理体系的大棋局中，党中央是坐镇中军帐的"帅"；在中国特色社会主义大厦中，党中央是顶梁柱。坚持党的全面领导，首先是坚持党中央的集中统一领导。这是党的领导的最高原则，是最根本的政治规矩，任何时候任何情况下都不能含糊、不能动摇。

万山磅礴，必有主峰。习近平强调，必须增强政治意识、大局意识、核心意识、看齐意识，坚定道路自信、理论自信、制度自信、文化自信，保证全党团结统一和行动一致，确保党始终总揽全局、协调各方。党的十九大后，党中央对坚决维护习近平总书记党中央的核心、全党的核心地位，坚决维护党中央权威和集中统一领导，提出一系列具体要求。

2017年10月，中央政治局会议审议《中共中央政治局关于加强和维护党中央集中统一领导的若干规定》，指出，中央政治局要带头树立"四个意识"，严格遵守党章和党内政治生活准则，全面落实党的十九大关于加强和维护党中央集中统一领导的各项要求，自觉在以习近平同志为核心的党中央集中统一领导下履行职责、开展工作，坚决维护习近平总书记作为党中央的核心、全党的核心地位。根据《规定》，中央政治局全体同志每年向党中央和习近平总书记书面述职一次。这已经成为加强和维护党中央集中统一领导的重要制度安排。

2018年8月，中共中央印发修订后的《中国共产党纪律处分条例》，增加了"两个维护""四个意识"等内容，并对在重大原则问题上不同党中央保持一致，搞山头主义、落实党中央决策部署打折扣、搞变通、搞两面派、做两面人等行为的处理作出具体规定，为各级党组织和党员、干部始终在政治立场、政治方向、政治原则、政治道路上同党中央保持高度一致，为确保全党令行禁止提供了有力纪律保障。

2019年1月，中共中央印发《关于加强党的政治建设的意见》，这是党中央对新时代加强党的政治建设作出的重大决策部署。《意见》进一步将坚决做到"两个维护"作为加强党的政治建设的首要任务，强调坚持和加强党的全面领导，最重要的是坚决维护党中央权威和集中统一领导，最关键的是坚决维护习近平总书记党中央的核心、全党的核心地位。同时，中共中央还印发《中国共产党重大事项请示报告条例》，强调涉及党和国家工作全局的重大方针政策，经济、政治、文化、社会、生态文明建设和党的建设中的重大原则和问题，国家安全、港澳台侨、外交、国防、军队等党中央集中统一管理的事项，以及其他只能由党中央领导和决策的重大事项，必须向党中央请示报告。《条例》对于坚决做到"两个维护"，保证全党团结统一和行动一致，推动请示报告工作全面走上制度化、规范化、科学化轨道，具有重要意义。

党的十九届四中全会明确提出"完善坚定维护党中央权威和集中统一领导的各项制度"，强调推动全党增强"四个意识"、坚定"四个自信"、做到"两个维护"，自觉在思想上政治上行动上同以习近平同志为核心的党中央保持高度一致，坚决把维护习近平总书记党中央的核心、全党的核心地位落到实处。健全党中央对重大工作的领导体制，强化党中央决策议事协调机构职能作用，完善推动党中央重大决策落实机制，严格执行向党中央请示报告制度，确保令行禁止。健全维护党的集中统一的组织制度，形成党的中央组织、地方组织、基层组织上下贯通、执行有力的严密体系，实现党的组织和党的工作全覆盖。这一制度安排为强化党中央权威和集中统一领导提供了有力保证。

2020 年 9 月，中共中央印发《中国共产党中央委员会工作条例》，把"坚持党对一切工作的领导，确保党中央集中统一领导"作为中央委员会开展工作必须把握的第一条原则，强调中央委员会、中央政治局、中央政治局常务委员会是党的组织体系的大脑和中枢，在推进中国特色社会主义事业中把方向、谋大局、定政策、促改革。涉及全党全国性的重大方针政策问题，只有党中央有权作出决定和解释。《条例》着眼加强中央委员会工作，对党中央的领导地位、领导体制、领导职权、领导方式、决策部署、自身建设等作出全面规定，为保证党中央对党和国家事业的集中统一领导提供了基本遵循。

维护习近平总书记党中央的核心、全党的核心地位，维护党中央权威和集中统一领导，是全面从严治党的重大政治成果和宝贵经验。各地区各部门认真贯彻中央要求，根据实际制定出台关于"两个维护"的具体规定、办法等，结合各种学习教育，引导广大党员干部增强"四个意识"、坚定"四个自信"、做到"两个维护"。经过持续努力，党员、干部的政治站位、政治觉悟和政治能力有了明显提高，巩固了党的团结统一，确保了党中央一锤定音、定于一尊的权威。

把党的政治建设摆在首位

党的政治建设决定党的建设的方向和效果，是党的建设的"灵魂"和"根基"。2017 年 10 月，党的十九大提出了党的政治建设这个重大命题，把党的政治建设纳入党的建设总体布局并摆在首位，明确党的政治建设在新时代党的建设中的战略定位，抓住全面从严治党的根本性问题，强调：党的政治建设是党的根本性建设，决定党的建设方向和效果。保证全党服从中央，坚持党中央权威和集中统一领导，是党的政治建设的首要任务。全党要坚定执行党的政治路线，严格遵守政治纪律和政治规矩，在政治立场、政治方向、政治原则、政治道路上同党中央保持高度一致，要弘扬忠诚老实、公道正派、实事求是、清正廉洁等价值观，坚决防止和反对个人主义、分散主义、自由主义、本位主义、好人主义，坚决防止和反对宗派主义、圈子文化、码头文化，坚决反对搞两面派、做两面人。

《中共中央关于加强党的政治建设的意见》明确指出，加强党的政治建设，目的是坚定政治信仰，强化政治领导，提高政治能力，净化政治生态，实现全党团结统一、行动一致。《意见》通篇贯彻和体现"两个维护"这一根本要求，将其作为加强党的政治建设的首要任务，牢牢把握党的政治建设对党的各项建设的统领作用，把政治标准和政治要求贯穿于党的各项建设之中。《意见》强调，要以正确的认识、正确的行动坚决做到"两个维护"，坚决防止和纠正一切偏离"两个维护"的错误言行。

2019 年 3 月，全国巡视工作会议暨十九届中央第三轮巡视动员部署会召开，强调要认真履行新时代巡视工作政治监督责任，紧扣督促做到"两个维护"根本任务，严明政治纪律和政治规矩，破除形式主义、官僚主义，推进政治监督具体化常态化，推动党中央大政方针贯彻落实。

2020 年 12 月，习近平在中央政治局民主生活会上进一步强调，必须增强政治意识，善于从政治上看问题，善于把握政治大局，不断提高政治判断力、政治领悟力、政治执行力。

为落实这些要求，党中央聚焦党的政治属性、政治使命、政治目标、政治追求持续发力，引导全党增强"四个意识"、坚定"四个自信"、做到"两个维护"，坚持把党的政治建设融入党和国家重大决策部署的制定和落实全过程，不断健全贯彻落实党中央重大决策部署和习近平总书记重要指示批示督查问责机制，严肃查处违背党的政治路线、破坏党的集中统一问题，以政治上的加强推动全面从严治党向纵深发展。

深入推进党的自我革命

中国共产党能够带领人民进行伟大的社会革命，也能够进行伟大的自我革命。勇于自我革命，是我们党最鲜明的品格，是熔铸在中国共产党人血脉里的政治基因。中国共产党之所以能成为中国人民和中华民族的主心骨，根本原因在于我们党始终保持了自我革命精神，一次次拿起手术刀来革除自身病症，一次次靠自己解决了自身问题。

深入推进党的自我革命永不停歇。党的十九大报告明确了党的建设总体布局："全面推进党的政治建设、思想建设、组织建设、作风建设、纪律建设，把制度建设贯穿其中，深入推进反腐败斗争"。习近平指出，必须以党章为根本遵循，把党的政治建设摆在首位，思想建党和制度治党同向发力，统筹推进党的各项建设，不断增强党自我净化、自我完善、自我革新、自我提高的能力。

　　思想建设是党的基础性建设。中国共产党之所以能够历经艰难困苦而不断发展壮大，很重要的一个原因就是我们党始终重视思想建党、理论强党。党的十九大强调要把坚定理想信念作为党的思想建设的首要任务，用习近平新时代中国特色社会主义思想武装全党，教育引导全党牢记党的宗旨，解决好"总开关"问题。党的十九大闭幕仅一周，习近平带领中央政治局常委，瞻仰上海中共一大会址和浙江嘉兴南湖红船，回顾建党历史，重温入党誓词，宣示新一届党中央领导集体的坚定政治信念。习近平指出，只有不忘初心、牢记使命、永远奋斗，才能让中国共产党永远年轻。2019 年 5 月底开始的"不忘初心、牢记使命"主题教育自上而下分两批在全党开展。这是新时代深化党的自我革命、推动全面从严治党向纵深发展的生动实践。为了巩固主题教育成果，党的十九届四中全会提出"建立不忘初心、牢记使命的制度"，

★ 广西壮族自治区柳州钢铁集团组织党员重温入党誓词

推动教育常态化长效化。2020年9月，中共中央办公厅印发《关于巩固深化"不忘初心、牢记使命"主题教育成果的意见》，推动主题教育各项成果落地见效。

在抓好党内集中教育的同时，党中央坚持把学习教育融入日常、抓在经常，推动各级党组织不断加强思想建设，更好用习近平新时代中国特色社会主义思想武装全党。组织广大党员、干部深入学习《习近平谈治国理政》和一系列重要论述摘编，学习《习近平新时代中国特色社会主义思想学习纲要》等重要辅导读物。广大党员、干部读原著、学原文、悟原理，不断筑牢信仰之基、补足精神之钙、把稳思想之舵。

贯彻新时代党的组织路线。党的力量来自组织，组织强则力量倍增。2018年7月，习近平在全国组织工作会议上提出并阐述新时代党的组织路线，为新时代党的建设和组织工作指明了前进方向。新时代党的组织路线是：全面贯彻习近平新时代中国特色社会主义思想，以组织体系建设为重点，着力培养忠诚干净担当的高素质干部，着力集聚爱国奉献的各方面优秀人才，坚持德才兼备、以德为先、任人唯贤，为坚持和加强党的全面领导、坚持和发展中国特色社会主义提供坚强组织保证。新时代党的组织路线的提出，为加强党的组织建设提供了科学遵循，为增强党的创造力、凝聚力、战斗力提供了重要保证。以新时代党的组织路线为引领，持续整顿软弱涣散基层党组织，推动基层党组织全面进步、全面过硬，党的组织体系建设不断增强。张桂梅、钟南山、黄文秀、张富清、郑德荣、张黎明……一批批优秀共产党员不断涌现；"硬骨头六连"、首都医科大学附属北京地坛医院党委、武汉市青山区工人村街青和居社区党总支……一个个全国先进基层党组织积极发挥战斗堡垒作用。截至2019年12月31日，中国共产党有地方党委3202个，基层党组织468.1万个，党员总数为9191.4万名。党的政治领导力、思想引领力、群众组织力、社会号召力不断增强。

党的作风是党的形象，是观察党群干群关系、人心向背的晴雨表。党的十九大后，中央政治局首次会议就把作风建设摆上议程，审议了《中共中央政治局贯彻落实中央八项规定的实施细则》，根据过去几年中央八项规定实施过程中遇到的新情况新问题，着重对相关内容作了进一步规范、细化和完善，更加切合工作实际，增强了指导性和操作性。解决形式主义、官僚主义突出问题，为基层减负是作风建设的重点内容。2019年3月，中共中央办公厅印发《关于解决形式主义突出问题为基层减负的通知》，明确提出将2019年作为"基层减负年"。2020年4月，中共中央办公厅印发《关于持续解决困扰基层的形式主义问题为决胜全面建成小康社会提供坚强作风保证的通知》。2020年10月，党的十九届五中全会明确提出，"持续纠治形式主义、官僚主义，切实为基层减负"。党的作风建设从细节入手，坚持"常""长"二字，抓铁有痕、踏石留印，让全党和人民群众感到了变化，从改进作风的实际成效中看到了希望，起到了徙木立信的作用，为深入推进全面从严治党凝聚了党心民心。据国家统计局民意调查显示，95.7%的群众认为2020年落实中央八项规定精神、纠正"四风"卓有成效，比2013年提高14.4个百分点；95.8%的群众认为2020年全面从严治党卓有成效，比2012年提高16.5个百分点。

纪律真正成为带电的高压线。加强纪律建设是全面从严治党的治本之策。党要管党、从严治党，就要靠严明纪律和规矩，推动党员在思想上划出红线、在行为上划出界限。各地区各部门深入开展纪律教育，将纪律处分条例等党内法规纳入党委（党组）理论学习中心组学习内容和党校课程，深入剖析干部严重违纪违法的典型案例，发挥警示、震慑、教育作用，教育引导广大党员、干部特别是领导干部严格按党章标准要求自己，使党员、干部增强纪律意识，把党章党规党纪刻印在心上，知边界、明底线，把他律要求转化为内在追求，形成尊崇党章、遵守党纪的良好习惯。2018年7月，中央政治局召开会议强调，要巩固和发展执纪必严、违纪必究常态化成果，下大气力建制度、立规矩、抓落实、重执行，让制度"长牙"、纪律"带电"，充分发挥纪律建设标本兼治的利器作用，使铁的纪律真正转化为党员干部的日常习惯和自觉遵循，推动全面从严治党向纵深发展。

制度事关根本，关乎长远。2018年2月，中共中央印发《中央党内法规制定工作第二个五年规划（2018—2022年）》，适应新时代坚持和加强党的全面领导、以党的政治建设为统领全面推进党的各项建设的需要，对此后5年党内法规制度建设进行顶层设计。党中央更加重视提高党内法规执行力，把制度的刚性标尺立起来，防止制度成为"稻草人"。2019年9月，中共中央印发了《中国共产党党内法规执行责任制规定（试行）》。《规定》逐一明确了各级各类党组织和党员领导干部的执规责任，对监督考核、责任追究等提出要求，是从根本上破解党内法规"执行难"问题、推动党内法规全面深入实施的一项重要举措。《规定》与同时修订印发的《中国共产党党内法规制定条例》《中国共产党党内法规和规范性文件备案审查规定》一起，进一步对党内法规工作进行了全链条的制度规范，成为党立规、执规的"规矩"。为了继续扭住责任制这个全面从严治党的"牛鼻子"，2020年3月，中共中央办公厅印发《党委（党组）落实全面从严治党主体责任规定》。

　　党风廉政建设永远在路上，反腐败斗争永远在路上。党的十九大以后，习近平强调，腐败这个党执政的最大风险仍然存在，存量还未清底，增量仍有发生，形势依然严峻复杂，必须一刻不停推进党风廉政建设和反腐败斗争。党中央坚定不移推进反腐败斗争，坚决保持惩治腐败高压态势，坚持无禁区、全覆盖、零容忍，坚持重遏制、强高压、长震慑，坚持受贿行贿一起查，对党的十八大后不收敛不收手，特别是十九大后仍不知止、胆大妄为的，发现一起查处一起，持续整治群众身边腐败和作风问题，对扶贫、民生领域腐败和涉黑涉恶"保护伞"一查到底。在强化不敢腐的震慑同时，将正风肃纪反腐与深化改革、完善制度、促进治理贯通起来，把所有行使公权力人员纳入统一监督的范围，实现了对公权力监督和反腐败的全覆盖、无死角，不断扎牢不能腐的笼子。着力深化以案促改、以案为鉴，加强党性教育和廉洁教育，持续增强不想腐的自觉。经过全党不懈努力，反腐败斗争取得压倒性胜利并全面巩固，党在解决党内存在的突出矛盾和问题中净化纯洁。

　　党和国家监督体系是党在长期执政条件下实现自我净化、自我完善、自我革新、自我提高的重要制度保障。党的十九大以后，党的纪律检查体制改革、国家监察体制改革、纪检监察机构改革一体推进，纪律监督、监察监督、派驻监督、巡视监督全覆盖的权力监督格局日臻完善。充分发挥党内监督的政治引领作用，把监督融入区域治理、部门治理、行业治理、基层治理、单位治理之中。推动党委（党组）主体责任、书记第一责任人责任和纪委监委监督责任贯通联动、一体落实。坚持以党内监督为主导，不断完善权力监督制度和执纪执法体系，推动人大监督、民主监督、行政监督、司法监督、审计监督、财会监督、统计监督、群众监督、舆论监督有机贯通、相互协调，形成常态长效的监督合力。2019 年 10 月，党的十九届四中全会对"坚持和完善党和国家监督体系，强化对权力运行的制约和监督"作出重大制度安排，明确提出必须健全党统一领导、全面覆盖、权威高效的监督体系，增强监督严肃性、协同性、有效性，形成决策科学、执行坚决、监督有力的权力运行机制，构建一体推进不敢腐、不能腐、不想腐体制机制，确保党和人民赋予的权力始终用来为人民谋幸福。

九、国家制度和治理体系建设迈出新步伐

党和国家组织结构和管理体制的系统性整体性重构

为了从党和国家机构职能上确保坚持和加强党的领导、坚持和完善中国特色社会主义制度，推进国家治理体系和治

理能力现代化，党中央把深化党和国家机构改革工作提上议事日程。2018 年 2 月，党的十九届三中全会通过了《中共中央关于深化党和国家机构改革的决定》和《深化党和国家机构改革方案》，从完善党的全面领导的制度、优化政府机构设置和职能配置、统筹党政军群机构改革、合理设置地方机构、推进机构编制法定化五个方面对改革进行了整体部署。3 月 17 日，十三届全国人大一次会议批准国务院机构改革方案。改革的目标是构建系统完备、科学规范、运行高效的党和国家机构职能体系，形成总揽全局、协调各方的党的领导体系，职责明确、依法行政的政府治理体系，中国特色、世界一流的武装力量体系，联系广泛、服务群众的群团工作体系，推动人大、政府、政协、监察机关、审判机关、检察机关、人民团体、企事业单位、社会组织等在党的统一领导下协调行动、增强合力，全面提高国家治理能力和治理水平。这个目标注重解决事关长远的体制机制问题，为形成更加完善的中国特色社会主义制度创造有利条件。

深化党和国家机构改革，是贯彻落实党的十九大决策部署的第一场硬仗，是对党和国家组织结构和管理体制的一次系统性、整体性重构。党的十九届三中全会后，从中央到地方，上下同心、扎实推进，各项改革部署迅速落实到位。2018 年 3 月，新组建的国家监察委员会正式揭牌运行，党和国家机构改革全面铺开。11 月，31 个省（区、市）机构改革方案全部对外公布。党中央加大统的力度、明确改的章法、做好人的工作、执行严的纪律，按照先中央、后省级、再省以下的路线图压茬推进，用一年多的时间总体完成了改革任务。新组建和重新组建部级机构 25 个，调整优化领导管理体制和职责部级机构 31 个，印发 39 个部门"三定"规定和 25 个部门调整职责的通知。部门机构编制职数严格控制在总盘子内，总体实现精简。通过机构改革，整体性调整优化了中央和地方各级各类组织机构和管理体制，重构性健全了党的领导体系、政府治理体系、武装力量体系、群团工作体系，系统性增强了党的领导力、政府执行力、武装力量战斗力，人大、政协机构设置更加优化，在推动党和国家机构职能体系更加成熟更加定型、推进国家治理体系和治理能力现代化上迈出了重大步伐。

加强党的全面领导得到有效落实，维护党的集中统一领导的机构职能体系更加健全。从机构职能上把加强党的领导落实到各个领域、各个方面、各个环节，是这次机构改革的标志性成果。这次机构改革加强了党对深化改革、依法治国、经济、国家安全、网络信息、外交、机构编制、军民融合、审计、教育、农业农村等重大工作的领导，充实了党的组织、宣传、统战、政法、机关党建、教育培训等部门职责配置，强化了归口协调本系统本领域重大工作职能。通过改革，党把方向、谋大局、定政策、促改革的能力得到提高，党总揽全局、协调各方的地位得到巩固。

深化国家监察体制改革，加强党对反腐败工作的统一领导，是这次机构改革的重要内容。党的十九大要求，深化国家监察体制改革，将试点工作在全国推开，组建国家、省、市、县监察委员会。到 2018 年 2 月，全国省、市、县三级监察委员会全部完成组建。党的十九届三中全会把组建国家监察委员会列为深化党中央机构改革第一项任务。十三届全国人大一次会议通过宪法修正案和监察法，确立监察委员会作为国家机构的宪法地位。国家监察体制改革是事关全局的重大政治体制改革，是国家监察制度的顶层设计。设立国家、省、市、县监察委员会，加强党对反腐败工作的统一领导，实现了对所有行使公权力的公职人员监察全覆盖，构建了党统一指挥、全面覆盖、权威高效的监督体系。

这次深化党和国家机构改革，还专门对深化群团组织改革作出部署，进一步健全了党委统一领导群团工作的制度，增强了群团组织政治性、先进性、群众性，有力促进了党政机构同群团组织功能有机衔接，群团组织作为党和政府联系人民群众的桥梁和纽带作用得到更好发挥。

2019年7月，习近平在深化党和国家机构改革总结会议上发表重要讲话，充分肯定了深化党和国家机构改革取得的重大成效和宝贵经验。主要是：坚持党对机构改革的全面领导，坚持不立不破、先立后破，坚持推动机构职能优化协同高效，坚持中央和地方一盘棋，坚持改革和法治相统一相协调，坚持把思想政治工作贯穿改革全过程。实践证明，党中央关于深化党和国家机构改革的战略决策充分彰显党的集中统一领导和我国社会主义制度的政治优势。

全面深化改革向纵深发展

党的十九大后，我们党推动全面深化改革向纵深发展，系统集成党的十八届三中全会后全面深化改革的理论成果、制度成果、实践成果，对新时代全面深化改革勾勒出更加清晰的顶层设计，由前期重点是夯基垒台、立柱架梁，中期重点在全面推进、积厚成势，发展到着力点放到加强系统集成、系统高效上来。

2017年11月，十九届中央全面深化改革领导小组第一次会议指出，无论改什么、改到哪一步，坚持党对改革的集中统一领导不能变，完善和发展中国特色社会主义制度、推进国家治理体系和治理能力现代化的总目标不能变，坚持以人民为中心的改革价值取向不能变。2018年5月，十九届三中全会后新成立的中央全面深化改革委员会审议通过了《党的十九大报告重要改革举措实施规划（2018—2022年）》，对党的十九大确定的158项改革举措进行梳理，列明牵头单位、改革起止时间、改革目标路径、成果形式等要素，形成了未来五年全面深化改革的"大施工图"，立下"确保到2022年全面完成党的十九大提出的目标任务"的军令状。

全面深化改革对标到2020年在重要领域和关键环节改革上取得决定性成果，继续打硬仗，啃硬骨头。深化党和国家机构改革，成立国家监察委员会；建立健全城乡融合发展体制机制和政策体系，加快建立同高质量发展要求相适应的宏观调控体系；推动自由贸易试验区改革创新，支持海南全面深化改革开放，支持河北雄安新区先行先试、率先突破，支持深圳建设中国特色社会主义先行示范区；推进国有资本投资、运营公司改革试点，加强非金融企业投资金融机构监管，在上海证券交易所设立科创板并试点注册制，推进公共资源交易平台整合共享，扩大高校和科研院所科研自主权；实施国家职业教育改革，开展国家产教融合建设试点，完善教育督导体制机制；改革医疗卫生行业综合监管制度，改革和完善疫苗管理体制，开展区域医疗中心建设试点等一系列重大改革举措相继出台。

2018 年是改革开放 40 周年。12 月，党中央隆重举行庆祝改革开放 40 周年大会。习近平在会上回顾改革开放 40 年的光辉历程，总结改革开放的伟大成就和宝贵经验，宣示了在新时代将改革开放进行到底的信心和决心。他强调："我们现在所处的，是一个船到中流浪更急、人到半山路更陡的时候，是一个愈进愈难、愈进愈险而又不进则退、非进不可的时候。改革开放已走过千山万水，但仍需跋山涉水，摆在全党全国各族人民面前的使命更光荣、任务更艰巨、挑战更严峻、工作更伟大。"动员全党全国各族人民在新时代继续把改革开放推向前进，为实现"两个一百年"奋斗目标、实现中华民族伟大复兴的中国梦不懈奋斗。

到 2020 年底，各领域基础性制度框架基本确立，许多领域实现历史性变革、系统性重塑、整体性重构，为推动形成系统完备、科学规范、运行有效的制度体系，使各方面制度更加成熟更加定型奠定了坚实基础。2020 年 12 月，中央全面深化改革委员会第十七次会议审议了党的十八届三中全会以来全面深化改革总结评估报告，回顾了几年来气势如虹、波澜壮阔的改革进程，指出这是一场思想理论、改革组织方式、国家制度和治理体系、人民广泛参与的深刻变革。会议强调，我们已经啃下了不少硬骨头但还有许多硬骨头要啃，我们攻克了不少难关但还有许多难关要攻克。要把接续推进改革同服务党和国家工作大局结合起来、把深化改革攻坚同促进制度集成结合起来、把推进改革同防范化解重大风险结合起来、把激发创新活力同凝聚奋进力量结合起来，推动改革在新发展阶段打开新局面。

坚持和完善中国特色社会主义制度，推进国家治理体系和治理能力现代化

我国内外环境不断发生深刻变化，对制度建设提出新要求。制度建设更多的是解决深层次体制机制问题，对改革的系统性、整体性、协同性要求更高，相应地建章立制、构建体系的任务更重，要求在坚持和完善中国特色社会主义制度，推进国家治理体系和治理能力现代化上下更大功夫。

2019年10月，党的十九届四中全会审议通过《中共中央关于坚持和完善中国特色社会主义制度，推进国家治理体系和治理能力现代化若干重大问题的决定》，系统总结我国国家制度和国家治理体系的巨大成就和显著优势，深入回答在我国国家制度和国家治理体系上应该"坚持和巩固什么、完善和发展什么"这个重大政治问题，深入阐释了支撑中国特色社会主义制度的根本制度、基本制度、重要制度，对新时代坚持和完善中国特色社会主义制度，推进国家治理体系和治理能力现代化作出顶层设计和全面部署。这次全会系统梳理和集成升华了党和国家各方面的制度，描绘了坚持和完善中国特色社会主义制度的宏伟蓝图，为实现中华民族伟大复兴提供了坚强制度保障。

全会明确提出坚持和完善中国特色社会主义制度，推进国家治理体系和治理能力现代化的总体目标：到我们党成立一百年时，在各方面制度更加成熟更加定型上取得明显成效；到2035年，各方面制度更加完善，基本实现国家治理体系和治理能力现代化；到新中国成立一百年时，全面实现国家治理体系和治理能力现代化，使中国特色社会主义

制度更加巩固、优越性充分展现。围绕这个总体目标，《决定》对坚持和完善党的领导制度体系、人民当家作主制度体系、中国特色社会主义法治体系、中国特色社会主义行政体制、社会主义基本经济制度、社会主义先进文化制度、民生保障制度、社会治理制度、生态文明制度体系、党对人民军队的绝对领导制度、"一国两制"制度体系、独立自主的和平外交政策、党和国家监督体系等作出新的制度安排。全会强调，必须突出坚持和完善支撑中国特色社会主义制度的根本制度、基本制度、重要制度，着力固根基、扬优势、补短板、强弱项，构建系统完备、科学规范、运行有效的制度体系，加强系统治理、依法治理、综合治理、源头治理，把我国制度优势更好转化为国家治理效能，不断彰显"中国之治"的制度优势和强大生命力。

中国特色社会主义制度就像一棵参天大树，是严密完整的科学制度体系。起枝干作用的是中国特色社会主义根本制度、基本制度、重要制度，构建起国家制度和治理体系的总体框架。全会总结实践经验，在我们党已经明确的根本制度、基本制度、重要制度的基础上作出一些新的概括。比如，把社会主义基本经济制度确定为"公有制为主体、多种所有制经济共同发展，按劳分配为主体、多种分配方式并存，社会主义市场经济体制等社会主义基本经济制度"，明确提出"坚持马克思主义在意识形态领域指导地位的根本制度"，对中国特色社会主义法治体系、中国特色社会主义行政体制、繁荣发展社会主义先进文化的制度、统筹城乡的民生保障制度、共建共治共享的社会治理制度、生态文明制度体系、党对人民军队的绝对领导制度、"一国两制"制度体系、党和国家监督体系等也进一步作出阐述。这三类制度，从不同层次，围绕内政外交国防、治党治国治军，对党和国家各方面事业作出制度安排，是中国特色社会主义制度的"总纲"和"总遵循"。

通过宪法法律确认和巩固国家根本制度、基本制度、重要制度，并运用国家强制力保证实施，是国家治理体系的系统性、规范性、协调性、稳定性的重要保障。随着时代发展和改革推进，国家治理现代化对科学完备的法律规范体系的要求越来越迫切。2020年5月，十三届全国人大三次会议通过《中华人民共和国民法典》，这是新中国历史上第一部法典化的法律，是新时代中国特色社会主义制度建设、法治建设的一个重大标志性成果。民法典既对现行民事法律进行系统整合，又针对新情况新问题作出修改完善，体现了对生命健康、财产安全、交易便利、生活幸福、人格尊严等各方面权利的平等保护。11月，中央召开全面依法治国工作会议，强调要坚定不移走中国特色社会主义法治道路，在法治轨道上推进国家治理体系和治理能力现代化。12月，中共中央印发《法治社会建设实施纲要（2020—2025年）》，指出法治社会建设是实现国家治理体系和治理能力现代化的重要组成部分，对加快推进法治社会建设作出部署。同月，中共中央印发《法治中国建设规划（2020—2025年）》，对建设完备的法律规范体系、高效的法治实施体系、严密的法治监督体系、有力的法治保障体系、完善的党内法规制度体系作出具体部署安排。

评判一种制度是否行得通、有效率、真管用，实践最有说服力。在长期的奋斗中，我们党带领人民创造了"两大奇迹"。一个是经济快速发展奇迹。我国大踏步赶上时代，用几十年时间走完了发达国家几百年走过的工业化进程，跃升为世界第二大经济体，综合国力、科技实力、国防实力、文化影响力、国际影响力显著提升，人民生活显著改善，中华民族以崭新姿态屹立于世界的东方。另一个是社会长期稳定奇迹。我国长期保持社会和谐稳定、人民安居乐业，成为国际社会公认的最有安全感的国家之一。"两大奇迹"之所以能够产生，是党带领人民长期不懈奋斗的必然结果，也是我国国家制度和治理体系显著优势充分发挥的必然结果。

隆重庆祝中华人民共和国成立 70 周年

2019 年是中华人民共和国成立 70 周年，党和政府举行了气势恢宏、气氛热烈的庆祝活动。

9 月 29 日，党中央在人民大会堂隆重举行中华人民共和国国家勋章和国家荣誉称号颁授仪式。习近平向 42 名国家勋章和国家荣誉称号获得者颁授勋章奖章并发表重要讲话，强调崇尚英雄才会产生英雄，争做英雄才能英雄辈出。伟大出自平凡，平凡造就伟大。只要有坚定的理想信念、不懈的奋斗精神，脚踏实地把每件平凡的事做好，一切平凡的人都可以获得不平凡的人生，一切平凡的工作都可以创造不平凡的成就。

9 月 29 日晚，在人民大会堂举办以大型音乐舞蹈史诗形式呈现的庆祝中华人民共和国成立 70 周年文艺晚会《奋斗吧　中华儿女》。

★ 庆祝中华人民共和国成立 70 周年大会游行方阵

9 月 30 日烈士纪念日，在天安门广场人民英雄纪念碑前举行向人民英雄敬献花篮仪式，习近平等党和国家领导人和首都各界群众代表参加。

10 月 1 日上午，在天安门广场隆重举行庆祝中华人民共和国成立 70 周年大会。习近平在天安门城楼上发表重要讲话，强调今天社会主义中国巍然屹立在世界东方，没有任何力量能够撼动我们伟大祖国的地位，没有任何力量能够阻挡中国人民和中华民族的前进步伐。随后举行了盛大阅兵仪式，59 个方队梯队、近 1.5 万官兵接受检阅。10 万群众举行了以"同心共筑中国梦"为主题的群众游行。当晚，在天安门广场举办首都国庆联欢活动，党和国家领导人同 6 万多名北京各界群众一起联欢。

9 月起，在北京展览馆举办"伟大历程　辉煌成就——庆祝中华人民共和国成立 70 周年大型成就展"。三个多月现场观展人次达 315 万，网上展馆点击量超 1.4 亿次。

各地各部门也组织开展了形式多样的庆祝活动和宣传教育活动。

中华人民共和国成立 70 周年庆祝活动是国之大典，气势恢宏、大度雍容，纲维有序、礼乐交融，充分展示了新中国成立 70 年来的辉煌成就，有力彰显了国威军威，极大振奋了民族精神，广泛激发了各方面力量。庆祝活动是在第一个百年即将到来之际，全党全军全国各族人民万众一心，朝着全面建成小康社会目标奋进的一次伟力凝聚；是在实现中华民族伟大复兴中国梦的征程上，全体中华儿女对共同理想所作的一次豪迈宣示；是在当今世界正经历百年未有之大变局的形势下，中华人民共和国始终巍然屹立于世界东方，并且愈发蓬勃、愈发健强的一次盛大亮相。

十、在应对风险挑战中推进各项事业

统筹国内国际两个大局，办好发展安全两件大事

深刻复杂变化的国内外环境，要求我们坚持用全面、辩证、长远的眼光正确看待应对各种矛盾挑战，及时适应新情况新要求。关键是坚持正确的历史观、大局观、发展观，统筹国内国际两个大局。最为重要和关键的，就是更好统筹中

华民族伟大复兴战略全局和世界百年未有之大变局。习近平指出："领导干部要胸怀两个大局，一个是中华民族伟大复兴的战略全局，一个是世界百年未有之大变局，这是我们谋划工作的基本出发点。"

统筹发展和安全，增强忧患意识，做到居安思危，是我们党治国理政的一个重大原则。党的十八大后，以习近平同志为核心的党中央决策设立国家安全委员会，提出并贯彻总体国家安全观，初步构建了国家安全体系主体框架，形成了国家安全理论体系，完善了国家安全战略体系，建立了国家安全工作协调机制，国家安全工作得到全面加强。党的十九大后，面对国内外风险挑战明显增多的复杂局面，党中央坚持统筹国内国际两个大局、统筹发展安全两件大事，团结带领全国各族人民攻坚克难、砥砺奋进，向着党的十九大确定的宏伟目标扎实前行。

2018年1月5日，习近平在新进中央委员会的委员、候补委员和省部级主要领导干部学习贯彻习近平新时代中国特色社会主义思想和党的十九大精神研讨班开班式上提出，要做到"三个一以贯之"，即坚持和发展中国特色社会主义要一以贯之，推进党的建设新的伟大工程要一以贯之，增强忧患意识、防范风险挑战要一以贯之。他回顾了近代以来中华民族复兴进程曾多次被打断的历史过程，提醒全党同志，前进道路不可能一帆风顺，越是取得成绩的时候，越是要有如履薄冰的谨慎，越是要有居安思危的忧患，绝不能犯战略性、颠覆性错误；强调各种风险我们都要防控，但重点要防控那些可能迟滞或中断中华民族伟大复兴进程的全局性风险。

2019 年 1 月 21 日，习近平在省部级主要领导干部坚持底线思维着力防范化解重大风险专题研讨班开班式上，对防范化解政治、意识形态、经济、科技、社会、外部环境、党的建设等领域重大风险作出深刻分析，提出明确要求。习近平强调，面对波谲云诡的国际形势、复杂敏感的周边环境、艰巨繁重的改革发展稳定任务，必须始终保持高度警惕，既要高度警惕"黑天鹅"事件，也要防范"灰犀牛"事件；既要有防范风险的先手，也要有应对和化解风险挑战的高招；既要打好防范和抵御风险的有准备之战，也要打好化险为夷、转危为机的战略主动战。9 月 3 日，习近平在 2019 年秋季学期中央党校（国家行政学院）中青年干部培训班开班式上进一步强调，我们面临着难得的历史机遇，也面临着一系列重大风险考验。胜利实现我们党确定的目标任务，必须发扬斗争精神，增强斗争本领。

办好发展和安全两件大事，关系到实现中华民族伟大复兴中国梦这一宏伟目标。2020 年 7 月 30 日召开的中央政治局会议，对于高质量发展阶段的目标定位，由原来的"四个更"拓展为"五个更"——在"更高质量、更有效率、更加公平、更可持续"的基础上添加了"更为安全"。10 月，党的十九届五中全会强调，统筹国内国际两个大局，办好发展安全两件大事，注重防范化解重大风险挑战，实现发展质量、结构、规模、速度、效益、安全相统一。党的十九届五中全会首次把统筹发展和安全纳入"十四五"时期我国经济社会发展的指导思想，并列专章作出战略部署，突出了国家安全在党和国家工作大局中的重要地位。

稳妥应对各种风险挑战

坚持底线思维，增强忧患意识，着力防范化解重大风险，是习近平新时代中国特色社会主义思想的重要内容。习近平反复强调，必须增强忧患意识，防范风险挑战。党中央对当前和今后一个时期事关国家安全和发展、事关社会大局稳定的重大风险挑战进行了深入分析研判，提出应对之策。主要风险包括政治安全风险、意识形态安全风险、经济发展风险、科技安全风险、社会稳定风险、生态安全风险、生物安全风险、外部环境风险、党的建设面临的风险、重大公共卫生风险等，此外，还强调防范化解粮食安全、能源安全、核安全、军事安全等领域面临的风险等。

2018 年后，我国外部形势发生深刻复杂变化，特别是美国单方面执意挑起中美经贸摩擦，对我国进行全方位遏制打压，给我国经济运行带来不利影响。党中央密切关注、稳妥应对。3 月后，我国采取有力反制措施，坚决捍卫自身合法利益；同时始终坚持通过对话协商解决争议的基本立场，努力稳定双边经贸关系。我国向世界申明了我们不愿打、不怕打、必要时不得不打这场贸易战的原则立场，采取反制措施是为了捍卫国家正当利益、捍卫自由贸易和多边体制、捍卫各国人民共同利益，这一立场得到了全国人民广泛支持和国际社会普遍认同。在新冠肺炎疫情期间，美国等西方国家一些政客极力对中国"污名化"，"甩锅"本国抗疫不力的责任，拿中国当"替罪羊"。我们组织开展旗帜鲜明的舆论斗争，有理有据地进行批驳，揭穿他们的谎言，让世人看到其卑劣行径和丑恶嘴脸。

2018 年 7 月，中央政治局会议提出做好"六稳"工作的要求，即做好稳就业、稳金融、稳外贸、稳外资、稳投资、稳预期工作，以稳定宏观经济大局，增强应对复杂局面和各种挑战的底气。2018 年 12 月，中央经济工作会议进一步提出"巩固、增强、提升、畅通"八字方针，为进一步坚持以供给侧结构性改革为主线不动摇、推动高质量发展指明了方向。

2019 年 6 月，香港爆发"修例风波"，"一国两制"在香港的实践遭遇前所未有的挑战。以习近平同志为核心的党中央审时度势、果断决策，坚定支持香港特别行政区行政长官和政府及警队采取一系列举措，依法打击和惩治暴力犯罪活动，止暴制乱，恢复秩序。"修例风波"充分暴露出香港在维护国家安全方面存在巨大的制度漏洞。2020 年 5 月，十三届全国人大三次会议通过《全国人民代表大会关于建立健全香港特别行政区维护国家安全的法律制度和执行机制的决定》，授权全国人大常委会制定相关法律，切实防范、制止和惩治任何分裂国家、颠覆国家政权、组织实施恐怖活动等严重危害国家安全的行为和活动以及外国和境外势力干预香港特别行政区事务的活动。6 月，十三届全国人大常委会第二十次会议通过《中华人民共和国香港特别行政区维护国家安全法》，并将其列入香港基本法附件三，明确由香港特别行政区在当地公布实施，对香港特别行政区维护国家安全制度机制作出法律化、规范化、明晰化的具体安排。7 月，根据香港国安法规定，香港特别行政区维护国家安全委员会、中央人民政府驻香港特别行政区维护国家安全公署相继成立。颁布实施香港国安法是回归以来中央处理香港事务最为重大的举措，夯实筑牢了在香港维护国家安全的制度屏障，对防范、制止和惩治危害国家安全的罪行发挥出强大威力。

2020 年 8 月，十三届全国人大常委会第二十一次会议作出决定，明确 2020 年 9 月 30 日后，香港特别行政区第六届立法会继续履行职责，不少于一年，直至第七届立法会任期开始为止。应香港特别行政区行政长官的请求，11 月，十三届全国人大常委会第二十三次会议对香港特别行政区立法会议员资格问题作出决定，确立了立法会议员一经依法认定不符合拥护香港特别行政区基本法、效忠香港特别行政区的法定要求和条件，即时丧失立法会议员资格的一般性规则，同时明确在原定第七届立法会选举提名期间被依法裁定参选提名无效的第六届立法会议员已丧失议员资格。这进一步明确了"爱国爱港者治港，反中乱港者出局"的政治规矩。根据全国人大常委会决定，香港特别行政区政府随后依法宣布相关人员丧失立法会议员资格，宪法和基本法的威严得到充分彰显。

为加强对港澳工作的集中统一领导，2020 年 2 月，党中央决定成立中央港澳工作领导小组，取代原来设立的中央港澳工作协调小组，设立领导小组办公室，与国务院港澳事务办公室合并设置。这是党中央面对世界百年未有之大变局和港澳内外环境新变化作出的重要战略决策，是对港澳工作领导体制作出的一次重大调整，从机构设置和制度安排上进一步加强了党中央对港澳工作的集中统一领导，不仅对促进香港局势由乱转治发挥了重要作用，而且对"一国两制"实践行稳致远产生了深远影响。

坚决团结广大台湾同胞共同反对"台独"、促进统一。2019 年 7 月发表的《新时代的中国国防》白皮书指出，如果有人要把台湾从中国分裂出去，中国军队将不惜一切代价，坚决予以挫败，捍卫国家统一。这再次表明了中国共产党和中国政府坚决反对"台独"分裂和外部势力干涉的严正立场，清晰划出了不容逾越的红线。2020 年台湾地区选举民进党继续"执政"后，"台独"分裂势力误判形势，不断挑衅，妄图推行"渐进台独"，寻机谋求"法理台独"，台海形势持续趋于复杂严峻，对台工作面临诸多风险挑战。2020年 5 月，《反分裂国家法》实施 15 周年座谈会在北京举行。会议强调，坚决粉碎"台独"分裂图谋，坚决捍卫国家主权和领土完整。8 月，针对个别大国在涉台问题上的消极动向及向"台独"势力发出的严重错误信号，中国人民解放军东部战区多军种多方向成体系出动兵力，在台湾海峡及南北两端连续组织实战化演练，坚决回击一切制造"台独"、分裂中国的挑衅行为。

同时，中国扎实开展涉疆、涉藏外交，回击无端指责，在联合国平台和国际上赢得大多数国家理解支持。坚决捍卫领土主权和海洋权益，敢于斗争、善于斗争，维护尊严利益展现新担当，坚决开展外交战、法理战、舆论战，有效遏制侵害我国国土安全的各种图谋和行为，坚定维护了我国主权、安全、发展利益，全面提升了我国国际地位和国际影响。

走中国特色强军之路

2017 年 10 月，党的十九大明确，党在新时代的强军目标是建设一支听党指挥、能打胜仗、作风优良的人民军队，并作出新的战略安排，强调确保到 2020 年基本实现机械化，

信息化建设取得重大进展，战略能力有大的提升，力争到
2035年基本实现国防和军队现代化，到本世纪中叶把人民
军队全面建成世界一流军队。

2020年10月，党的十九届五中全会提出，加快国防和
军队现代化，实现富国和强军相统一。贯彻习近平强军思
想，贯彻新时代军事战略方针，坚持党对人民军队的绝对领
导，坚持政治建军、改革强军、科技强军、人才强军、依法
治军，加快机械化信息化智能化融合发展，全面加强练兵备
战，提高捍卫国家主权、安全、发展利益的战略能力，确保
2027年实现建军百年奋斗目标。

党的十九大把坚持党对人民军队的绝对领导上升为新时
代坚持和发展中国特色社会主义的一条基本方略，把"中央
军事委员会实行主席负责制"写入党章，使这一领导体制
在党的根本大法中确立下来；把习近平强军思想郑重写入党
章，确立习近平强军思想在国防和军队建设中的指导地位。
2018年8月，中央军委党的建设会议召开，会后印发《关
于加强新时代军队党的建设的决定》，就全面加强新时代军
队党的领导和党的建设工作作出战略部署，进一步推进新时
代政治建军。2019年1月，中央军委印发《关于全面从严
加强部队管理的意见》。10月，党的十九届四中全会对贯彻
军委主席负责制作出新的部署，贯彻军委主席负责制法治化
规范化程序化运行进一步得到加强。同时，全会提出构建中
国特色社会主义军事政策制度体系，全面推进国防和军队现
代化，确保实现党在新时代的强军目标。11月，中央军委召
开基层建设会议并印发《关于加强新时代军队基层建设的决
定》，就全面锻造"三个过硬"基层立起基层建设新标准，有

★ 2019 年 10 月 1 日，习近平在中华人民共和国成立 70 周年庆典上检阅中国人民解放军受阅部队

力确保了党对军队的绝对领导直达基层、直达官兵。2020 年11 月，中央政治局会议审议《军队政治工作条例》，要求全面深入贯彻军委主席负责制，确保绝对忠诚、绝对纯洁、绝对可靠。

强军兴军，人才是关键。2020 年 10 月，中央军委印发《关于加快推进三位一体新型军事人才培养体系建设的决定》。全军积极适应新的形势任务要求，建强联合作战指挥人才、新型作战力量人才、高层次科技创新人才、高水平战略管理人才等各方面人才队伍，各类人才创造活力竞相迸发的局面初步形成。

强军兴军，归根到底要落实到提高军队战斗力这个根本上来，驰而不息推动全部心思向打仗聚焦，各项工作向打仗用劲，确保部队召之即来、来之能战、战之必胜。作为加强练兵备战的重要举措，自 2018 年 1 月军委首次统一组织全军开训动员起，习近平连续四年在新年之际向全军发布开训动员令，树立起大抓军事训练的鲜明导向。2020 年 11 月，《中国人民解放军联合作战纲要（试行）》施行，成为新时代作战条令体系的顶层法规。同月，中央军委军事训练会议提出，加快构建新型军事训练体系，加快实现军事训练转型升级，全面提高训练水平和打赢能力。

站在新的历史起点上，面对国家安全环境的深刻变化，面对强国强军的时代要求，新时代国防和军队建设着眼于实现中国梦强军梦，坚持政治建军、改革强军、科技强军、人才强军、依法治军，强军兴军取得历史性成就，实现政治生态重塑、组织形态重塑、力量体系重塑、作风形象重塑。2020 年 11 月，军队已基本实现机械化，信息化建设取得重大进展。人民军队在中国特色强军之路上迈出坚定步伐。

开拓中国特色大国外交新局面

党的十九大以来，世界多极化加速发展，国际关系分化组合更趋复杂，国际格局面临深刻调整，力量对比向更加均衡方向发展。

面对保护主义的抬头、单边霸凌的逆流，中国支持全球化进程，坚守自由贸易体制，维护多边主义规则。从主场外交到国际会议，从政策宣示到务实举措，中国不断对外释放扩大开放的明确信号，坚定地站在历史前进的正确一边。

党的十九大报告把坚持推动构建人类命运共同体作为新时代坚持和发展中国特色社会主义的基本方略之一，并写入新修改的《中国共产党章程》。2017 年 11 月，中国共产党与世界政党高层对话会在北京举行，会议以"构建人类命运共同体、共同建设美好世界：政党的责任"为主题。2018 年 3 月，十三届全国人大一次会议通过《中华人民共和国宪法修正案》，序言部分写入推动构建人类命运共同体内容，构建人类命运共同体思想正式上升为国家意志。2018 年，"人类命运共同体"被相继写入中非合作论坛北京峰会、上合组织青岛峰会、中阿合作论坛部长级会议以及诸多双多边高层交往的成果文件，汇聚起各方共建人类命运共同体的磅礴之力。

习近平在博鳌亚洲论坛 2018 年年会上郑重宣示"中国开放的大门不会关闭，只会越开越大"。2018 年 11 月，首届中国国际进口博览会在上海举办。这是世界上第一个以进口为主题的国家级展会，是国际贸易发展史上的一大创举。

"一带一路"倡议目前已经成为世界上最受欢迎的公共产品和最大规模的合作平台。2018 年 8 月，习近平提出"一带一路"建设要从谋篇布局的"大写意"转入精雕细琢的"工笔画"，向高质量发展转变，造福沿线国家人民，推动构建人类命运共同体。2019 年，中国成功举办第二届"一带一路"国际合作高峰论坛。2020 年，面对全球性新冠肺炎疫情，"一带一路"国际合作高级别视频会议达成建设"健康丝绸之路"共识，形成高质量共建"一带一路"良好势头。

2020 年中欧班列开行 1.24 万列、发送 113.5 万标箱，同比分别增长 50%、56%，年度开行数量首次突破 1 万列，单月开行均稳定在 1000 列以上，成为助力"一带一路"沿线各国抗疫的"钢铁驼队"。

中国顺应时代发展的潮流，推动全球治理体系朝着更加公正合理的方向发展，成为世界乱象中的中流砥柱。

从二十国集团领导人峰会到中法全球治理论坛，从圣彼得堡国际经济论坛到金砖国家领导人会晤、亚洲文明对话大会，习近平全面阐释多边主义的核心要义和时代内涵，倡导共商共建共享的全球治理观，发出践行多边主义、抵制单边主义、反对霸权主义的正义之声。中国大力提倡不同文明相互尊重、平等相待，美人之美、美美与共，开放包容、互学互鉴，与时俱进、创新发展，以中国文明观引领国际思潮前行，引发各方强烈共鸣。

2020 年 9 月，中国发起《全球数据安全倡议》，倡导全球数字治理应秉持多边主义、兼顾安全发展、坚守公平正义。

2020 年 9 月，习近平在联合国大会上宣布，中国的二氧化碳排放力争于 2030 年前达到峰值，努力争取在 2060 年前实现碳中和。这一承诺体现了中国在环境保护和应对气候变化问题上的负责任大国作用和担当。

2021 年 1 月，习近平在世界经济论坛"达沃斯议程"对话会上号召："让多边主义火炬照亮人类前行之路，向着构建人类命运共同体不断迈进！"

中国是大国稳定与协作的促进者。2019 年，习近平对俄罗斯进行历史性访问，两国元首共同宣布发展中俄新时代全面战略协作伙伴关系，签署关于加强当代全球战略稳定的联合声明，中俄全面战略协作更加稳固。2020 年中俄双边货物贸易额 1077.7 亿美元，连续三年突破千亿美元大关。中国在俄外贸中的占比进一步提升，连续 11 年稳居俄第一大贸易伙伴国地位。

中美关系牵动世界目光，关乎各国利益。中美关系经历建交 40 多年来最严峻局面。面对美国反华势力的霸凌挑衅，中方开展有理有利有节斗争，坚定维护国家主权、安全、发展利益，坚定维护国际关系准则和国际公平正义，坚定维护世界各国特别是广大发展中国家的正当权益。同时，中方保持对美政策的稳定性和连续性，以坚定和冷静态度，建设性处理和管控分歧，努力维护国际体系的战略稳定。

中欧利益纽带更加紧密，强化协调合作，增进彼此互信，坚定维护多边主义，共同应对全球挑战。2020 年，双方如期完成中欧投资协定谈判，中欧全面战略伙伴关系增添时代内涵。2021 年 2 月，中国—中东欧国家领导人峰会达成的务实合作文件近 90 份，总价值近 130 亿美元，创历史之最。

在习近平外交思想的正确指引下，中国不仅保持了同主要大国关系的总体稳定，同周边国家关系也实现了全面改善和发展。

中国是地区融合与发展的建设者。中国同东盟关系进入全方位发展新阶段。2020 年 7 月，"中国＋中亚五国"通过视频方式举行首次外长会晤。会议通过并发表了《"中国＋中亚五国"外长视频会议联合声明》，各方就推进中国同中亚国家合作、促进地区和平发展达成 9 点重要共识。11 月，中国与东盟 10 国、日本、韩国、澳大利亚、新西兰正式签署了《区域全面经济伙伴关系协定》（RCEP）。这标志着当前世界上人口最多、经贸规模最大、最具发展潜力的自由贸易区正式启航。

南南合作迈上了新的台阶。2018 年是中国外交的"南南合作年"，从中拉、中阿到中非合作论坛，我国同发展中国家集体对话实现了全覆盖，2018 年 9 月，中非合作论坛北京峰会成功召开。习近平提出"不干预非洲国家探索符合国情的发展道路，不干涉非洲内政，不把自己的意志强加于人，不在对非援助中附加任何政治条件，不在对非投资融资中谋取政治私利"等"五不"原则，树立了中国对非合作的自律标杆，展示了国际发展合作的道德准则。

2018年1月，中拉论坛第二届部长级会议就支持和参与"一带一路"倡议发表特别声明，制定2019年至2021年中国与拉美和加勒比国家共同体成员国优先领域合作共同行动计划。2020年，中阿合作论坛第九届部长级会议召开，中阿双方汇聚起团结抗疫、共克时艰的集体力量；表明了中阿相互支持、命运与共的政治意志；规划了中阿务实合作、共同发展的前进路径。

在习近平外交思想的正确指引下，中国冷静应对国际形势发生的复杂深刻变化，妥善处理由此带来的新困难、新挑战，坚定维护国家利益，深入拓展友好合作，积极展现大国担当，奋力开拓新时代中国特色大国外交新局面。

抗击新冠肺炎疫情和伟大抗疫精神

2020年伊始，一场突如其来的新冠肺炎疫情肆虐中华大地。这次疫情是新中国成立以来我国遭遇的传播速度最快、感染范围最广、防控难度最大的一次重大突发公共卫生事件，也是百年来全球发生的最严重的传染病大流行。

新冠肺炎疫情发生后，党中央将疫情防控作为头等大事来抓。习近平亲自指挥、亲自部署，坚持把人民生命安全和身体健康放在第一位，提出坚定信心、同舟共济、科学防治、精准施策的总要求。从大年初一起，习近平先后主持召开 14 次中央政治局常委会会议、4 次中央政治局会议以及多次党的重要会议，敏锐洞察、果敢决策，科学指引、沉着应对，周密部署武汉保卫战、湖北保卫战，因时因势制定重大战略策略，带领全党全军全国各族人民迅速打响疫情防控的人民战争、总体战、阻击战。

在党中央坚强领导下，中国人民风雨同舟、众志成城，发扬一方有难、八方支援精神，构筑起疫情防控的坚固防线。广大医务人员白衣为甲、逆行出征，54 万名湖北省和武汉市医务人员同病毒短兵相接，346 支国家医疗队、4 万多名医务人员毅然奔赴前线；各行各业扛起责任，国有企业、公立医院勇挑重担，460 多万个基层党组织冲锋陷阵，400 多万名社区工作者日夜值守，各类民营企业、民办医院、慈善机构、养老院、福利院等积极出力，广大党员、干部带头拼搏，人民解放军指战员、武警部队官兵、公安民

★ 援鄂医护人员精心照料新冠肺炎患者

警奋勇当先，广大科研人员奋力攻关，数百万快递员冒疫奔忙，180万名环卫工人起早贪黑，新闻工作者深入一线，千千万万志愿者和普通人默默奉献。经过艰苦卓绝的努力，我国用1个多月的时间初步遏制疫情蔓延势头，用2个月左右的时间将本土每日新增病例控制在个位数以内，用3个月左右的时间取得武汉保卫战、湖北保卫战的决定性成果，进而又接连打了几场局部地区聚集性疫情歼灭战，疫情防控取得重大战略成果。

党中央及时将全国总体防控策略调整为"外防输入、内防反弹"，推动防控工作由应急性超常规防控向常态化防控转变。应香港特别行政区政府请求，在中央统筹部署和指挥下，国家卫生健康委组建内地核酸检测支援队，协助香港抗击疫情；在澳门疫情受控后，广东和澳门特别行政区政府建立"健康码"及核酸检测结果互认互通机制，澳门与内地人员正常往来逐步恢复。我国第一时间研发出核酸检测试剂盒，疫苗研发总体处于世界领先地位，分批为全民免费接种。

在自身面临巨大抗疫压力情况下，我国始终秉持人类命运共同体理念，积极开展抗疫国际和地区合作，倡导构建人类卫生健康共同体。截至2020年12月，我国已向150多个国家和10个国际组织提供抗疫援助，为有需要的34个国家派出36支医疗专家组，向各国提供了2200多亿只口罩、22.5亿件防护服、10.2亿份检测试剂盒，有力支持了世界各国疫情防控。

针对疫情带来的冲击，党中央统筹推进疫情防控和经济社会发展，加大宏观政策应对力度。2020年2月23日，统筹推进新冠肺炎疫情防控和经济社会发展工作部署会议召开，习近平在会上指出，要用全面、辩证、长远的眼光看待我国发展，增强信心、坚定信心。要变压力为动力、善于化危为机，加大政策调节力度，把我国发展的巨大潜力和强大动能充分释放出来。3月6日，习近平在决战决胜脱贫攻坚座谈会上强调，统筹推进疫情防控和脱贫攻坚，以更大决心、更强力度推进脱贫攻坚，支持扶贫产业恢复生产，优先支持贫困劳动力务工就业，做好对因疫致贫返贫人口的帮扶。4月17日，中央政治局会议提出，在加大"六稳"工作力度的同时，全面落实"六保"任务，即保居民就业、保基本民生、保市场主体、保粮食能源安全、保产业链供应链稳定、保基层运转。做好"六稳"工作、落实"六保"任务，稳住了经济基本盘，为渡过难关赢得了时间、创造了条件，为应对各种风险挑战提供了重要保证。党中央、国务院还制定一系列纾困惠企政策，出台多项强化就业优先、促进投资消费、稳定外贸外资、稳定产业链供应链等措施，促进新业态发展，推动交通运输、餐饮商超、文化旅游等各行各业有序恢复，实施支持湖北发展一揽子政策，分批分次复学复课。在一系列政策作用下，中国经济二季度增速转负为正，三季度延续转正态势，复苏更为强劲，前三季度累计实现正增长，在全球率先复苏，成为2020年唯一实现正增长的世界主要经济体。

2020年9月8日，全国抗击新冠肺炎疫情表彰大会隆重举行。习近平为"共和国勋章"获得者钟南山，"人民英雄"国家荣誉称号获得者张伯礼、张定宇、陈薇，一一颁授勋章奖章。大会还表彰了全国抗击新冠肺炎疫情先进个人和先进集体、全国优秀共产党员和全国先进基层党组织。习近平

★ 2020 年 9 月 8 日，全国抗击新冠肺炎疫情表彰大会在人民大会堂隆重
举行

在大会上深刻阐述生命至上、举国同心、舍生忘死、尊重科
学、命运与共的伟大抗疫精神。生命至上，集中体现了中国
人民深厚的仁爱传统和中国共产党人以人民为中心的价值追
求。举国同心，集中体现了中国人民万众一心、同甘共苦的
团结伟力。舍生忘死，集中体现了中国人民敢于压倒一切困
难而不被任何困难所压倒的顽强意志。尊重科学，集中体现
了中国人民求真务实、开拓创新的实践品格。命运与共，集
中体现了中国人民和衷共济、爱好和平的道义担当。习近平
指出："伟大抗疫精神，同中华民族长期形成的特质禀赋和
文化基因一脉相承，是爱国主义、集体主义、社会主义精神
的传承和发展，是中国精神的生动诠释，丰富了民族精神和
时代精神的内涵。"

新冠肺炎疫情加速了世界格局演变，世界不稳定性不确

定性明显增加。面对错综复杂的国际环境带来的新矛盾新挑战，面对我国社会主要矛盾变化带来的新特征新要求，党中央统筹中华民族伟大复兴战略全局和世界百年未有之大变局，带领全党全国人民，以"踏平坎坷成大道，斗罢艰险又出发"的顽强意志，努力在危机中育先机、于变局中开新局，向着中华民族伟大复兴的目标继续前进。

十一、全面建成小康社会和开启全面建设社会主义现代化国家新征程

决战脱贫攻坚取得决定性胜利

消除贫困、改善民生、逐步实现共同富裕，是中国特色社会主义的本质要求，是中国共产党的重要历史使命。习近平强调："全面建成小康社会、实现第一个百年奋斗目标，农村贫困人口全部脱贫是一个标志性指标。""历史充分证明，江山就是人民，人民就是江山，人心向背关系党的生死存亡。"以习近平同志为核心的党中央，坚持以人民为中心的发展思想，把脱贫攻坚摆到治国理政重要位置，提升到事关全面建成小康社会、实现第一个百年奋斗目标的政治高度，充分发挥党的领导和我国社会主义制度的政治优势，采取了许多具有原创性、独特性的重大举措，组织实施了人类历史上规模最大、力度最强的脱贫攻坚战。2017年10月，党的十九大向全党全国人民发出坚决打赢脱贫攻坚战的动员令。2018年6月，中共中央、国务院制定《关于打赢脱贫攻坚

战三年行动的指导意见》。2019 年 3 月，习近平在全国两会上号召全国"尽锐出战、迎难而上，真抓实干、精准施策"，吹响打赢脱贫攻坚战的号角。10 月，党的十九届四中全会提出"坚决打赢脱贫攻坚战，巩固脱贫攻坚成果，建立解决相对贫困的长效机制"。

习近平高度重视消除贫困问题，足迹遍布全国 14 个集中连片特困地区，先后在陕西、贵州、宁夏、山西、四川等地主持召开 7 次脱贫攻坚座谈会。2020 年 3 月，在抗击新冠肺炎疫情的关键时刻，习近平出席决战决胜脱贫攻坚座谈会并发表重要讲话，有力动员全党全国全社会力量，确保取得脱贫攻坚战最后胜利。建立中央统筹、省负总责、市县乡抓落实的工作机制，强化党政一把手负总责的责任制，五级书记抓扶贫，脱贫攻坚期内保持贫困县党政正职稳定，全国累计选派 300 多万县级以上机关、国有企事业单位干部参加驻村帮扶，形成"专项扶贫、行业扶贫、社会扶贫"的"三位一体"大扶贫格局。在党中央的坚强领导下，全社会积极参与，广大党员发挥先锋模范作用，精准扶贫、精准脱贫，扶真贫、真扶贫、真脱贫。注重扶贫同扶志、扶智相结合，深入实施东西部扶贫协作，重点攻克深度贫困地区脱贫任务。2020 年，这场举全党全国之力的脱贫攻坚战取得决定性胜利。11 月 23 日，是一个载入史册的不平凡的日子，我国最后 9 个贫困县实现贫困退出。经过 8 年的持续奋斗，全国 832 个县全部脱贫，12.8 万个贫困村全部出列，近 1 亿贫困人口实现脱贫，消除了绝对贫困和区域性整体贫困。2021 年 2 月 25 日，全国脱贫攻坚总结表彰大会举行，习近平在会上庄严宣告：我国脱贫攻坚战取得了全面胜利。这是中国人民的伟大光荣，是中国共产党的伟大光荣，是中华民族的伟大光荣！

困扰中华民族几千年的绝对贫困问题得到历史性解决，是全面建成小康社会的标志性成果。这一成就的取得，凝聚了全党全国各族人民智慧和心血，是广大干部群众扎扎实实干出来的，彰显了中国共产党领导和我国社会主义制度的政治优势。脱贫摘帽不是终点，而是新生活、新奋斗的起点。党中央明确要求，脱贫攻坚期内已脱贫的贫困县、贫困村、贫困户，相关政策要保持一段时间，做到摘帽不摘责任、摘帽不摘政策、摘帽不摘帮扶、摘帽不摘监管，有效防止返贫和产生新的贫困人口。在脱贫摘帽后，各地方各部门陆续出台后续政策，推动减贫战略和工作体系平稳转型，扎实推进巩固拓展脱贫攻坚成果同乡村振兴战略的有效衔接。

打赢脱贫攻坚战，为实现第一个百年奋斗目标打下了坚实基础，强化了我们党的执政根基，巩固了中国特色社会主义制度。忍饥挨饿、生活困顿，这些几千年来困扰中国人民的问题总体上一去不复返了，极大增强了人民群众的获得感、幸福感、安全感。

打赢脱贫攻坚战，为人类减贫事业作出历史性贡献，为全球减贫治理提供了中国智慧和中国方案。西方发达国家用了几百年至今也没能完全消除绝对贫困问题，而我国仅仅用几十年就历史性解决了，提前 10 年实现联合国 2030 年可持续发展议程确定的减贫目标，走在全球减贫事业前列。这一伟大壮举，将载入人类社会发展的史册，向世界有力证明中国共产党领导和中国特色社会主义制度的优越性。

全面建成小康社会取得伟大历史性成就

自改革开放之初提出小康社会的战略构想以来，中国共产党始终把人民对美好生活的向往作为奋斗目标，几代人一以贯之、接续奋斗。党的十八大以来特别是"十三五"期间，面对错综复杂的国际形势、艰巨繁重的国内改革发展稳定任务特别是新冠肺炎疫情严重冲击，以习近平同志为核心的党中央不忘初心、牢记使命，团结带领全党全国各族人民砥砺前行、开拓创新，奋发有为推进党和国家各项事业，我国经济实力、科技实力、综合国力和人民生活水平跃上了新的大台阶，全面建成小康社会取得伟大历史性成就。

经济实力大幅跃升，经济结构持续优化。2020年，国内生产总值达101.6万亿元，占世界经济比重预计达到17%左右，稳居世界第二位。人均国民总收入（GNI）突破1万美元，按世界银行标准，达到中高收入国家水平。2015年至2020年粮食产量连续6年稳定在6.5亿吨以上，制造业增加值多年位居世界首位，220多种工业产品产量居世界第一。2013年至2019年我国对世界经济增长的年均贡献率接近30%，成为世界经济增长的火车头。社会消费品零售总额接近40万亿元规模，消费对经济增长的贡献率进一步提升。高技术产业、农业、社会领域等重点领域投资持续较快增长。装备制造业和高技术产业快速增长，数字经济、平台经济蓬勃兴起，第三产业成为经济增长"新引擎"。东中西和东北"四大板块"联动发展，京津冀协同发展、长江经济带发展、粤港澳大湾区建设、长三角一体

★ 港珠澳大桥

化发展、黄河流域生态保护和高质量发展等重大区域战略加快落实。新型城镇化稳步推进，到 2019 年末，常住人口城镇化率达 60.6%。基础设施日益完善，高速铁路、高速公路、发电装机容量、互联网基础设施规模均居世界第一。同时，我国还是世界第一货物贸易大国、第一外汇储备大国。

科技创新作用凸显。研发投入持续扩大。2020 年，我国研发（R&D）经费支出 24426 亿元，比 2015 年增长10256 亿元，稳居世界第二；研发经费投入强度达 2.24%，比 2015 年提高 0.18 个百分点，达到中等发达国家水平；科技进步贡献率达到 60.2%。在一些基础和前沿领域取得一大批标志性成果，若干领域实现从"跟跑"到"并跑""领跑"的跃升。知识产权产出居世界前列，2019 年通过《专利合作条约》途径提交的专利申请量跃居世界第一。2020 年，我国创新指数位居世界第十四位。教育水平跃居世界中上行列。劳动年龄人口平均受教育年限由 2000 年的 7.18 年提高至 2019 年的 10.72 年，基础教育巩固发展，高等教育进入普及化阶段。

生态环境明显改善。环境问题是全面建成小康社会能否得到人民认可的一个关键。党的十九大把污染防治攻坚战确立为决胜全面建成小康社会的三大攻坚战之一。2018年5月，全国生态环境保护大会就坚决打好污染防治攻坚战作出部署。6月，中共中央、国务院印发《关于全面加强生态环境保护，坚决打好污染防治攻坚战的意见》，蓝天、碧水、净土保卫战全面展开。2020年，全国地级及以上城市空气质量优良天数比例为87.0%，比2015年上升5.8个百分点；PM2.5平均浓度为33微克/立方米，比2015年下降28.3%。2020年，全国地表水水质优良（Ⅰ—Ⅲ类）比例为83.4%，比2015年上升17.4个百分点，长江干流首次全线达到Ⅱ类水质。能源消费结构不断优化。2019年，天然气、水电、风电、核电等清洁能源消费占能源消费总量的比重为23%多，比2015年提高5个多百分点，非化石能源占能源消费总量比重达15.3%，单位国内生产总值能耗比2015年下降13.1%。中国已经成为世界利用新能源和可再生能源第一大国。

改革开放不断深化。全面深化改革取得重大突破，若干领域实现了历史性变革、系统性重塑、整体性重构。产权保护法治体系加快完善，要素市场化配置改革持续深化。国资国企改革体系基本形成，民营企业等多种所有制经济健康发展。放管服改革成效显著，"十三五"期间新增减税降费累计达7.6万亿元左右，营商环境全球排名从2017年的第78位提升至2019年的第31位。对外开放持续扩大，"引进来"和"走出去"统筹推进，外商投资准入前国民待遇加负面清单管理制度全面实行，负面清单大幅缩减，我国关税总水平已降至 7.5%。共建"一带一路"成果丰硕。截至 2021 年 1 月底，我国已与 140 个国家和 31 个国际组织签署共建"一带一路"合作文件 205 份。对外投资存量从 2012 年 0.5 万亿美元增加至 2019 年 2.2 万亿美元，位居全球第三位。

人民生活水平显著提高。2020 年，全国居民人均可支配收入达到 32189 元，比 2015 年实际增长 31.3%，2016 年至 2020 年年均增长 5.6%，快于同期人均国内生产总值增速。居民生活质量显著提升，消费较快增长，吃穿用有余，家电全面普及，汽车快速进入寻常百姓家。2020 年，全国居民恩格尔系数为 30.2%，比 2000 年下降 12 个百分点。居民平均预期寿命从 1949 年的 35 岁提高到 2019 年的 77.3 岁。建成世界上规模最大的社会保障体系，截至 2020 年 12 月底，全国基本养老、失业、工伤保险参保人数分别达到 9.99 亿人、2.17 亿人、2.68 亿人，基本医疗保险覆盖超过 13 亿人，社会保障卡持卡人数超过 13 亿人，覆盖 94.6% 的人口。居民居住条件显著改善，2020 年城镇居民和农村居民人均住房建筑面积分别达 39.9 平方米和 49.6 平方米。

文化事业和文化产业繁荣发展。公共文化服务设施加快普及。到 2019 年末，全国公共图书馆、博物馆数量分别达 3196 个、5132 个，电视节目综合人口覆盖率达 99.4%；全国已有 1536 个县（市、旗）建设融媒体中心，覆盖率近82%，主流新闻舆论阵地不断做强做大。文化产业快速发展。2019 年，文化及相关产业增加值达 44363 亿元，占国内生产总值比重为 4.5%。全民健身战略深入实施，全民健身公共服务体系更加完善。有近 4 亿人经常参加体育锻炼，

2019 年底，平均每万人拥有 25.3 个体育场地，人均体育场地面积达 2.08 平方米。文化软实力日益凸显，社会主义核心价值观深入人心，中华文化影响力持续扩大。

到中国共产党成立一百周年的时候，全面建成惠及十几亿人口的更高水平的小康社会，是我们党进入 21 世纪后，在基本建成小康社会基础上提出的奋斗目标，是向人民、向历史作出的庄严承诺。从党的十九大到 2020 年，是全面建成小康社会决胜期。党中央提出，要突出抓重点、补短板、强弱项，坚决打好防范化解重大风险、精准脱贫、污染防治三大攻坚战，使全面建成小康社会得到人民认可、经得起历史检验。经过努力，三大攻坚战重点任务取得决定性进展。

全面建成小康社会，实现了中华民族千百年来的夙愿。无论在落后的农耕文明时代，还是在积贫积弱的近代，小康

★ 北京大兴国际机场

对百姓来说，都只能是遥不可及的奢望。只有在中国共产党领导下，这一梦想才能实现。中国共产党自成立之日起，就坚定扛起为人民谋幸福、为民族谋复兴的大旗，经过一代一代的接续奋斗，全面小康终于梦想成真。实现这一目标，我国发展和人民生活水平跃上新的大台阶。

全面建成小康社会，是迈向中华民族伟大复兴的关键一步。"小康梦"是中国梦的阶段性目标，没有全面小康的实现，民族复兴就无从谈起。如期全面建成小康社会，标志着第一个百年奋斗目标圆满完成，为实现第二个百年奋斗目标奠定了坚实的基础，在中华民族文明史上具有重大意义，实现了从大幅落后于时代到大踏步赶上时代的新跨越。

全面建成小康社会，是对人类社会的伟大贡献。全面建成小康社会，大大提升了人类社会整体发展水平，社会主义中国以更加雄伟的身姿屹立于世界东方。根据国际货币基金组织统计，2019 年共有 69 个国家和地区人均国内生产总值超过 1 万美元，包括中国 14 亿多人口，总数约为 28 亿人。中国全面建成小康社会，使得世界上人均国内生产总值超过 1 万美元的人口数量翻了将近一番，充分彰显了中国特色社会主义制度的强大生命力和巨大优越性。全面建成小康社会的理论和实践，深化了对社会主义本质的认识和理解，开拓了社会主义发展新境界，使科学社会主义在 21 世纪的中国焕发出强大生机活力。全面建成小康社会的成功探索，拓展了发展中国家走向现代化的路径，给世界上那些既希望加快发展又希望保持自身独立性的国家和民族提供了全新选择，为解决人类问题贡献了中国智慧和中国方案。

把握新发展阶段、贯彻新发展理念、构建新发展格局

随着"十三五"规划目标任务的完成、全面建成小康社会胜利在望,中华民族伟大复兴向前迈出了新的一大步,标志着我国进入了一个新的发展阶段。进入新发展阶段,是中华民族伟大复兴历史进程的大跨越,在我国发展进程中具有里程碑意义。

党的十九届五中全会通过的《中共中央关于制定国民经济和社会发展第十四个五年规划和二〇三五年远景目标的建议》,明确了2035年基本实现社会主义现代化的远景目标,明确了"十四五"时期经济社会发展的指导思想、基本原则和主要目标,阐述了"十四五"时期经济社会发展和改革开放的重点任务,作出了加快构建以国内大循环为主体、国内国际双循环相互促进的新发展格局的战略抉择。《建议》是开启全面建设社会主义现代化国家新征程、向第二个百年奋斗目标进军的纲领性文件,是此后五年乃至更长时期我国经济社会发展的行动指南。

2021年1月11日,习近平在省部级主要领导干部学习贯彻党的十九届五中全会精神专题研讨班开班式上的讲话中,对我国经济社会发展的一系列重大问题进行了深入阐述。习近平的重要讲话,深刻回答了我国处在什么发展阶段、实现什么样的发展、怎样发展的重大问题,对我国进入新发展阶段的主要依据和目标要求作了科学分析,对深入贯彻新发展理念提出了新要求,对加快构建新发展格局提出了主攻方向,对加强党对社会主义现代化建设的全面领导进行了深刻阐述。

★ 党的十九届五中全会会场

　　准确把握新发展阶段。我国正站在新的历史起点上，全面建成小康社会的第一个百年奋斗目标如期实现，进入全面建设社会主义现代化国家的新发展阶段。新发展阶段是实现第二个百年奋斗目标、把民族复兴伟业推向新境界的阶段，是社会主义初级阶段中的一个阶段，同时是其中经过几十年积累、站到了新的起点上的一个阶段，是我们党带领人民迎来从站起来、富起来到强起来历史性跨越的新阶段。全面建设社会主义现代化国家、基本实现社会主义现代化，既是社会主义初级阶段我国发展的要求，也是我国社会主义从初级阶段向更高阶段迈进的要求。

　　全面贯彻新发展理念。新发展阶段的发展，必须完整、准确、全面贯彻创新、协调、绿色、开放、共享的新发展理念，实现高质量发展。新发展理念是一个系统的理论体系，回答了关于发展的目的、动力、方式、路径等一系列理论和实践问题，阐明了中国共产党关于发展的政治立场、价值导向、发展模式、发展道路等重大政治问题。必须把新发展理念作为指挥棒、红绿灯，贯穿发展全过程和各领域，切实转变发展方式，推动质量变革、效率变革、动力变革，实现更高质量、更有效率、更加公平、更可持续、更为安全的发展。必须更加注重共同富裕问题。党的十九届五中全会提出了"全体人民共同富裕取得更为明显的实质性进展"的目标，突出强调了"扎实推动共同富裕"，这在党的全会历史上还是第一次。我们要始终把满足人民对美好生活的新期待作为发展的出发点和落脚点，在实现现代化过程中不断地、逐步地解决好共同富裕问题。要自觉主动解决地区差距、城乡差距、收入差距等问题，坚持在发展中保障和改善民生，统筹做好就业、收入分配、教育、社保、医疗、住房、养老、扶幼等各方面工作，更加注重向农村、基层、欠发达地区倾斜，向困难群众倾斜，促进社会公平正义，让发展成果更多更公平惠及全体人民。

加快构建新发展格局。构建新发展格局，是适应我国经济发展阶段变化的主动选择，是我国经济现代化的路径选择，是关系我国发展全局的重大战略任务，是于变局中开新局、塑造全面建设社会主义现代化新优势的重大战略。2020年4月，在十九届中央财经委员会第七次会议上，习近平提出要构建以国内大循环为主体、国内国际双循环相互促进的新发展格局。党的十九届五中全会进一步对构建新发展格局作出全面部署。这是把握未来发展主动权的战略性布局和先手棋，是新发展阶段要着力推动完成的重大历史任务，也是贯彻新发展理念的重大举措。构建新发展格局是开放的国内国际双循环，不是封闭的国内单循环，要通过发挥内需潜力，使国内市场和国际市场更好联通，以国内大循环吸引全球资源要素，更好利用国内国际两个市场、两种资源，提高在全球配置资源能力，更好争取开放发展中的战略主动，形成参与国际经济合作和竞争新优势。构建新发展格局是以全国统一大市场基础上的国内大循环为主体，不是各地都搞自我小循环。构建新发展格局关键在于经济循环的畅通无阻，最本质的特征是实现高水平的自立自强。

进入新发展阶段、贯彻新发展理念、构建新发展格局，是由我国经济社会发展的理论逻辑、历史逻辑、现实逻辑决定的，三者紧密关联。进入新发展阶段明确了我国发展的历史方位，贯彻新发展理念明确了我国现代化建设的指导原则，构建新发展格局明确了我国经济现代化的路径选择。把握新发展阶段是贯彻新发展理念、构建新发展格局的现实依据，贯彻新发展理念为把握新发展阶段、构建新发展格局提供了行动指南，构建新发展格局则是应对新发展阶段机遇和挑战、贯彻新发展理念的战略选择。

奋力夺取全面建设社会主义现代化国家新胜利

建设社会主义现代化国家，一直是党和国家的奋斗目标。2020 年全面建成小康社会，"四个全面"战略布局的内涵演化为"全面建设社会主义现代化国家、全面深化改革、全面依法治国、全面从严治党"。2021 年是建党一百周年，也是"十四五"开局之年，我们党将带领人民乘势而上开启全面建设社会主义现代化国家新征程。

到 2035 年，我国将基本实现社会主义现代化。到那时，我国经济实力、科技实力、综合国力大幅跃升，经济总量和城乡居民人均收入再迈上新的大台阶，关键核心技术实现重大突破，进入创新型国家前列；基本实现新型工业化、信息化、城镇化、农业现代化，建成现代化经济体系；基本实现国家治理体系和治理能力现代化，人民平等参与、平等发展权利得到充分保障，基本建成法治国家、法治政府、法治社会；建成文化强国、教育强国、人才强国、体育强国、健康中国，国民素质和社会文明程度达到新高度，国家文化软实力显著增强；广泛形成绿色生产生活方式，碳排放达峰后稳中有降，生态环境根本好转，美丽中国建设目标基本实现；形成对外开放新格局，参与国际经济合作和竞争新优势明显增强；人均国内生产总值达到中等发达国家水平，中等收入群体显著扩大，基本公共服务实现均等化，城乡区域发展差距和居民生活水平差距显著缩小；平安中国建设达到更高水平，基本实现国防和军队现代化；人民生活更加美好，人的全面发展、全体人民共同富裕取得更为明显的实质性进展。

到本世纪中叶，我国要建成富强民主文明和谐美丽的社会主义现代化强国。到那时，我国物质文明、政治文明、精神文明、社会文明、生态文明将全面提升，实现国家治理体系和治理能力现代化，成为综合国力和国际影响力领先的国家，全体人民共同富裕基本实现，我国人民将享有更加幸福安康的生活，中华民族将以更加昂扬的姿态屹立于世界民族之林。

　　实现中华民族伟大复兴，是一场接力跑，要一棒一棒跑下去，每一代人都要为下一代人跑出一个好成绩。一切早已开始，一切远未结束。站在"两个一百年"的历史交汇点，全面建设社会主义现代化国家新征程胜利开启。新征程上，不管乱云飞渡、风吹浪打，我们党始终秉持以人民为中心，永葆初心、牢记使命，以坚如磐石的信心、只争朝夕的劲头、坚韧不拔的毅力，一步一个脚印地把前无古人的伟大事业推向前进，创造让世界刮目相看的新的更大奇迹。

结 束 语

　　1921 年中国共产党的成立，是中国历史上开天辟地的大事变。从此，苦难深重的中国人民开始掌握自己的命运，谋求民族独立、人民解放和国家富强、人民幸福的斗争就有了主心骨、领路人。

　　中国共产党一经成立，就把实现共产主义作为党的最高理想和最终目标，义无反顾肩负起为中国人民谋幸福、为中华民族谋复兴的初心和使命，团结带领中国人民进行了艰苦卓绝的斗争，谱写了气吞山河的壮丽史诗。

　　在新民主主义革命时期，面对帝国主义、封建主义、官僚资本主义三座大山，以毛泽东同志为主要代表的中国共产党人，把马克思列宁主义的基本原理同中国革命的具体实践结合起来，创立了毛泽东思想，团结带领中国人民进行 28 年浴血奋战，成功开辟了农村包围城市、武装夺取政权的中国革命道路，打败日本帝国主义，推翻国民党反动统治，完成新民主主义革命，建立了中华人民共和国，彻底结束了旧中国半殖民地半封建社会的历史，彻底结束了旧中国一盘散沙的局面，彻底废除了列强强加给中国的不平等条约和帝国主义在中国的一切特权，实现了中国从几千年封建专制政治

528

向人民民主的伟大飞跃。

在社会主义革命和建设时期，以毛泽东同志为主要代表的中国共产党人，团结带领全党全国各族人民完成社会主义革命，确立社会主义基本制度，推进社会主义建设，完成了中华民族有史以来最为广泛而深刻的社会变革，为当代中国一切发展进步奠定了根本政治前提和制度基础，为新的历史时期开创中国特色社会主义提供了宝贵经验、理论准备、物质基础。

党的十一届三中全会以后，以邓小平同志为主要代表的中国共产党人，团结带领全党全国各族人民深刻总结新中国成立以来正反两方面经验，借鉴世界社会主义历史经验，创立了邓小平理论，解放思想，实事求是，作出把党和国家工作中心转移到经济建设上来、实行改革开放的历史性决策，明确提出走自己的路、建设中国特色社会主义，深刻揭示社会主义本质，确立社会主义初级阶段基本路线，科学回答了建设中国特色社会主义的一系列基本问题，制定了到21世纪中叶分三步走、基本实现社会主义现代化的发展战略，成功开创了中国特色社会主义。

党的十三届四中全会以后，以江泽民同志为主要代表的中国共产党人，团结带领全党全国各族人民坚持党的基本理论、基本路线，加深了对什么是社会主义、怎样建设社会主义和建设什么样的党、怎样建设党的认识，形成了"三个代表"重要思想，在国内外形势十分复杂、世界社会主义出现严重曲折的严峻考验面前捍卫了中国特色社会主义，确立了社会主义市场经济体制的改革目标和基本框架，确立了社会主义初级阶段的基本经济制度和分配制度，开创全面改革开放新局面，推进党的建设新的伟大工程，成功把中国特色社会主义推向 21 世纪。

党的十六大以后，以胡锦涛同志为主要代表的中国共产党人，团结带领全党全国各族人民在全面建设小康社会进程中推进实践创新、理论创新、制度创新，深刻认识和回答了新形势下实现什么样的发展、怎样发展等重大问题，形成了科学发展观，抓住重要战略机遇期，聚精会神搞建设，一心一意谋发展，强调坚持以人为本、全面协调可持续发展，提出构建社会主义和谐社会，着力保障和改善民生，促进社会公平正义，推动建设和谐世界，推进党的执政能力建设和先进性建设，成功在新的形势下坚持和发展了中国特色社会主义。

党的十八大以来，以习近平同志为主要代表的中国共产党人，团结带领全党全国各族人民统揽伟大斗争、伟大工程、伟大事业、伟大梦想，从理论和实践结合上系统回答了新时代坚持和发展什么样的中国特色社会主义、怎样坚持和发展中国特色社会主义这个重大时代课题，创立了习近平新时代中国特色社会主义思想，统筹推进"五位一体"总体布局，协调推进"四个全面"战略布局，加强党的全面领导，坚持和完善中国特色社会主义制度，推进国家治理体系和治理能力现代化，着力提升人民群众获得感、幸福感、安全感，解决了许多长期想解决而没有解决的难题，办成了许多过去想办而没有办成的大事，推动党和国家事业发生历史性变革、取得历史性成就，党的面貌、国家的面貌、人民的面貌、军队的面貌、中华民族的面貌发生了前所未有的变化，近代以来久经磨难的中华民族迎来了从站起来、富起来到强起来的伟大飞跃，迎来了实现中华民族伟大复兴的光明前景。

中国共产党百年历史，是一部不懈奋斗史、思想探索史、自身建设史。这一百年是矢志践行初心使命的一百年，是筚路蓝缕奠基立业的一百年，是创造辉煌开辟未来的一百年。回首百年历史，展望美好明天，最重要的就是坚定中国特色社会主义道路自信、理论自信、制度自信、文化自信。中国共产党成立一百年时，全面建成小康社会第一个百年奋斗目标已经实现，到新中国成立一百年时，建成富强民主文明和谐美丽的社会主义现代化强国第二个百年奋斗目标也一定能实现。

百年恰是风华正茂，百年仍需风雨兼程。从建党的开天辟地，到新中国成立的改天换地，到改革开放的翻天覆地，我们走过千山万水，创造了足以让中国人民引以为豪的辉煌历史。在全面建设社会主义现代化国家新征程上，全党全国各族人民要紧密团结在以习近平同志为核心的党中央周围，以习近平新时代中国特色社会主义思想为指导，高举中国特色社会主义伟大旗帜，不忘初心、牢记使命，增强"四个意识"、坚定"四个自信"、做到"两个维护"，全面贯彻党的基本理论、基本路线、基本方略，迎难而上，开拓进取，为实现第二个百年奋斗目标、实现中华民族伟大复兴的中国梦而不懈奋斗！

责任编辑：任　民
封面设计：林芝玉
版式设计：王欢欢

图书在版编目（CIP）数据

中国共产党简史／《中国共产党简史》编写组编著 . —北京：
　人民出版社：中共党史出版社，2021.2
ISBN 978－7－01－023203－4

I. ①中⋯　II. ①中⋯　III. ①中国共产党－党史－学习参考资料
IV. ① D239

中国版本图书馆 CIP 数据核字（2021）第 036490 号

中国共产党简史

ZHONGGUO GONGCHANDANG JIANSHI

本书编写组

人民出版社
中共党史出版社　出版发行

恒美印务（广州）有限公司印刷　新华书店经销

2021 年 2 月第 1 版　2021 年 2 月北京第 1 次印刷
开本：880 毫米 ×1230 毫米 1/32　印张：17　插页：5
字数：362 千字

ISBN 978－7－01－023203－4　定价：42.00 元

邮购地址 100706　北京市东城区隆福寺街 99 号
人民东方图书销售中心　电话（010）65250042　65289539